ENCYCLOPÉDIE

DES

ENFANS.

ABRÉGÉ

DE

TOUTES LES SCIENCES

ET

GÉOGRAPHIE

A L'USAGE DES ENFANS.

NOUVELLE ÉDITION AVEC CARTE ET FIGURES,

Corrigée, présentée sous un ordre méthodique, et considérablement étendue, particulièrement dans la Minéralogie, la Botanique, l'Histoire naturelle, renfermant presque tous les genres connus des Quadrupèdes, Oiseaux, Poissons, Serpens, Vers, etc. et les espèces les plus remarquables de chaque genre; la Physique, où l'on donne une explication claire et courte des principaux phénomènes qui arrivent communément sous nos yeux; et la Chimie, dont on donne une connaissance générale et cependant exacte suivant la nouvelle doctrine.

PAR D. L. F.

On a ajouté à la partie géographique un Dictionnaire des principaux Lieux de la République Française en Europe.

~~~~~~

A PARIS,

CHEZ BOSSANGE, MASSON ET BESSON.

AN X. — 1802.

TABLE DES MATIÈRES.

De la Religion.	Pag. 1	De l'Europe.	97
Des Sciences et des Arts.	5	La Russie d'Europe.	ibid.
Des Langues.	9	Le Danemarck.	103
De la Logique.	12	La Suède.	105
De la Grammaire.	13	La Pologne.	107
De la Prose.	15	La Prusse.	109
De la Poésie.	17	L'Allemagne.	110
De l'Écriture.	19	La Bohême	113
De l'Orthographe.	22	La Hongrie.	115
De l'Accentuation.	23	La Turquie d'Europe.	116
De la Prononciation.	24	République Batave, ou Provinces-Unies des Pays-Bas.	118
De la Rhétorique.	25	Les Pays-Bas.	120
Des Mathématiques en général.	27	La France.	121
De l'Arithmétique.	28	Nouvelle div. de la France.	124
De l'Algèbre.	35	Colonies occidentales.	151
De la Géométrie	36	Colonies d'Afrique.	153
Du calcul différentiel et intégral.	38	Colonies orientales.	154
		De l'Espagne.	155
Du Dessin.	ibid.	Le Portugal.	158
De l'Architecture.	43	La Suisse ou République Helvétique.	160
De la Peinture.	46		
De la Sculpture.	47	L'Italie.	161
Des Sciences naturelles.	50	La République Cisalpine et Ligurienne.	164
De la Cosmographie.	51		
De la Géographie.	58	Des Isles de la mer Méditerranée.	164
Suite de la Géographie.	62		
De l'Asie.	ibid.	La Corse.	ibid.
La Turquie Asiatique.	ibid.	La Sardaigne.	165
L'Arabie.	66	La Sicile.	166
La Perse.	67	Malte.	167
L'Inde.	68	Corfou, Zante, etc.	168
La Chine.	70	Candie.	169
La Tartarie.	72	Archipel de la Grèce.	ibid.
Isles de l'Asie.	74	Mayorque, Minorque et Yvica.	170
De l'Afrique.	81		
L'Egypte.	ibid.	Des Isles de l'Océan.	171
La Nubie.	85	Le Séeland et Fionie.	ibid.
L'Abissinie ou Ethiopie.	ibid.	Grande-Bretagne.	ibid.
Le Désert de Barca.	86	Irlande.	177
La Barbarie.	ibid.	Islande.	178
Le Désert de Sahara.	88	De l'Amérique.	179
La Guinée.	ibid.	Vieux-Mexique.	181
La Nigritie.	89	Nouveau-Mexique.	182
Le Congo.	90	Californie.	183
Les Cafres et les Hottentots.	91	États-Unis.	ibid.
Pays situés à l'est.	ibid.	Canada.	185
Isles de l'Afrique.	92	Terre-Ferme.	186

TABLE DES MATIÈRES.

Pérou.	187	Oiseaux.	298
Paraguay.	188	Quadrupèdes ovipares.	319
Chily.	189	Serpens.	322
Terre Magellanique.	190	Poissons.	326
Brésil.	ibid.	Mollusques.	342
Pays des Amazones.	191	Crustacés.	343
La Guiane.	192	Arachnides.	344
Des Isles de l'Amérique.	193	Insectes.	345
DES TERRES BORÉALES.	198	Vers.	346
Du Spitzberg.	ibid.	Radiaires.	347
Du Groenland.	ibid.	Polypes.	ibid.
Nouvelle-Zemble.	199	DE LA PHYSIQUE.	349
TERRES AUSTRALES.	ibid.	Des Météores.	366
Nouvelle-Guinée.	ibid.	Du Vent.	371
Nouvelle-Hollande.	200	Du Son.	372
Nouvelle-Zélande.	ibid.	De l'Eau.	373
Des Cartes géographiques.	ibid.	Du Feu.	376
DE L'HISTOIRE ANCIENNE.	202	De la Lumière.	377
Première Merveille du Monde.		De l'Astronomie.	383
Le Mausolée.	204	Du Temps.	385
Seconde Merveille. Le Temple de Jérusalem.	205	De la nouvelle Ère Française.	391
Troisième Merveille. Le Temple de Diane.	208	Des nouvelles Mesures.	394
		Des Éclipses.	398
Quatrième Merveille. Les Murs de Babylone.	209	Du Flux et du Reflux.	399
		De l'Aimant.	400
Cinquième Merveille. Le Jupiter d'Olympie.	210	De l'Électricité.	402
		Des Trombes.	407
Sixième Merveille. Le Colosse de Rhodes.	213	Des Étoiles tombantes.	408
		Des Tremblemens de terre.	409
Septième Merveille. Les Pyramides d'Égypte.	214	DE LA CHYMIE.	410
De la Mythologie.	217	De la Théologie.	421
Jupiter.	218	De la Philosophie.	422
Neptune.	221	De la Jurisprudence.	ibid.
Pluton.	223	De la Médecine.	423
Suite de la Mythologie.	225	De l'Anatomie.	424
Du Parnasse.	229	De la Chirurgie.	ibid.
Des Héros demi-Dieux.	231	De la Pharmacie.	425
DE L'HISTOIRE MODERNE.	241	Du Commerce.	426
De la Géologie.	243	De la Navigation.	428
De la Minéralogie.	244	De l'Imprimerie.	429
De la Botanique.	260	De la Musique.	431
DE L'HISTOIRE NATURELLE DES ANIMAUX.	277	CONSTITUTION de la République Française.	433
Quadrupèdes.	281	DICTIONNAIRE des principaux Lieux de la République Française, etc.	445
Mammifères ailés.	295		
Mammifères marins.	296		

FIN DE LA TABLE.

AVERTISSEMENT.

Cet *Abrégé des Sciences*, fait il y a fort long-tems, avait besoin d'être corrigé, pour ne pas laisser des erreurs qu'ont fait reconnaître depuis les progrès et l'avancement des Sciences. On y annonçait les quatre élémens, et l'on y donnait sur différens phénomènes physiques des explications fausses; ce qui ne pouvait être autrement, d'après les connaissances que l'on avait alors : mais maintenant on ne peut plus admettre l'action de ces exhalaisons sulfureuses et nitreuses, qui s'enflammaient, détonnaient, etc. sans qu'on en aperçût la cause. Sous ce point de vue il était donc nécessaire de revoir cette *Encyclopédie des Enfans*. Il fallait y ajouter aussi l'explication des principaux phénomènes qui ont lieu tous les jours sous nos yeux, et dont on ne pouvait pas alors rendre raison; il fallait donc y faire des augmentations. Mais cet Ouvrage ayant déjà été retouché bien des fois, et ayant reçu des additions qui, faites à différentes époques, causaient des répétitions, avait besoin d'être refondu pour former un ensemble complet. Voyant aussi combien avait dû flatter le *Traité de Géographie* qu'on avait ajouté à l'édition précédente, j'ai pensé qu'on recevrait avec le même plaisir quelques généralités d'Histoire Naturelle; Science qui est réellement faite pour attacher et amuser, sur-tout dans cet âge tendre où le merveilleux et le nouveau ont toujours le pouvoir de plaire. Quelques personnes trouveront peut-être que les divisions et les classifications que j'ai indiquées ne devraient pas être placées dans un Ouvrage destiné à des enfans ; mais il faut observer que les enfans, trouvant ces divisions, tâcheront d'y rapporter tous les objets qui leur tomberont sous les mains, et se feront un plaisir de chercher à les classer. D'ailleurs ces classifications étant celles des plus célèbres auteurs, ils seront déjà familiarisés avec elles, et les concevront plus facilement lorsqu'ils étudieront particulièrement ces diverses Sciences. Cet aperçu, leur laissant voir combien de choses ils ignorent, leur donnera aussi le désir de les apprendre et le goût de l'étude. Enfin on sent facilement l'utilité de ce petit Ouvrage, qui est une introduction nécessaire à tous les enfans de l'un et l'autre sexe, dont on veut soigner l'éducation ; et peut-être même beaucoup de personnes raisonnables, qui ne peuvent se livrer à l'étude, trouveront ici des choses qui pourront leur plaire et les amuser. Il n'est pas permis à l'homme de tout approfondir ; mais on trouvera du plaisir à avoir quelques connaissances générales de chaque Science, sur-tout dans la conversation, qui devient mille fois plus agréable lorsqu'on peut y prendre part.

ABRÉGÉ
DE
TOUTES LES SCIENCES.

DE LA RELIGION.

De toutes les connaissances, celle de la vraie Religion est sans contredit la plus importante, puisqu'elle est essentiellement liée à la bonne éducation, qu'elles se soutiennent l'une l'autre, et que le bonheur des États en dépend ; car la Religion est toujours le meilleur garant que l'on puisse avoir des mœurs et de la probité des hommes. En vain, sans Religion, prétend-on se parer du beau nom d'honnête homme ; pour mériter ce titre, il ne faut pas moins s'acquitter de ce qu'on doit à Dieu, que de ce qu'on doit aux hommes.

DEMANDE. *Qu'est-ce que la Religion?*
RÉPONSE. C'est un culte que l'on rend au vrai Dieu, créateur de tout ce qui existe, par le sacrifice du cœur et de l'esprit, et par la pratique des devoirs et des cérémonies que Dieu lui-même a enseignés et ordonnés aux hommes.

D. *Pourquoi dites-vous que c'est un culte que l'on rend au vrai Dieu?*

R. Parce que celui que l'on rend aux idoles n'est pas un vrai culte, mais une superstition et une idolâtrie.

D. *Qu'entendez-vous par idolâtrie?*

R. J'entends le culte et l'honneur que l'on rend intérieurement et extérieurement aux créatures, que l'on met à la place du Créateur.

D. *Etait-il nécessaire que Dieu révélât une Religion aux hommes?*

R. Oui, c'était absolument nécessaire; parce que la nature et la fin de l'homme, dont l'étude est essentiellement liée à son bonheur, sont un mystère impénétrable à l'homme même, quand il n'est éclairé que par la raison seule. On en peut dire autant de notre état futur, de la nature de l'Être Suprême, auquel nous devons notre existence et tout ce que nous sommes, et du genre de culte qu'il exige de nous. Il était donc nécessaire qu'une révélation divine nous instruisît sur tant d'objets d'une importance infinie.

D. *Ne peut-il y avoir qu'une seule vraie Religion?*

R. Non, il ne peut y en avoir qu'une seule pour tous les hommes, puisqu'il n'y a qu'un seul Dieu et une seule vérité,

D. *Quelles sont les marques ou les caractères par lesquels on peut reconnaître la vraie Religion divine ?*

R. La Religion du ciel est simple, mais sublime dans ses préceptes; uniforme et immuable dans son plan, mais progressive dans ses développemens, comme les lumières et les besoins des hommes. Elle commence avec le monde, elle se développe sans plier sous le poids des passions et des circonstances : au lieu que les Religions des hommes s'élèvent successivement dans la suite des temps ; elles varient et changent sans cesse en se conformant aux idées, aux intérêts et aux caprices des peuples, et par-là elles se divisent en une infinité de branches qui s'avilissent à mesure qu'elles se répandent. De là tant de Religions disparates dans le monde.

D. *Quelles sont les principales Religions ?*

R. La *Religion chrétienne*, la *juive*, et la *mahométane*.

D. *Quelle est la seule véritable ?*

R. C'est la *Religion chrétienne*, qui a seule les caractères de la vraie Religion divine.

D. *Quel est son auteur ?*

R. C'est *Jésus-Christ* le fils de Dieu,

devenu homme, et qui a souffert la mort pour sauver le monde.

D. *Quels étaient ceux qu'il a choisis pour annoncer l'évangile et fonder son Église ?*

R. C'étaient douze disciples du commun du peuple juif, afin de montrer sa puissance et prouver l'œuvre divine.

D. *Quel nom a-t-on donné à ces douze disciples ?*

R. On les a nommés *Apôtres.*

D. *Quels sont les avantages que la Religion procure aux hommes ?*

R. Elle les rend heureux sur la terre, en leur donnant la patience, qui les soutient dans les maux ; la charité, qui les fait aimer de leurs semblables ; l'espérance, qui les console dans leurs afflictions ; la tempérance, qui les empêche d'altérer leur santé : vertus qui toutes tendent à leur conservation et à leur félicité dans ce monde et dans l'autre.

D. *Quels sont les maux que cause l'irréligion ?*

R. Elle rend les hommes insupportables à eux-mêmes ; elle est la cause de leur découragement et de leur désespoir; elle les fait haïr des autres hommes en les portant à toutes sortes d'excès, et leur attire un supplice éternel après leur mort.

DES SCIENCES ET DES ARTS.

D. Avant de définir les Sciences, dites-moi ce que c'est que la définition.

R. La définition n'est autre chose que l'explication abrégée de la chose qu'on définit.

D. De quelle manière se fait cette explication ?

R. Par le genre et la différence de la chose définie.

D. Qu'entendez-vous par genre de la définition ?

R. J'entends par genre de la définition, ce qui rend la chose définie commune avec toutes les autres choses du même genre.

D. Qu'entendez-vous par différence de la définition ?

R. J'entends par différence de la définition, ce qui fait différer essentiellement la chose définie de toute autre chose qui n'est pas précisément de la même espèce.

D. Rendez sensible par un exemple tout ce que vous venez de dire.

R. Le voici par la définition de l'homme. Quand je dis *l'homme est un être raisonnable*, je donne sa définition par son genre et par sa différence. Le mot *être* est le genre, parce qu'il confond l'existence de l'homme avec l'existence de tout autre être sans en spécifier aucun. Le mot *raisonnable* est donc la différence de la définition de l'homme, parce qu'il le distingue de tout autre être en désignant son espèce, à laquelle seule il appartient d'être raisonnable ; sans cette qualité essentielle, il n'est plus homme. Encore, *l'homme est un animal raisonnable*. Le mot *animal* est le genre qui confond l'existence de l'homme avec celle de tous les autres animaux. Le mot *raisonnable* distingue son espèce de celle de tous les autres.

D. *Qu'est-ce qu'une Science ?*

R. C'est une connaissance certaine et évidente de quelque chose.

D. *Comment peut-on acquérir une connaissance ?*

R. Par la démonstration et l'évidence des idées.

D. *De quelle manière la démonstration peut-elle donner cette connaissance ?*

R. Par un raisonnement juste et évident appuyé sur des principes nécessaires et infaillibles, dont on tire une conséquence de même nature.

D. *Faites-moi connaître un principe de cette nature, nécessaire et infaillible.*

R. En voici un : *Il est impossible qu'une chose soit et ne soit pas, existe et n'existe pas, dans un même temps.*

D. Formez un raisonnement sur ce principe.

R. Il est impossible de penser et d'agir sans exister, parce qu'il est impossible d'exister et de ne pas exister; or *je pense et j'agis, donc j'existe.* Cette conséquence est nécessairement déduite de ces principes, et forme une démonstration qui fait la Science.

D. N'y a-t-il pas de connaissances qu'on puisse acquérir autrement que par la démonstration ?

R. Oui; telles sont celles que nous acquérons par l'usage et l'expérience constante et uniforme de nos sens, ou par le témoignage de personnes dignes de foi.

D. Comment divise-t-on les Sciences?

R. On les divise en *Sciences abstraites,* qui ne sont fondées que sur des conventions et des raisonnemens; *Sciences naturelles,* que nous acquérons par l'expérience; et *Science surnaturelle,* qui nous est donnée par la foi et la révélation.

D. Quelles sont les Sciences abstraites ?

R. Ce sont les *Sciences mathématiques.*

D. *Quelles sont les Sciences naturelles ?*

R. *L'histoire naturelle*, la *physique* et la *chimie*.

D. *Quelles sont les Sciences surnaturelles ?*

R. Il n'y a que la *théologie*.

D. *Qu'est-ce qu'un Art ?*

R. C'est une méthode pour bien faire quelque chose d'après des règles qu'il donne.

D. *Comment divise-t-on les Arts ?*

R. En *Arts libéraux* et en *Arts mécaniques*.

D. *Quels sont les Arts libéraux ?*

R. Ce sont ceux qui tiennent de plus près aux Sciences, comme la *rhétorique*, la *grammaire*, la *logique*, la *poésie*, le *dessin*, la *peinture*, la *sculpture*, et la *musique*.

D. *Quels sont les Arts mécaniques ?*

R. Tous les autres qui tiennent plus particulièrement au travail des mains.

D. *Pourquoi appelle-t-on les premiers Arts libéraux ?*

R. Parce qu'ils n'étaient exercés anciennement que par des personnes libres et d'un certain rang.

D. *Quel ordre doit-on suivre dans l'étude des connaissances ?*

R. Quoique toutes les Sciences et tous

les Arts soient tellement liés qu'ils se tiennent et s'entr'aident mutuellement, il est cependant bon de suivre un ordre; et le plus naturel est de commencer par celles qui sont les plus faciles, qui demandent le moins de connaissances préliminaires, et qui au contraire sont nécessaires pour apprendre les autres. Les *Langues* étant indispensables pour se faire entendre et pour s'instruire, on doit commencer par elles.

DES LANGUES.

D. *Qu'appelle-t-on Langue ?*

R. On appelle Langue, les termes et façons de parler dont se servent les différentes nations.

D. *Comment divise-t-on les Langues ?*

R. En *Langues mortes* et *Langues vivantes*.

D. *Qu'appelle-t-on Langues mortes ?*

R. Celles qui ont été parlées autrefois, et qui ne le sont plus maintenant par aucun peuple.

D. *Qu'appelle-t-on Langues vivantes ?*

R. Celles qui sont en usage actuellement chez un ou plusieurs peuples.

D. *Quelles sont les Langues mortes ?*

R. Les principales sont : le *latin*, le *grec*, et l'*hébreu*.

D. *Quelles sont les Langues vivantes ?*

R. Les principales sont : le *français*, l'*anglais*, l'*italien*, l'*espagnol*, l'*allemand*, et quelques autres de l'Orient qui sont peu connues en Europe.

D. Est-il utile d'apprendre les Langues mortes ?

R. Oui ; 1°. parce qu'elles servent à l'intelligence des Langues vivantes qui en dérivent et qui en tirent beaucoup de mots nouveaux ; 2°. pour pouvoir entendre les ouvrages des anciens auteurs qui ont écrit dans ces Langues, et dont les Langues vivantes ne peuvent rendre toutes les beautés ; et enfin parce qu'on peut avec ces Langues se faire entendre dans tous les pays, où l'on trouve toujours des personnes qui les savent.

D. Est-il utile d'apprendre les Langues vivantes ?

R. Oui ; la Langue *française* est utile à tout le monde, parce qu'il y a peu de pays en Europe où l'on ne la parle, soit parmi les gens de qualité, soit parmi les négocians ; d'ailleurs il y a un grand nombre de bons ouvrages écrits dans cette Langue.

La Langue *anglaise* est nécessaire à ceux qui veulent s'instruire par la lecture des excellens livres de philosophie, de mathématiques, de navigation, d'histoire, de poésie, et, en un mot, de toutes les sciences et de tous les arts, qui sont écrits en cette Langue.

Et en général, les Langues vivantes sont très-utiles pour connaître et traduire dans la Langue de son pays les bons ouvrages qui sont faits dans une Langue étrangère, mais sur-tout à ceux qui voyagent ou qui ont des correspondances chez les étrangers, soit pour s'instruire, soit pour leur commerce.

D. *A quel âge apprend-on le mieux une Langue étrangère ?*

R. Dès qu'on sait parler sa Langue maternelle, parce qu'à cet âge, encore tendre, les organes de la voix peuvent se remuer facilement en tout sens, et qu'un enfant prend aisément l'habitude de bien prononcer.

D. *Quelle est l'origine de la diversité des Langues ?*

R. C'est l'entreprise de la tour de Babel.

D. *Quelle est la Langue qui était anciennement la plus répandue ?*

R. On croit généralement que c'est l'*hébraïque* qui a été parlée par le peuple juif, et dans laquelle est écrite l'Écriture sainte de l'ancien Testament.

D. *Quelle est la plus difficile de toutes les Langues ?*

R. C'est la *chinoise*, qui n'a environ que trois cent trente-cinq mots, qui sont tous d'une syllabe, mais qui ayant cinq tons différens, selon lesquels un même mot signifie cinq choses différentes, servent autant que mille six cent soixante-quinze mots ; les Chinois se servent avec ces mots de plus de quatre-vingt mille caractères différens, ce qui rend cette Langue la plus difficile de toutes celles qu'on parle dans le monde.

D. *Quel est le but des Langues ?*
R. C'est de servir à se communiquer ses pensées.

D. *Quelles sont les connaissances qui ont rapport au langage ?*
R. La *logique*, qui s'occupe de l'ordre des idées ; la *grammaire*, qui s'occupe de les exprimer ; et la *rhétorique*, de la manière de les présenter.

DE LA LOGIQUE.

D. *Qu'est-ce que la Logique ?*
R. C'est la science qui apprend à raisonner juste, c'est-à-dire, à conduire sa raison dans la connaissance des choses, tant pour s'en instruire soi-même que pour en instruire les autres. Elle donne aussi des règles certaines pour définir, diviser, juger, et tirer des conséquences justes.

D. *En quoi consiste cette science ?*
R. Elle consiste dans les réflexions

que les hommes ont faites sur les quatre principales opérations de leur esprit, qui sont : la *perception*, le *jugement*, le *raisonnement*, et la *méthode*.

D. *Comment divise-t-on la Logique ?*

R. On la divise, d'après ces quatre opérations, en *art de penser*, *art de juger*, *art de retenir ses pensées*, et *art de les communiquer*.

D. *A quoi sert la Logique ?*

R. Elle sert à nous guider dans toutes les sciences ; parce que dans toutes il y a les mêmes règles pour trouver la vérité, pour mettre de l'ordre dans ses idées, et pour les transmettre avec exactitude.

DE LA GRAMMAIRE.

D. *Qu'est-ce que la Grammaire ?*

R. C'est l'art de parler et d'écrire d'une manière correcte et conforme au génie de la langue.

D. *Qu'est-ce qu'un discours ?*

R. C'est un assemblage de phrases ou de périodes qui servent à faire connaître et à développer nos pensées.

D. *Qu'est-ce qu'une phrase ?*

R. C'est une ou plusieurs propositions dont il résulte un sens complet.

D. *Qu'est-ce qu'une période ?*

R. Ce n'est autre chose qu'une phrase

qui a de la grâce, de la force et de l'harmonie.

D. Qu'est-ce qu'une proposition ?

R. C'est l'expression d'un jugement.

D. Qu'appelle-t-on parties de l'oraison ?

R. Ce sont les diverses sortes de mots qui composent le discours. On en compte ordinairement huit, savoir : le *nom*, le *pronom*, l'*article*, le *verbe*, l'*adverbe*, la *préposition*, la *conjonction*, et l'*interjection*.

D. Qu'entendez-vous par style ?

R. J'entends la manière d'énoncer une suite de mots, de phrases ou de périodes, dans le goût de la langue qu'on parle. Le style doit être convenable au sujet que l'on traite.

D. Quelles sont les règles de la Grammaire ?

R. Dans les langues vivantes, l'usage est la meilleure règle ; dans les langues mortes, les règles sont fixes et contenues dans toutes les bonnes Grammaires de ces langues.

D. Est-il nécessaire d'étudier la Grammaire de sa langue maternelle ?

R. Oui ; parce que notre propre langue est celle qu'il nous importe le plus d'entendre à fond, et que si l'on ignore les règles de la Grammaire, on ne peut exprimer correctement ses idées, ni entendre exactement celles des autres.

D. En combien de manières peut-on rendre ses pensées ?

R. En deux manières ; savoir, en *prose* et en *vers*.

D. Combien y a-t-il de sortes de langage ?

R. Deux sortes : le *langage écrit* et le *langage parlé*.

D. En quoi consiste le langage écrit ?

R. Dans l'art de former les caractères qu'on nomme l'*écriture* ; dans l'*orthographe*, l'*accentuation* et la *ponctuation*.

D. En quoi consiste le langage parlé ?

R. Dans la *prononciation*, le *mouvement* et le *ton*.

DE LA PROSE.

D. Qu'entendez-vous par Prose ?

R. J'entends le langage ordinaire des hommes, qui n'est pas assujetti à la mesure et à la rime.

D. Dans quels ouvrages se sert-on de la Prose ?

R. Dans les ouvrages de sciences, dans l'histoire, le commerce, et les affaires du monde, dans les lettres, dans les discours du Barreau et de la Chaire.

D. *N'y a-t-il pas plusieurs sortes de style dans la Prose ?*

R. Oui ; chaque espèce de sujet a un style particulier, qui se modifie encore suivant les différentes circonstances.

D. *Quels sont les différens styles de Prose ?*

R. Les principaux sont : le *style historique*, pour l'histoire ; le *style épistolaire*, pour les lettres ; le *style dogmatique*, pour l'église ; le *style didactique*, pour les sciences ; et le *style de pratique*, qui est en usage au Barreau.

D. *Donnez-moi un exemple qui fasse sentir comment ces sortes de styles se modifient selon les circonstances.*

R. Le style épistolaire rend cela très-sensible ; le style d'une lettre de commerce ne doit pas être le même que celui d'une lettre d'ami ; dans le premier il y a des expressions consacrées par l'usage des commerçans, et une briéveté nécessaire dans leur correspondance ; au lieu que le second style doit être plus familier, plus coulant et plus détaillé ; celui d'un fils à sa mère doit être respectueux, tendre et soumis ; de même des autres.

DE LA POÉSIE.

D. Qu'est-ce que la Poésie ?

R. La Poésie est l'art de réduire sous le joug de la mesure et de la rime des idées propres à peindre certains objets et à remuer fortement le cœur et l'esprit.

D. En quoi consiste l'art de la Poésie?

R. En deux choses, 1°. dans l'*imagination*, 2°. dans la *versification*; car la Poésie exige non seulement que l'ouvrage soit en vers, mais encore qu'il soit orné d'idées et de descriptions brillantes.

D. Comment acquiert-on de l'imagination ?

R. Il y a des personnes qui ont une plus ou moins grande disposition pour l'imagination ; mais pour la développer il faut beaucoup lire la fable et les ouvrages des anciens Poëtes, où l'on trouve des idées, des fictions et des peintures magnifiques.

D. Comment apprend-on à faire des vers?

R. En apprenant les règles de la *prosodie* qui sont renfermées dans tous les bons traités de ce genre, et en s'exerçant ensuite pour acquérir la faculté de trouver facilement la mesure et la rime.

D. *La rime est-elle en usage dans toutes les langues?*

R. Non; le *latin*, le *grec*, l'*italien*, l'*espagnol*, l'*anglais*, etc., n'ont que la mesure, et ne sont pas sujets à la rime : le *français* y est rigoureusement assujéti.

D. *La mesure est-elle la même dans toutes les langues et constante pour chacune?*

R. Non; la mesure est différente et se compte différemment dans les diverses langues; et celle des vers n'est pas toujours constante pour une même langue, mais elle est sujette à varier.

D. *Quelles sont les différentes mesures des vers français?*

R. Les plus grands vers de cette langue sont de douze syllabes; il y en a de dix, de huit, de sept, de six, et même quelquefois de cinq et de quatre.

D. *Quels noms donne-t-on aux différentes sortes de Poésie?*

R. On appelle *Poésie lyrique*, celle des *odes* et des *poëmes* faits pour être chantés; *Poésie dramatique*, celle des *tragédies* et des *comédies*; *Poésie épique*, celle qui fait le récit des actions des dieux et des héros; *Poésie burlesque*, celle qui traite des sujets d'une manière burlesque et risible; *Poésie morale*, celle qui traite des mœurs; et *Poésie sacrée*, celle qui traite des sujets religieux.

D. *Emploie-t-on indifféremment toute espèce de vers pour un genre quelconque de Poésie ?*

R. Non; les *sujets nobles* ne peuvent être traités qu'en grands vers, nommés aussi *alexandrins*; les *fables*, avec toutes sortes de vers, des petits et des grands ensemble et mêlés; les *chansons*, ordinairement en vers de sept ou de huit syllabes; les *épigrammes*, indifféremment en grands ou petits vers, etc.

DE L'ÉCRITURE.

D. *Qu'est-ce que l'Écriture ?*

R. C'est l'art de former avec la plume les caractères ou lettres de l'alphabet.

D. *Combien y a-t-il de lettres dans l'alphabet ?*

R. Les Français en ont vingt-quatre, et les Anglais vingt-six; nombres qui suffisent à-peu-près pour la formation de toutes les langues qu'il y a dans le monde, et de toutes celles qu'il pourrait y avoir de plus.

D. *Qui en a été l'inventeur ?*

R. On les attribue à Dieu même, qui donna à Moïse les dix commandemens de la loi, écrits sur deux tables de pierre. Cadmus, roi de Thèbes, fils d'Agenor, roi de Phénicie, apporta les lettres de Phénicie en Grèce, vers l'an 1519 avant la naissance de Jésus-Christ. Voici quatre beaux vers de M. de Brébeuf, qui en font l'éloge :

> C'est de lui que nous vient cet art ingénieux
> De peindre la parole, et de parler aux yeux,
> Et, par cent traits divers de figures tracées,
> Donner de la couleur et du corps aux pensées.

Les Américains ont cru au commencement que le papier parlait, en voyant lire dans un livre. On rapporte qu'un esclave indien, chargé par son maître d'un panier de figues et d'une lettre pour une personne, mangea, chemin faisant, une partie des figues, et rendit le reste, avec la lettre, à la personne à qui elles étaient envoyées, qui, ayant lu la lettre et ne trouvant pas la quantité de figues dont elle faisait mention, accusa l'esclave d'avoir mangé celles qui manquaient, et lui lut le contenu de la lettre. Mais l'Indien assurant le contraire, maudissait le papier, et l'accusait de faux témoin.

Il fut chargé ensuite d'une semblable commission, avec une lettre qui marquait expressément le nombre des figues qu'il devait rendre. En chemin, il en mangea encore une partie comme auparavant, avec cette précaution, pour n'être pas accusé de nouveau, qu'il cacha premièrement la lettre sous une grosse pierre, se croyant assuré que, si elle ne le voyait pas manger les figues, elle ne pourrait rien témoigner contre lui. Mais le pauvre ignorant, accusé plus que jamais, avoua sa faute, et regarda avec admiration la vertu magique du papier.

D. *De quelle utilité est l'Écriture ?*

R. Il n'y a personne qui ne convienne que c'est de tous les arts le plus utile à la société. Elle est l'âme du commerce, le tableau du passé, la règle de l'avenir, et le messager des pensées. Enfin l'Écriture est un instrument nécessaire aux sciences et aux arts, puisque sans elle on ne saurait agir dans quelque état de la vie que ce puisse être, sur-tout dans un pays où l'on ne subsiste que par le commerce.

D. *Quel est l'âge le plus propre pour apprendre à écrire ?*

R. Il est impossible d'en marquer précisément le temps, mais à neuf ans presque tous les enfans en sont capables, parce que leurs muscles étant souples et tendres, un maître les accoutume facilement à bien tenir et à bien conduire la plume.

D. *Qui sont ceux qui excellent dans cet art ?*

R. Avec de bons principes et une

application constante, on peut y exceller. Les peuples commerçans, tels que les Hollandais et les Anglais, se font remarquer par leur belle Écriture.

D. Que remarque-t-on de singulier dans la manière d'écrire de quelques nations?

R. Les Juifs et la plupart des Orientaux écrivent de la droite à la gauche; les Chinois écrivent du haut en bas, au lieu que par-tout ailleurs on écrit de la gauche à la droite.

D. Quelles sont les qualités nécessaires pour bien écrire?

R. On doit bien tenir sa plume, avoir la tête et le corps dans une situation aisée, avoir les doigts souples, le regard juste, et faire attention à bien suivre les principes de cet art.

DE L'ORTHOGRAPHE.

D. Qu'est-ce que l'Orthographe?

R. C'est l'art d'écrire les mots correctement et avec toutes les lettres convenables et nécessaires.

D. Quelle est la meilleure Orthographe?

R. C'est celle qui n'est ni tout-à-fait vieille ni tout-à-fait neuve, c'est celle que suivent les meilleurs auteurs modernes.

D. Comment peut-on apprendre l'Orthographe?

R. En lisant et sur-tout en copiant beaucoup; mais la meilleure manière pour apprendre à bien orthographier, c'est de ne pas écrire un mot, qu'on ne soit bien sûr de la manière dont il s'écrit; et pour cela il est bon d'avoir un *Dictionnaire.*

D. Quelles sont les choses qui peuvent servir à faire connaître l'Orthographe d'un mot ?

R. Sa *prononciation*, son *étymologie*, et ceux qui sont de la même famille.

D. Est-il nécessaire d'apprendre l'Orthographe ?

R. Oui, elle est nécessaire à une bonne éducation, et chacun doit tâcher de la bien savoir, car la mettre mal est une preuve d'ignorance.

DE L'ACCENTUATION.

D. Qu'est-ce que l'Accentuation ?

R. C'est l'art de placer des caractères qui se mettent sur certaines voyelles et que l'on nomme *accens*.

D. Combien y a-t-il d'Accens ?

R. Trois, l'Accent aigu (´), l'Accent grave (`) et l'Accent circonflexe (^).

D. A quoi servent les Accens ?

R. A marquer les différens sons d'une même voyelle.

D. Qu'est-ce que la Ponctuation ?

R. C'est l'art de bien placer dans l'écriture des caractères qui servent à marquer les endroits où il faut s'arrêter en lisant, et qui distinguent les différentes parties du discours.

D. Quels caractères emploie-t-on pour cela ?

R. La virgule (,), le point et virgule (;), les deux points (:), le point seul (.), le point d'interrogation (?), et le point d'admiration ou d'exclamation (!).

D. N'y a-t-il pas encore d'autres caractères qu'on emploie dans l'écriture ?

R. Oui; il y a encore l'apostrophe ('), le trait d'union (-), les deux points sur une voyelle ou tréma (¨), la cédille qui ne sert qu'avec le *c* (ç), et la parenthèse (), qui ont chacun un usage différent.

DE LA PRONONCIATION.

D. Qu'est-ce que la Prononciation ?

R. C'est la manière plus ou moins claire, plus ou moins nette, avec laquelle on fait sonner les mots.

D. Que doit-on faire pour bien prononcer ?

R. On doit bien distinguer et bien faire entendre les syllabes qui doivent être prononcées, appuyer sur chacune, ouvrir assez la bouche, et desserrer les dents.

D. En

D. *En quoi consiste le mouvement ?*

R. Dans la manière plus ou moins vive avec laquelle on récite un discours. Le mouvement doit varier suivant les différens sentimens et les diverses situations de celui qui parle.

D. *En quoi consiste le ton ?*

R. Dans l'accent plus ou moins grave, plus ou moins doux, avec lequel on prononce. Il doit aussi être déterminé par les différentes sensations de l'orateur.

DE LA RHÉTORIQUE.

D. *Qu'est-ce que la Rhétorique ?*

R. C'est l'art de présenter ses idées de manière à plaire, toucher et persuader, soit en parlant, soit en écrivant.

D. *Que fait-on pour cela ?*

R. On fait la division de son discours.

D. *Combien un discours a-t-il de parties ?*

R. Il en a cinq, qui sont l'*exorde*, la *narration*, la *confirmation*, la *réfutation*, et la *péroraison*.

D. *Qu'est-ce que l'exorde ?*

R. C'est la première partie d'un discours oratoire, qui doit être tirée des lieux, des personnes, ou des circonstances des choses, et qui doit préparer l'esprit à ce qui va suivre.

D. *Qu'est-ce que la narration ?*

R. C'est le récit d'une chose telle qu'elle est ; elle doit être claire, variée, véritable ou vraisemblable.

D. *Qu'est-ce que la confirmation ?*

R. C'est l'endroit du discours où l'on range les preuves dans un ordre capable de persuader.

D. *Qu'est-ce que la réfutation ?*

R. C'est l'endroit du discours où l'orateur détruit les raisons et les moyens de sa partie adverse ; la réfutation doit être vive.

D. *Qu'est-ce que la péroraison ?*

R. La péroraison, que l'on nomme encore *épisode*, est une récapitulation de tout ce qu'on a dit : elle doit exciter des mouvemens vifs et conformes au but de l'orateur dans l'esprit des personnes à qui il parle.

D. *Que faut-il pour être bon Rhétoricien ?*

R. Il faut savoir bien disposer son sujet, et placer chaque chose à l'endroit qui lui convient ; avoir de l'imagination et de la mémoire, afin de bien présenter ses idées chacune à son rang ; avoir une bonne prononciation ; prendre le mouvement et le ton convenables au sujet qu'on traite ; sans quoi l'orateur ne fait pas d'impression sur ses auditeurs.

DES MATHÉMATIQUES
EN GÉNÉRAL.

D. Qu'appelle-t-on Mathématiques?

R. On appelle *Mathématiques*, les sciences qui s'occupent de la grandeur, c'est-à-dire, de tout ce qui est susceptible d'augmentation ou de diminution.

D. Les Mathématiques exigent-elles beaucoup d'attention?

R. Oui ; ce sont les sciences qui en demandent le plus, parce qu'elles ne consistent qu'en raisonnemens. On en a une preuve dans *Archimède*, qui était si occupé à un problème, qu'il ne s'apperçut pas que l'ennemi était entré dans Syracuse qu'il habitait, et qu'on pillait sa maison, où il fut tué par un soldat qui lui demandait son nom, et à qui il ne répondit pas.

D. Quels sont les avantages des Mathématiques ?

R. Elles sont applicables à presque toutes les autres sciences, à tous les arts, et de plus sont utiles à tout le monde, parce qu'elles exercent et rectifient l'esprit.

D. Comment divise-t-on les Sciences mathématiques ?

R. On les divise en *Sciences mathématiques pures*, qui ne s'occupent que de la grandeur en elle-même, et *Sciences mathématiques mixtes*, qui empruntent de la physique quelques propriétés primordiales, d'où elles tirent, à l'aide des Mathématiques pures, toutes les autres propriétés qui s'y rapportent.

D. Quelles sont les Sciences mathématiques pures ?

R. Il y en a cinq : l'*arithmétique*, l'*algèbre*, la *géométrie*, le *calcul différentiel*, et le *calcul intégral*.

D. Quelles sont les Sciences mathématiques mixtes ?

R. Il y en a aussi cinq : la *mécanique*, l'*hydrodynamique*, l'*astronomie*, l'*optique*, et l'*acoustique*, qui font partie de la physique.

DE L'ARITHMÉTIQUE.

D. Qu'est-ce que l'Arithmétique ?

R. C'est la science qui traite des nombres.

D. Qu'est-ce qu'un nombre ?

R. C'est la réunion de plusieurs unités de même espèce.

D. N'y a-t-il pas plusieurs sortes de nombres ?

R. Oui; il y a le *nombre entier* ou *incomplexe*, qui n'est composé que d'unités entières; et le *nombre fractionnaire* ou *complexe*, qui est composé d'unités entières, et de parties d'unité qu'on nomme *fractions*.

D. *Quelles opérations fait-on sur les nombres ?*

R. Quatre principales : l'*addition*, la *soustraction*, la *multiplication* et la *division*, dont les autres ne sont que des applications.

D. *Qu'est-ce que l'addition ?*

R. C'est l'opération que l'on fait en ajoutant plusieurs nombres pour n'en faire qu'un qu'on appelle *somme*.

D. *Qu'est-ce que la soustraction?*

R. C'est l'opération que l'on fait en retranchant un nombre d'un plus grand pour savoir leur différence.

D. *Comment sait-on si l'on a bien fait une addition ou une soustraction ?*

R. En faisant la preuve ; celle de l'addition est la soustraction, celle de la soustraction est l'addition.

D. *Qu'est-ce que la multiplication ?*

R. C'est une opération qui consiste à répéter un nombre appelé *multiplicande* autant de fois qu'il y a d'unités dans un autre appelé *multiplicateur*. Le résultat se nomme *produit*. On voit facilement que ce n'est qu'une manière simplifiée de faire l'addition d'un nombre avec lui-même, car répéter un nombre un certain nombre de fois, c'est bien l'ajouter à lui-même.

D. *Qu'est-ce que la division ?*

R. C'est une opération qui consiste à chercher combien de fois un nombre nommé *dividende* contient un autre appelé *diviseur*. Le résultat se nomme *quotient*. On voit aussi que la division n'est qu'une soustraction ; car chercher combien de fois un nombre est contenu dans un autre, c'est comme si on retranchait le premier du second autant de fois que le quotient contient l'unité.

D. *Quelles sont les preuves de la multiplication et de la division ?*

R. La division sert de preuve à la multiplication, et la multiplication à la division.

D. *Quelles sont les autres opérations qui sont des applications de ces quatre ?*

R. C'est la *formation des puissances*, l'*extraction des racines*, les *règles d'alliage*, *de trois*, *de compagnie*, *d'intérêt* et *de fausse position*.

D. *Qu'est-ce que la puissance d'un nombre ?*

R. C'est le produit de ce nombre multiplié par lui-même. La première puissance est le nombre lui-même ; la seconde puissance est le produit de ce nombre multiplié une fois par lui-même, ou deux fois facteur ; la troisième puissance est le produit de ce nombre trois fois facteur ; la quatrième, quatre fois ; ainsi de suite. On nomme aussi la seconde puissance *carré*, et la troisième *cube*.

D. *Qu'est-ce que la racine d'un nombre ?*

R. C'est le nombre qui multiplié par lui-même a produit le nombre donné. La première racine est, ainsi que la première puissance, le nombre lui-même ; la seconde racine, nommée aussi *racine carrée*, est celle qu'il faut multiplier une fois par elle-même pour avoir le nombre ; la racine troisième ou *cubique* est celle qu'il faut multiplier deux fois par elle-même pour avoir le nombre ; ainsi de suite.

D. *En quoi consiste donc la formation des puissances et l'extraction des racines ?*

R. La formation des puissances consiste à faire les produits des nombres en les multipliant par eux-mêmes ; et l'extraction des racines consiste à chercher le nombre qui multiplié par lui-même produit le nombre proposé.

D. *A quoi sert la règle d'alliage ?*

R. Elle sert à trouver la valeur moyenne d'une des parties d'un mélange, quand on connaît la valeur et le nombre des choses dont il est composé, ou le nombre des parties des choses qui doivent être alliées, quand on connaît la valeur de chacune de ces parties et celle du mélange. Cette règle se fait ainsi que les autres par des additions, soustractions, multiplications et divisions ; c'est pourquoi l'on dit qu'elles en sont des applications.

D. Donnez-moi un exemple de cette règle.

R. Si un marchand de vin mêlait ensemble 300 bouteilles de vin à un certain prix, à 20 sous je suppose, 200 bouteilles à 15 sous, et 100 à 10 sous, et qu'il voulût savoir combien vaut chaque bouteille du mélange, il faudrait qu'il fît une règle *d'alliage*. Si un orfèvre voulait savoir combien il doit prendre d'or et d'argent pour former un alliage d'un poids et d'une valeur donnée, il faudrait aussi qu'il fît une règle *d'alliage*.

D. Sur quoi sont fondées les autres règles, c'est-à-dire, la règle de trois, de compagnie, d'intérêt et de fausse position ?

R. Sur les proportions.

D. Combien une proportion a-t-elle de termes ?

R. Elle a quatre termes.

D. *En quoi consiste la règle de trois ?*

R. Elle consiste ou se réduit à chercher le quatrième terme d'une proportion quand trois sont donnés. Elle sert à presque tout le monde.

D. *Qu'est-ce que la règle de compagnie ?*

R. C'est une opération par laquelle on partage un nombre en parties proportionnelles à des nombres donnés. Elle est d'usage dans le commerce pour répartir les gains et les pertes faites en société en proportion avec les mises particulières.

D. *Qu'est-ce que la règle d'intérêt ?*

R. La règle d'intérêt ou d'escompte est une opération par laquelle, connaissant l'intérêt qu'une certaine somme rapporte pendant un temps donné, on détermine l'intérêt qu'une autre somme quelconque doit rapporter proportionnellement pendant un temps aussi donné. Elle est très en usage chez les banquiers.

D. *Qu'est-ce que la règle de fausse position ?*

R. C'est une opération qui consiste à partager un nombre en parties proportionnelles à des nombres que l'on détermine relativement à l'état de la question. Pour faire ce partage, quelquefois on n'a besoin que d'une seule supposition, quelquefois il en faut faire deux. Cette règle est aussi beaucoup en usage pour les partages inégaux.

D. *N'y a-t-il pas des nombres que l'on appelle* Logarithmes ?

R. Oui; c'est une découverte très-utile aux mathématiciens, qui a été faite par le baron de Néper, Écossais.

D. *Quels sont les avantages des Logarithmes ?*

R. C'est d'abréger beaucoup le calcul en changeant les multiplications en additions, les divisions en soustractions, la formation des puissances en multiplications, et l'extraction des racines en divisions.

D. *Que fait-on sur les fractions ?*

R. Les mêmes opérations que sur les nombres entiers.

D. *N'y a-t-il pas plusieurs espèces de fractions ?*

R. Oui ; il y a les *fractions à deux termes*, et les *fractions décimales*, qui sont beaucoup plus faciles que les premières, et qui sont très-avantageuses avec les nouvelles mesures.

D. *A qui l'Arithmétique est-elle nécessaire ?*

R. Elle l'est à toutes les personnes dans tous les états ; elle nous met en état de mettre de l'ordre dans nos affaires ; elle est indispensable aux commerçans ; et presque toutes les sciences exigent qu'on sache préalablement celle-ci.

DE L'ALGÈBRE.

D. *Qu'est-ce que l'Algèbre ?*

R. C'est la science du calcul des grandeurs en général, dans laquelle on emploie au lieu de chiffres les lettres de l'alphabet, qui, n'ayant aucune valeur, peuvent représenter toutes sortes de grandeurs.

D. *Quelles opérations fait-on en Algèbre ?*

R. Toutes celles qu'on fait en arithmétique ; mais on fait de plus des équations, et on en tire des formules générales.

D. *Qu'est-ce qu'une équation ?*

R. C'est l'expression de l'égalité de deux quantités.

D. *A quoi servent les équations ?*

R. A donner, par un calcul facile, la valeur d'une quantité inconnue, au moyen des rapports qu'elle a avec les quantités connues ; rapports qu'on a soin d'exprimer dans les équations.

D. *Comment divise-t-on les équations ?*

R. On les divise en équations du premier, du second, du troisième, du quatrième degré, etc.

D. *Quel est l'avantage de l'Algèbre sur l'arithmétique ?*

R. 1°. C'est que l'arithmétique ne s'occupe que des nombres, et que l'Algèbre calcule toutes les grandeurs en général. 2°. L'Algèbre généralise ses résultats et les étend à toutes les questions de même espèce ; enfin elle donne des formules au moyen desquelles on abrège considérablement le calcul.

D. *A qui l'Algèbre est-elle nécessaire ?*

R. A tous ceux qui embrassent quelque branche des mathématiques, dont elle est elle-même une des plus importantes par ses applications aux autres.

DE LA GÉOMÉTRIE.

D. *Qu'est-ce que la Géométrie ?*

R. C'est la science qui s'occupe de la mesure de l'étendue dans ses trois dimensions, *longueur*, *largeur* et *profondeur* ou *épaisseur*.

D. *Que signifie le mot Géométrie ?*

R. Il signifie *l'art de mesurer la terre*; cette science est ainsi nommée, parce que ce fut son premier but, et que les Égyptiens l'inventèrent pour pouvoir reconnaître leurs possessions, dont les bornes étaient enlevées tous les ans par les débordemens du Nil.

D. En combien de parties divise-t-on la Géométrie ?

R. En trois principales parties, savoir : en *linéamétrie*, qui s'occupe des lignes ; en *planimétrie*, qui s'occupe des surfaces ; et en *stéréométrie*, qui s'occupe des volumes.

D. Quelle est la différence entre une ligne, une surface et un volume ?

R. Une *ligne* est une étendue en longueur seulement ; une *surface* est une étendue en longueur et en largeur ; et un *volume* est étendu en longueur, largeur et épaisseur.

D. A qui la Géométrie est-elle utile ?

R. Elle est indispensable aux architectes, et en général à tous ceux qui s'occupent de la construction ; elle est le fondement de beaucoup d'autres sciences, telles que la *mécanique* et tous les arts qui y tiennent ; elle accoutume à raisonner juste dans tout, parce qu'elle ne consiste elle-même qu'en raisonnemens.

DU CALCUL DIFFÉRENTIEL ET INTÉGRAL.

D. *Qu'est-ce que le Calcul différentiel ?*

R. C'est la science qui apprend à déterminer les élémens infiniment petits d'une quantité, et qu'on nomme *différences* de cette quantité : Newton l'appelle le *Calcul des fluxions*.

D. *Qu'est-ce que le Calcul intégral ?*

R. C'est la science qui apprend à trouver des quantités appelées *variables* par le moyen de leurs différentielles; elle est l'inverse du Calcul différentiel.

D. *A quoi s'appliquent ces deux sciences ?*

R. Elles s'appliquent aux lignes, aux surfaces courbes, et à leurs tangentes qui sont des lignes qui ne les touchent qu'en un seul point.

DU DESSIN.

D. *Qu'est-ce que le Dessin ?*

R. C'est l'art de représenter sur un plan, tel qu'une feuille de papier, la figure ou forme d'un corps quelconque, comme une *maison*, un *arbre*, ou même une *personne*.

D. *Ne peut-on pas distinguer deux manières de dessiner ?*

R. Oui ; ou l'on se sert d'instrumens

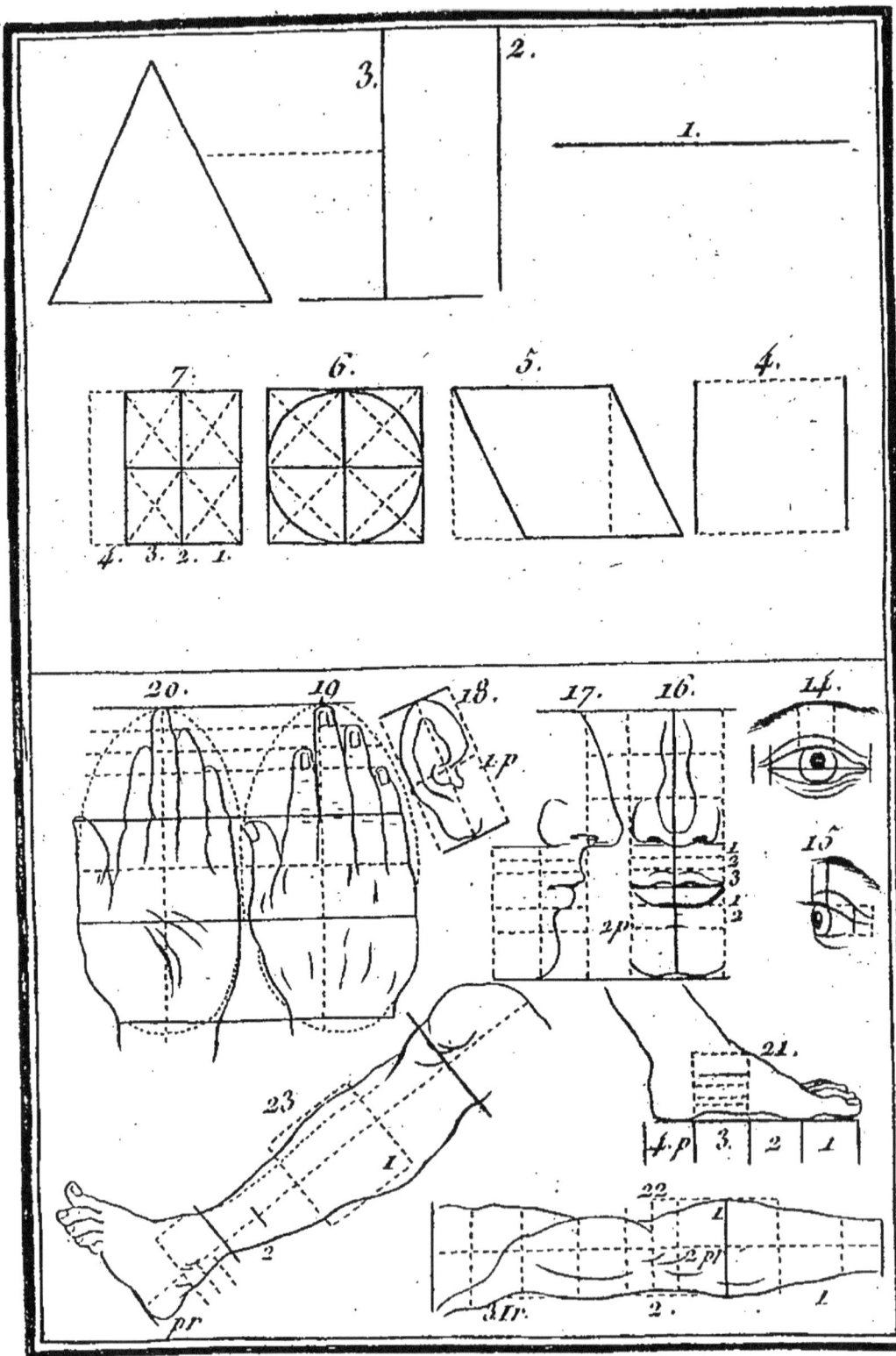

I.

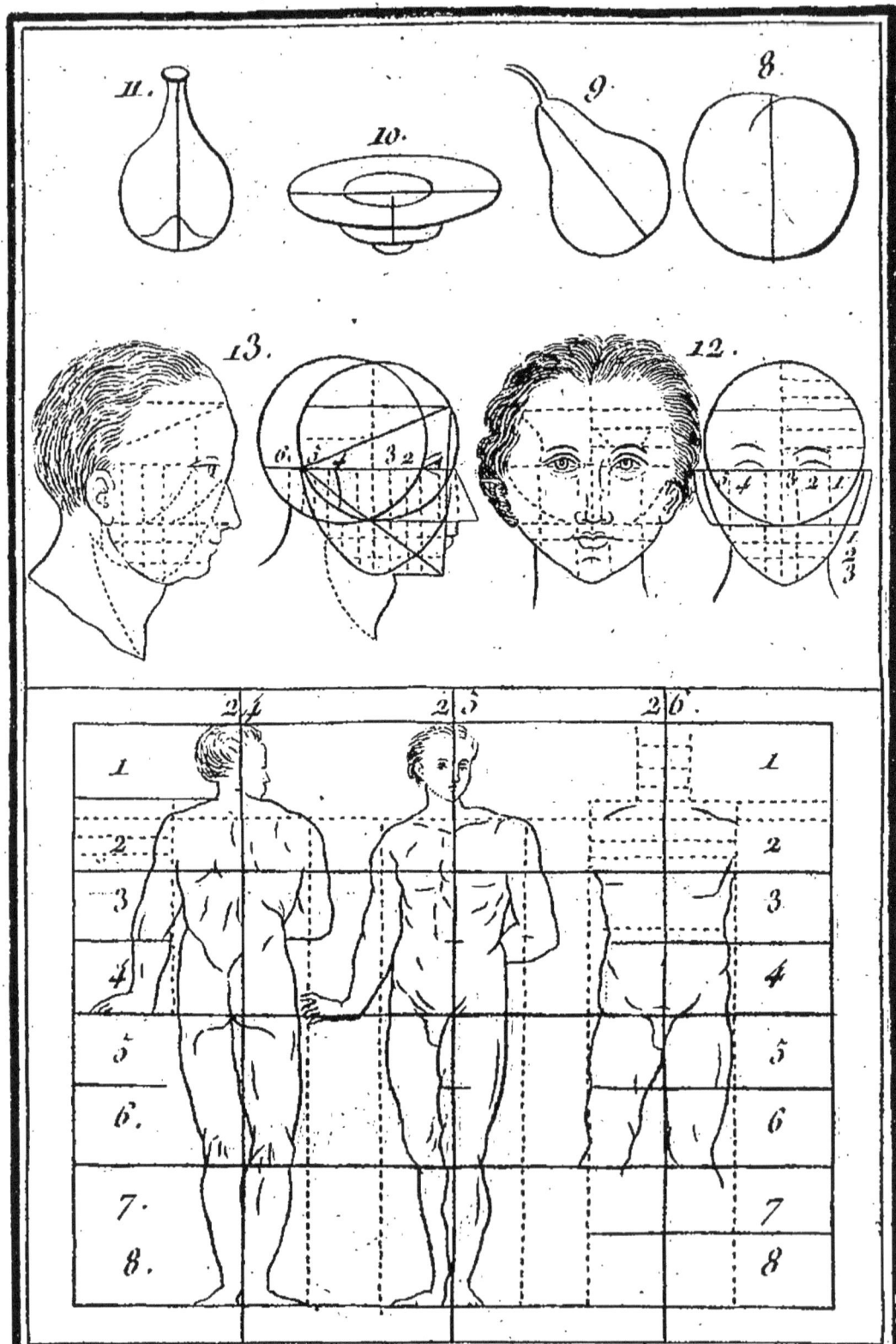

K.

avec lesquels on mesure le corps qu'on dessine, pour en faire d'après les règles de la géométrie ce qu'on appelle un *plan*; ou l'on n'emploie qu'un crayon, une plume ou autre chose équivalente, pour tracer à la seule vue des traits qui représentent la figure du corps.

D. *Quels sont les arts où l'on emploie la première manière de dessiner?*

R. C'est principalement dans l'art de lever des plans et dans l'architecture; mais en général on en a besoin dans quelque art que ce soit, pour donner aux ouvriers les dimensions et l'arrangement des objets qu'on leur fait faire.

D. *Quand emploie-t-on la seconde manière de dessiner?*

R. Quand ce qu'on fait n'a pas besoin de l'exactitude mathématique, et sur-tout quand on dessine des paysages, des animaux ou le corps humain, parce qu'il serait presque inutile, très-long et très-difficile de dessiner ces choses par les procédés de la géométrie.

D. *En quoi consiste l'agrément et l'utilité de cette manière?*

R. En ce que l'on peut, en peu de temps, prendre la vue, la situation d'un endroit qui plaît, faire le portrait des personnes qui nous sont chères, et jouir pour ainsi dire de leur vue pendant leur absence.

D. Ces deux manières de dessiner ne se servent-elles pas mutuellement ?

R. Oui ; parce que la première sert beaucoup à ceux qui emploient la seconde pour donner la perspective et placer les ombres avec exactitude ; et que l'on ne peut se passer de la seconde manière pour dessiner certains objets, tels que des arbres qui se trouvent sur un plan ; c'est pourquoi il est bon d'apprendre l'une et l'autre. Il n'y a ordinairement que la seconde manière qu'on appelle *Dessin*, l'autre est comprise dans les arts qui l'emploient.

D. Comment apprend-on le Dessin ?

R. Il est bon de savoir d'abord la géométrie qu'on nomme *descriptive*, qui apprend la première manière, celle qui se sert d'instrumens ; et ensuite on apprend le *Dessin* proprement dit, en copiant des dessins que donnent les maîtres, et commençant par des objets très-faciles, pour ensuite en faire de plus difficiles ; et lorsque par un long exercice on est devenu assez fort, on dessine des figures de plâtre appelées *bosses*, pour passer ensuite à la figure humaine.

D. Peut-on apprendre à dessiner sans maître ?

R. On peut bien apprendre seul à dessiner quelques petits objets, sur-tout les paysages ; mais il est presque indispensable d'avoir un maître qui nous dise quand nous faisons mal, et qui nous fasse connaître les règles de la proportion du corps humain.

D. Qu'entend-on par proportion ?

R. On entend par *proportion* la division que les peintres et les sculpteurs ont faite du corps humain ; les uns le divisent en huit parties égales, les autres en dix, d'autres en douze parties, etc. qu'on nomme *faces*, parce que la face de l'homme a été le premier modèle de ces proportions ; et d'après elle cette mesure sert de forme pour toutes les autres parties du corps.

D. En combien de parties a-t-on divisé la face ?

R. On l'a divisée en trois parties ; la première commence au-dessus du front à la naissance des cheveux, et va jusqu'à la racine du nez ; le nez fait la seconde partie ; et la troisième partie s'étend depuis le nez jusqu'à l'extrémité du menton. Quoiqu'on ne compte pas la partie supérieure en terme de l'art, il ne faut pas moins en faire usage.

D. Combien de faces ou proportions contient le corps entier de l'homme ?

R. Suivant la division de la Planche, il est partagé en huit ; c'est de toutes les divisions la plus facile pour les commençans. La première est depuis le sommet de la tête jusqu'au menton. La deuxième depuis le menton jusqu'aux mamelons. La troisième depuis les mamelons jusqu'au nombril. La quatrième depuis le nombril jusqu'à la bifurcation du tronc. La cinquième depuis la bifurcation du tronc jusqu'au milieu de la cuisse. La sixième depuis le milieu de la cuisse jusqu'au genou. La septième depuis le genou jusqu'au milieu de la jambe. La huitième depuis le milieu de la jambe jusqu'à la plante du pied.

D. Ces proportions sont-elles égales dans les deux sexes ?

R. Non ; il y a généralement une différence de deux ou trois pouces dans la hauteur entre les femmes et les hommes ; les premières ont aussi la tête plus petite, le cou plus allongé, la partie antérieure de la poitrine plus élevée, les reins et les cuisses plus larges et moins allongés, le haut du bras plus gros et la main plus étroite, les jambes plus fortes et les pieds plus étroits ; leurs muscles sont moins apparens, ce qui rend leurs contours plus égaux, plus coulans, et le mouvement plus doux.

D. Quels sont les arts où l'on a nécessairement besoin du Dessin proprement dit ?

R. La *peinture* et la *sculpture*, qui exigent qu'on sache parfaitement le Dessin.

DE L'ARCHITECTURE.

D. Qu'est-ce que l'Architecture ?

R. C'est une science qui apprend à disposer les bâtimens avec ordre, avec symétrie, et pour être commodes aux usages auxquels on les destine.

D. Combien y a-t-il de sortes d'Architecture ?

R. Il y en a trois sortes ; *l'Architecture civile*, *l'Architecture militaire*, et *l'Architecture navale*.

D. En quoi consiste l'Architecture civile ?

R. Dans les ornemens extérieurs, et les commodités intérieures.

D. Quels sont les ordres de l'Architecture civile ?

R. On en compte cinq, qui sont, en commençant par le plus simple et allant au plus composé, l'*ordre toscan*, le *dorique*, l'*ionique*, le *corynthien* et le *composite* : on y ajoute le *gothique*, qui est une ancienne manière de bâtir qu'on a suivie dans la construction de presque toutes les églises cathédrales. Ces ordres tirent leurs noms des peuples chez qui on les a inventés.

D. *Qu'est-ce que l'Architecture militaire ?*

R. L'Architecture militaire, que l'on nomme aussi *Fortification*, est l'art de mettre une place en état de résister, avec un petit nombre de troupes, à un plus grand nombre qui veut s'en emparer.

D. *Quels sont les ouvrages de fortification ?*

R. Les principaux sont les *bastions*, les *demi-lunes* et les *ouvrages à cornes*.

D. *Comment divise-t-on la fortification ?*

R. On la divise en fortification naturelle, artificielle ; ancienne, moderne ; offensive, défensive ; régulière, irrégulière ; durable, et passagère.

D. *Qu'est-ce que l'Architecture navale ?*

R. C'est l'art de construire les vaisseaux et tous les bâtimens destinés à aller sur la mer ou sur les rivières.

D. *Comment divise-t-on les bâtimens de mer ?*

R. On les divise en bâtimens du premier rang, qui portent quatorze à quinze cents tonneaux ; du second rang, qui portent onze à douze cents tonneaux ; du troisième rang, de huit à neuf cents tonneaux ; du quatrième rang, de cinq à six cents tonneaux ; et du cinquième rang, qui portent trois cents tonneaux.

D. *Ne donne-t-on pas différens noms aux vaisseaux ?*

R. Oui ; on nomme *vaisseaux de ligne*, ceux qui sont assez grands et assez bien armés pour être mis en ordre de bataille dans une armée navale ; *frégates*, ceux qui sont moindres et plus légers à la voile que les grands vaisseaux; *corsaires*, ceux qui sont armés pour la course, et qui sont plus légers que les frégates ; et *corvettes*, de petits bâtimens encore plus légers qui vont à la découverte. Les *vaisseaux marchands* et les *bateaux pêcheurs* sont plus ou moins grands, selon la longueur et la durée de leurs voyages.

D. *Quel nom donne-t-on à ceux qui s'occupent de la construction ?*

R. On donne plus particulièrement le nom d'*architectes* à ceux qui s'occupent de la construction civile ; on appelle *ingénieurs de fortification*, ceux qui s'occupent de la construction militaire ; et *ingénieurs-constructeurs*, ou de *marine*, ceux qui s'occupent de la construction navale.

D. *Quelles sont les connaissances principalement nécessaires à ces trois espèces de constructeurs ?*

R. Les mathématiques et le dessin.

DE LA PEINTURE.

D. *Qu'est-ce que la Peinture ?*

R. C'est l'art de représenter sur un plan non seulement la forme, mais encore la couleur d'un corps quelconque, c'est-à-dire, l'art qui joint le coloris au dessin.

D. *Quelles sont les différentes sortes de Peinture ?*

R. Il y a la *Peinture à l'huile*, à *fresque*, en *détrempe*, sur le *verre*, en *émail*, en *miniature*, au *pastel* et à la *gouache*.

D. *Y a-t-il long-temps que la Peinture est en usage ?*

R. Il y a long-temps que l'on applique des couleurs à l'eau ; mais les anciens ne connaissaient pas la Peinture à l'huile, qui a procuré de très-grands avantages à cet art, ni la Peinture sur verre et sur émail, dont les couleurs sont les plus vives et les plus inaltérables.

D. *Quels sont les tableaux les plus estimés ?*

R. Ce sont ceux qui représentent les évènemens de l'histoire.

D. En quoi consiste la beauté d'un tableau ?

R. 1°. Dans le sujet ou l'invention ; 2°. dans l'exactitude du dessin ; 3°. dans l'application, la vérité et l'inaltération des couleurs.

D. Quelles sont les qualités nécessaires à un Peintre ?

R. Il doit avoir beaucoup de lecture, d'imagination et de jugement pour l'invention ou le choix du sujet ; savoir parfaitement le dessin, et savoir bien choisir et appliquer ses couleurs. Il vaudrait encore mieux qu'il sût les faire lui-même.

DE LA SCULPTURE.

D. Qu'est-ce que la Sculpture ?

R. C'est l'art de tailler le bois, la pierre, le marbre et le métal, de manière à leur donner la forme d'un objet quelconque.

D. N'y a-t-il pas plusieurs sortes d'ouvrages en Sculpture ?

R. Oui ; il y a les Sculptures en *haut-relief*, qui ont l'épaisseur de la chose représentée ; les *demi-reliefs*, qui ont la moitié de l'épaisseur de la chose représentée ; et les *bas-reliefs*, qui ont moins que la demi-épaisseur.

D. La Sculpture était-elle anciennement connue ?

R. Oui; on en a une preuve dans les idoles de Laban, que Rachel enleva; par le veau d'or que les Israélites dressèrent dans le désert; dans les ouvrages du tabernacle, que Moïse fit construire dans le même désert; et par ceux du temple de Salomon: mais on reconnaît sur-tout son haut degré de perfection par les belles statues qui nous restent des Grecs et des Romains.

D. Quelles sont les qualités nécessaires à un Sculpteur?

R. De l'imagination et beaucoup de patience, bien connaître le corps humain, et savoir bien choisir la pierre ou le marbre qu'il veut employer.

D. Quand on a fait un ouvrage de Sculpture, n'y a-t-il pas un moyen pour en avoir de semblables sans les tailler comme le premier?

R. Oui, on peut en avoir de semblables en formant un moule sur cet objet, et en coulant du plâtre dans ce moule.

D. Comment nomme-t-on celui qui fait ces sortes d'ouvrages?

R. On le nomme *Mouleur*.

D. Quel est l'avantage que l'on retire de mouler?

R. C'est d'avoir très-facilement en peu de temps, et sans savoir sculpter, une figure parfaitement semblable à celle sur

laquelle

laquelle on a fait le moule ; ce qui fait qu'on peut multiplier tant qu'on veut les bons ouvrages de ce genre et les donner à un prix très-médiocre ; ce qui est très-avantageux pour répandre les beaux modèles parmi ceux qui cultivent le dessin, la peinture et la sculpture.

D. *De toutes les moulures quelle est la plus facile ?*

R. C'est celle d'un bas-relief, parce que le moule n'est que d'un seul morceau, au lieu qu'il faut le faire de plusieurs morceaux pour les hauts-reliefs.

D. *Le mouleur a-t-il besoin de beaucoup de connaissances ?*

R. Il lui suffit de savoir choisir de bon plâtre et de savoir le préparer.

D. *La gravure n'est-elle pas aussi une espèce de Sculpture ?*

R. Oui, c'est une espèce de Sculpture, mais dans laquelle le corps sculpté ou gravé n'est pas destiné à offrir lui-même la forme que l'on désire, mais à la représenter, soit sur la cire, comme les cachets, soit sur le papier, comme les planches de dessins gravés.

D. *Sur quoi grave-t-on ?*

R. Sur le bois, l'étain, ou le cuivre, qui est le meilleur de tous ; on enduit d'encre la planche gravée, et en l'appliquant fortement contre une feuille de papier elle y laisse son empreinte.

D. Quels sont les objets pour lesquels on emploie la gravure ?

R. Le dessin, la musique et l'écriture ; le dessin se grave au burin ou à l'eau-forte ; la musique et l'écriture se font ordinairement au burin.

D. Quelles sont les qualités nécessaires au graveur ?

R. Il doit savoir le dessin et avoir beaucoup de patience, car ces sortes de gravures sont très-longues à faire.

DES SCIENCES NATURELLES.

D. Quelles sont les Sciences naturelles ?

R. Il y en a trois principales, qui sont : l'*histoire naturelle*, la *physique* et la *chimie*.

D. Qu'est-ce que l'histoire naturelle ?

R. C'est la science qui apprend à connaître tous les corps de la nature par leurs caractères extérieurs et sans s'occuper de leurs propriétés.

D. Quelles sont les différentes branches de l'histoire naturelle ?

R. Il y en a six : la *cosmographie*, la *géographie*, la *géologie*, la *minéralogie*, la *botanique*, et l'*histoire des animaux*.

DE LA COSMOGRAPHIE.

D. *Qu'est-ce que la Cosmographie ?*

R. C'est la science qui donne la description du monde entier.

D. *Qu'est-ce que le monde ?*

R. Le monde ou univers est l'assemblage de tous les corps célestes qui existent dans l'espace immense qui comprend la terre et les étoiles les plus éloignées.

D. *Comment divise-t-on les corps célestes ?*

R. En *corps lumineux* par eux-mêmes, et en *corps opaques* qui ne sont pas lumineux par eux-mêmes, mais qui sont éclairés par la lumière qu'ils reçoivent des corps lumineux.

D. *Quels sont les corps lumineux ?*

R. Le *soleil* et les *étoiles*, qui sont en si grand nombre qu'on ne peut les compter.

D. *A quoi servent les corps lumineux ?*

R. Ils paraissent avoir été destinés par Dieu à occuper le centre du mouvement d'un certain nombre de corps opaques, qui forment ce qu'on appelle un *système*, et qu'ils éclairent ; c'est du moins ce qui a lieu pour le soleil, et on peut présumer qu'il en est de même pour chaque étoile.

D. Y a-t-il beaucoup de corps opaques ?

R. Nous ne connaissons que ceux qui sont éclairés par le soleil; mais il est probable qu'il y en a de même autour de chaque étoile.

D. Quels sont les corps qui composent notre système ?

R. Le soleil et tous les corps opaques connus, que l'on divise en trois classes : les *planètes*, les *satellites des planètes*, et les *comètes*.

D. Qu'est-ce que le soleil ?

R. C'est ce globe lumineux qui éclaire la terre et tous les autres corps opaques de notre système.

D. Quelle est sa grosseur ?

R. Son diamètre est à-peu-près de trois cent dix-neuf mille lieues, environ cent onze fois plus grand que celui de la terre; d'où il résulte que le soleil est à-peu-près un million quatre cent mille fois plus gros que la terre.

D. Le soleil a-t-il un mouvement ?

R. Autrefois on croyait que le soleil tournait autour de la terre ; maintenant on est certain qu'il ne tourne pas autour de la terre, et que c'est la terre qui tourne sur son axe : mais on a reconnu, par les taches qui se trouvent sur son disque, qu'il a un mouvement de rotation sur lui-même qu'il achève en 25 jours 12 heures.

D. *Qu'est-ce que les planètes ?*

R. Ce sont des corps opaques qui décrivent autour du soleil des ellipses plus ou moins grandes et à-peu-près circulaires.

D. *Combien connaît-on de planètes ?*

R. Sept, qui sont : *Mercure*, le plus près du soleil ; *Vénus*, qui vient ensuite ; après, la *Terre*, *Mars*, *Jupiter*, *Saturne*, *Herschell* ou *Uranus*, qui s'en écartent de plus en plus.

D. *Quels sont les mouvemens des planètes ?*

R. Elles ont chacune un mouvement de rotation sur elles-mêmes, et un de révolution autour du soleil. Ces deux mouvemens s'exécutent d'occident en orient.

D. *Comment distingue-t-on à la vue les planètes parmi les étoiles ?*

R. Parce qu'elles n'ont pas une lumière scintillante comme les étoiles, et qu'elles ont chacune une couleur particulière.

D. *Quelle est la forme des planètes ?*

R. Il paraît qu'elles ont été formées rondes, et que la rapidité de leur mouvement les a depuis un peu aplaties sur les pôles et renflées vers l'équateur.

D. Qu'y a-t-il à remarquer sur la Terre considérée comme planète ?

R. Elle tourne sur elle-même en 23 heures 56 minutes 4 secondes ; autour du soleil, en 365 jours 6 heures 9 minutes 10 secondes. Son diamètre est de 2865 lieues ; sa distance moyenne au soleil est de 34 millions de lieues. Son orbite autour du soleil se nomme *écliptique*.

D. Quelle est la vitesse de la Terre ?

R. Elle parcourt à-peu-près 6 lieues et demie par seconde dans son mouvement autour du soleil, et chaque point de l'équateur parcourt 238 toises par seconde par son mouvement de rotation sur elle-même.

D. Quelle est la planète dont le mouvement est le plus rapide ?

R. C'est *Uranus* qui, étant la plus éloignée, parcourt 3,700 lieues par minute. Cette rapidité est presque inconcevable.

D. Qu'appelle-t-on satellites ?

R. On appelle *satellites*, des corps célestes opaques emportés dans l'espace par la planète autour de laquelle ils se meuvent. On ne connaît que quatre planètes qui en aient, savoir : la *Terre*, *Jupiter*, *Saturne*, et *Uranus*.

D. Quel est le satellite de la Terre ?

R. C'est la Lune, que les Grecs avaient

rangée au nombre des planètes, et à laquelle ils avaient donné le nom de *Séléné*, d'où vient le mot *sélénographie*, qui veut dire, *description de la lune*.

D. *Quel temps la Lune emploie-t-elle pour faire sa révolution autour de la Terre ?*

R. Elle emploie 27 jours 7 heures 45 minutes 4 secondes. Elle ne décrit pas un cercle, mais une ellipse. Sa distance à la terre est 85,324 lieues par un terme moyen, car tantôt elle est plus loin et tantôt plus près. Le point où elle est le plus loin se nomme *apogée*, et celui où elle est le plus près se nomme *périgée*.

D. *Qu'appelle-t-on phases de la lune ?*

R. On appelle ainsi les différentes formes qu'elle nous présente pendant les 28 à 29 jours qu'elle emploie à faire sa révolution. Il y en a quatre, la *nouvelle lune*, le *premier quartier*, la *pleine lune*, et le *dernier quartier*. La cause de ces phases, ainsi que celle des autres phénomènes, s'explique dans l'astronomie, et par conséquent se trouve dans la physique, puisque l'astronomie fait partie de la physique.

D. *Combien les autres planètes ont-elles de satellites ?*

R. On en connaît quatre à Jupiter;

on n'en connaissait que cinq à Saturne, mais Herschell en a découvert deux autres, ce qui fait sept. Saturne a de plus autour de lui un espace lumineux qu'on nomme *anneau de Saturne*. On connaît aussi huit satellites à Uranus.

D. *Qu'est-ce qu'on appelle comète ?*

R. Ce sont des planètes dont on ne connaît pas le nombre ni la révolution, on sait seulement qu'elles décrivent autour du soleil des ellipses très-allongées : ces corps paraissent accompagnés de longues gerbes de lumière ; ce qui faisait croire aux anciens que la vue d'une comète présageait quelque grand évènement.

D. *Qu'est-ce que les étoiles fixes ?*

R. Ce sont des corps lumineux par eux-mêmes qui ne sont pas notre soleil, mais on soupçonne qu'ils peuvent être le soleil d'autant d'autres systèmes planétaires.

D. *Quelle est la distance des étoiles à la terre ?*

R. On n'a pas pu la déterminer exactement, mais on sait que celles qui en sont le plus près en sont au moins quatre cent mille fois plus loin que le soleil.

D. *Comment a-t-on divisé les étoiles ?*

R. On les a divisées en groupes que l'on nomme *constellations*. Il y a maintenant beaucoup de ces constellations : c'est pourquoi on les divise en *constellations méridionales*, qui sont du côté du midi; et en *constellations septentrionales*, qui sont dans la partie du nord.

D. *Toutes ces constellations étaient-elles connues des anciens ?*

R. Non, il n'y a que les douze constellations ou signes du Zodiaque, qui étaient très-anciennement connues ; les autres ont été formées successivement, et il y en a qui le sont depuis très-peu de temps.

D. *Comment se nomment les douze signes du Zodiaque ?*

R. Les trois signes du printemps se nomment le *Bélier*, le *Taureau*, les *Gémeaux*; ceux de l'été sont l'*Écrevisse* ou le *Cancer*, le *Lion*, la *Vierge*; ceux de l'automne, la *Balance*, le *Scorpion*, le *Sagittaire*; et ceux de l'hiver sont le *Capricorne*, le *Verseau*, les *Poissons*.

ABRÉGÉ
DE LA GÉOGRAPHIE.

D. Qu'est-ce que la Géographie ?

R. C'est la description mathématique, physique et politique de la terre.

D. En combien de parties divise-t-on la terre ?

R. En quatre ; savoir, l'*Europe*, l'*Asie*, l'*Afrique* et l'*Amérique*.

D. Par qui dit-on que la terre a été peuplée ?

R. Par les enfans de *Noé*; savoir, *Sem*, *Cham* et *Japhet*.

D. Quel fut le partage des trois frères ?

R. *Sem* eut les parties méridionales de l'*Asie*, *Cham* eut l'*Afrique*, et *Japhet* l'*Europe* et les parties septentrionales de l'*Asie*.

D. Pourquoi nomme-t-on l'Amérique le Nouveau-Monde ?

R. Parce qu'elle n'a été découverte que vers la fin du quinzième siècle, en sorte qu'elle n'est connue que depuis trois cents ans.

D. Par qui l'Amérique a-t-elle été découverte?

R. Par *Christophe Colomb*, célèbre navigateur Génois qui fut envoyé par *Ferdinand-le-Catholique*, roi d'Espagne, en 1491.

D. Mais pourquoi est-elle nommée Amérique?

R. Colomb fut, il est vrai, le premier auteur de cette découverte immortelle; mais *Améric Vespuce*, Florentin, lui déroba une partie de sa gloire, parce qu'il découvrit aussi le premier, en 1497, la partie du continent située au sud de la ligne équinoxiale, à laquelle il donna son nom dans la relation de son voyage. On comprit ensuite sous le nom de *America* ou *Amérique* toutes les îles et le continent immense qui forment le Nouveau-Monde.

D. Quelle est de ces quatre parties la plus étendue ?

R. C'est l'Amérique.

D. Quelle est celle où il y a le plus de mines d'or et d'argent ?

R. C'est la même.

D. Quelle est la plus riche en productions naturelles ?

R. L'*Asie*; c'est elle qui fournit les épiceries, les pierres précieuses, les drogues salutaires, etc.

D. Quelle est celle où la chaleur du soleil est le plus ardente ?

R. C'est l'*Afrique*, qui est principalement habitée par les Maures et les Nègres.

D. Quelle est la plus peuplée, et où les sciences sont le plus cultivées ?

R. C'est l'*Europe*, la plus petite de toutes.

D. Comment nomme-t-on les quatre côtés ou régions du monde ?

R. Le *midi*, le *septentrion*, l'*orient* et l'*occident*.

D. Comment peut-on savoir où elles se trouvent ?

R. Il ne faut que tourner le dos au soleil levant; l'on a alors à la main gauche le midi, à la droite le septentrion, par-derrière l'orient, et devant soi l'occident.

D. Comment nomme-t-on les vents qui soufflent de ces quatre côtés ?

R. On les nomme dans le même ordre, le vent du *sud*, le vent du *nord*, le vent d'*est*, le vent d'*ouest*.

D. Qu'est-ce qu'une mer ?

R. C'est une immense étendue couverte d'une énorme quantité d'eau amère et salée.

D. Pourquoi cette eau est-elle salée et amère ?

R. Par la combinaison de diverses matières dont le sel est la principale partie, et qui proviennent du fond même de la mer, avec d'autres qui sont apportées par les fleuves qui s'y jettent, et celles encore provenant de l'atmosphère par les exhalaisons de la terre.

D. *Comment divise-t-on les mers ?*

R. On les distingue généralement par leur situation ; ainsi l'on dit la *mer du Sud*, la *mer du Nord*, etc. La dénomination générale d'une grande mer est celle d'*Océan*.

D. *Qu'est-ce qu'un détroit ?*

R. C'est une mer qui est resserrée entre deux continens.

D. *Qu'est-ce qu'un continent ?*

R. C'est une grande étendue de pays continu, sans être entrecoupé par des mers.

D. *Qu'est-ce qu'un golfe ?*

R. C'est une quantité d'eau de la mer qui entre dans un pays et s'y arrête, sans perdre la communication avec la mer même.

D. *Qu'est-ce qu'un promontoire ?*

R. C'est une pointe de terre qui avance dans la mer, mais qui est plus élevée. On la nomme aujourd'hui un *cap*.

D. *Qu'est-ce qu'une île ?*

R. C'est une terre entourée d'eau.

D. *Qu'appelez-vous une presqu'île ?*

R. C'est une terre qui est environnée d'eau, à l'exception d'un seul endroit par où elle tient au continent.

D. *Qu'est-ce qu'un isthme ?*

R. C'est la langue de terre qui joint la presqu'île au continent.

D. *Qu'est-ce qu'un lac ?*

R. C'est une grande étendue d'eau qui ne se dessèche jamais, et qui n'a pas de courant.

D. *Qu'est-ce qu'un fleuve ?*

R. C'est une quantité d'eau douce resserrée, qui parcourt plus ou moins rapidement une grande étendue de pays, et se jette ensuite dans la mer.

D. Qu'est-ce qu'une rivière ?

R. C'est une eau de la même nature, mais en moindre quantité, et qui se perd ou dans une mer, ou dans un lac, ou dans un fleuve.

D. Qu'est-ce qu'un ruisseau ?

R. C'est une rivière en petit.

D. Quelle est l'origine des fleuves et des rivières ?

R. L'on croyait autrefois que la mer leur fournissait les eaux par des canaux souterrains ; mais on sait aujourd'hui que la pluie et la neige les produisent : cela est si vrai, que, dans le temps d'une grande sécheresse, l'eau des fleuves devient fort basse. Du reste, il est à remarquer que les fleuves et les rivières tirent ordinairement leurs sources des montagnes, ou au moins des pays élevés.

D. Qu'est-ce qu'un étang ou vivier ?

R. C'est une eau qui vient d'une rivière ou d'une source, qui est retenue par une chaussée ou par un autre moyen, et où l'on conserve du poisson.

D. Qu'appelez-vous marais ?

R. C'est une eau peu profonde, mais croupissante, et qui se dessèche souvent par la chaleur du soleil.

SUITE DE LA GÉOGRAPHIE.

Notions générales sur les quatre parties du monde.

CHAPITRE PREMIER.

DE L'ASIE.

CETTE partie du monde est la plus grande de l'ancien continent, et le plus anciennement habitée. Elle est bornée au nord par la mer Glaciale; à l'est par l'Océan Pacifique; au sud par la mer des Indes; à l'ouest par la mer Rouge, l'isthme de Suez, la Méditerranée, l'Archipel, la mer Noire, et l'Europe.

D. *Quelle est son étendue ?*

R. Elle a environ trois mille lieues de l'ouest à l'est, et dix-neuf cents du nord au sud.

D. *Quelles sont ses principales presqu'îles ?*

R. L'*Anatolie*, et les provinces voisines, appelées anciennement *Asie mineure*, l'*Arabie*, l'*Inde* en-deçà et l'*Inde* au-delà du *Gange*, *Malaca*, *Camboge*, la *Corée* et le *Kamtchatka*.

D. *Quelles sont ses principales montagnes ?*

R. Le mont *Caucase*, les montagnes d'*Arménie* à l'ouest, entre lesquelles on distingue l'*Ararat* et le *Taurus*, les montagnes du *Thibet* au nord de l'*Inde*, et les *Gattes*, du nord au sud, dans la presqu'île en-deçà du *Gange*.

D. *Quels sont ses principaux caps ?*

R. *Rasalgate*, au sud-est de l'*Arabie*; *Comorin*, au sud de l'*Inde* en-deçà du *Gange*; *Romania*, au sud de la presqu'île de *Malaca*; et *Swatoïno*, au nord de l'*Asie*.

D. *Quelles sont ses îles principales ?*

R. *Chypre* et *Rhodes*, dans la *Méditerranée*;

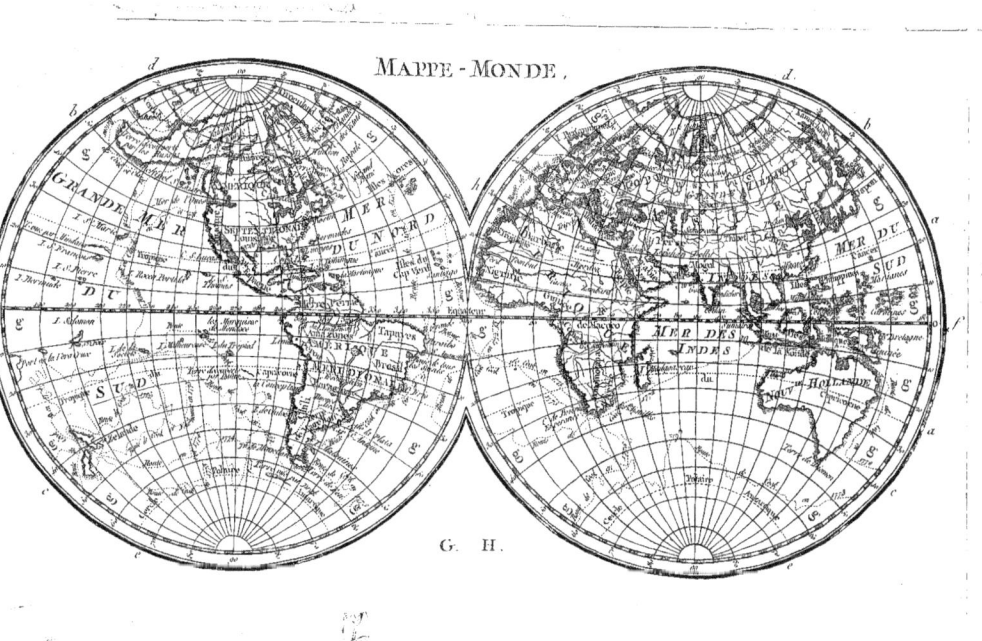

les îles de la *Sonde* et les *Maldives*, dans la mer des *Indes*; les *Moluques*, les *Philippines*, les *Mariannes* et le *Japon*, dans l'*Océan*.

D. *Quels sont ses principaux détroits?*

R. *Babel-Mandel*, à l'entrée de la mer *Rouge*; *Ormus*, à l'entrée du golfe *Persique*; *Malaca*, entre la presqu'île de ce nom et l'île de *Sumatra*; et la *Sonde*, entre l'île de *Sumatra* et celle de *Java*.

D. *Quels sont ses principaux golfes?*

R. La mer de *Kamtchatka*, entre la presqu'île de ce nom et les côtes de l'*Asie*; la mer de *Corée*, entre la *Corée* et le *Japon*; le golfe de *Pékeli*, entre la *Corée* et la *Chine*; le golfe de *Tonquin*, entre *Tonquin* et l'île d'*Aïnan*; le golfe de *Siam*, à l'est de la presqu'île de *Malaca*; le golfe de *Bengale*, entre les deux presqu'îles de l'*Inde*; le golfe *Persique*, entre la *Perse* et l'*Arabie*; la mer *Rouge*, entre l'*Afrique* et l'*Arabie*.

D. *Quels sont ses principaux fleuves?*

R. L'*Oby*, le *Jenisea*, le *Lena*, l'*Amur*, le *Hoang* ou *fleuve Jaune*, le *Kiang*, le *Menan*, le *Gange*, l'*Indus*, le *Tigre* et l'*Euphrate*.

D. *Quels sont ses lacs principaux?*

R. Le lac *Baikal* en *Sibérie*; la mer d'*Aral*, et la mer *Caspienne*.

D. *Quelles sont ses productions?*

R. Les plus riches et les plus rares dans les trois règnes de la nature, le minéral, végétal et animal

D. *Quelles sont les mœurs de l'Asie?*

R. Elles sont en général molles, efféminées e amies de l'oisiveté.

D. *Quelles sont les religions de l'Asie?*

R. Celles qu'on y suit généralement sont le *Mahométisme* et le *Paganisme*.

SECTION PREMIÈRE.

Des terres-fermes de l'Asie.

ART. 1. *De la Turquie Asiatique.*

Elle comprend la partie de l'*Asie* qui est soumise à l'empereur des Turcs, connu sous le nom de *Grand Seigneur*. Son étendue est très-considérable ; le gouvernement y est despotique.

D. *Quelles sont ses bornes ?*

R. A l'orient, la *Perse* ; au midi, l'*Arabie* ; à l'occident, l'*Archipel* et la mer de *Marmara* qui la séparent de l'Europe ; et au nord, la mer *Noire* et la *Circassie*.

D. *Quelle est son étendue, et comment est-elle divisée ?*

R. Ces pays, autrefois très-fertiles et bien peuplés, sont maintenant incultes, presque déserts, et livrés à l'ignorance et à la barbarie.

La *Turquie Asiatique* renferme quatre grandes régions, la *Natolie*, la *Syrie*, la *Turcomanie* et le *Diarbeck*. Chacune d'elles est partagée en plusieurs gouvernemens, savoir :

I. La *Natolie*, ou l'*Asie mineure*, est divisée en huit gouvernemens ou *Pachaliks* :

1. Les *côtes dépendantes du Capitan-Pacha ; Smyrne*, célèbre port de mer, est la ville principale.

2. *Anadoli* ; capitale *Kutaich*, résidence du Pacha.

3. *Sivas* : il renferme l'ancien royaume de *Pont* et la *Cappadoce*. Le Pacha réside à *Sivas*, capitale.

4. *Trébisonde* : sa capitale est une grande ville du même nom avec un port sur la mer *Noire*.

5. *Caramanie* ; capitale *Konich* ou *Cogni*.

6. *Marasch* ou *Aladulie* : il contient la *Petite-Arménie* ; sa capitale est *Marasch*.

7. *Adana* : il renferme l'ancienne *Cilicie* ; sa capitale est *Adana*.

8. *Cypre* : il contient le pays d'*Itchül*, l'ancienne *Cilicie Trachée*, et l'île de *Cypre* qui est vis-à-vis : le Pacha réside à *Nicosie*, capitale de l'île de *Cypre*.

II. La *Syrie* est divisée en six *Pachaliks* :

1. *Alep* : c'est aussi le nom de sa capitale, où il se fait un grand commerce par les caravanes.

2. *Tripoli* : sa capitale, au pied du mont *Liban*, est *Tripoli* de *Syrie*, près de la mer.

3. *Seyde* : il renferme l'ancienne *Phénicie*. *Saint-Jean-d'Acre* capitale, *Sayd* autrefois *Sidon*, et *Tur* qui est l'ancienne *Tyr*, sont les villes principales.

4. *Damas*, où se trouvent les ruines de *Balbec* et de *Palmyre* : sa capitale est *Damas*, célèbre par son commerce, ses étoffes, et ses ouvrages d'acier dont la trempe est excellente.

5. *Jérusalem* : il renferme la *Palestine* ou *Terre Sainte*. *Jérusalem* capitale, *Jaffa* et *Gaza* ports de mer, sont les lieux les plus importans.

6. *Adgeloun* : il renferme le pays des anciens *Moabites* et *Ammonites* ; sa capitale est *Adgeloun* sur le *Jourdain*.

III. La *Turcomanie*, ou l'*Arménie majeure*, est partagée en trois gouvernemens, qui prennent leur nom de leurs capitales :

1. *Van*, sur un grand lac de même nom.

2. *Erzerum*, sur l'*Euphrate*.

3. *Kars*, sur la rivière de même nom. Les Turcomans sont pasteurs et vivent sous des tentes ; ils entretiennent de nombreux troupeaux de chevaux, moutons et chèvres.

IV. Le *Diarbeck* est divisé en trois gouvernemens :

1. *Diarbekir*, autrefois la *Mésopotamie* ; ses

villes principales sont : *Diarbekir*, capitale, sur le *Tigre* ; *Mosul*, sur le *Tigre*, vis-à-vis l'ancienne *Ninive* ; et *Ourfa* ou *Orfa*, autrefois *Edesse*.

2. L'*Yrac-Arabie*, anciennement la *Chaldée* : il a pour villes principales *Bagdad*, chef-lieu, sur le *Tigre*, autrefois capitale de l'empire des *Califes* ; *Hella*, sur l'*Euphrate*, près du lieu où était la fameuse *Babylone* ; et *Bassora*, au-dessous du confluent du *Tigre* et de l'*Euphrate*.

3. *Kurdistan* ou *pays des Curdes* : les peuples qui l'habitent sont errans et pasteurs ; ils sont soumis à un prince qui dépend du Pacha, dont la résidence est à *Kerkouk*, capitale. C'est dans ce pays qu'est située *Erbil*, ancienne ville, la même qu'*Arbèle*, dans les plaines de laquelle fut livrée cette fameuse bataille gagnée par Alexandre sur Darius qui y perdit l'empire des Perses.

La *Turquie d'Asie* comprend encore la *Géorgie* et la *Mingrelie*, renommées par les belles fourrures qui en sortent. *Teflis*, jolie ville commerçante, est la capitale de la *Géorgie* ; et *Savatopoli* ou *Isgaour* sur la mer *Noire*, capitale de la *Mingrelie*.

D. *Quelles sont ses productions ?*

R. Dans tous les genres ; elles sont riches et variées.

D. *Quelle est la religion ?*

R. Le *Christianisme*, le *Judaïsme* et le *Mahométisme* ; mais ce dernier est la religion dominante.

Art. ii. *De l'Arabie.*

L'*Arabie* forme la plus grande presqu'île du monde.

D. *Quelle est son étendue ?*

R. Elle a environ cinq cents lieues du septentrion au midi, et environ quatre cents d'orient en occident. Ses bornes sont, à l'orient, le golfe *Persique* et la baie d'*Ormus*; au midi, le détroit de *Babel-Mandel* et l'océan *Indien*; à l'occident, la mer *Rouge* et l'isthme de *Suez*; au nord, la *Syrie* et l'*Euphrate* dans la *Turquie asiatique*.

D. *Quelles sont ses mœurs?*

R. Les *Arabes* vivent généralement en pleine campagne sous des tentes; les uns sont vagabonds et voleurs, et d'autres en grand nombre sont *nomades* ou *pasteurs*. Il faut en excepter les habitans des villes, qui sont peu nombreuses.

D. *Comment se divise l'Arabie?*

R. Ses divisions sont au nombre de trois, savoir:

1°. L'*Arabie Pétrée*, dont la capitale est *Kerac* ou *Hérac*.

2°. L'*Arabie Déserte*, dont la capitale est la *Mecque*.

3°. L'*Arabie Heureuse*, dont la capitale est *Aden*; et selon quelques auteurs, *Médine*.

D. *Quels sont ses principaux souverains?*

R. Le *Grand-Seigneur*, et le *Chérif de la Mecque*, qui est de la race de *Mahomet*, dont le gouvernement est patriarcal.

D. *Quelles sont ses productions?*

R. Les meilleurs chevaux du monde, le chameau et le dromadaire; les parfums, le café de Moka, les baumes, les gommes, et toutes les espèces d'animaux féroces.

ART. III. *De la Perse.*

D. *Quelle est son étendue?*

R. Elle a environ cinq cents lieues d'orient en occident, et trois cent soixante-dix du nord au sud. Ses bornes sont, à l'orient, le *Mogol*; au midi, le golfe *Persique*; à l'occident, l'*Arabie* et la

Turquie asiatique; au nord, la mer *Caspienne* et la *Tartarie*.

D. *Quel est le nom de son souverain?*

R. On l'appelle le *Grand-Sophi*; son gouvernement est despotique, et il réside à *Ispahan*, capitale de l'empire.

D. *Quelles sont ses divisions?*

R. Ces belles contrées, patrie des anciens *Mèdes* et des *Parthes*, sont depuis long-temps désolées par des guerres civiles entre différens princes tartares qui en ont fait la conquête : la plupart des villes ont été détruites ; ce qui est cause que nous indiquerons seulement le nom des treize provinces qui forment la division de cet empire :

1°. L'*Aderbijan*, capitale *Tauris*, ville célèbre; 2°. Le *Chirvan*, où se trouve *Derbent*, port sur la mer *Caspienne* ; 3°. le *Chilan* ; 4°. le *Masanderan*; 5°. le *Korasan*; 6°. le *Candahar*; 7°. l'*Yrac-Agemi*, où se trouve *Ispahan*; 8°. le *Sigistan* ; 9°. le *Sablestan*; 10°. le *Khusistan*, où était l'ancienne *Suze*, résidence des rois ; 11°. le *Farsistan*; 12°. le *Kerman* ; 13°. le *Mecran*.

D. *Quelle est la religion dominante?*

R. Le *Mahométisme* de la secte d'*Ali*, gendre de *Mahomet*.

D. *Quelles sont ses productions?*

R. Elle abonde en fruits, coton, soie, chevaux, chameaux, perles, etc.

ART. IV. *De l'Inde.*

D. *Quelle est son étendue?*

R. Elle est si considérable, qu'elle forme une des plus grandes divisions de la terre. Ses bornes sont la *Perse* à l'occident ; la *Tartarie* et la *Chine* au nord ; l'*Océan Indien* à l'orient et au midi.

D. Quelles sont ses productions ?

R. Tout ce que la nature offre de plus précieux; aussi cette contrée est-elle la plus riche de toutes les régions.

D. Quelle religion y suit-on ?

R. Toutes les religions ont des sectateurs dans cette contrée ; mais le *Mahométisme* et le *Paganisme* y règnent.

D. Comment se divise l'Inde ?

R. Ses divisions principales sont au nombre de trois, savoir :

1°. L'*Indostan*, ou l'empire du *Mogol*, dont la capitale est *Deli*. Cet empire était formé autrefois de trente-sept royaumes ; il est aujourd'hui divisé en dix-neuf principautés gouvernées par des *Soubabs*, qui ont un pouvoir absolu.

En voici les noms, qui sont aussi ceux de leurs capitales : *Cachemire, Ayoud, Siba, Patna, Jesuat, Bengale, Udesse, Orixa, Balagate, Talinga, Guzurate, Tata, Caboul, Pengab, Deli, Agra, Asmer, Malva* et *Halabas*.

Dans la principauté de *Guzurate* se trouve *Surate* à l'entrée du golfe de *Cambaye*, port fameux par son commerce immense.

2°. La presqu'île en-deçà du *Gange*, qui se partage en royaumes de *Visapour*, de *Golconde*, de *Carnate*, et en deux parties appelées Côtes de *Coromandel* et de *Malabar*.

C'est dans ces contrées que sont situées les possessions anglaises : elles ont été le théâtre des guerres et des usurpations par le moyen desquelles les Anglais sont parvenus à s'emparer de la majeure partie de cette presqu'île, la plus riche des *Indes*, et à en expulser les nations européennes qui prenaient part au commerce de ces pays. La résidence du gouvernement est à *Calcuta*, port sur le *Gange* dans le *Bengale*. Les autres principales places de commerce sont : *Madras*, port sur la côte de *Coromandel* dans le *Carnate*; *Mazulipatan*, port sur la même côte dans le royaume de *Golconde*; *Bombay*, port dans l'île de ce nom, sur la côte de *Malabar* dans le *Visapour*.

Les Anglais, ayant détruit en 1799 l'empire de *Mysore*, par la prise de *Seringapatam* et la mort de *Typo-Sayb*, n'ont plus pour ennemis que les *Marattes*, nation nombreuse et guerrière, qui habite les montagnes au midi de *Visapour*, et dont la capitale est *Satara*.

Le célèbre port de *Goa*, capitale des colonies portugaises, se trouve sur la côte de *Malabar*, sous la dépendance de *Bombay*.

Avant la guerre de la Révolution, les Français possédaient *Chandernagor*, port dans le *Bengale* sur l'*Ougli*, une des bouches du *Gange*; *Mahé*, port dans le *Calicut* sur la côte de *Malabar*; et *Pondicheri* sur la côte de *Coromandel*.

3°. La presqu'île au-delà du *Gange*, qui renferme sept royaumes, nommés *Ava*, *Pégu*, *Aracan*, *Siam*, *Camboge*, *Tonquin* et *Cochinchine*, où les Européens ont des comptoirs, mais point de colonies.

ART. V. *De la Chine.*

D. *Combien a-t-elle d'étendue ?*

R. Ce grand empire, le plus ancien et le plus puissant état de l'*Asie*, a environ cinq cent lieues du nord au sud, et trois cent cinquante lieues de l'est à l'ouest. Ses bornes, à l'occident, sont le royaume d'*Ava*, le *Boutan* et le *Thibet*, empires soumis au *Grand-Lama*; au septentrion, la *Grande-Tartarie*; à l'orient, l'*Océan*; et au midi, l'*Océan* et la presqu'île en-deçà du *Gange*.

D. *Quel est son gouvernement?*

R. Il est despotique, mais mitigé par les mœurs

et l'opinion ; en sorte que l'empereur peut et n'ose faire tout ce qu'il veut.

D. *Quel est le culte de ce pays ?*

R. Le *Paganisme* y domine, et les autres religions y sont tolérées.

D. *Quelles sont les mœurs de ce peuple ?*

R. Graves, douces, polies et industrieuses ; mais défigurées par la dissimulation et la fourberie, la cupidité, et l'amour de la vengeance.

D. *Quelles sont les principales productions de cet empire ?*

R. Elles sont aussi variées qu'il est étendu : on en distingue le riz, la soie, le thé, les porcelaines, le papier et l'encre, etc., objets d'un immense commerce avec tout le monde.

D. *Comment se divise la Chine ?*

R. En quinze grandes provinces, savoir :

1°. Le *Chensi*, qui a pour capitale *Singan*, sur la rivière de *Hoei*.

2°. Le *Chansi*, dont la capitale est *Tayven*.

3°. Le *Petcheli*, dont le chef-lieu est *Pékin*, capitale de tout l'empire.

4°. Le *Changtong*, dont la capitale est *Tsinan*.

5°. Le *Setghuen*; capitale *Tchingtou*.

6°. Le *Honan*; capitale *Caifong*, sur le fleuve *Honan*.

7°. *Nankin*, qui a pour capitale une ville du même nom, située sur le *Kiang*; les empereurs y faisaient autrefois leur résidence.

8°. Le *Houquang*; capitale *Voutchang*, sur le *Kiang*.

9°. Le *Kiangsi* ; capitale *Nantchang*.

10°. Le *Tchekiang* ; capitale *Hangtcheou*, à l'embouchure du *Cientang*.

11°. Le *Fokien*; capitale *Foutcheou*.

12°. Le *Quangtong*, dont la capitale est *Can-*

ton, au fond du golfe de *Ta :* c'est le seul port où il soit permis aux Européens de faire le commerce.

13°. Le *Quang-si;* capitale *Queiling*, sur le *Ta.*
14°. Le *Queichou;* capitale *Queyan.*
15°. Le *Younan*, dont la capitale est *Yunnan,*

ART. VI. *De la Tartarie.*

D. *Quelle est son étendue ?*

R. Elle est immense; elle embrasse toutes les parties de l'*Asie* non comprises dans les différens pays déjà nommés dans ce chapitre. Elle est bornée au septentrion par la mer *Glaciale*; à l'orient, par la même mer et la *Chine*; au midi, par l'*Inde* et la *Perse*; à l'occident, par la mer *Caspienne* et la *Moscovie.*

D. *Par qui est-elle gouvernée ?*

R. Ses souverains sont l'empereur de *Russie*, celui de la *Chine*, et quelques autres chefs qui portent le nom de *Kan*. Le gouvernement y est despotique et patriarcal.

D. *Quelle religion y professe-t-on ?*

R. Le *Paganisme* et le *Mahométisme;* mais celle du *Grand-Lama*, branche du *Paganisme*, y est dominante.

D. *Comment sont les mœurs ?*

R. Celles des peuples pasteurs, mais dures, guerrières et sauvages: les *Tartares* se livrent pour la plupart au brigandage.

D. *Quelles sont ses productions ?*

R. Elles consistent en riz, rhubarbe, la meilleure qui soit connue; grand nombre d'animaux sauvages, dont on tire les plus riches fourrures; des chameaux, des chevaux, du sel, et beaucoup de bêtes à cornes, et volatiles de toute espèce.

D. *Comment se divise la Tartarie ?*

R. On la divise en trois parties, savoir:

1°. La *Tartarie Chinoise*, au nord de la *Chine.*
Elle

Elle comprend le pays des *Mantchoux*, dont la ville capitale est *Kirin*.

2°. La *Tartarie indépendante*, qui comprend le pays des *Monguls* et des *Kalmoucks*. Ces derniers sont distribués en cinquante hordes, dont chacune a son *Kan*, ou souverain particulier ; leur capitale est *Samarcande*.

3°. La *Tartarie Russienne*, qui fait partie de la *Russie Asiatique*.

D. Quelle est l'étendue de la *Tartarie Russienne* ?

R. Cette portion de l'empire de Russie qu'on appelle *Grande-Sibérie* est très-vaste. Sa longueur est de 1300 lieues, et sa largeur de 500. Ses bornes sont, au nord, la mer *Glaciale*; au sud, la *Tartarie indépendante* et la *Tartarie Chinoise*; à l'ouest, la *Tartarie Européenne*; et à l'est, l'*Océan oriental*.

D. Quelles sont ses divisions ?

R. En quatre gouvernemens, savoir :

1°. Le gouvernement de *Casan*, divisé en sept provinces qui portent le nom de leurs capitales :

Solkamsko, sur la *Kama*.

Czerdin, au nord-ouest de *Solkamsko*.

Glinof, sur la *Viatka*.

Casan ou *Kasan*, sur le *Wolga*.

Sviajesk, sur le *Wolga*.

Simbirsk, au midi de *Kasan*.

Pinsk, au sud-ouest de *Sviajesk*.

2°. Le gouvernement d'*Orenbourg*, divisé en deux provinces :

La *Baskirie*, dont *Orenbourg* sur le *Jaïck* est la capitale.

L'*Ufimskie*, qui a pour capitale *Ufa*, sur la rivière de ce nom.

3°. Le gouvernement d'*Astracan*, dont la capitale est *Astracan*, ville très-considérable dans l'île de *Dolgoï*, formée par le *Wolga* près de la mer *Caspienne*.

4°. Le gouvernement de *Sibérie*, où sont exilés les criminels d'État, est divisé en quatre provinces, ayant le nom de leurs capitales :

Tobolsk ou *Sibir*, sur l'*Irtiz*.

Jeniseik, sur le *Jenisea*.

Irkutsk, sur l'*Angara*.

Kamtchatka, port de mer.

SECTION DEUXIÈME.

Des îles de l'Asie.

Les îles de l'*Asie* sont en si grand nombre, que la mémoire peut les confondre : nous allons seulement en présenter un tableau général divisé en sept parties.

ART. I. *Des îles du Japon.*

Ces îles, qui forment un grand État, sont situées dans l'*Océan oriental*.

D. *Quelle est leur étendue ?*

R. On leur donne deux cent soixante lieues de longueur, sur une largeur qui n'en a jamais moins de soixante.

D. *Quelles sont leurs divisions ?*

R. On les divise en trois principales, dont toutes les autres dépendent, savoir :

1°. *Nipon* ou *Niphon*, qui a environ six cents lieues de tour, et dont la capitale, qui l'est aussi de tout l'empire, est *Jedo*.

2°. *Saïcof* ou *Ximo*, dont la capitale est *Nangasaki*, le seul port de l'empire où les Chinois et les Hollandais puissent commercer : toutes les autres nations en sont exclues.

3°. *Sicokf* ou *Tonsa*, qui a cent vingt lieues

de circonférence, et dont la capitale est *Awa* ou *Tosa*.

D. *Quelles sont les productions de ces îles ?*

R. Elles consistent en minéraux précieux, ivoire, perles et porcelaines.

D. *Quel en est le gouvernement ?*

R. Le despotisme le plus absolu, et d'autant plus que l'empereur réunit les deux puissances; l'autorité civile et militaire, et celle de la religion.

D. *Quelle religion y suit-on ?*

R. Un *Paganisme* plus ou moins grossier; les autres cultes n'y sont pas permis, et le *Christianisme* défendu sous peine de mort.

D. *Comment sont les mœurs des Japonais ?*

R. Moins graves qu'à la *Chine*, mais plus fières, plus guerrières, et flétries par la superstition.

Art. II. *Des îles Mariannes.*

Le fameux Magellan, qui découvrit ces îles en 1520, leur donna le nom d'*îles des Larrons*. Les Espagnols y ont substitué celui de *Mariannes*. Elles sont situées dans l'archipel de Saint-Lazare, entre l'*Océan oriental* et la mer *Pacifique*.

D. *Quelle est leur étendue ?*

R. Elles occupent, sur une longue chaîne du midi au nord, un espace de mer d'environ cent cinquante lieues.

D. *Quel est le nombre de ces îles ?*

R. Quatorze, dont deux seulement méritent une mention particulière.

1°. *Guanan*, qui a quarante lieues de tour, et dont la capitale est *Agand*, avec un bon port.

2°. *Saypan*, moins considérable et peu connue, parce qu'elle manque de port.

D. *Que produisent ces îles ?*

R. Des fruits, épiceries, perles, bétel et ivoire.

D. Quel en est le gouvernement ?

R. Les habitans soumis aux Espagnols vivent sous les lois monarchiques. Ceux qui n'ont pas été subjugués vivent sans rois, sans lois, et dans une parfaite indépendance.

D. Quelle religion y est suivie ?

R. Le *Christianisme*, où les Espagnols dominent; ailleurs, les naturels paroissent n'avoir nulle idée de culte ni de divinité.

D. Quelles sont leurs mœurs ?

R. Sous le régime espagnol, elles sont un peu civilisées; le reste est absolument sauvage.

Art. iii. *Des îles Philippines.*

Ces îles sont situées dans l'*Océan oriental* au midi de la *Chine*, et au nord des *Molucques*. Leur nombre, dit-on, s'élève à douze cents.

D. Quelles sont les plus remarquables ?

R. 1°. *Luçon* ou *Manille*, dont le circuit est de quatre cent cinquante lieues, a pour capitale une ville nommée aussi *Manille*, avec un port appelé *Cabite*, où il se fait un grand commerce.

2°. *Mindanao*, la plus grande après *Manille*, a environ trois cents lieues de circonférence, et pour capitale *Mindanao* ou *Tabouc*.

3°. *Tandayn* ou *Samur*, qui a environ cent trente lieues de tour, et dont *Guigan* est la capitale.

D. Quelles en sont les productions ?

R. Les perles, l'ambre gris, le coton, épiceries, beaucoup d'or, et des fruits en abondance.

D. Quelle religion est professée dans ces îles ?

R. Le *Christianisme*, dans celles qui appartiennent aux Espagnols, et qui sont les plus considérables. Le *Mahométisme* et le *Paganisme* dominent dans le reste.

ART. IV. *Des Molucques.*

Le nom de *Molucques* est celui qu'on donne à toutes les îles qui sont entre celles de la *Sonde*, les *Philippines*, la *Terre des Papous* et la *Nouvelle-Hollande*. Elles furent découvertes en 1520, par Magellan.

D. *Comment se divisent les Molucques ?*

R. En quatre îles principales, savoir :

1°. *Célèbes* ou *Macassar*, dont la capitale est *Macassar*, avec un bon port.

2°. *Gilole*, dont la capitale porte le même nom.

3°. *Ternate*, dont la capitale est *Malayo*.

4°. *Amboyne*, avec une capitale du même nom.

Banda, nom de sept îles, dont les principales sont, *Banda* et *Nera* : cette dernière a pour capitale le fort *Nassau*.

D. *Que produisent ces îles ?*

R. Des mines d'or, de cuivre et d'argent ; les aromates et épiceries, qui enrichissent la Hollande ; le riz, l'ivoire, des tortues monstrueuses, citrons, oranges, cocos, et sur-tout le gérofle et la muscade.

D. *Qui gouverne ces îles ?*

R. Différens rois, soumis aux Hollandais, qui y exercent un pouvoir absolu.

D. *Quelle en est la religion ?*

R. Dans les lieux habités par les Hollandais, le *Christianisme* ; dans tout le reste, l'*Idolâtrie* et le *Mahométisme* : ce dernier culte est généralement adopté.

D. *Leurs mœurs ?*

R. Elles sont douces et fières, mais excessivement corrompues par l'intérêt.

ART. V. *Des îles de la Sonde.*

Ces îles sont ainsi nommées du *Détroit de la Sonde*, qui est entre *Sumatra* et *Java*.

D. *Quelle est leur division ?*

R. On les partage en trois îles principales, qui sont :

1°. L'île de *Sumatra*, dont la capitale est la grande ville d'*Achem*, avec un bon port, séjour d'un roi puissant par ses richesses et le nombre de ses soldats.

2°. L'île de *Java*, dont la capitale est *Cartasoura*, résidence d'un empereur. C'est dans cette île que les Hollandais ont bâti *Batavia*, chef-lieu de tous leurs établissemens dans les Indes.

3°. L'île de *Borneo*, dont la capitale porte le même nom, et jouit d'un port excellent. Après ces îles, qui sont très-grandes, les plus considérables sont, *Bali*, *Madura* et *Banca*, dont les capitales portent le nom de chacune de ces îles.

D. *En quoi consistent les productions de ces îles ?*

R. En minéraux précieux en tous genres, en gingembre, poivre et autres épiceries, en fruits délicieux, et en ivoire.

D. *Quel est le gouvernement ?*

R. Il est entre les mains de plusieurs empereurs et rois soumis aux Hollandais, qui règnent en despotes.

D. *Quelle est la religion qui y est adoptée ?*

R. Par les Hollandais, le *Christianisme*. Le culte des habitans des côtes est le *Mahométisme*; et un *Paganisme* grossier asservit les sauvages retirés dans le milieu des terres. Les mœurs y sont féroces, portées à la lâcheté et à la trahison.

ART. VI. *Des Maldives.*

L'étendue des *Maldives* est sur une espèce de ligne droite du sud-est au nord-ouest, de vingt lieues de largeur. Elles se divisent en treize provinces, nommées chacune *Atollon*. Leur capitale est *Male*.

D. *Que produisent-elles ?*

R. Leurs productions sont peu abondantes. On distingue cependant le cocotier, arbre qui nourrit les hommes, sert aussi à leur habillement et à la construction des maisons et des navires.

D. *A qui sont-elles soumises ?*

R. A un souverain, qui prend le titre de *Sultan des treize provinces et des douze mille îles*. Son gouvernement est despotique.

D. *Quelle religion est admise aux Maldives ?*

R. Le *Mahométisme* y est le seul culte connu.

D. *Que dites-vous de leurs mœurs ?*

R. Elles sont amies de l'ordre et d'une police sévère, propres d'ailleurs à la culture des sciences et des arts.

Art. VII. *De Ceylan.*

L'étendue de cette île, voisine des *Maldives*, est d'environ cent lieues de longueur, cinquante de largeur, et d'environ trois cents de circonférence, sous la forme d'une poire. La ville capitale est *Candy*, séjour du prince. Les Hollandais y ont établi le chef-lieu de leur puissance à *Colombo*, la plus forte place des *Indes*, avec un port considérable. Les autres ports importans sont : *Jafanapatan*, *Negombo*, *Trinquemale* et *Pontogale*.

D. *Quelles sont ses productions ?*

R. Des mines d'or, des fruits excellens : l'ivoire et les épiceries y abondent.

D. *Quel est le gouvernement de cette île.*

R. Il est dans les mains d'un monarque soumis aux Hollandais.

D. *Quelle est la religion ?*

R. On y professe généralement le *Paganisme* ;

mais dans les possessions hollandaises le *Christianisme* règne, et tous les chrétiens sont nobles.

D. Les mœurs ?

R. Elles y sont douces, sociales, amies de la vérité, mais vaines et présomptueuses.

Art. VIII. *De Chypre, ou Cypre.*

Cette île, située dans la mer Méditerranée, a soixante-sept lieues en longueur de l'est à l'ouest; vingt en largeur du nord au sud, et cent quarante de circuit. Sa capitale est *Nicosie*.

D. Quelles sont ses productions ?

R. Elles consistent en fruits, et principalement en vins délicieux, cotons et maroquins.

D. A qui est-elle soumise ?

R. Au *Grand-Seigneur*, dont les lieutenans y gouvernent despotiquement.

D. Quelle religion y est admise ?

R. Le *Mahométisme* et le *Christianisme* grec; les mœurs se ressentent de l'influence de ces deux religions.

Art. IX. *De Rhodes.*

L'étendue de cette île est de quinze lieues du sud au nord, de sept de l'est à l'ouest, et de soixante de circonférence. Sa capitale est une ville du même nom avec un bon port.

D. Que produit-elle ?

R. Ses vins, qui sont délicieux, et le coton, méritent seuls une mention particulière.

D. De qui suit-elle les lois ?

R. Du *Grand-Seigneur*, dont les lieutenans sont despotes.

D. Quelle religion y suit-on ?

R. Le *Christianisme* grec et le *Mahométisme*; les mœurs y portent l'empreinte de ces deux cultes.

CHAPITRE II.

DE L'AFRIQUE.

Cette partie du monde, qui forme une grande presqu'île, est bornée au nord par la Méditerranée ; à l'est, par l'isthme de Suez qui la joint à l'Asie, la mer Rouge qui l'en sépare, et la mer des Indes ; au sud et à l'ouest, par l'Océan.

D. *Quelle est son étendue ?*

R. Dix-huit cents lieues environ du nord au sud, c'est-à-dire, du Cap de Bonne-Espérance aux rives de la Méditerranée ; et dix-sept cent cinquante lieues de l'est à l'ouest, du Cap Guardafui au Cap-Vert.

D. *Quelles sont ses principales montagnes ?*

R. L'*Atlas*, dont la chaîne s'étend, en longeant la Méditerranée, depuis l'Égypte jusqu'à l'océan Atlantique ; le mont *Lupata*, qui se prolonge du sud au nord dans la Cafrerie ; les montagnes de la *Lune*, qui environnent le Monomotapa, et se prolongent vers le midi ; celles de *Sierra-Leona* ou *montagnes des Lions*, qui séparent la Nigritie de la Guinée, et s'étendent jusqu'à l'Éthiopie ; et le Pic de Ténériffe aux îles Canaries.

D. *Quels sont ses Caps principaux ?*

R. Le *Cap Bon*, au nord, en face de la Sicile ; le *Cap Spartel*, à l'ouest du détroit de Gibraltar ; le *Cap Bojador* et le *Cap Blanc*, au sud des Canaries ; le *Cap Vert*, en face des îles du même nom ; le *Cap des Palmes*, et celui des *Trois Pointes*, à l'ouest de la côte de Guinée ; le *Cap de Bonne-Espérance*, et le *Cap des Aiguilles*, au sud de la côte de Guinée ; et sur la côte orientale, le *Cap des Courans* ; sur la côte de Zanguebar, le *Cap de Gado* ; et à la pointe la plus avancée vers l'est, le *Cap Guardafui*.

D. Quelles sont ses îles principales ?

R. A l'ouest, *Madère*, les *Canaries*, l'*île de Fer*, les *îles du Cap Vert*, de *Saint-Thomas*, de l'*Ascension* et de *Sainte-Hélène* ; à l'est, l'*île de Madagascar*, l'*île de la Réunion*, l'*île de France* et celles de *Comore* ; au nord de Madagascar, les *îles de l'Amirante*, et l'*île Socotora*, près de l'Arabie.

D. Quels sont ses principaux golfes ?

R. Le golfe de la *Sidre*, au nord, dans la Méditerranée ; le golfe de *Guinée*, au sud de la Côte-d'or et du royaume de Bénin ; et le golfe de *Sofala*, en face de Madagascar.

D. Quels sont ses principaux fleuves ?

R. Le *Nil*, qui se jette dans la Méditerranée ; le *Niger*, qui naît et finit dans l'intérieur du pays ; le *Sénégal*, le *Zaire*, la *Gambie*, le *Coanza*, la *Cuáma*, qui vont se perdre dans l'océan Atlantique ; et le *Zambèze*, qui se décharge dans la mer des Indes.

D. Quels sont ses principaux lacs ?

R. Le lac de *Maravi*, dans la Cafrerie ; le lac de *Dambéa*, dans l'Abissinie.

D. Quels sont les souverains les plus remarquables de l'Afrique ?

R. Le Grand-Seigneur, l'Empereur de Maroc, celui de Nubie, le Roi du Congo, et le Grand-Négus ou Empereur d'Abissinie.

D. Comment est le gouvernement en général ?

R. Il est presque par-tout bizarre, despotique et entièrement dépendant des passions et des caprices du souverain. Ces peuples n'ont pour ainsi dire que des pensées d'un jour ; leurs lois n'ont d'autres principes que ceux d'une morale avortée, et d'autre consistance que celle que leur donne une habitude indolente et aveugle.

D. *Quelles sont les religions répandues en Afrique ?*

R. Le *Mahométisme*, le *Paganisme*, le *Judaïsme;* et dans quelques endroits où les Européens ont fait des établissemens, on trouve de petits districts où l'on professe le *Christianisme*.

D. *Quelles sont les mœurs générales des Africains ?*

R. Elles passent pour être féroces, cruelles, lâches et perfides, suivant quelques voyageurs; et selon d'autres, il y a plusieurs nations dans cette contrée dont les *mœurs* approchent de la candeur et simplicité des premiers temps.

Nous allons faire, pour l'Afrique, ce que nous avons fait pour l'Asie ; c'est-à-dire que, pour en bien saisir le tableau géographique, nous allons l'étudier dans ses *terres fermes* et dans ses *îles*.

SECTION PREMIÈRE.

Des terres fermes de l'Afrique.

Les terres fermes principales de l'Afrique sont au nombre de onze, savoir : l'*Égypte*, la *Nubie*, l'*Abissinie*, le désert de *Barca*, la *Barbarie*, le *Sahara*, la *Guinée*, la *Nigritie*, le *Congo*, la *Cafrerie*, et les pays situés à l'est, que nous comprendrons tous dans un seul et même article.

ART. 1. *De l'Égypte.*

L'Égypte est, après l'Inde, le pays le plus anciennement peuplé, et où l'on trouve encore les plus anciens monumens des arts qui existent sur le globe. Ses bornes sont, au septentrion, la mer Méditerranée; à l'orient, l'isthme de Suez et la mer Rouge; au midi, la Nubie et l'Abissinie; et à l'occident, la Barbarie et le désert de Barca.

D. Quelle est son étendue ?

R. Elle a deux cents lieues de longueur du midi au septentrion, sur cent lieues de largeur du couchant au levant.

D. Quelles sont ses divisions ?

R. On la divise en trois parties principales, savoir :

1°. La *Haute-Égypte*, ou la *Thébaïde* des anciens, que nous appelons *Saïd*, et dont la capitale est *Girgé*.

2°. L'*Égypte du milieu*, appelée *Vostani*, dont la ville principale est le *Caire*, capitale de toute l'Égypte, et la résidence du gouvernement.

3°. La *Basse-Égypte*, nommée *Bahri*, dont la capitale est la fameuse *Alexandrie*. On y trouve aussi *Rosette*, port sur la rive occidentale du Nil, et *Damiette*, sur la rive orientale : ces deux villes font un grand commerce.

D. Quel est le souverain de l'Égypte ?

R. Depuis l'année 1798, elle est soumise aux Français, qui s'en emparèrent sous la conduite du général Bonaparte, après avoir vaincu dans plusieurs batailles les Mameloucks qui gouvernaient ce pays avec un pouvoir absolu, sous le nom du Grand-Seigneur, dont ils méprisaient l'autorité.

D. Quelle religion y est établie ?

R. Le *Mahométisme* est la religion dominante du pays ; on y voit cependant des chrétiens et des Juifs qui y sont tolérés.

D. Comment sont les mœurs des Égyptiens ?

R. Les Égyptiens proprement dits sont enclins à la paresse et à la vengeance ; mais les Arabes, qui habitent l'Égypte en grand nombre, y ont conservé leurs inclinations féroces, et leur penchant au vol et au brigandage.

D. Quelles sont les productions de l'Égypte ?

R. Elles consistent en olives et autres fruits en

abondance ; beaucoup de bétail , et sur-tout des brebis qui portent deux fois par an , et donnent à chaque travail deux ou trois agneaux ; de l'ivoire, du baume excellent, et une quantité étonnante de grains , entr'autres le riz et le blé. Cette extrême fertilité est due aux inondations périodiques du Nil. Ce fleuve , entr'autres poissons voraces, nourrit des crocodiles monstrueux.

Art. ii. *De la Nubie.*

La *Nubie* est bornée , au nord , par l'Égypte ; à l'est, par l'Abissinie ; au sud , par l'Éthiopie ; et à l'ouest , par le Sahara et le Biledulgerid.

D. *Comment divise-t-on la Nubie ?*

R. En deux parties, savoir :

1°. Le royaume de *Nubie* , dont la capitale est *Sennaar.*

2°. Le royaume de *Dongola*, dont la capitale porte le même nom.

D. *Qui gouverne en Nubie ?*

R. C'est un empereur dont le pouvoir est absolu ; il fait sa résidense à Sennaar, et gouverne le *Dongola* par son lieutenant, sous le titre de vice-roi.

D. *Quelle est la religion des habitans ?*

R. Un mélange de *Mahométisme* et de *Judaïsme.*

D. *Quelles sont les productions de la Nubie ?*

R. Le musc, l'ivoire, la poudre d'or, et beaucoup d'animaux féroces.

Art. iii. *De l'Abissinie, ou Éthiopie.*

Les bornes de l'*Abissinie* sont , au nord , la Nubie ; à l'ouest, la Nigritie ; au sud , le pays des Gallas ; et à l'est, la mer Rouge.

D. *Quelle est son étendue ?*

R. Elle a environ deux cents lieues de longueur, sur autant de largeur.

D. *Comment se nomme le souverain de l'Abissinie ?*

R. Il prend le titre d'Empereur, et on l'appelle le *Grand-Negus* ; son autorité est absolue. Il fait sa résidence à *Gondar*, capitale de l'empire.

D. *Quelle est la religion des Abissins ?*

R. C'est une secte schismatique de chrétiens, qui mêlent dans leur culte beaucoup d'idolâtrie et de judaïsme.

D. *Quelles sont les mœurs des Abissins ?*

R. Ils vivent en général sous des tentes en pleine campagne, et ont les mœurs des peuples pasteurs.

D. *Que produit l'Abissinie ?*

R. Beaucoup de bestiaux, de plantes médicinales, et des mines de tous les métaux ; entr'autres, d'or et d'argent, dont les habitans tirent peu de profit.

Art. iv. *Du désert de Barca.*

Cette vaste étendue de pays, autrefois la *Libye* des anciens, porte le titre de royaume de *Barca* ; il est situé à l'occident de l'Égypte, à l'orient du royaume de Tripoli, et appartient aux Turcs. Le nom seul de cette contrée annonce combien peu elle est habitée et connue. Ce désert n'est réellement qu'un grand espace où les caravanes courent souvent le risque d'être ensevelies sous le sable qui y est soulevé par des vents impétueux, le long des côtes ; cependant l'intérieur est fertile et assez peuplé. Ce pays est gouverné par un bey au nom de l'état de Tripoli : *Derne*, près de la mer, en est la capitale.

Art. v. *De la Barbarie.*

Les bornes de la *Barbarie* sont, au nord, la mer Méditerranée ; à l'ouest, l'Égypte ; au sud, le Biledulgerid ; et à l'est, l'océan Atlantique.

D. *Quelle est son étendue ?*

R. Environ neuf cents lieues de longueur sur cent soixante de largeur.

D. *Comment se divise la Barbarie ?*

R. En six parties, qui sont :

1°. L'*état de Tunis*, qui dépend du Grand-Seigneur, et dont la capitale porte le même nom, avec un port très-fréquenté.

2°. L'*état de Tripoli*, qui appartient aux Turcs, et qui a donné son nom à sa capitale, sur la mer.

3°. Le *royaume d'Alger*, dont la capitale, qui est un port célèbre, porte aussi le même nom.

4°. L'*empire de Maroc*, qui a aussi pour capitale une ville du même nom.

5°. Le *royaume de Fez*, soumis au roi de Maroc, et dont la capitale porte le même nom.

6°. Le *Biledulgerid*, qui signifie *pays des Dattes*. Il renferme deux états soumis au roi de Maroc, les royaumes de *Sus* et *Dahoa*.

7°. Le *royaume de Tafilet*, qui a pour capitale une ville du même nom.

8°. Enfin le *royaume de Ugelmesa*, qui a donné son nom à sa capitale.

D. *Quel est le gouvernement de ces diverses contrées ?*

R. Par-tout un despotisme absolu.

D. *Quelle religion y suit-on ?*

R. Le Mahométisme y domine, mais on tolère le Christianisme et le Judaïsme.

D. *Quelles sont les mœurs de ces peuples ?*

R. Elles sont dignes du nom de *Barbarie* ; féroces, et fort adonnées au vol, au brigandage et à la piraterie.

D. *Quelles sont les productions de ces pays ?*

R. Elles consistent en blé et en fruits, objets d'un grand commerce, en beaucoup d'excellens chevaux d'un grand prix, et en un grand nombre d'animaux féroces.

Art. vi. *Du désert de Sahara.*

C'est dans ce climat brûlant, peu connu et peu fréquenté, qu'un marchand européen, tourmenté par une soif excessive, donna dix mille ducats pour une tasse d'eau. Les caravanes y sont souvent exposées à périr, et par les sables et par la soif, les obstacles nombreux qu'on rencontre en route leur faisant consommer trop tôt leur provision d'eau.

Ces causes ont empêché les voyageurs curieux de pénétrer dans l'intérieur, et de nous instruire des mœurs et usages de ses peu nombreux habitans. Ce pays est situé entre le Biledulgerid, la Nigritie et la Guinée. On le divise en cinq parties, savoir: le *Zanhaga*, le *Zuenziga*, le *Targa*, le *Lemta* et le *Berdoa*. Les vastes campagnes de sable mouvant qui couvre la surface de ces contrées lui ont fait donner le nom de *mer de Sable*; il y a quantité de lions, de tigres, de léopards, de panthères, d'autruches et de singes.

Art. vii. *De la Guinée.*

Les bornes de la *Guinée* sont, au nord, la Nigritie; à l'orient, le Congo; au midi et à l'occident, l'océan Atlantique.

D. *Quelle est son étendue ?*

R. Elle est immense, et n'a pas encore été déterminée.

D. *Comment se divise la Guinée ?*

R. En quatre parties principales, qui sont :

1º. La *Malaguette*, dont la capitale est *Tomba*, sur la rivière de Sierra-Leona.

2º. La *Guinée propre*, dont la capitale est *Jamo*.

3º. Le *royaume de Benin*, qui a pour capitale une ville du même nom.

4°. Le *Sénégal*, où les Français font un grand commerce.

D. *Par qui est gouvernée cette contrée ?*

R. Les souverains de ce pays sont une multitude de petits despotes, les uns électifs, les autres héréditaires, et perpétuellement en guerre, le plus souvent pour faire des prisonniers, qu'ils vendent aux Européens.

D. *Quelle est leur religion ?*

R. L'Idolâtrie et le Mahométisme corrompu.

D. *Comment sont leurs mœurs ?*

R. Elles sont fières et féroces ; cependant l'hospitalité y est une vertu publique.

D. *Quelles sont les productions de la Guinée ?*

R. Les principales sont, de l'ambre gris, de la poudre d'or, de l'ivoire, des gommes, et sur-tout ces malheureux nègres que la cupidité des Européens y achète pour les colonies d'Amérique.

Art. VIII. *De la Nigritie.*

Le nom de la *Nigritie* vient de la couleur des terres de cette contrée, qui, en quelques endroits, sont aussi noires que les peuples qui l'habitent. Ses bornes sont, au nord et à l'orient, le Sahara ; au midi le Congo et la Guinée ; et au couchant, la mer Atlantique.

D. *Quelle est son étendue ?*

R. Elle a environ huit cents lieues de longueur, sur trois cents de largeur.

D. *Comment se divise la Nigritie ?*

R. En deux parties principales, savoir :

1°. Le royaume de *Tombuct*, dont la capitale, qui porte le même nom, est située sur le Niger.

2°. Le royaume de *Bournou*, dont la capitale est *Karné*, sur le lac de Borno.

3°. Le royaume des *Mandingues*, dont la capitale est *Bambouc*.

4°. Le royaume d'*Agades*, qui a pour capitale une ville du même nom.

D. *Quel est le gouvernement de ce pays ?*

R. Il est gouverné comme la Guinée, les mœurs et la religion y sont aussi les mêmes. Néanmoins, dans une assez grande partie de ces contrées, les habitans passent pour être doux, hospitaliers, laborieux et propres aux sciences et aux arts.

D. *Quelles sont ses productions ?*

R. Des mines d'or, du riz, du lin, du coton et des esclaves, des dents d'éléphant, de la gomme, et des peaux d'animaux sauvages.

Art. ix. *Du Congo.*

Ses bornes sont, au nord, la Nigritie; à l'orient, l'Éthiopie; au midi, la Cafrerie; et au couchant, l'océan Éthiopien, la mer et le pays de Guinée.

D. *Comment se divise le Congo ?*

R. En six parties, savoir :

1°. Le *royaume de Loango*, dont la capitale a le même nom.

2°. Le *royaume de Cacongo*, qui donne son nom à sa capitale.

3°. Le *Congo propre*, qui a pour capitale Sant-Salvador.

4°. Le *royaume d'Angola*, qui a pour capitale Loanda.

5°. Le *royaume de Mutamba*, dont la capitale est Jaga-Calanda.

6°. Le *pays de Benguela*, qui donne son nom à sa capitale sur le bord de la mer.

D. *Quels sont les souverains de ces pays ?*

R. Il y a plusieurs rois appelés *Mani*. Le gouvernement, les mœurs et la religion y sont les mêmes que dans la Guinée et la Nigritie, avec cette différence qu'il y a beaucoup de chrétiens.

D. *Quelles sont les productions de ce pays ?*
R. Les principales sont, le miel, le poivre, les cannes à sucre, et les esclaves.

Art. x. *De la Cafrerie et du pays des Hottentots.*

Cette contrée est peu connue. Les Cafres sont en général sauvages, idolâtres et noirs; l'intérieur du pays est plus civilisé, et renferme principalement l'empire du *Mono-Emugi*, celui des *Baroros*, et le *Monomotapa*. Du côté de l'est, sont les royaumes de *Sofala*, de *Sabia*, d'*Inhambané*, de *Manica*; et au nord, celui de *Mozambique*. Au sud de la Cafrerie, sont les *Hottentots*, presque aussi sauvages, et fort adonnés à la chasse, à la pêche et à la nourriture des troupeaux; c'est dans leur pays que se trouve le *Cap de Bonne-Espérance*, établissement considérable appartenant aux Hollandais, qui a pour chef-lieu le *port du Cap*, célèbre par la relâche qu'il offre à tous les vaisseaux qui vont aux Indes orientales ou qui en viennent.

Art. xi. *Des pays situés à l'est.*

Les *États* dont il nous reste à parler, et qui, situés à l'est, sur la mer des Indes, seront compris dans cet article, sont :

1º. La côte de *Zanguebar*, qui renferme les royaumes de *Quiloa*, de *Melinda*, de *Monbaza*, de *Moruca* et de *Mongala*.

2º. La côte d'*Ajan*, où sont les royaumes de *Jubo*, de *Magadoxo*, et la république de *Brava*.

3º. Le royaume d'*Adel*, dont la capitale est *Auçagurel*.

Tous ces pays sont presque inconnus; les détails qu'on en pourrait donner, sont trop imparfaits pour être mentionnés.

Section II.

Des îles de l'Afrique.

Comme ces îles occupent un espace peu considérable, nous allons les parcourir rapidement, en commençant par celles qui sont situées à l'ouest. Nous y trouvons :

1°. *Madère.*

Le nom de cette île signifie *île des Bois*. Elle est à soixante lieues des Canaries. Son étendue est d'environ trente-cinq lieues de circuit.

D. *Pourquoi fut-elle ainsi nommée ?*

R. Parce qu'elle était prodigieusement couverte d'arbres, lorsque Jean Gonzalez et Tristan Vaz en firent la découverte en 1420.

D. *A qui appartient cette île ?*

R. Aux Portugais ; ils mirent le feu aux arbres, ce qui donna aux terres une fertilité étonnante.

D. *Quelles sont ses productions ?*

R. Du sucre très-estimé, beaucoup de vins, de blés, de fruits, de bétail et de gibier. Parmi les vins, on distingue celui de Malvoisie, qui est d'une qualité supérieure et très-recherché.

D. *Où réside le gouverneur ?*

R. A *Funchal*, capitale de l'île.

2°. *Les Canaries.*

Ce sont les *îles Fortunées* des anciens. Les modernes les découvrirent en 1417.

D. *Combien comptez-vous d'îles sous ce nom ?*

R. Les principales sont au nombre de sept, savoir :

1°. La *Grande-Canarie*, qui a donné son nom aux autres, et dont la capitale est *Canarie*; 2°. l'*île de Palme*; 3°. l'*île-de-Fer*; 4°. *Gomer*;

5°. *Téneriffe*; 6°. *Lancerote*; 7°. *Fuerteventura*. Il y en a plusieurs autres petites, parmi lesquelles on distingue, *Graciosa*, *Rocca*, *Allegranza*, *Santa-Clara*, *Infierno* et *Lobos*. La moins éloignée des côtes de Barbarie en est à quarante lieues.

D. *A qui appartiennent les Canaries ?*

R. Aux Espagnols ; le gouverneur général fait sa résidence à *Sainte-Croix-de-Ténériffe*.

D. *Quelles sont leurs principales productions ?*

R. Elles abondent en grains, excellens vins, sucre, fruits, bétail, volaille et gibier ; on y trouve une grande quantité de serins, connus dans toute l'Europe sous le nom de *Canaris*.

3°. *Les îles du Cap-Vert.*

Elles sont au nombre de dix, savoir : *Sal*, *Bonavista*, *Mayo*, *San-Yago*, *Brava*, *Fuego*, *S.-Nicolas*, *S.-Vincent*, *Ste.-Lucie* et *S.-Antoine* ; accompagnées d'un grand nombre d'îlots formés par des rochers, à l'ouest du Cap-Vert.

D. *Quelle est la plus considérable ?*

R. *San-Yago*, qui a pour capitale *Ribera*, où réside le vice-roi.

D. *A qui appartiennent ces îles ?*

R. Aux Portugais, qui les découvrirent en 1460.

D. *Que produisent-elles ?*

R. Quelques toiles grossières, beaucoup de sel et de peaux de chèvres. L'air y est très-malsain.

4°. *L'île de S.-Thomé, et des îles voisines.*

Ces îles sont situées dans le golfe de Guinée, vers le *Congo*.

D. *A qui appartiennent-elles ?*

R. Aux Portugais, qui les découvrirent en 1495. Malgré l'insalubrité de l'air, ils y font un grand commerce : il y a un gouverneur et un évêque, qui résident à *Pavoasan*, capitale de *S.-Thomé*.

Au nord-est de la précedente, se trouve l'île du *Prince*; et plus encore au nord-est, l'île de *Fernand-Po*; au sud-ouest, l'île d'*Annebon*; et à l'ouest, l'île de *S.-Matthieu*.

D. *Quelles sont leurs productions?*

R. Des mines d'or, du sucre, du vin, des cuirs, du sel et des maroquins.

5°. *L'île de l'Ascension.*

Cette île, située entre l'Afrique et le Brésil, découverte par les Portugais en 1508, est inhabitée faute d'eau; elle est cependant, par sa position, d'un grand secours aux navigateurs.

D. *En quoi consiste son importance?*

R. Les navigateurs qui font le voyage des Indes, y trouvent un port sûr et des rafraîchissemens; les côtes abondent en tortues d'une grosseur extraordinaire, qui ont la chair excellente.

6°. *L'île de Sainte-Hélène.*

Cette île, peu éloignée du Cap de Bonne-Espérance, fut découverte en 1502 par les Portugais. Elle a environ douze lieues de tour.

D. *A qui appartient-elle?*

R. Aux Anglais, qui y ont établi leur relâche pour le voyage des Indes.

D. *Que produit-elle?*

R. Beaucoup de bois, des fruits de toute espèce en grande abondance, du gibier, de la volaille, et beaucoup de bêtes fauves.

7°. *L'île de Madagascar.*

Cette grande île, sur les côtes orientales d'Afrique, fut découverte par les Portugais en 1492. Ses habitans sont en partie olivâtres, et en partie noirs. Il y a plusieurs ports, dont celui de *Saint-Vincent*, à l'occident, et le *Port-aux-Prunes*, à l'orient.

D. *Quelle est son étendue ?*

R. Environ trois cents trente-six lieues de long, sur cent vingt de large, et huit cents de circuit.

D. *Qui gouverne dans cette île ?*

R. Plusieurs petits despotes dans les lieux les plus habités ; et les Français qui y ont plusieurs établissemens.

D. *Quelle est la religion à Madagascar ?*

R. Un mélange de Mahométisme et d'Idolâtrie.

D. *Quelles sont leurs mœurs ?*

R. Presque sauvages, fières et guerrières ; cependant propres aux arts et sciences, mais adonnées à la paresse.

D. *Quelles sont les productions de cette île ?*

R. Le fer, l'acier, les pierres précieuses, du miel, du sucre, du blé, du raisin, et presque tous les animaux d'Europe.

8°. *L'île de la Réunion.*

Cette île, qui portait le nom de *Bourbon* autrefois, a vingt-cinq lieues de long sur quinze de large ; elle est située à l'orient de Madagascar, dans la mer d'Éthiopie, à cent lieues du Cap de Bonne-Espérance ; elle fut découverte par les Portugais en 1492.

D. *A qui appartient-elle ?*

R. Aux Français, qui s'y établirent en 1657 ; elle leur sert d'entrepôt pour le commerce de l'Inde.

D. *Quelles sont ses productions ?*

R. Elle abonde en blé, riz, sucre, fruits, herbages, bestiaux, tabac, café, coton, poivre blanc, bois d'ébène, et beaucoup de résine et d'oiseaux. Il y a des volcans.

9°. *L'île-de-France.*

Cette île a environ quarante lieues de circonférence, et un bon port; elle fut découverte, en 1598, par les Hollandais : sa situation est à quarante lieues de l'île de la Réunion, et cent quatre-vingt de Madagascar.

D. *A qui appartient cette île ?*

R. Aux Français, qui y ont fait un établissement considérable.

D. *Quelles sont ses productions ?*

R. Des mines de fer, beaucoup de bois précieux, des tortues et du poisson en abondance, du bétail, du café, du coton, etc.

10°. *Les îles Comores.*

Ces îles, situées au nord-est de Madagascar, sont habitées par des Arabes ; on les dit fertiles, mais mal cultivées ; elles servent de retraite aux pirates qui infestent ces mers.

11°. *Les îles de l'Amirante.*

Ces îles sont peu considérables et peu connues.

12°. *L'île de Socotora.*

Cette île est située entre l'Arabie heureuse et l'Afrique, à soixante lieues vis-à-vis le Cap Guardafui. Elle a vingt lieues de long, sur neuf de large.

D *A qui appartient-elle ?*

R. Au roi de *Tartach*, en Arabie. *Tansarin*, port sur la côte septentrionale, en est la capitale.

D. *Quelles sont ses productions ?*

R. Tout ce qu'un pays fertile peut produire, et entr'autres beaucoup d'excellent aloès. Les hommes y sont beaux.

CHAPITRE III.

EUROPE.

Cette partie du monde est la moins grande des quatre, mais elle est la plus peuplée en proportion de son étendue, et la plus puissante par sa force guerrière : elle est aussi la plus belle et la plus intéressante. C'est dans ce continent que se trouve le centre de la politesse, des mœurs, des lois, des sciences, des arts et du commerce. Ces moyens réunis, et sa position extrêmement avantageuse, ont pour ainsi dire asservi à l'Europe les trois autres parties du monde.

Ses bornes sont, à l'est, l'Archipel, la mer Noire et l'Asie ; au nord, la mer Glaciale ; à l'ouest, le grand Océan ; et au sud, la mer Méditerranée.

D. *Quelle est son étendue ?*

R. Environ quatorze cents lieues du sud-ouest au nord-est, et de neuf cents lieues du sud au nord.

D. *Quelles sont ses presqu'îles principales ?*

R. L'Espagne et le Portugal, l'Italie, la Morée, la Crimée, la Norwège, la Suède, et le Jutland, qui fait partie du Danemarck.

D. *Quelles sont ses principales montagnes ?*

R. Les Pyrénées, les Alpes, les Apennins, et les Karpacs *ou* Crapacs.

D. *Quels sont ses principaux caps ?*

R. Le Cap-Nord, en Laponie ; Finistère, en Espagne ; Saint-Vincent, en Portugal ; et le Cap Matapan, dans la Morée.

D. *Quelles sont ses îles principales ?*

R. Dans la mer Méditerranée, la Corse, la Sardaigne, la Sicile, Malte, Candie, l'archipel de la Grèce, Mayorque, Minorque et Ivica ; dans la mer Baltique, le Seland et la Fionie ; dans l'Océan, la Grande-Bretagne, l'Irlande et l'Islande.

E

D. Quels sont ses principaux détroits ?

R. Le Sund, à l'entrée de la mer Baltique, entre le Danemarck et la Suède ; le canal de Saint-George, entre l'Angleterre et l'Irlande ; le Pas de Calais, entre la France et l'Angleterre ; Gibraltar, entre l'Europe et l'Afrique, à l'entrée de la Méditerranée ; le phare de Messine, entre la Sicile et l'Italie ; les Dardanelles, à l'entrée de la mer de Marmara ; le canal de Constantinople, entre l'Europe et l'Asie.

D. Quels sont ses golfes principaux ?

R. Dans la Baltique, le golfe de Bothnie et celui de Finlande ; dans l'Océan, le golfe de Murray, au nord-est de la Grande-Bretagne ; et le golfe de Biscaye, entre la France et l'Espagne ; dans la Méditerranée, le golfe de Lion, au sud de la France, et le golfe de Gênes à l'est du précédent ; le golfe de Venise, entre l'Italie et la Grèce ; le golfe de Lepante, entre la Grèce et la Morée.

D. Quels sont ses principaux fleuves ?

R. Le Wolga, le Don ou le Tanaïs, le Niéper ou le Borysthène, le Rhône, le Danube, le Rhin, et le Pô.

D. Quels sont ses lacs principaux ?

R. Le Ladoga et l'Onega, en Russie ; le Weter et le Mélor, en Suède ; le lac de Genève, entre la Suisse et la Savoie ; le lac de Constance, en Allemagne ; le lac Majeur et celui de Côme, en Italie.

Nous suivrons, pour l'Europe, nos divisions ordinaires, en la parcourant dans ses terres fermes et dans ses îles.

SECTION PREMIÈRE.

Des terres fermes de l'Europe.

Les terres fermes principales de l'Europe sont au nombre de quinze, savoir :

La Russie d'Europe, le Danemarck, la Suède, la Pologne, la Hollande, l'Allemagne, la Bohême, la Hongrie, la Prusse, la Suisse, la France, l'Italie, l'Espagne, le Portugal, et la Turquie d'Europe.

ART. I. *De la Russie d'Europe.*

Le continent de la Russie d'Europe, appelé autrefois *Moscovie*, forme l'état le plus vaste de cette belle partie du monde. Ses bornes sont, à l'est, l'*Asie*; au nord, la mer *Glaciale*; à l'ouest, la *Pologne* et la *Suède*; et au sud, le *Don* et la petite *Tartarie*.

D. Quelle est son étendue ?

R. Environ six cents lieues depuis l'extrémité de la Laponie Moscovite, jusqu'à l'embouchure du Don dans la mer Noire; et de quatre cent soixante lieues depuis les bords du Niéper jusqu'à la mer Glaciale.

D. Quelles sont ses productions ?

R. Les bois de construction, le chanvre, le fer, les suifs, le sel, le soufre, le goudron, la résine, et les pelleteries, avec beaucoup de cuirs renommés.

D. Quelles sont ses principaux fleuves ?

R. Le *Wolga*, qui se jette dans la mer Caspienne, après avoir traversé toute la Russie; le *Niéper*, le *Don*, dont l'embouchure est dans la mer Noire; la *Dwina* et la *Newa*, qui se déchargent dans la mer Baltique. Ses principaux lacs sont, le *Ladoga*, l'*Onéga*, et le *Peipus* ou lac des *Tschondes*.

D. Quelles sont les divisions de la Russie d'Europe?

R. Tout l'empire de Russie, dont la population s'élève à 32,000,000 d'ames, est partagé en seize gouvernemens. On en trouve douze dans la *Russie Européenne* et quatre dans la *Russie Asiatique*: on a déjà vu la description de ces derniers à l'article *Asie*.

D. Quels sont ceux de la Russie Européenne?

R. On les divise en deux parties, savoir: six dans la partie septentrionale, et six dans la partie méridionale.

D. Quels sont les gouvernemens de la partie septentrionale?

R. 1. Le gouvernement de *Saint-Pétersbourg*, dont le chef-lieu est *Pétersbourg*, capitale de tout l'empire, située à la jonction de la Newa avec le lac Ladoga, au fond du golfe de Finlande: il contient trois provinces:

L'*Ingrie*, où se trouve *Pétersbourg* et *Clonstad*.

La *Wirland* ou *Estonie* orientale; *Narva* en est la capitale.

La *Carélie* orientale; capitale *Kexholm*, sur le Ladoga.

2. Le gouvernement de *Wibourg*, qui renferme la *Carélie* occidentale; le port de *Wiborg*, sur le golfe de Finlande, en est la capitale.

3. Le gouvernement de *Revel* contient l'*Estonie* occidentale; il a pour capitale le port de *Revel*, sur le golfe de Finlande.

4. Le gouvernement de *Riga* comprend la *Livonie*; *Riga*, port célèbre sur la Duna, est sa capitale.

5. Le gouvernement de *Novogorod* contient sept provinces qui portent le nom de leurs capitales.

Novogorod-Veliki, sur la *Wolchova*, rivière.

Plescow, sur le *Velika*.

Weliki-Louki, sur le *Lowat*.

Twer, sur le *Wolga*.

Biélozero, près du lac du même nom.

Olouets, entre les lacs *Onega* et *Ladoga*.

Karpagol, près du lac d'*Onega*.

6. Le gouvernement d'*Archangel* contient sept provinces qui portent le nom de leurs capitales :

Archangel, port sur la *Dwina*.

Kolskoi, port sur la *Kola*.

Votiong, sur la *Sukona*.

Wologda, ville riche et commerçante.

Galies, à l'orient de Wologda.

Mezzen, au nord d'Archangel.

Pustozerskoi, sur la *Petzora*.

D. *Quels sont les gouvernemens de la partie méridionale?*

R. 1. Le gouvernement de *Moscow*, qui est divisé en onze petites provinces qui étaient autrefois autant de duchés particuliers, dont les noms sont ceux de leurs capitales : 1. *Moscow*, très-grande ville, jadis capitale de l'empire, sur la *Moska*. 2. *Uglicz*, sur le *Wolga*. 3. *Jaroslaw*, sur le *Wolga*. 4. *Kostroma*, sur le *Wolga*. 5. *Péreslaw-Zaleskoi*. 6. *Jurew-Polskoi*. 7. *Susdal*, sur la *Klesma*. 8. *Wolodimer*, sur la *Klesma*. 9. *Péreslaw-Riazanskoi*, sur l'*Oka*. 10. *Tula*, sur l'*Upa*. 11. *Kaluga*, sur l'*Oka*.

2. Le gouvernement de *Smolensk* contient l'ancien Palatinat de Smolensko, conquis sur la Pologne. *Smolensk*, sur le *Dnieper*, est la capitale.

3. Le gouvernement de *Kiow* ou de la *Petite-Russie*; il contient une partie de l'Ukraine, où habitent les Cosaques. *Kiow*, sur le *Dnieper*, est la capitale.

4. Le gouvernement de *Belgorod* contient l'Ukraine mitoyenne et d'autres districts ; sa capitale est *Belgorod*, sur le *Donec* ou *Petit-Don*.

5. Le gouvernement de *Woronez* renferme cinq provinces qui prennent le nom de leurs capitales : 1. *Woronez*, sur le *Don*. 2. *Bachmut*. 3. *Elec*, au nord. 4. *Tambof*. 5. *Szatsk*, au nord-est.

6. Le gouvernement de *Nisni-Novogorod* contient trois provinces dont le nom est aussi celui de leurs capitales : 1. *Nisni-Novogorod*. 2. *Arsamas*, sur la *Tescha*. 3. *Alatyr*, vers l'orient.

Il a été formé un septième gouvernement de la *Crimée* et *dépendances*, qui renferme la presqu'île de *Crimée*, l'île de *Taman* et le *Cuban*. Ces pays, habités par les Tartares, sont très-fertiles, mais peu cultivés : *Bachaseraï* en est la capitale; une autre ville assez grande et fort commerçante est *Caffa*, qui donne son nom au détroit appelé autrefois le *Bosphore-Cimmérien*.

L'empire de Russie, les provinces polonaises qui lui sont échues dans le partage; il en sera parlé à l'article *Pologne*.

D. *Comment s'appelle le souverain de ce pays?*

R. On le nomme *Czar* ou *Tzar*; il porte le titre d'empereur de toutes les Russies.

D. *Comment est le gouvernement?*

R. L'autorité de l'empereur est absolue. Elle est cependant un peu mitigée par le sénat, qui approuve et ordonne la promulgation des ukases ou lois. Le peuple est *serf* dans ce pays.

D. *Quelle est la religion des Russes?*

R. C'est le Christianisme grec, mêlé de beaucoup de superstitions.

D. *Quelles sont ses mœurs?*

R. Elles sont en général grossières, ignorantes et sauvages dans plusieurs provinces, et dans d'autres elles portent l'empreinte des progrès de la civilisation. Les Russes sont en général braves, spirituels et industrieux.

Art. 11. *Du Danemarck.*

Ce royaume est borné, au nord et au couchant, par l'*Océan* septentrional ; au midi, par l'*Allemagne* ; et au levant, par la mer *Baltique*.

D. Quelle est son étendue ?

R. Elle n'est pas bien déterminée ; mais ce qu'on sait plus positivement, c'est que sa population s'élève à environ 2,500,000 ames.

D. *Quelles sont ses divisions* ?

R. On le divise en quatre parties principales :

1°. Le *Danemarck propre* ou le *Zéeland*, dont la principale ville est *Copenhague*, capitale de tout le royaume : elle jouit d'un port commode et sûr.

Cette ville est située dans l'île de Zéeland, à cinq milles du Sund, sur les bords de la mer Baltique.

Ce royaume est placé entre la mer du Nord et la mer Baltique. La nature a fait trois différentes routes par lesquelles on peut passer de l'une de ces mers à l'autre. Comme il convient d'avoir une idée de ces trois détroits, en voici une description succincte. Le premier est appelé le *Petit-Belt ;* c'est un canal étroit de quatre lieues de large, entre l'île de Fionie et la presqu'île de Jutland. Le second est le *Grand-Belt*, entre l'île de Fionie et celle de Zéeland ; il a 7 à 8 lieues de largeur.

Le troisième est le fameux *Détroit du Sund*, entre l'île de Zéeland et le pays de Schonen en Suède ; c'est le passage le plus fréquenté ; il a une petite lieue de largeur, et n'a de profondeur que du côté du château de *Cronenbourg*, ce qui oblige les vaisseaux de passer à la portée du canon et de payer le péage, comme un dédommagement des fanaux et vigies que le Danemarck entretient pour la sûreté des navigateurs.

2°. Le *Jutland*, dont la capitale est *Wibourg*, sur le lac *Weter*.

3°. La *Norwège*, dont *Berghen* est la capitale : son port, avantageusement situé, est très-fréquenté ; il s'y fait un très-grand commerce de poissons salés et pelleteries.

4°. Les îles, qui sont assez nombreuses : les plus considérables sont celles de *Zéeland*, de *Fionie* et d'*Islande*. On trouve dans la première, outre *Copenhague*, le port de *Koga*, celui d'*Elzeneur*, sur le détroit du Sund, et *Roskild*, autrefois la résidence des rois. *Odensée* est la capitale de l'île de *Fionie*.

L'Islande est une île fort grande, mais peu peuplée, car elle n'a que 60000 habitans sur une surface de 163 lieues de long et 56 de large. On y trouve plusieurs montagnes, dont la plus haute est le mont *Hécla*, volcan qui, quoique couvert de neige, vomit des flammes. La capitale de l'île est *Skalholt*.

D. Quelles sont les productions du Danemarck ?

R. Les plus riches sont en bois, goudron, bœufs, chevaux, du fer et du cuivre.

D. Quel est le souverain de ce pays ?

R. Il porte le titre de Roi de Danemarck, de Norwège, des Goths et des Vandales : son gouvernement est monarchique.

D. Quelle est la religion admise en Danemarck ?

R. Le Christianisme de la secte de Luther.

D. Quelles sont les mœurs ?

R. Elles sont policées et douces, quoique fières et belliqueuses.

Art. III. *De la Suède.*

Ce pays est borné, au septentrion, par la *Laponie Norwégienne* et la mer *Glaciale* ; à l'orient, par la *Russie* ; au midi, par la mer *Baltique* ; à l'occident, par la *Norwège*, le détroit du *Sund* et le golfe du *Cattegat*, qui le séparent du Danemarck.

D. *Quelle est son étendue ?*

R. Environ 300 lieues de longueur, depuis l'extrémité de *Schonen* jusqu'à l'Océan septentrional ; et 200 de largeur, depuis l'extrémité du gouvernement de *Bahus* jusqu'à celle de la *Finlande*. La population de ce royaume s'élève à 2,600,000 habitans.

D. *Comment se divise la Suède ?*

R. Ses divisions sont en cinq gouvernemens principaux, qui sont :

I. L'*Uplande* ou la *Suède propre*, dont la capitale est *Stockholm*, sur le lac *Méler*. Cette ville, où le roi fait sa résidence, est aussi le chef-lieu du royaume. Elle a un bon port, et il s'y fait un grand commerce. L'*Uplande* renferme, en outre, la ville d'*Upsal*, célèbre par son université. Ce gouvernement comprend encore cinq provinces :

1. La *Sudermanie*, qui a pour capitale le port de *Nicoping*.

2. La *Néricie*, dont la capitale est *Orebro*, sur le lac d'*Hielmer*.

3. La *Westmanie* ; capitale *Sala* ou *Salberg*.

4. Le *Wermeland* ; capitale *Carlstadt*, sur le lac *Wener*.

5. La *Dalécarlie* ; capitale *Hedemora*.

Il y a encore cinq districts sur le golfe de Bothnie : l'*Helsingie* ; la *Médelpadie* ; la *Jemptie* ; et le *Harndall*.

II. La *Gothie*, qui se divise en huit provinces :

1. Le *Westrogothland*; capitale *Gothembourg*, port de mer sur le *Cattegat*.

2. La *Dalie*; capitale *Daleborg*, sur le lac *Wener*.

3. L'*Ostrogothland*; capitale *Norkoping*, sur la mer *Baltique*.

4. Le *Smaland*; capitale *Calmar*, port sur la *Baltique*.

5. Le *Sudgothland*; capitale *Halmstad*, sur le *Cattegat*.

6. Le *Schonen* ou la *Scanie*; capitale *Lundon*.

7. Le *Bloking*; capit. le port de *Christianopel*.

8. Le *Bahus*, dont la capitale porte le même nom; elle est située sur la rivière de *Gothelde*.

III. La *Laponie*, qui n'a point de villes, parce que ses habitans ne se fixent nulle part avec leurs troupeaux de rennes.

Elle se divise en six marcks ou préfectures, qui prennent le nom de quelque rivière considérable qui y coule : 1. *Asele-lap-marck*. 2. *Uméa-lap-marck*. 3. *Pitéa-lap-marck*. 4. *Luléa-lap-marck*. 5. *Torno-lap-marck*. 6. *Kimi-lap-marck*.

IV. La *Bothnie*, qui contient quatre provinces :

1. L'*Angermanie*; capitale *Hernosand*, port.

2. La *Westro-Bothnie*; capitale *Tornéa*, port sur le golfe de *Bothnie*.

3. L'*Ostro-Bothnie*; capitale *Kimi*.

4. La *Cajanie*; capitale *Cajanebourg*, sur le lac d'*Ula*.

V. La *Finlande*, qui renferme cinq provinces :

1. La *Finlande propre*; capitale *Abo*, port.

2. Le *Nyland*; capitale *Rasebourg*, port sur le golfe de *Finlande*.

3. La *Tavastie*; capitale *Tavasthus*.

4. Le *Savolax*, pays plein de marais, de lacs et de forêts, où il n'y a que de pauvres villages.

5. La *Carélie*; capitale *Kimmenegard*.

Il y a plusieurs îles dépendantes de la Suède, dans la mer Baltique. Les principales sont: *Aland*, capitale; le château de *Kastelhom*; *Gothland*, capitale *Visby*, port de mer; *OEland*, capitale *Borckolm*.

L'état possède encore en Allemagne la *Poméranie occidentale*, et plusieurs districts en Saxe.

D. *Quelles sont les productions de la Suède?*

R. Les bois de construction, le fer, le cuivre, le goudron, la potasse; et un nombre prodigieux d'animaux qui donnent de superbes pelleteries.

D. *Quel est le souverain de la Suède?*

R. Il porte le titre de Roi; son gouvernement est monarchique.

D. *Quelle est la religion qu'on y professe?*

R. Le Christianisme de la secte de Luther.

D. *Comment sont les mœurs des Suédois?*

R. Elles sont fières et guerrières, mais présomptueuses, et néanmoins amies des sciences et du luxe.

ART. IV. *De la Pologne.*

Les bornes de la Pologne sont, au nord, la *Prusse* et la *Russie*; à l'est, la *Russie*; au sud, la *Hongrie*; et à l'ouest, la *Bohême* et l'*Allemagne*.

D. *Quelle est son étendue?*

R. Elle est d'environ deux cents lieues de longueur du sud au nord, sur environ deux cents de largeur. Sa population était considérable avant la guerre qui a précédé le partage et le démembrement; on l'estime aujourd'hui à 9,000,000 d'ames, dont 600,000 Juifs. La Russie s'est emparée des provinces les plus étendues; l'Autriche des plus peuplées, et la Prusse des plus commerçantes.

D. *Quelles sont les divisions de la Pologne?*

R. En trois grandes parties, savoir:

I. La *Grande Pologne*, qui comprend trois provinces : 1°. la *Grande Pologne propre*, capitale *Posna*, sur la *Varte*; 2°. la *Cujavie*, capitale *Inowladislow*, sur la *Vistule*; 3°. la *Mazovie*, capitale *Varsovie*, sur la *Vistule*. Ces provinces forment 10 Palatinats.

II. La *Petite Pologne*, qui comprend trois provinces : 1°. la *Petite Pologne propre*, capitale *Cracovie*, sur la *Vistule*; 2°. la *Volhinie*, capitale *Luck*, sur le *Ster*; 3°. la *Podolie*, capitale *Kaminieck*, sur le *Niester*. Cette contrée est divisée en 7 Palatinats.

III. Le *Grand Duché de Lithuanie*, qui contient trois provinces : 1°. la *Lithuanie propre*, capitale *Grodno*, sur le *Niémen*; 2°. la *Samogitie*, capitale *Rosienne*, sur la *Dubista*; 3°. le *Duché de Courlande*, capitale *Mittaw*, sur le *Bolderau*. Ce grand pays est divisé en 7 Palatinats et 3 Capitaineries.

D. *Quelles sont les productions de ce pays?*

R. Des bois de construction, du salpêtre, du chanvre, beaucoup de blé, des mines de sel, de plomb et d'argent.

D. *Quelles sont ses montagnes?*

R. Les *Krapacks*, qui le séparent de la *Hongrie*.

D. *Quelles sont ses rivières principales?*

R. Le *Niéper* et le *Niester*, qui débouchent dans la mer *Noire*; la *Vistule* et le *Niémen*, qui se jettent dans la mer *Baltique*.

D. *Comment est le gouvernement de la Pologne?*

R. Cet état, qui avait une constitution aristocratique, était gouverné par un roi électif. Les nobles avaient seuls le droit de faire l'élection; leur autorité était supérieure à celle du roi; et quoique le peuple fût serf, la constitution portait le nom de république.

En 1773, l'empereur, le roi de Prusse et la Czarine de Russie, démembrèrent une partie de ce beau pays. Chacun prit la part qui lui convenait le mieux. Cet attentat au droit des nations devait être vengé; aussi les Polonais l'ont-ils tenté plusieurs fois. Toujours braves, mais toujours trop faibles, ils ont été obligés de céder aux forces réunies des trois puissances, qui enfin, en 1795, se sont partagé le reste du territoire, après avoir forcé le roi de renoncer à la couronne.

D. *Quelle est la religion dominante?*

R. Le Christianisme catholique; cependant les Juifs y sont tolérés.

D. *Quelles sont les mœurs des Polonais?*

R. Les nobles sont fiers, affables, sincères, braves, orgueilleux, et aussi jaloux du faste que de l'indépendance : le reste de la nation est dans la servitude.

Art. v. *De la Prusse.*

Cette contrée est bornée au nord par la mer *Baltique*; à l'est, la *Lithuanie* et la *Samogitie*; au sud, la *Pologne*; à l'ouest, le *Brandebourg*, la *Poméranie* et la *Cassubie*.

D. *Quelle est son étendue?*

R. En y comprenant toutes ses possessions, elle présente une surface de 8,724 lieues carrées; et sa population est d'environ 9,000,000 d'habitans.

D. *Comment se divise ce royaume?*

R. En trois parties principales, savoir :

1°. La *Prusse royale*, dont la principale ville est *Marienbourg*, sur le *Nagot*, à douze lieues de Dantzick.

2°. La *Prusse ducale*, érigée en royaume héréditaire par l'empereur Léopold, en 1701. Elle comprend, 1°. le *Smarland*, dont la capitale est *Konisberg*; 2°. la *Natangie*, dont la capitale est *Brandebourg*, sur la *Baltique*; 3°. le *Hockerland*, qui ne renferme que de mauvais bourgs.

3°. La *Grande Pologne*, la *Cujavie*, et la *Mazovie*, dont la capitale est *Varsovie*.

Le roi de Prusse possède en outre l'*Électorat de Brandebourg*, en Allemagne, dont la capitale est *Berlin*, siége du gouvernement de tout le royaume; une partie de la *Poméranie* et de la *Westphalie*; la majeure partie de la *Silésie*, et la ville de *Dantzick*, port célèbre à l'embouchure de la *Vistule*.

D. *Quelles sont les productions de ces différens pays ?*

R. En général beaucoup de bois, de grains, de laines et de lin.

D. *Quelles y sont les principales rivières ?*

R. L'*Elbe*, l'*Oder*, la *Warte*, la *Sprée*, le *Haver* et l'*Ucker*.

D. *Quel est le gouvernement Prussien ?*

R. Il est monarchique et militaire.

D. *Quelles sont ses religions admises ?*

R. Le Christianisme de la secte de Calvin et de Luther y domine; mais, suivant les lois, la liberté de conscience y règne.

D. *Quelles sont les mœurs ?*

R. Elles sont adonnées à l'agriculture et à la guerre.

Art. VI. *De l'Allemagne.*

Ce pays est la Germanie des anciens : ses bornes sont, au nord, l'*Océan septentrional*, le *Jutland* et la mer *Baltique*; à l'orient, la *Pologne*, la *Bohême*, la *Hongrie* et la *Croatie*; au midi, l'*Italie* et la *Suisse*; à l'occident, la *France* et la *Hollande*.

D. *Quelle est son étendue ?*

R. Environ deux cents quarante lieues de la mer *Baltique* aux *Alpes*, et deux cents depuis le *Rhin* jusqu'à la *Hongrie*.

D. *Comment se divise l'Allemagne ?*

R. En neuf grandes parties, que l'on nomme *Cercles*, savoir :

1°. Le *cercle* de *Westphalie*.

2°. Le *cercle* de *Basse-Saxe*, dont la capitale est *Brunswich*, sur l'*Ocher*.

3°. Le *cercle* de *Haute-Saxe*, qui a pour capitale *Wirtemberg*, sur l'*Elbe*.

4°. Le *cercle* du *Bas-Rhin*, dont la capitale est *Eidelberg*, sur le *Necker*.

5°. Le *cercle* du *Haut-Rhin*, qui a pour capitale *Cassel*, sur la *Fulde*.

6°. Le *cercle* de *Franconie*, dont la capitale est *Nuremberg*, sur la *Pegnitz*.

7°. Le *cercle* de *Souabe*, dont la capitale est *Wurtemberg*, sur le *Necker*.

8°. Le *cercle* de *Bavière*, qui a pour capitale *Munich*, sur l'*Iser*.

9°. Le *cercle* d'*Autriche*, dont la capitale est *Vienne*, sur la *Vienne*, à son embouchure dans le *Danube*. Ce cercle, qui est le plus grand de tous, fait partie des états de l'empereur d'Allemagne ; il contient six provinces : 1°. l'*Archiduché d'Autriche* ; 2°. la *Stirie* ; 3°. la *Carniole* ; 4°. la *Carinthie* ; 5°. le *Tirol* ; 6°. les Évêchés de *Trente* et de *Brixen*, sur les confins de l'Italie.

Il y a en outre en Allemagne un grand nombre de villes *Impériales* et *Anséatiques*, avec le privilège d'envoyer des députés à la diète générale. Elles sont pour la plupart très-recommandables et importantes, en ce que le commerce, les sciences et les arts y fleurissent à un degré éminent. Les principales sont, *Leipsick* en *Saxe* ; *Francfort* sur le *Mein* ; *Gottingue*, *Hambourg*, *Brême*, *Lubeck*, *Augsbourg* et *Ratisbonne*. Dans cette dernière, qui est située sur le *Danube*, s'assemblent tous les députés pour y former et tenir la *diète* de l'Empire.

D. *Quelles sont les productions de ces pays ?*

R. Elles consistent généralement en mines d'argent, de plomb, de fer, de cuivre et de sel : on y cultive beaucoup de grains ; il s'y fait un grand commerce de chevaux très-estimés et de vins exquis, connus sous le nom de vins du *Rhin*.

D. *Quels sont ses principaux fleuves ?*

R. Le *Danube*, dont l'embouchure est dans la mer *Noire* ; le *Rhin*, qui se divise en trois branches, dont une se jette dans le *Zuyderzée*, l'autre se joint à la *Meuse*, et la troisième se perd dans les sables en *Hollande* ; le *Weser*, l'*Elbe*, qui débouchent dans la mer du *Nord*, et l'*Oder*, dans la mer *Baltique*.

D. *Quelles sont les mœurs des Allemands ?*

R. En-général ils sont laborieux, guerriers, mais peu sobres. La noblesse y est très-orgueilleuse, et jalouse à l'excès de ses titres.

D. *Quelles sont les différentes religions de l'Allemagne ?*

R. Le Christianisme catholique, celui de la secte de Luther et de Calvin : les Juifs et quelques autres sectaires y sont tolérés.

D. *Quels sont les souverains de l'empire d'Allemagne ?*

R. Ils sont en grand nombre, mais tous subordonnés à un chef qui porte le titre d'*Empereur*.

D. *Comment est gouverné cet empire ?*

R. En ce qui concerne l'empire en général, c'est une assemblée générale connue sous le nom de *Diète*, où l'on traite toutes les affaires de l'état : d'une autre part, les décisions de cette assemblée, qui est composée des électeurs, des princes et députés des villes impériales, n'ont force de lois que lorsqu'elles sont marquées du sceau de l'empereur.

D. *Quel est le gouvernement des souverainetés particulières ?*

R. C'est un mélange de monarchie, d'aristocratie et de démocratie.

D. *La couronne impériale est-elle élective ou héréditaire ?*

R. Elle est élective.

D. *Quels sont les électeurs ?*

R. Huit des principaux membres de la diète, connus sous le nom d'*Électeurs*; cette prérogative appartient à leurs états respectifs, appelés *Électorats* : ils choisissent l'empereur entr'eux.

D. *Quels sont les électorats ?*

R. *Mayence*, *Trèves*, *Cologne*, qui sont ecclésiastiques et électifs : chacun d'eux avait la capitale de ses états placée sur la rive gauche du *Rhin*, qui a été cédée aux Français; mais il leur reste des domaines considérables dans le surplus de l'Allemagne.

Les autres électorats séculiers et héréditaires sont : *Bohême*, qui est à la maison d'Autriche ; *Bavière* ; *Brandebourg*, appartenant au roi de Prusse ; *Saxe* et *Hanovre*. Ce dernier est possédé par le roi d'Angleterre.

ART. VII. *De la Bohême.*

Ce royaume est borné, au nord, par le marquisat de *Brandebourg* et la *Pologne* ; à l'orient, aussi par la *Pologne* ; au midi, par la *Hongrie* et l'*Autriche* ; et à l'occident, par les cercles de *Franconie* et de *Haute-Saxe*.

D. *Quelle est son étendue ?*

R. Quatre-vingt-douze lieues de longueur d'occident en orient, sur soixante-quinze de largeur du sud au nord. Sa population est d'environ 2,000,000 d'habitans.

D. *Quelles sont ses productions ?*

R. Les plus riches sont des mines d'argent, de plomb et de cuivre : les grains y croissent avec peine.

D. *Quels sont les fleuves ou rivières qui y coulent ?*

R. L'*Elbe*, l'*Oder*, la *Vistule*, la *Morave*, le *Muldaw* et la *Neiss*.

D. *Comment se divise la Bohême ?*

R. En quatre parties, savoir :

1°. La *Bohême propre*, dépendante du roi de Bohême : sa capitale est *Prague*, sur le *Muldaw*. Cette ville, où est le siège du gouverneur, est aussi capitale de toute la Bohême.

2°. La *Moravie*, qui appartient au roi de Bohême, a pour capitale *Olmutz*, sur la *Morave*.

3°. Le *marquisat* de *Lusace*, dont l'électeur de *Saxe* est possesseur, et qui a pour capitale *Gorlitz*, sur la *Neiss*.

4°. Le *duché* de *Silésie*, dont la majeure partie obéit au roi de *Prusse*, et dont la capitale est *Breslaw*, sur l'*Oder*, ville fort riche et commerçante.

D. *Quel est le gouvernement de ces pays ?*

R. Le roi y était autrefois électif ; il est aujourd'hui héréditaire dans la maison d'*Autriche* pour tout ce qui est sous sa domination : l'empereur d'*Allemagne*, qui en est roi, y fait suivre un mélange de gouvernement monarchique et militaire.

D. *Quelle religion est suivie en Bohême ?*

R. La Catholique y domine, mais les Luthériens et Calvinistes y sont tolérés.

D. *Quelles sont leurs mœurs ?*
R. Elles sont douces, mais excessivement portées au vol et aux plaisirs de la table.

ART. VIII. *De la Hongrie.*

Les bornes de ce royaume sont, au nord, la *Pologne* ; à l'orient, la *Moldavie* et la *Valaquie* ; au midi, la *Save* ; à l'occident, l'*Allemagne* et la *Bohême*.

D. *Quelle est son étendue ?*
R. Environ cent lieues de longueur, sur quatre-vingts de largeur. Sa population s'élève à 5,000,000 d'habitans.

D. *Quelles sont ses productions ?*
R. Elles consistent en mines d'or et d'argent, en blés, en pâturages, chevaux, et sur-tout en vins délicieux, entre lesquels se trouve le fameux vin de *Tokay*.

D. *Quels sont ses principaux fleuves et rivières ?*
R. Le *Danube*, la *Save*, la *Drave* et la *Teisse*.

D. *Quelles sont les divisions de la Hongrie ?*
R. On la divise en cinq parties, qui sont :

1°. La *Haute-Hongrie*, dont la capitale est *Presbourg*, sur le *Danube*.

2°. La *Basse-Hongrie*, dont la capitale, qui l'est aussi de tout le royaume, est *Bude*, sur le *Danube*.

3°. La *Transilvanie*, dont la capitale est *Hermanstad*, sur la petite rivière de *Ceben*.

4°. L'*Esclavonie*, qui a pour capitale *Waradin*, sur la *Drave*.

5°. La *Croatie*, dont une partie appartient aux Turcs ; *Wihitz*, sur l'*Unna*, est leur capitale ; et *Carlostad*, sur le *Kulp*, capitale de la *Croatie* autrichienne.

Avec ces pays et le cercle d'Autriche, l'empereur d'Allemagne possède encore la *Petite-Pologne*, et la presque-totalité des états de la ci-devant République de *Venise*.

D. *Quel est le gouvernement de la Hongrie ?*

R. Il est mixte : les affaires de l'état se décident dans une assemblée générale, composée du clergé, des nobles et du peuple, qui doit toujours se tenir en présence du roi ou de son représentant.

D. *Quel est le roi de Hongrie ?*

R. C'est l'empereur d'Allemagne. La couronne était autrefois élective, mais le sabre l'a rendue héréditaire dans la maison d'*Autriche*.

D. *Quelle est la religion dominante ?*

R. La Catholique ; les autres religions y sont permises.

D. *Comment sont les mœurs des Hongrois ?*

R. Elles sont guerrières, amies du faste, et aussi portées à la vengeance qu'à la bravoure.

Art. IX. *De la Turquie d'Europe.*

Les bornes de cette partie de l'empire turc sont, au nord, l'*Esclavonie*, la *Hongrie*, la *Transilvanie*, la *Pologne* et la *Moscovie* ; à l'orient, l'*Asie*, dont elle est séparée par des bras de mer ; au midi, la *Méditerranée* ; à l'occident, la mer de *Grèce*, le golfe de *Venise* et l'*Allemagne*.

D. *Quelle est son étendue ?*

R. Elle n'est pas bien déterminée, mais elle est très-vaste : on estime sa population à 8,000,000 d'habitans.

D. *Quels sont ses principaux fleuves ?*

R. Le *Danube*, qui la traverse de l'ouest à l'est ; et la *Mariza*, qui coule du nord au sud.

D. *Quels sont ses productions ?*

R. Elles sont très-variées, et suffisent aux

besoins des habitans ; mais sous une meilleure administration elles seraient susceptibles d'une grande abondance.

D. *Comment se divise la Turquie d'Europe ?*

R. Les monts *Castagnas* la partagent en septentrionale et méridionale.

D. *Quels sont les pays compris dans la Turquie septentrionale d'Europe ?*

R. Elle comprend neuf Provinces ; 1°. la *Bessarabie*, qui a pour capitale *Bender*, sur le *Mester*; 2°. la *Moldavie*, capitale *Jassy*, sur le *Pruth*; 3°. la *Valaquie*, capitale *Bukrest*; 4°. la *Croatie Turque*, capitale *Bihacz*; 5°. la *Dalmatie Turque*, capitale *Mostar*; 6°. la *Bosnie*, capitale *Bagnaluc*, sur la *Setina*; 7°. la *Servie*, capitale *Belgrade*, sur le *Danube*; 8°. la *Bulgarie*, capitale *Vidin*, sur le *Danube*; 9°. la *Romanie* ou *Rumélie*, dont le chef-lieu est *Constantinople*, capitale de tout l'empire.

D. *Quels sont les pays compris dans la Turquie méridionale d'Europe ?*

R. Elle comprend l'ancienne Grèce, qui était anciennement très-célèbre ; on la divise en *terre ferme* et en *îles*.

D. *Quels sont les pays compris dans la terre ferme ?*

R. Elle renferme cinq provinces :

1°. La *Macédoine*, où naquit *Alexandre-le-Grand* ; sa capitale est *Salonique* ou *Thessalonique*, port sur le golfe de ce nom.

2°. L'*Albanie*, capitale *Scutari*, sur le lac *Zenta*.

3°. L'*Epire*, capitale *Delvino*.

4°. La *Livadie*, appelée du temps des Romains *Achaïe*, où se trouvait l'*Attique*; sa capitale est *Atina* ou la célèbre *Athènes*, sur le golfe d'*Engia*.

5°. La *Morée*, autrefois le *Péloponèse* ; capitale

Coranto ou *Corinthe* ; c'est dans cette province que se trouve *Misitra*, autrefois *Lacédémone* ou *Sparte*.

D. *Quelles sont les îles de la Grèce ?*

R. Il y en a cinq dans la *mer Ionienne* ou *mer de Grèce* : 1°. *Corfou* ; 2°. *Sainte-Maure* ; 3°. *Céphalonie* ; 4°. *Zanthe* ; *Cérigo*, autrefois *Cythère*. Ces îles forment aujourd'hui une république sous la protection du Grand-Seigneur et de la *Russie*.

D. *Quelles sont les autres îles de la Grèce ?*

R. On les appelle les *îles de l'Archipel* ; elles sont très-nombreuses et se divisent en *Cyclades* et *Sporades*, non compris les deux grandes ; *Candie*, autrefois l'*île de Crète*, au midi, dont la capitale est *la Canée*, port de mer ; *Negrepont* au nord, qui a pour capitale un port du même nom.

Les principales Cyclades sont : *Andro*, *Tine*, *Naxie*, *Paros* et *Milo*. Celles des *Sporades*, sont : *Stalimène* ou *Lemnos*, *Sciro*, *Coulouri* ou *Salamine*, et *Santorin*.

D. *Quel est son gouvernement ?*

R. Le Grand-Seigneur y exerce par ses lieutenans un despotisme absolu.

D. *Quelle est la religion ?*

R. Le Mahométisme : on y tolère cependant les autres religions.

ART. X. *De la République Batave, ou Provinces-Unies des Pays-Bas.*

Cet état est borné, au nord et au couchant, par la mer d'*Allemagne* ; au midi, par la *France* et le *Rhin*.

D. *Quelle est l'étendue de ces provinces ?*

R. Quarante-huit lieues de longueur, sur environ quarante de largeur. La population est d'environ 2,000,000 d'habitans.

D. Combien y a-t-il de Provinces-Unies ?

R. Elles sont au nombre de sept, savoir :

1°. La province de *Gueldre*, dont la capitale est *Nimègue*, entre le *Rhin* et la *Meuse*.

2°. La province de *Hollande*, qui a donné son nom à tout le pays, et qui a pour capitale *Amsterdam*, ville fameuse par ses richesses prodigieuses, fruits d'un commerce immense.

3°. Le comté de *Zélande*, qui a pour capitale *Midelbourg*.

4°. La province d'*Utrecht*, dont la capitale porte le même nom.

5°. La province de *Frise*, qui a pour capitale *Lewarde*.

6°. La province d'*Overissel*, dont la capitale est *Deventer*.

7°. La seigneurie de *Groningue*, qui a donné son nom à sa capitale.

D. Quels sont ses principaux fleuves ?

R. Le *Rhin*, la *Meuse* et l'*Escaut*, qui se divisent en plusieurs branches, et qui fertilisent le pays.

D. Quelles sont ses productions ?

R. Elles consistent en bestiaux et en pâturages; l'industrie et l'activité des habitans y ont ajouté par le commerce celles du monde entier.

D. En qui réside la souveraineté dans cet état ?

R. Dans l'assemblée générale des représentans de la nation, qu'on nomme *Corps législatif* : son siége est à *La Haye*.

D. Quel est le gouvernement ?

R. Il est républicain : la première magistrature est confiée à cinq citoyens qu'on nomme *Directeurs*, et qui gouvernent d'après les lois faites par le corps législatif.

D. Quelle est la religion dominante ?

R. La prétendue réformée Presbytérienne; les

magistrats n'en peuvent suivre d'autres, mais presque toutes les religions y sont tolérées.

D. *Comment sont les mœurs des Bataves ?*

R. Elles étaient fondées sur des vertus qui ont fixé long-temps sur eux les regards de l'Europe ; les richesses les ont considérablement altérées : on n'y remarque plus aujourd'hui qu'un esprit d'ordre et d'économie, admirable et nécessaire à leur goût décidé pour le commerce, mais souillé par un amour insatiable du gain.

Art. XI. *Des Pays-Bas.*

La *Belgique* ou les *Pays-Bas*, ainsi appelés parce qu'ils sont vers la mer, et que plusieurs fleuves y ont leur embouchure, sont bornés au nord par la *République Batave* ; au midi par la *France* ; au levant, par l'*Allemagne* ; et à l'occident, par la *Manche*. Ils ont été réunis à la *France* par droit de conquête, et en font aujourd'hui partie en vertu des traités de *Campo-Formio* et de *Lunéville*, faits avec l'Empereur d'Allemagne, de qui ils dépendaient.

D. *Quelle était leur étendue ?*

R. Cent vingt lieues de longueur, sur quatre-vingt-sept de largeur. Leur population est estimée à 4,000,000 d'habitans.

D. *Comment les divisait-t-on ?*

R. En sept provinces, qui sont :

1°. Le duché de *Brabant*, dont la capitale est *Bruxelles*.

2°. Le duché de *Limbourg*, qui a donné son nom à sa capitale.

3°. Le duché de *Luxembourg*, dont la capitale porte le même nom.

4°. Le duché de *Gueldre*, qui a pour capitale *Ruremonde*, sur la *Boër*.

5°. Le

5°. Le comté de *Flandres*, dont la capitale est *Gand*. Cette province a donné son nom à tous les *Pays-Bas*, dont les habitans sont généralement connus sous le nom de *Flamands*.

6°. Le comté de *Hainaut*, qui a pour capitale *Mons*.

7°. Le comté de *Namur*, dont la capitale porte le même nom.

D. *Quelles sont les rivières qui les arrosent ?*
R. La *Meuse*, l'*Escaut*, la *Lis*, la *Sambre* et la *Senne*.

D. *Quelles sont leurs productions ?*
R. Elles sont extrêmement variées ; les principales sont les grains, le bétail et les toiles.

D. *Quelle est la religion ?*
R. La dominante est la religion Catholique.

D. *Comment sont les mœurs des Belges ?*
R. Elles sont industrieuses, amies de l'ordre et de l'économie, mais gâtées par la superstition.

Art. xii. *De la France.*

Les bornes de cet État sont, au nord, la Manche et la Hollande ; à l'est, le Rhin qui le sépare de l'Allemagne, la Suisse et les Alpes qui le séparent de l'Italie ; au sud, la Méditerranée, et les Pyrénées qui le séparent de l'Espagne ; et à l'ouest, l'Océan.

D. *Quelle est son étendue ?*
R. Environ deux cent trente lieues du nord au sud, et de trois cent trente de l'est à l'ouest.

Sa surface est de trente-deux mille lieues carrées, et sa population de plus de 32,000,000 d'habitans : on y compte sept cent quatre-vingts villes et quarante-huit mille bourgs ou villages.

D. *Quelles sont ses principales montagnes ?*
R. Les *Pyrénées*, les *Alpes* et les *Cévennes*.

F

D. Quelles sont ses rivières principales?

R. Le *Rhône* qui se jette dans la mer *Méditerranée*; la *Loire*, la *Seine*, la *Garonne* ou *Gironde*, la *Moselle*, le *Rhin*, la *Charente* et l'*Escaut*, qui versent leurs eaux dans l'Océan.

D. Quelles sont ses productions?

R. Elles ne laissent rien à désirer. La *France* donne avec profusion tout ce qui peut servir aux besoins et aux délices de la vie, avec tous les avantages que peut produire l'industrie perfectionnée, jointe à un grand commerce.

D. Quelle était son ancienne division?

R. Elle était composée de trente-deux grands gouvernemens, savoir:

1. La *Flandre* Française, qui avait pour capitale *Lille*, grande et belle place forte, où il y a un grand nombre de manufactures.

2. L'*Artois*, dont la capitale était *Arras*, sur la *Scarpe*.

3. La *Picardie*, qui avait pour capitale *Amiens*, riche et fameuse par ses manufactures de laine.

4. La *Normandie*. *Rouen*, sur la *Seine*, où arrivent les vaisseaux, en était la capitale; elle est le siége d'un grand commerce maritime et de manufactures.

5. L'*Ile-de-France*, qui avait pour chef-lieu *Paris*, sur la *Seine*, capitale de toute la *France*, et une des plus belles et des plus grandes villes du monde.

6. La *Champagne*, dont la capitale était *Troyes*, sur la *Seine*.

7. La *Lorraine*, qui avait pour capitale *Nancy*, près de la *Meurte*.

8. L'*Alsace*: sa capitale était *Strasbourg*, sur l'*Ill*, très-près du *Rhin*. Cette ville est grande et forte; il s'y fait un commerce considérable.

9. La *Bretagne*; sa capitale était *Rennes*, sur la *Vilaine*.

10. Le *Maine*, dont la capitale était le *Mans*, sur la *Sarte* et la *Mayenne*.

11. L'*Anjou*, qui avait pour capitale *Angers*, sur la *Sarte*.

12. La *Touraine*; sa capitale était *Tours*, sur la *Loire*.

13. L'*Orléanais*, dont la capitale était *Orléans*, sur la *Loire*.

14. Le *Berry*. *Bourges*, sur les rives de l'*Auron* et de l'*Eure*, en était la capitale.

15. Le *Nivernois*; sa ville principale était *Nevers*, sur la *Loire*.

16. La *Bourgogne*, dont la capitale était *Dijon*, sur l'*Ouche*.

17. La *Franche-Comté*, qui avait pour capitale *Besançon*, sur le *Doubs*.

18. Le *Poitou*; sa capitale était *Poitiers*, sur le *Clain*.

19. L'*Aunis*, dont la capitale était *la Rochelle*, ville très-commerçante, avec un bon port.

20. La *Marche*, qui avait pour capitale *Gueret*, près la *Gartampe*.

21. Le *Bourbonnais*, dont la capitale était *Moulins*, sur l'*Allier*.

22. La *Saintonge*, qui avait pour capitale *Saintes*, sur la *Charente*.

23. Le *Limosin*; sa capitale était *Limoges*, sur la *Vienne*.

24. L'*Auvergne*; sa capitale était *Clermont-Ferrand*.

25. Le *Lyonnais*, qui avait pour capitale *Lyon*, belle, riche et grande ville, au confluent de la *Saône* et du *Rhône* : il y a de nombreuses manufactures, et il s'y fait un très-grand commerce.

26. Le *Dauphiné*, dont la capitale était *Grenoble*, sur l'*Isère*.

27. La *Guyenne*, qui avait pour capitale *Bordeaux*, riche et grande ville, avec un port magnifique sur la Garonne, siége d'un commerce considérable.

28. Le *Béarn*; sa capitale était *Pau*, près du *Gave*.

29. Le *Comté de Foix*, qui avait pour capitale *Foix*, sur l'*Arriège*.

30. Le *Roussillon*, dont la capitale était *Perpignan*, sur le *Tet*.

31. Le *Languedoc*, dont la capitale était *Toulouse*, sur la *Garonne*.

32. Enfin la *Provence*, qui avait pour capitale *Aix*, sur le *Larc*.

D. *Quelles sont les nouvelles divisions de la France ?*

R. Depuis l'établissement de la République, les Français ont étendu leurs conquêtes bien au-delà de leurs anciennes limites. Nous les ferons connaître dans l'ordre des *Départemens* ou *Préfectures* qui ont remplacé l'ancienne division.

D. *De combien de Départemens est actuellement composée la France ?*

R. Elle renferme, en y comprenant ses conquêtes, cent trois départemens en Europe, et quatorze dans ses colonies, qui portent presque tous les noms des rivières et montagnes qui s'y trouvent, ou d'autres objets distinctifs de leur territoire, et dont le chef-lieu est le siége d'un tribunal criminel. Il y a en outre vingt-neuf *tribunaux d'Appel*, dont le siége de chacun est indiqué dans le département où il se trouve; et un tribunal de Cassation pour toute la République, qui tient ses séances à Paris. Chaque département est divisé en *Arrondissemens-communaux* ou *Sous-Préfectures*, et dans chacune d'elles il y a un tribunal de première instance pour le civil et le criminel.

D. *Quel est le nom de chaque Département et des Sous-Préfectures qu'il renferme ; quelle est aussi sa population, son étendue, et le siége de chaque tribunal d'Appel, avec l'indication des Départemens qui forment son ressort ?*

R. En suivant l'ordre alphabétique, comme le plus naturel, nous avons :

1. Le département de l'AIN, formé de la partie sud-est de la Bourgogne : chef-lieu de Préfecture BOURG, à 105 lieues sud-est de Paris.

Divisé en 4 Sous-Préfectures.

BOURG, sur la *Resousse*.
BELLEY, près du *Rhône*.
TRÉVOUX, sur la *Saône*.
NANTUA, sur le lac de ce nom.

Sa population est de 308,980 individus, et son étendue de 300 lieues carrées.

2. Département de l'AISNE, formé des frontières de Champagne, Picardie et Ile-de-France : chef-lieu *Laon*, à 33 lieues de Paris.

Divisé en 5 Sous-Préfectures.

CHATEAU-THIERRY, sur la *Marne*.
LAON.
SOISSONS, sur l'*Aisne*.
SAINT-QUENTIN, place forte, sur la *Somme*.
VERVINS, sur la *Serre*.

Popul. 408,172. Étendue 374 lieues carrées.

3. Département de l'ALLIER, formé du Bourbonnais : chef-lieu *Moulins*, à 69 lieues sud de Paris.

Divisé en 4 Sous-Préfectures.

MOULINS, sur l'*Allier*.
MONTLUÇON, sur le *Cher*.
GANNAT.
LA PALICE, sur la *Besbre*.

Popul. 266,105. Étendue 364 lieues carrées.

4. Département des ALPES (BASSES), formé de la partie nord-est de la Provence : chef-lieu *Digne*, à 174 lieues de Paris.

Divisé en 5 Sous-Préfectures.

DIGNE, renommée par ses bains chauds.
BARCELONNETTE.
SISTERON, sur la *Durance*.
FORCALQUIER.
CASTELLANE, sur le *Verdon*.

Popul. 144,436. Étendue 388 lieues carrées.

5. Département des ALPES (HAUTES), formé de la partie est du Dauphiné : chef-lieu *Gap*, à 152 lieues de Paris.

Divisé en 3 Sous-Préfectures.

GAP.
EMBRUN, près de la *Durance*.
BRIANÇON, place forte.

Popul. 116,754. Étendue 283 lieues carrées.

6. Département des ALPES-MARITIMES, formé du comté de *Nice*, qui était sous la domination du Roi de Sardaigne : chef-lieu *Nice*, à 176 lieues de Paris.

Divisé en 3 Sous-Préfectures.

MONACO, port de mer.
NICE, port de mer.
PUJET-THÉNIÈRES, sur le *Var*.

Popul. 93,366. Étendue 190 lieues carrées.

7. Département de l'ARDÈCHE, formé de la partie est-nord du Languedoc ; chef-lieu *Privas*, à 126 lieues de Paris.

Divisé en 3 Sous-Préfectures.

TOURNON, sur le *Rhône*.
PRIVAS.
L'ARGENTIÈRE.

Popul. 273,255. Étendue 360 lieues carrées.

8. Département des ARDENNES, formé de la partie nord de la Champagne et d'une partie du duché de Bouillon : chef-lieu *Charleville*, à 50 lieues de Paris.

Divisé en 5 Sous-Préfectures.

RÉTHEL, près de l'*Aisne*.
CHARLEVILLE, célèbre par ses manufactures d'armes.
SEDAN, renommée par ses manufactures de draps, place forte sur la *Meuse*.
ROCROY, place forte.
VOUZIERS.

Popul. 253,902. Étendue 342 lieues carrées.

9. Département de l'ARRIÈGE, formé de la partie sud-est de la Guyenne et du pays de Foix : chef-lieu *Foix*, à 181 lieues de Paris.

Divisé en 3 Sous-Préfectures.

FOIX, sur l'*Arriège*.
PAMIERS, sur l'*Arriège*.
SAINT-GIRONS, sur le *Salat*.

Popul. 199,838. Étendue 239 lieues carrées.

10. Département de l'AUBE, formé de la partie sud de la Champagne : chef-lieu *Troyes*, à 38 lieues de Paris.

Divisé en 5 Sous-Préfectures.

BAR-SUR-SEINE.
TROYES, sur la *Seine*.
BAR-SUR-AUBE.
NOGENT-SUR-SEINE.
ARCIS-SUR-AUBE.

Popul. 228,814. Étendue 280 lieues carrées.

11. Département de l'AUDE, formé de la partie sud-ouest du Languedoc : chef-lieu *Carcassonne*, à 191 lieues de Paris.

Divisé en 4 Sous-Préfectures.

LIMOUX.
CARCASSONNE, sur l'*Aude*.
NARBONNE, sur un canal fourni par l'*Aude*.
CASTELNAUDARY, près du grand canal.

Popul. 219,101. Étendue 311 lieues carrées.

12. Département de l'AVEYRON, formé de la partie est de la Guyenne : chef-lieu *Rhodez*, à 141 lieues de Paris.

Divisé en 5 Sous-Préfectures.
ESPALION, sur le *Lot*.   SAINT-AFFRIQUE.
RHODEZ, sur l'*Aveyron*.   VILLEFRANCHE, sur
MILHAU, sur le *Tarn*.   l'*Aveyron*.
Popul. 332,090. Étendue 420 lieues carrées.

13. Département des BOUCHES-DU-RHÔNE, formé de la partie sud-ouest de la Provence : chef-lieu *Marseille*, à 198 lieues de Paris.

Divisé en 3 Sous-Préfectures.
AIX, fameuse par ses huiles.
MARSEILLE, port de mer célèbre.
TARASCON, sur le *Rhône*.
Popul. 305,454. Étendue 325 lieues carrées.

Le tribunal d'Appel, qui a dans son ressort les départemens du *Var, Bouches-du-Rhône, Alpes-Maritimes* et *Basses-Alpes*, siége à *Aix*.

14. Département du CALVADOS, formé de la partie nord-ouest de la Normandie : chef-lieu *Caen*, à 53 lieues de Paris.

Divisé en 6 Sous-Préfectures.
VIRE, sur la rivière de ce nom.
CAEN, sur l'*Orne* et l'*Oden*.
BAYEUX, sur l'*Aure*.
PONT-L'ÉVÊQUE, sur la *Touque*.
FALAISE, sur l'*Anté*.
LISIEUX, sur la *Touque* et l'*Orbec*.
Popul. 484,212. Étendue 358 lieues carrées.

Le tribunal d'Appel, qui a pour ressort les départemens de l'*Orne*, de la *Manche* et du *Calvados*, siége à *Caen*.

15. Département du CANTAL, formé de la partie sud de l'Auvergne : chef-lieu *Aurillac*, à 127 lieues de Paris.

Divisé en 4 Sous-Préfectures.
MAURIAC, près de la *Dordogne*.
AURILLAC, sur la *Jordane*.
SAINT-FLOUR.
MURAT, sur l'*Alagnon*.
Popul. 243,708. Étendue 263 lieues carrées.

16. Département de la CHARENTE, formé de l'Angoumois et d'une partie de la Saintonge : chef-lieu *Angoulême*, à 128 lieues de Paris.

Divisé en 5 Sous-Préfectures.

RUFFEC, sur l'*Anche*.
ANGOULÊME, sur la *Charente*.
CONFOLENS, sur la *Vienne*.
COIGNAC, célèbre par ses eaux-de-vie, sur la *Charente*.
BARBÉZIEUX.

Popul. 319,427. Étendue 309 lieues carrées.

17. Département de la CHARENTE INFÉRIEURE, formé de l'Aunis et de l'autre partie de la Saintonge : chef-lieu *Saintes*, à 122 lieues de Paris.

Divisé en 6 Sous-Préfectures.

MARENNES, près de la mer.
SAINTES, sur la *Charente*.
LA ROCHELLE, port de mer.
ROCHEFORT, port militaire.
SAINT-JEAN-D'ANGELY, sur la *Boutonne*.
JONSAC, sur la *Pévigne*.

Popul. 420,896. Étendue 160 lieues carrées.

18. Département du CHER, formé de la partie est du Berry : chef-lieu *Bourges*, à 58 lieues sud de Paris.

Divisé en 3 Sous-Préfectures.

SAINT-AMAND.
BOURGES, sur l'*Auron* et l'*Yèvre*.
SANCERRE, sur la *Loire*.

Popul. 219,459. Étendue 372 lieues carrées.

Le tribunal d'Appel, qui a dans son ressort les départemens de la *Nièvre*, du *Cher* et de l'*Indre*, siége à *Bourges*.

19. Département de la CORRÈZE, formé de la partie sud du Limousin : chef-lieu *Tulle*, à 113 lieues de Paris.

Divisé en 3 Sous-Préfectures.

USSEL.
TULLE, sur la *Corrèze* et le *Soulan*.
BRIVES, sur la *Corrèze*.

Popul. 254,502. Étendue 296 lieues carrées.

20. Département de la CÔTE-D'OR, formé de la partie est de la Bourgogne : chef-lieu *Dijon*, à 73 lieues sud-ouest de Paris.

Divisé en 4 Sous-Préfectures.

SEMUR.
DIJON, près de l'*Ouche*.
CHATILLON-SUR-SEINE.
BEAUNE, célèbre par ses vins.

Popul. 339,860. Étendue 437 lieues carrées.

Le tribunal d'Appel, qui a dans son ressort les départemens de *Saône-et-Loire*, *Côte-d'Or* et *Haute-Marne*, siége à *Dijon*.

21. Département des CÔTES-DU-NORD, formé de la partie nord de la Bretagne : chef-lieu *Saint-Brieux*, à 108 lieues de Paris.

Divisé en 5 Sous-Préfectures.

LANNION, où il y a des eaux minérales.
SAINT-BRIEUX, port de mer.
DINANT, près la *Rance*.
LOUDEAC, à 5 lieues de Brest.
GUINGAMP.

Popul. 530,341. Étendue 339 lieues carrées.

22. Département de la CREUSE, formé de la partie nord-est du Limousin et de la partie est de la Marche : chef-lieu *Guéret*, à 79 lieues sud de Paris.

Divisé en 4 Sous-Préfectures.

BOURRAC.
GUÉRET, sur la *Gartampe*.
AUBUSSON, sur la *Creuse*, célèbre par ses manufactures de tapisseries.
BOURGANEUF, sur le *Taurion*.

Popul. 233,079. Étendue 290 lieues carrées.

23. Département de la DORDOGNE, formé de la partie de la Guyenne appelée *Périgord* : chef-lieu *Périgueux*, à 116 lieues de Paris.

Divisé en 5 Sous-Préfectures.

NONTRON, sur le *Bandiat*.
PÉRIGUEUX, sur l'*Ill*.
SARLAT, sur le *Sarlat*.
BERGERAC, sur la *Dordogne*.
RIBERAC.

Popul. 441,385. Étendue 428 lieues carrées.

24. Département du Doubs, formé du milieu de la Franche-Comté : chef-lieu *Besançon*, à 91 lieues de Paris.

Divisé en 4 Sous-Préfectures.

SAINT-HIPPOLYTE.
BESANÇON, place forte} sur le *Doubs*.
PONTARLIER,
BAUME-LES-NONES.

Popul. 216,878. Étendue 269 lieues carrées.

Le tribunal d'Appel, qui a pour ressort les départemens du *Jura*, du *Doubs* et de la *Haute-Saône*, siége à *Besançon*.

25. Département de la DRÔME, formé de la partie ouest du Dauphiné : chef-lieu *Valence*, à 138 lieues de Paris.

Divisé en 4 Sous-Préfectures.

NYONS, sur l'*Eygnès*.
VALENCE, sur le *Rhône*.
MONTELIMART, sur le *Robion*.
DIE, sur la *Drôme*.

Popul. 232,619. Étendue 339 lieues carrées.

26. Département de la DYLE, formé de la partie centrale de la Belgique : chef-lieu *Bruxelles*, à 69 lieues de Paris.

Divisé en 3 Sous-Préfectures.

LOUVAIN, sur la *Dyle*.
BRUXELLES, sur la *Senne*.
NIVELLE, sur la *Thienne*.

Popul. 389,789. Étendue 184 lieues carrées.

Le tribunal d'Appel qui a dans son ressort les départemens de la *Lis*, l'*Escaut*, la *Dyle*, *Deux-Nèthes* et *Jemmape*, siége à *Bruxelles*.

27. Département de l'ESCAUT, formé de la partie ouest de la Belgique : chef-lieu *Gand*, à 70 lieues de Paris.

Divisé en 4 Sous-Préfectures.

OUDENARDE, sur l'*Escaut*.
GAND, sur l'*Escaut* et la *Lis*.
DENDERMONDE, sur la *Dondre* et l'*Escaut*.
LE SAS-DE-GAND, place forte sur un canal.

Popul. 578,550. Étendue 154 lieues carrées.

F 6

28. Département de l'EURE, formé de la partie sud-est de la Normandie : chef-lieu *Évreux*, à 25 lieues de Paris.

Divisé en 5 Sous-Préfectures.

PONT-AUDEMER, sur la *Rille*.
ÉVREUX, sur l'*Iton*.
BERNAY, sur la *Sarentone*.
LES-ANDELYS, sur le *Gambon*.
LOUVIERS, célèbre par ses manufactures de draps.

Popul. 405,705. Étendue 293 lieues carrées.

29. Département d'EURE ET LOIR, formé de la partie ouest de l'Orléanais et de la partie est du Perche : chef-lieu *Chartres*, à 20 lieues de Paris.

Divisé en 4 Sous-Préfectures.

NOGENT-LE-ROTROU.
CHARTRES, sur l'*Eure*.
DREUX, sur la *Blaise*.
CHATEAUDUN, sur le *Loir*.

Popul. 257,986. Étendue 273 lieues carrées.

30. Département du FINISTÈRE, formé de la partie ouest de la Bretagne : chef-lieu *Quimper*, à 133 lieues de Paris.

Divisé en 5 Sous-Préfectures.

CHATEAU-LIN, sur l'*Auzon*.
QUIMPER, sur l'*Oder*.
BREST, port de mer militaire, célèbre par son arsenal pour l'armement des vaisseaux de guerre.
QUIMPERLAY, sur l'*Isotte*.
MORLAIX, port de mer.

Popul. 442,782. Étendue 353 lieues carrées.

31. Département des FORÊTS, formé du duché de Luxembourg : chef-lieu *Luxembourg*, à 65 lieues nord-est de Paris.

Divisé en 4 Sous-Préfectures.

NEUF CHATEAU.   BITBOURG.
LUXEMBOURG, sur l'*Elfe*.   DICKIRCH, sur la *Suse*.

Popul. 194,011. Étendue 340 lieues carrées.

32. Département du GARD, formé de la partie est du Languedoc : chef-lieu *Nismes*, à 175 lieues de Paris.

Divisé en 4 Sous-Préfectures.

LE VIGAN. ALAIS ; sur le *Gardon*.
NISMES. UZÈS.

Popul. 309,802. Étendue 279 lieues carrées.

Le tribunal d'Appel, qui a dans son ressort les départemens de la *Losère*, du *Gard*, de l'*Ardèche* et de *Vaucluse*, siége à *Nismes*.

33. Département de la GARONNE (HAUTE), formé de la partie ouest du Languedoc : chef-lieu *Toulouse*, à 169 lieues de Paris.

Divisé en 5 Sous-Préfectures.

SAINT-GAUDENS, sur la CASTEL-SARRAZIN.
Garonne. VILLEFRANCHE.
TOULOUSE, sur la *Garonne*. MUREL, sur la *Garonne*.

Popul. 404,936. Étendue 347 lieues carrées.

Le tribunal d'Appel, séant à *Toulouse*, a pour ressort les départemens de l'*Arriège*, *Tarn* et *Haute-Garonne*.

34 Département du GERS, formé de la partie est de la Guyenne : chef-lieu *Auch*, à 117 lieues de Paris.

Divisé en 5 Sous-Préfectures.

MIRANDE. LECTOURE, sur le *Gers*.
AUCH, près du *Gers*. LOMBEZ, sur la *Save*.
CONDOM, sur la *Baize*.

Popul. 288,555. Étendue 380 lieues carrées.

35. Département de la GIRONDE, formé de la partie nord-ouest de la Guyenne : chef-lieu *Bordeaux*, à 148 lieues de Paris.

Divisé en 6 Sous-Préfectures.

LESPARRE.
BORDEAUX, port célèbre.
LIBOURNE, port de mer, sur la *Dordogne*.
BAZAS, près de la *Garonne*.
BLAYE, sur la *Gironde*.
LA RÉOLE, sur la *Garonne*.

Popul. 557,508. Étendue 549 lieues carrées.

Le tribunal d'Appel, séant à Bordeaux, a dans son ressort les départemens de la *Charente*, *Dordogne* et *Gironde*.

36. Département du Golo, formé de la partie nord de l'île de Corse : chef-lieu *Bastia*, à 266 lieues de Paris.

Divisé en 3 Sous-Préfectures.

Calvi, port de mer.   Corté, sur le *Tavignano*.
Bastia, port de mer.

Popul. 157,874. Étendue 260 lieues carrées.

37. Département de l'Hérault, formé de la partie sud-est du Languedoc : chef-lieu *Montpellier*, à 186 lieues de Paris.

Divisé en 4 Sous-Préfectures.

Béziers, près l'*Orbe*.   Lodève, sur l'*Ergue*.
Montpellier, sur le *Merdanson*.   Saint-Pons-de-Tomiers.

Popul. 273,452. Étendue 327 lieues carrées.

Le tribunal d'Appel, séant à Montpellier, a dans son ressort les départemens des *Pyrénées-Orientales*, de l'*Aveyron*, de l'*Hérault* et de l'*Aude*.

38. Département d'Ille-et-Vilaine, formé de la partie est de la Bretagne : chef-lieu *Rennes*, à 83 lieues de Paris.

Divisé en 6 Sous-Préfectures.

Montfort-la-Canne, sur le *Men*.
Rennes, sur la *Vilaine*.
Saint-Malo, port de mer.
Vitré, sur la *Vilaine*.
Fougères, sur le *Coesnon*.
Redon, sur la *Vilaine*.

Popul. 511,840. Étendue 357 lieues carrées.

Le tribunal d'Appel de Rennes a pour ressort les départemens de la *Loire-Inférieure, Finistère, Ille-et-Vilaine, Côtes-du-Nord* et *Morbihan*.

39. Département de l'Indre, formé de la partie ouest du Berry : chef-lieu *Châteauroux*, à 63 lieues de Paris.

Divisé en 4 Sous-Préfectures.

Lachatre, sur l'*Indre*.   Issoudun, sur le *Théols*.
Chateauroux, sur l'*Indre*.   Le Blanc.

Popul. 216,882. Étendue 368 lieues carrées.

40. Département d'INDRE ET LOIRE, formé de la Touraine : chef-lieu *Tours*, à 57 lieues de Paris.

Divisé en 3 Sous-Préfectures.

LOCHE, sur l'*Indre*.
TOURS, entre la *Loire* et le *Cher*.
CHINON, sur la *Vienne*.

Popul. 264,935. Étendue 328 lieues carrées.

41. Département de l'ISÈRE, formé de la partie est du Dauphiné : chef-lieu *Grenoble*, à 138 lieues de Paris.

Divisé en 4 Sous-Préfectures.

LA-TOUR-DU-PIN, sur la rivière de ce nom.
GRENOBLE, sur l'*Isère*.
VIENNE, sur le *Rhône*.
SAINT-MARCELLIN, près de l'*Isère*.

Popul. 430,106. Étendue 458 lieues carrées.

Le tribunal d'Appel de Grenoble a dans son ressort les départemens de la *Drôme*, *Hautes-Alpes*, *Isère* et *Mont-Blanc*.

42. Département de JEMMAPES, formé du Hainaut Autrichien : chef-lieu *Mons*, à 57 lieues nord-est de Paris.

Divisé en 3 Sous-Préfectures.

TOURNAY, sur l'*Escaut*.
MONS, sur la *Trouille*.
CHARLEROY, sur la *Sambre*.

Popul. 408,668. Étendue 230 lieues carrées.

43. Département du JURA, formé de la partie sud de la Franche-Comté : chef-lieu *Lons-le-Saulnier*, à 78 lieues de Paris.

Divisé en 4 Sous-Préfectures.

SAINT-CLAUDE, sur le *Lison*.
LONS-LE-SAULNIER, sur le *Solvan*.
DÔLE, sur le *Doubs*.
POLIGNY, près d'*Arbois* et *Salins*.

Popul. 284,460. Étendue 272 lieues carrées.

44. Département des LANDES, formé de la partie sud de la Guyenne : chef-lieu *Mont-de-Marsan*, à 192 lieues de Paris.

Divisé en 3 Sous-Préfectures.

SAINT-SEVER, } sur l'*Adour*.
DAX,
MONT-DE-MARSAN, près le *Midou*.

Popul. 249,140. Étendue 461 lieues carrées.

45. Département du LÉMAN, formé du pays de Gex, d'une partie de la Savoie et de la République de Genève : chef-lieu *Genève*, à 145 lieues sud-est de Paris.

Divisé en 3 Sous-Préfectures.

THONON, } sur le lac de *Genève* ou *Léman*.
GENÈVE,
BONNEVILLE, sur l'*Arve*.

Popul. 180,000. Étendue 154 lieues carrées.

46. Département du LIAMONE, formé de la partie sud de l'île de Corse : chef-lieu *Ajaccio*, à 288 lieues de Paris.

Divisé en 3 Sous-Préfectures.

VICO, sur le golfe de *Sagone*.
AJACCIO, port de mer.
SARTÈNE.

Popul. 72,656. Étendue 240 lieues carrées.

Le tribunal d'Appel, ayant pour ressort les départemens d'*Ultramone* et du *Golo*, siége à Ajaccio.

47. Département de LOIR ET CHER, formé de la partie sud-ouest de l'Orléanais : chef-lieu *Blois*, à 42 lieues de Paris.

Divisé en 3 Sous-Préfectures.

VENDÔME, sur le *Loir*.
BLOIS, sur la *Loire*.
ROMORENTIN, sur le *Morentin*.

Popul. 205,749. Étendue 323 lieues carrées.

48. Département de la LOIRE, formé de la partie ouest du Lyonnais : chef-lieu *Montbrison*, à 97 lieues de Paris.

Divisé en 3 Sous-Préfectures.

SAINT-ÉTIENNE, célèbre par sa manufacture d'armes.
MONTBRISON, sur la *Vézize*.
ROUANNE, sur la *Loire*.

Popul. 322,965. Étendue 427 lieues carrées.

49. Département de la LOIRE (HAUTE), formé de la partie sud de l'Auvergne et de la partie nord du Languedoc : chef-lieu *Le Puy*, à 140 lieues de Paris.

Divisé en 3 Sous-Préfectures.

YSSENGEAUX, près de la *Loire*.
LE PUY, près la *Loire*.
BRIOUDE, sur l'*Allier*.

Popul. 259,143. Étendue 254 lieues carrées.

50. Département de la LOIRE-INFÉRIEURE, formé de la partie sud-est de la Bretagne : chef-lieu *Nantes*, à 86 lieues de Paris.

Divisé en 5 Sous-Préfectures.

CHATEAU-BRIANT.
NANTES, port sur la *Loire*.
ANCENIS, sur la *Loire*.
SAVENAY.
PAIMBOEUF, port de mer.

Popul. 451,366. Étendue 373 lieues carrées.

51. Département du LOIRET, formé de la partie nord de l'Orléanais : chef-lieu *Orléans*, à 28 lieues de Paris.

Divisé en 4 Sous-Préfectures.

GIEN,
ORLÉANS, } sur la *Loire*.
MONTARGIS, sur le *Loing* et le canal de *Briare*.
PITHIVIERS, sur l'*Oef*.

Popul. 290,031. Étendue 337 lieues carrées.

Le tribunal d'Appel siége à Orléans ; il a pour ressort les départemens de *Loire-et-Cher*, *Loiret*, *Indre-et-Loire*.

52. Département du Lot, formé de la partie nord de la Guyenne : chef-lieu *Cahors*, à 142 lieues de Paris.

Divisé en 4 Sous-Préfectures.

GOURDON.
CAHORS, sur le *Lot*.
MONTAUBAN, sur le *Tarn*.
FIGEAC, sur la *Selle*.

Popul. 387,019. Étendue 383 lieues carrées.

53. Département de LOT ET GARONNE, formé de la partie nord-est de la Guyenne : chef-lieu *Agen*, à 156 lieues de Paris.

Divisé en 4 Sous-Préfectures.

MARMONDE, } sur la *Garonne*.
AGEN,
NERAC, sur la *Baive*.
VILLENEUVE-D'AGENOIS, sur le *Lot*.

Popul. 339,821. Étendue 273 lieues carrées.

Le tribunal d'Appel, séant à Agen, a pour ressort les départemens du *Lot*, *Gers*, et *Lot et Garonne*.

54. Département de la LOZÈRE, formé de la partie nord-est du Languedoc : chef-lieu *Mende*, à 155 lieues de Paris.

Divisé en 3 Sous-Préfectures.

FLORAC, près le *Tarn*.
MENDE, sur le *Lot*.
MARVEJOLS, sur la *Colange*.

Popul. 145,700. Étendue 242 lieues carrées.

55. Département de la LIS, formé de la Flandre maritime : chef-lieu *Bruges*, à 62 lieues de Paris.

Divisé en 4 Sous-Préfectures.

YPRES, sur l'*Ypers*.
COURTRAY, sur la *Lis*.
BRUGES, sur un beau canal.
FURNES, près de la mer.

Popul. 475,118. Étendue 207 lieues carrées.

56. Département de MAINE ET LOIRE, formé de la partie ouest de l'Anjou : chef-lieu *Angers*, à 67 lieues de Paris.

Divisé en 5 Sous-Préfectures.
BEAUPRÉAU, sur l'*Erdre*.
ANGERS, sur la *Mayenne*.
SAUMUR, sur la *Loire*.
BEAUGÉ, sur le *Coesnon*.
SEGRÉ, sur l'*Oudon*.

Popul. 442,482. Étendue 494 lieues carrées.

Le tribunal d'Appel d'Angers a dans son ressort les départemens de la *Mayenne*, *Maine et Loire*, et *Sarte*.

57. Département de la MANCHE, formé de la partie sud-ouest de la Normandie : chef-lieu *Saint-Lo*, à 65 lieues de Paris.

Divisé en 5 Sous-Préfectures.
VALOGNE, près de la mer.
SAINT-LO, port de mer.
COUTANCES, près de la mer.
AVRANCHES, près la *Séez*.
MORTAIN, sur la petite rivière de *Lances*.

Popul. 538,008. Étendue 278 lieues carrées.

58. Département de la MARNE, formé du centre de la Champagne : chef-lieu *Châlons*, à 40 lieues de Paris.

Divisé en 5 Sous-Préfectures.
REIMS, sur la *Vesle*.
CHÂLONS,
VITRY-LE-FRANÇAIS, } sur la *Marne*.
SAINTE-MENEHOULD, sur l'*Aisne*.
ÉPERNAY, sur la *Marne*.

Popul. 291,484. Étendue 400 lieues carrées.

59. Département de la MARNE (HAUTE), formé de la partie sud-ouest de la Champagne : chef-lieu *Chaumont*, à 59 lieues de Paris.

Divisé en 3 Sous-Préfectures.
VASSY, sur la *Blaise*.
CHAUMONT, près de la *Marne*.
LANGRES, près la *Marne*.

Popul. 222,585. Étendue 300 lieues carrées.

60. Département de la MAYENNE, formé d'une partie du Maine et de la partie est de l'Anjou : chef-lieu *Laval*, à 64 lieues de Paris.

Divisé en 3 Sous-Préfectures.

MAYENNE,
LAVAL,
CHATEAU-GONTHIER, } sur la *Mayenne*.

Popul. 324,730. Étendue 494 lieues carrées.

61. Département de la MEURTE, formé de la partie sud-ouest de la Lorraine : chef-lieu *Nancy*, à 83 lieues de Paris.

Divisé en 5 Sous-Préfectures.

SARREBOURG, sur la *Sarre*.
NANCY, sur la *Meurte*.
LUNÉVILLE, sur la *Vezouze* et la *Meurte*.
CHATEAU-SALIN, remarquable par ses salines.
TOUL, place forte, sur la *Moselle*.

Popul. 328,171. Étendue 363 lieues carrées.

Les départemens de la *Meuse*, *Meurte* et des *Vosges*, sont du ressort du tribunal d'Appel séant à *Nancy*.

62. Département de la MEUSE, formé de la partie ouest de la Lorraine : chef-lieu *Bar-sur-Ornain*, à 62 lieues de Paris.

Divisé en 4 Sous-Préfectures.

COMMERCY, sur la *Meuse*.
BAR-SUR-ORNAIN.
VERDUN, sur la *Meuse*.
MONTMÉDI, place forte, sur le *Chiers*.

Popul. 257,237. Étendue 308 lieues carrées.

63. Département de la MEUSE-INFÉRIEURE, formé de la Flandre Hollandaise et d'une partie du pays de Liége : chef-lieu *Maestricht*, à 94 lieues nord-est de Paris.

Divisé en 3 Sous-Préfectures.

RUREMONDE, sur la *Roër* et la *Meuse*.
HASSELT, sur le *Demer*.
MAESTRICHT, sur la *Meuse*.

Popul. 241,836. Étendue 190 lieues carrées.

64. Département du Mont-Blanc, formé du duché de Savoie, qui était sous la domination du roi de Sardaigne : chef-lieu *Chambéry*, à 129 lieues sud-est de Paris.

Divisé en 4 Sous-Préfectures.

Annecy, sur la *Sier* et le lac d'*Annecy*.
Moutiers, sur l'*Isère*.
Saint-Jean-de-Maurienne, sur l'*Arc*.
Chambéry, sur l'*Albans*.

Popul. 411,714. Étendue 460 lieues carrées.

65. Département du Mont-Tonnerre, formé d'une partie de l'archevêché de Mayence et d'une partie du duché de Deux-Ponts, qui dépendaient de l'Empire, sur la rive gauche du Rhin : chef-lieu *Mayence*, à 120 lieues de Paris.

Divisé en 4 Sous-Préfectures.

Spire,
Mayence, } sur le *Rhin*.
Kaiser-Lautern.
Deux-Ponts, sur l'*Erbach*.

Popul. 400,000. Étendue 268 lieues carrées.

66. Département du Morbihan, formé de la partie sud de la Bretagne : chef-lieu *Vannes*, à 108 lieues de Paris.

Divisé en 4 Sous-Préfectures.

L'Orient ; port de mer. Pontivy, sur le *Blavet*.
Vannes, port de mer. Ploermel, près l'*Ouste*.

Popul. 415,194. Étendue 360 lieues carrées.

67. Département de la Moselle, formé de la partie nord de la Lorraine : chef-lieu *Metz*, à 76 lieues de Paris.

Divisé en 4 Sous-Préfectures.

Briey, sur la *Mance*.
Metz,
Thionville, } sur la *Moselle*.
Guemines, sur la *Sarre*.

Popul. 379,001. Étendue 294 lieues carrées.

Le tribunal d'Appel de Metz a dans son ressort les départemens des *Ardennes*, *Moselle* et *Forêts*.

68. Département des DEUX-NÈTHES, formé de la partie nord-ouest de la Belgique : chef-lieu *Anvers*, à 78 lieues de Paris.

Divisé en 3 Sous-Préfectures.

TURNHOUT.
ANVERS, port de mer, sur l'*Escaut*.
MALINES, sur la *Dyle*.

Popul. 253,281. Étendue 143 lieues carrées.

69. Département de la NIÈVRE, formé du Nivernais : chef-lieu *Nevers*, à 58 lieues de Paris.

Divisé en 4 Sous-Préfectures.

CHATEAU-CHINON.
NEVERS, sur l'*Allier* et la *Loire*.
CLAMECY, sur le *Beuvron* et l'*Yonne*.
COSNE, sur la *Loire*.

Popul. 238,812. Étendue 374 lieues carrées.

70. Département du NORD, formé de la Flandre Française : chef-lieu *Douai*, à 49 lieues nord de Paris.

Divisé en 6 Sous-Préfectures.

AVESNES.
DOUAI, sur la *Scarpe*.
CAMBRAI, sur l'*Escaut*.
LILLE, sur la *Deule* et la *Lis*.
BERGUES.
HAZEBROUCK.

Popul. 636,905. Étendue 300 lieues carrées.

Le tribunal d'Appel de Douai a pour ressort les départemens du *Pas-de-Calais* et du *Nord*.

71. Département de l'OISE, formé de la partie nord de l'Ile-de-France : chef-lieu *Beauvais*, à 16 lieues de Paris.

Divisé en 4 Sous-Préfectures.

CLERMONT.
BEAUVAIS, sur le *Thézin*.
SENLIS, sur la *Nonète*.
COMPIÈGNE, sur l'*Oise*.

Popul. 356,634. Étendue 289 lieues carrées.

72. Département de l'ORNE, formé de la partie ouest du Perche et de la partie sud-est de la Normandie : chef-lieu *Alençon*, à 43 lieues de Paris.

Divisé en 4 Sous-Préfectures.
DOMFRONT.   ARGENTAN.
ALENÇON, sur la *Sarte*.   MORTAGNE.
Popul. 407,475. Étendue 310 lieues carrées.

73. Département de l'OURTHE, formé du pays de Liége et du Limbourg : chef-lieu *Liége*, à 88 lieues nord-est de Paris.

Divisé en 3 Sous-Préfectures.
MALMEDY, sur la *Recht*.
HUI,
LIÉGE, } sur la *Meuse*.
Popul. 308,933. Étendue 313 lieues carrées.

Le tribunal d'Appel, séant à Liége, a dans son ressort les départemens de *Sambre-et-Meuse*, l'*Ourthe*, et *Meuse-Inférieure*.

74. Département du PAS-DE-CALAIS, formé de l'Artois et de la Basse-Picardie : chef-lieu *Arras*, à 44 lieues de Paris.

Divisé en 6 Sous-Préfectures.
BETHUNE, sur la *Brette*.
ARRAS, place forte, sur la *Scarpe*.
SAINT-POL.
SAINT-OMER, sur l'*Aa*.
BOULOGNE,
MONTREUIL, } ports de mer.
Popul. 532,741. Étendue 349 lieues carrées.

75. Département du PUY-DE-DOME, formé de la partie nord de l'Auvergne : chef-lieu *Clermont*, à 95 lieues de Paris.

Divisé en 5 Sous-Préfectures.
THIERS, près de la *Durolle*.   ISSOIRE, sur la *Couse*.
CLERMONT-FERRAND.   AMBERT.
RIOM.
Popul. 505,332. Étendue 417 lieues carrées.

Le tribunal d'Appel siége à Riom, il a dans son ressort les départemens du *Cantal*, *Puy-de-Dome*, *Allier* et *Haute-Loire*.

76. Département des PYRÉNÉES (BASSES), formé du Béarn et Basse-Navarre, et de la partie sud-ouest de la Guyenne : chef-lieu *Pau*, à 207 lieues de Paris.

Divisé en 5 Sous-Préfectures.

OLÉRON, sur le *Gave* d'Oléron.
PAU, sur le *Gave* de Pau.
MAULÉON-DE-SOULE.
ORTHEZ, sur le *Gave* de Pau.
BAYONNE, port de mer à l'embouchure de l'*Adour*.

Popul. 568,731. Étendue 446 lieues carrées.

Le tribunal d'Appel, séant à Pau, a dans son ressort les Départemens des *Landes*, *Basses-Pyrénées* et *Hautes-Pyrénées*.

77. Département des PYRÉNÉES (HAUTES), formé de la partie de la Guyenne appelée *Bigorre* : chef-lieu *Tarbes*, à 192 lieues de Paris.

Divisé en 3 Sous-Préfectures.

ARGELÈS.
TARBES, sur l'*Adour*.
BAGNÈRES, célèbre par ses eaux minérales.

Popul. 180,093. Étendue 246 lieues carrées.

78. Département des PYRÉNÉES ORIENTALES, formé du Roussillon : chef-lieu *Perpignan*, à 221 lieues de Paris.

Divisé en 3 Sous-Préfectures.

PERPIGNAN, place forte, sur le *Tet*.
CERET, près du *Tet*.
PRADEST-DE-MOLO, sur le *Tet*.

Popul. 106,171. Étendue 220 lieues carrées.

76. Département du RHIN (BAS), formé de la partie nord de l'Alsace : chef-lieu *Strasbourg*, à 116 lieues de Paris.

Divisé en 4 Sous-Préfectures.

SAVERNES, sur la *Sort*.
STRASBOURG, place forte, sur l'*Ill*.
WEISSEMBOURG, sur le *Lanter*.
BARR.

Popul. 428,239. Étendue 349 lieues carrées.

80. Département

80. Département du Rhin (Haut), formé de la partie sud de l'Alsace, de la république de Mulhausen, d'une partie de l'Évêché de Bâle, et d'une partie de la principauté de Montbelliard, qui dépendait du duc de Wurtemberg : chef-lieu *Colmar*, à 116 lieues de Paris.

Divisé en 5 Sous-Préfectures.

Altkirch. Delemont.
Colmar, sur le *Lauch*. Porentruy, sur la *Halle*.
Befort, place forte.
Popul. 294,454. Étendue 214 lieues carrées.

Le tribunal d'Appel, séant à Colmar, a dans son ressort les Départemens du *Bas-Rhin* et du *Haut-Rhin*.

81. Département de Rhin et Moselle, formé d'une partie de l'Archevêché de Trèves, qui dépendait de l'Empire : chef-lieu *Coblentz*, à 116 lieues de Paris.

Divisé en 3 Sous-Préfectures.

Bonn, sur le *Rhin*.
Coblentz, sur le *Rhin* et la *Moselle*.
Simmeren, sur la rivière de ce nom.
Popul. 260,000. Étendue 220 lieues carrées.

82. Département du Rhône, formé de la partie sud-ouest du Lyonnais : chef-lieu *Lyon*, à 111 lieues de Paris.

Divisé en 2 Sous-Préfectures.

Villefranche, sur le *Morgon*.
Lyon, sur la *Saône* et le *Rhône*.
Popul. 323,177. Étendue 427 lieues carrées.

Le tribunal d'Appel, qui siége à Lyon, a pour ressort les Départemens du *Léman*, *Ain*, *Oise* et *Rhône*.

83. Département de la Roer, formé d'une partie de l'Archevêché de Cologne, qui dépendait de l'Empire, du duché de Clèves et de Juliers, et de la Gueldre Prussienne : chef-lieu *Aix-la-Chapelle*, à 90 lieues de Paris.

Divisé en 4 Sous-Préfectures.

Clèves, près du *Rhin*. Aix-la-Chapelle.
Crevelt. Cologne, sur le *Rhin*.
Popul. 604,000. Étendue 310 lieues carrées.

G

84. Département de SAMBRE ET MEUSE, formé de la partie sud-est de la Belgique : chef-lieu *Namur*, à 60 lieues de Paris.

Divisé en 4 Sous-Préfectures.

DINANT,
NAMUR, } sur la *Meuse*.
MARCHE.
SAINT-HUBERT.

Popul. 150,754. Étendue 229 lieues carrées.

85. Département de la SAÔNE (HAUTE), formé de la partie nord de la Franche-Comté, et d'une partie de la principauté de Montbelliard ; chef-lieu *Vesoul*, à 85 lieues de Paris.

Divisé en 3 Sous-Préfectures.

GRAY, sur la *Saône*.
VESOUL, près le *Durgeon*.
LURE.

Popul. 287,439. Étendue 270 lieues carrées.

86. Département de SAÔNE ET LOIRE, formé de la partie sud de la Bourgogne : chef-lieu *Mâcon*, à 97 lieues de Paris.

Divisé en 5 Sous-Préfectures.

LOUANS, sur la *Seilles*.
MACON, sur la *Saône*.
CHALONS, sur la *Saône*.
AUTUN, sur l'*Aroux*.
CHAROLLES, sur la *Reconce*.

Popul. 440,773. Étendue 411 lieues carrées.

87. Département de la SARRE, formé d'une partie de l'Archevêché de Trèves et d'une partie du Duché de Deux-Ponts : chef-lieu *Trèves*, à 94 lieues de Paris.

Divisé en 4 Sous-Préfectures.

BIRCKENFELD, sur la *Nave*.
SARREBRUCK, sur la *Sarre*.
TRÈVES, sur la *Moselle*.
PRUM, sur la *Prum*.

Popul. 300,000. Étendue 343 lieues carrées.

88. Département de la SARTE, formé de la partie nord du Maine : chef-lieu *le Mans*, à 45 lieues de Paris.

Divisé en 4 Sous-Préfectures.

MAMERS, sur la *Dive*.
LE MANS, sur la *Sarte*.
SAINT-CALAIS, sur l'*Anille*.
LA FLÈCHE, sur le *Loir*.

Popul. 381,241. Étendue 336 lieues carrées.

89. Département de la SEINE, au centre de l'Ile-de-France : chef-lieu *Paris*.

Divisé en 3 Sous-Préfectures.

PARIS, capitale de la République, où résident les Consuls, le Conseil d'État, le Corps Législatif, le Tribunat, le Sénat, et le Tribunal de Cassation.
SAINT-DENIS, (actuellement FRANCIADE) sur le *Crould*.
SEAUX.

Popul. 738,522. Étendue 444 lieues carrées.

Le tribunal d'Appel, séant à Paris, a dans son ressort les Départemens de *Marne*, *Aube*, *Yonne*, *Seine et Oise*, *Seine*, *Eure et Loir*, *Seine et Marne*.

90. Département de la SEINE INFÉRIEURE, formé de la partie nord-ouest de la Normandie : chef-lieu *Rouen*, à 30 lieues de Paris.

Divisé en 5 Sous-Préfectures.

YVETOT.
ROUEN, port sur la *Seine*.
LE HAVRE, port de mer.
DIEPPE, port de mer.
NEUCHATEL, sur l'*Arque*.

Popul. 640,890. Étendue 321 lieues carrées.

Le tribunal d'Appel, qui siège à Rouen, a dans son ressort les Départemens de l'*Eure*, et de la *Seine-Inférieure*.

91. Département de SEINE ET MARNE, formé de la partie nord-ouest de l'Ile-de-France : chef-lieu *Melun*, à 12 lieues de Paris.

Divisé en 5 Sous-Préfectures.

MEAUX, sur la *Marne*.
MELUN, sur la *Seine*.
PROVINS, sur la *Vouzie*.
COULOMMIERS, sur le *Morin*.
FONTAINEBLEAU.

Popul. 291,159. Étendue 320 lieues carrées.

92. Département de SEINE ET OISE, formé de la partie sud de l'Ile-de-France : chef-lieu *Versailles*, à 4 lieues de Paris.

Divisé en 5 Sous-Préfectures.

CORBEIL, sur la *Seine*.
VERSAILLES.
MANTES, sur la *Seine*.
PONTOISE, sur la *Vione* et l'*Oise*.
ETAMPES, sur la *Juine*.

Popul. 437,604. Étendue 295 lieues carrées.

93. Département des DEUX-SÈVRES, formé de la partie nord du Poitou : chef-lieu *Niort*, à 105 lieues de Paris.

Divisé en 4 Sous-Préfectures.

THOUARS, près la rivière de *Thoué*.
NIORT, sur la *Sèvre*.
MELLE.
PARTHENAY, sur la *Thoué*.

Popul. 257,057. Étendue 316 lieues carrées.

94. Département de la SOMME, formé de la haute Picardie : chef-lieu *Amiens*, à 31 lieues de Paris.

Divisé en 5 Sous-Préfectures.

MONTDIDIER.   PÉRONNE, sur la *Somme*.
AMIENS, sur la *Somme*.   DOULENS, sur l'*Authie*.
ABBEVILLE.

Popul. 466,998. Étendue 311 lieues carrées.

Le tribunal d'Appel, séant à Amiens, a dans son ressort les Départemens de l'*Oise*, de la *Somme* et de l'*Aisne*.

95. Département du TARN, formé de la partie nord-ouest du Languedoc : chef-lieu *Alby*, à 168 lieues de Paris.

Divisé en 4 Sous-Préfectures.

GAILLAC, sur le *Tarn*.
CASTRES, } sur l'*Agout*.
LAVAUR,
ALBY, sur le *Tarn*.

Popul. 271,402. Étendue 285 lieues carrées.

96. Département du VAR, formé de la partie sud-ouest de la Provence : chef-lieu *Draguignan*, à 214 lieues de Paris.

Divisé en 4 Sous-Préfectures.

BRIGNOLES, près la *Cazamie*.
TOULON, port militaire.
GRASSE.
DRAGUIGNAN, sur la *Pis*.

Popul. 262,926. Étendue 344 lieues carrées.

97. Département de VAUCLUSE, formé du Comtat-Venaissin, de la principauté d'Orange, avec la commune d'Apt et son territoire qui faisaient partie de la Provence : chef-lieu *Avignon*, à 171 lieues de Paris.

Divisé en 4 Sous-Préfectures.

CARPENTRAS, sur l'*Auson*.
AVIGNON, sur le *Rhône*.
ORANGE, sur le *Maine*.
APT, sur le *Calevon*.

Popul. 200,501. Étendue 150 lieues carrées.

98. Département de la VENDÉE, formé de la partie ouest du Poitou : chef-lieu *Fontenay*, à 108 lieues de Paris.

Divisé en 3 Sous-Préfectures.

MONTAIGU.
FONTENAY, sur la *Vendée*.
LES SABLES, port de mer.

Popul. 291,433. Étendue 307 lieues carrées.

99. Département de la VIENNE, formé de la partie est du Poitou : chef-lieu *Poitiers*, à 87 lieues de Paris.

Divisé en 5 Sous-Préfectures.

MONTMORILLON. LOUDUN.
POITIERS, sur le *Clain*. CIVRAY ou SIVRAY, sur la
CHATELLERAUT, sur la *Charente*.
Vienne.

Popul. 247,884. Étendue 354 lieues carrées.

Le tribunal d'Appel, qui siége à Poitiers, a pour ressort les Départemens de la *Charente-Inférieure*, *Vienne*, *Vendée*, et *Deux-Sèvres*.

100. Département de la VIENNE (HAUTE), formé de la partie centrale du Limousin : chef-lieu *Limoges*, à 95 lieues de Paris.

Divisé en 4 Sous-Préfectures.

ROCHECHOUART. BELLAC, sur le *Vinçon*.
LIMOGES, sur la *Vienne*. SAINT-YRIEIX, sur l'*Ile*.

Popul. 259,584. Étendue 248 lieues carrées.

Le tribunal d'Appel, séant à Limoges, a dans son ressort les Départemens de la *Creuse*, *Corrèze* et *Haute-Vienne*.

101. Département des VOSGES, formé de la partie sud-ouest de la Lorraine et de la principauté de Salins, réunie à la France sur la demande des habitans : chef-lieu *Épinal*, à 71 lieues de Paris.

Divisé en 5 Sous-Préfectures.

REMIREMONT, } sur la *Moselle*.
ÉPINAL,
SAINT-DIEY, sur la *Meurte*.
NEUFCHATEAU, sur la *Mouzon* et la *Meuse*.
MIRECOURT, sur le *Modon*.

Popul. 295,717. Étendue 237 lieues carrées.

102. Département de l'YONNE, formé de la partie nord de la Bourgogne : chef-lieu *Auxerre*, à 44 lieues de Paris.

Divisé en 5 Sous-Préfectures.

TONNERRE, sur l'*Armançon*.
AUXERRE, sur l'*Yonne*.
SENS, sur l'*Yonne* et la *Vanne*.
AVALLON, sur le *Cousin*.
JOIGNY, sur l'*Yonne*.

Popul. 316,716. Étendue 400 lieues carrées.

COLONIES OCCIDENTALES (1).

Saint-Domingue.

Cette île contient cinq Départemens, qui sont :

103. Département du Sud.

Les Cayes, port de mer, chef-lieu.
Léogane.
Le Grand-Goave, }
Jérémie, } ports de mer.
Tiburon, }

104. Département de l'Ouest.

Port-Républicain, chef-lieu.
Saint-Marc, port de mer.
Mirebelais, sur l'*Artibonite*.
Les Gonaïves, port de mer.
Saint-Juan, sur la *Neybe*.

105. Département du Nord.

Le Cap, célèbre port de mer, chef-lieu.
Monte-Christo, sur l'*Yaqué*.
Fort-Liberté, port de mer.
La Grande-Rivière.
Limbé.
Plaisance, port de mer.
L'Ile de la Tortue.
Port-de-Paix.

106. Département de Samana.

Sant-Yago, sur l'*Yaquil*, chef-lieu.
La Vega.
Porto-Plata, port de mer.
Samana, bon port.

---

(1) Nous nous contenterons d'indiquer seulement les principaux lieux, parce que la guerre et les troubles qui ont désolé les colonies n'ont pas encore permis de leur donner une organisation définitive : cependant on peut croire que celle qui vient d'être établie à la *Guadeloupe* sera aussi adaptée aux autres. Il y a pour premiers magistrats, un *Capitaine-Général*, un *Préfet-Colonial*, et un *Commissaire de Justice*.

107. Département de l'INGANNE.

SANTO-DOMINGO, sur le *Macoussis*, chef-lieu.
MONTE-PLATA.
ZEIBO.
BAYA-GUANA.

Population de l'île entière 575,089. Étendue 555 lieues carrées.

LA GUADELOUPE, LA DÉSIRADE, etc.

Ces îles composent un Département.

108. Département de la GUADELOUPE.

PORT DE LA LIBERTÉ, chef-lieu.
CAPESTERRE, port de mer.
LES SAINTES, deux îles, avec un bon port.
BASSE-TERRE,
LA GOYAVE,   } ports de mer.
LA POINTE-A-PITRE,
PORT-LIBRE.
L'ILE DE LA DÉSIRADE.
L'ILE DE MARIE-GALANTE.

Popul. 159,520. Étendue 888 lieues carrées.

LA GUIANE FRANÇAISE et CAYENNE.

La partie française de ce grand continent et l'île de Cayenne composent un Département.

109. Département de la GUIANE.

CAYENNE, port de mer, chef-lieu.
OYAPOCK.
ROURA.
MACOURIA.
KOUROU.
SINNAMARY.

Popul. 14,000. Étendue 770 lieues carrées.

LA MARTINIQUE.

Cette île, qui contient 23 communes, compose un Département.

110. Département de la MARTINIQUE.

FORT, ci-devant ROYAL, capitale, avec un bon port.
SAINT-PIERRE, port de mer.
LE CUL-DE-SAC-ROBERT, port de mer superbe.
LE FORT DE LA TRINITÉ, port de mer.
 Popul. 110,000. Étendue 999 lieues carrées.

SAINTE-LUCIE et TABAGO.

Ces deux îles forment un Département.

111. Département de SAINTE-LUCIE et TABAGO.

LE CARÉNAGE, port excellent, à *Sainte-Lucie*.
GEORGES-TOWN, port de mer, à *Tabago*.
 Popul. 30,000. Étendue 333 lieues carrées.

LA GRENADE, MIQUELON et ST.-PIERRE.

Ces trois îles composent un Département.

112. Département de la GRENADE.

LE PORT LEWIS, capitale.
CARIOCOU,
BECOUVA, } petites îles dépendantes de la Grenade.
MIQUELON,
SAINT-PIERRE, } îles pour la pêche de la morue.

COLONIES D'AFRIQUE.

SÉNÉGAL et GORÉE.

Les établissemens français dans ces deux îles, avec les comptoirs qui en dépendent, jusqu'à la rivière de Sierra-Léona, d'autres à la Côte-d'Or, et celui de Juda, composent un Département.

113. Département de SÉNÉGAL.

FORT, ci-devant SAINT-LOUIS, dans l'île de *Sénégal*.
GORÉE, comptoir et port de mer.
SALI, bon port.
KAYAR,
JOAL, } comptoirs.

COLONIES ORIENTALES.

Ile de la Réunion.

Cette île portait ci-devant le nom de *Bourbon*; elle forme un Département.

114. Département de l'île de la Réunion.

SAINT-DENIS, capitale et port principal.
SAINT PAUL, sur le *Gallet*, avec un bon port.
SAINTE-MARIE.
SAINTE-SUZANNE.
GORRIA, petite île dépendante.

Popul. 89,000. Étendue 414 lieues carrées.

Iles de France, Sechelles, Rodrigue, etc.

Ces îles, avec les établissemens français à Madagascar, composent un Département.

115. Département des Iles de France, Sechelles, etc.

PORT, ci-devant LOUIS, capitale.
SECHELLES, } petites îles peu habitées.
RODRIGUE, }
FORT DAUPHIN, }
FOULE-POINTE, } dans l'île de Madagascar.
LOUISBOURG, }

Popul. 92,000. Étendue 777 lieues carrées.

Pondichéri, Mahé, Chandernagor, etc.

Ces colonies sur le continent de l'Inde, avec Karical et autres établissemens, forment un Département.

116. Département des Indes Orientales.

PONDICHÉRI, sur la côte de *Coromandel*, chef-lieu.
MAHÉ, fort important sur la côte de *Malabar*.
CHANDERNAGOR, place de commerce dans le *Bengale*.
KARICAL, comptoir sur la côte de *Coromandel*.

Popul. 30,000. Étendue 777 lieues carrées.

Nota. On trouvera la description des Colonies dans la partie du monde où elles sont situées.

D. *Quel est le gouvernement actuel de la France, et en qui réside la souveraineté ?*

R. Pour satisfaire à cette question compliquée, nous étudierons la constitution de l'an VIII, (1799 et 1800, vieux style), que tout citoyen français est obligé de bien connaître, comme étant la source de toutes les lois de son pays.

Voyez l'article Constitution de la République Française.

D. *Quelle est la religion établie en France ?*

R. Toutes les religions y sont permises par les lois : celle qu'on y suit le plus généralement est la religion Chrétienne.

D. *Comment sont les mœurs des Français ?*

R. La révolution les a beaucoup changées, et pour les mieux connaître il faut que le tems ait consolidé le nouveau gouvernement ; on remarque toujours néanmoins l'affabilité, l'industrie et l'ardeur guerrière qui les caractérisaient.

Art. XIII. *De l'Espagne.*

Ce royaume est borné, au nord, par l'Océan occidental et la France ; à l'orient et au midi, par la Méditerranée ; et à l'occident, par le Portugal et l'Océan Atlantique.

D. *Quelle est son étendue ?*

R. Elle présente un espace de deux cent quarante lieues de longueur sur deux cents de largeur. Sa population s'élève à environ 10,500,000 habitans.

D. *Quelles sont ses productions ?*

R. Elles sont riches et variées. La nature y donne, presque sans culture, tout ce qui peut satisfaire les besoins et flatter les désirs de l'homme. On y remarque sur-tout les vins exquis, les fruits de tous genres, et les plus belles laines d'Europe.

D. *Quelles sont ses montagnes principales?*
R. La *Sierra-Morena* et les *Pyrénées*.
D. *Quelles sont ses principales rivières?*
R. Le *Duero*, le *Guadalquivir*, l'*Ebre*, la *Guadiana*, le *Tage* et le *Minho*.
D. *Quelles sont les divisions de l'Espagne?*
R. On la partage en treize provinces, qui portent pour la plupart le titre de *royaume*, et qui sont:

1°. La *Biscaye*, dont la capitale est *Bilbao*, embellie d'un port très-fréquenté.

2°. Les *Asturies*, dont la capitale est *Oviédo*, sur les rives de l'*Ore* et de la *Déva*.

3°. La *Galice*, qui a pour capitale *Saint-Jacques de Compostelle*, sur les rivières de *Tambra* et d'*Ulla*: c'est dans cette province que sont les fameux ports de la *Corogne* et du *Ferrol*.

4°. La *Navarre*: sa capitale est *Pampelune*, ville très-forte sur l'*Arga*.

5°. L'*Aragon*, qui a pour capitale *Saragoce*, sur l'*Ebre*.

6°. La *Vieille-Castille*, dont la capitale est *Burgos*, sur l'*Arlençon*.

7°. La *Nouvelle-Castille*; *Madrid*, sur le *Mançanarès*, en est la capitale, ainsi que de tout le royaume. C'est une belle et grande ville, riche et propre, mais mal située. Dans cette province se trouvent comprises l'*Estremadure espagnole*, dont *Badajoz*, sur la *Guadiana*, est la capitale; la *Manche*, qui a pour capitale *Ciudad-Real*.

8°. Le *royaume de Léon*, qui porte le nom de sa capitale, située sur l'*Esla*.

9°. L'*Andalousie*, dont la capitale est *Séville*, sur le *Guadalquivir*. C'est une grande ville, autrefois le siége d'un commerce immense. C'est dans son port qu'abordèrent long-tems les vaisseaux revenant de l'Amérique chargés d'or, d'argent, etc. *Cadix*, très-belle et riche ville de la même province, a été ensuite l'entrepôt unique de ces retours : elle le partage aujourd'hui avec tous les ports de l'Espagne.

10°. Le *royaume de Grenade*, dont la capitale porte le même nom. Elle est située près le *Daro*, dans une exposition et sous un climat délicieux. *Malaga*, célèbre par ses vins, se trouve dans cette province.

11°. Le *royaume de Murcie*. Une ville du même nom en est la capitale. Elle est située sur la *Ségura*; *Carthagène*, port célèbre, en est à onze lieues.

12°. Le *royaume de Valence*. Sa capitale porte le même nom. Elle est située sur le *Guadalaviar*, à une lieue de la mer. Cette province est la plus riche de l'Espagne sous tous les rapports; elle renferme en outre *Alicante*, fameuse par ses vins.

13°. La *principauté de Catalogne*, qui a pour capitale *Barcelone*, sur la Méditerranée ; il s'y fait beaucoup de commerce. Les Catalans sont le peuple le plus industrieux de l'Espagne.

Le îles de *Mayorque*, *Minorque*, *Ivica* et *Formentera*, dans la mer Méditerranée, sont dépendantes de l'Espagne.

Le roi d'Espagne a encore sous sa domination, hors de l'Europe, les pays ci-après qui ont été décrits à leur article. En Afrique, les villes de *Ceuta*, du *Pennon de Velez*, de *Mélilla*, de *Mazalquivir* et d'*Oran*; et les îles *Canaries*.

En Asie, les îles *Philippines* et celles des *Larrons*.

Dans l'Amérique septentrionale, le *Mexique* ou la *Nouvelle-Espagne*, la *Californie*, le *Nouveau-Mexique*, la *Floride*, les îles de *Cuba* et de *Porto-Rico*.

Dans l'Amérique méridionale, la plus grande

partie de la *Terre-Ferme*, le *Pérou*, le *Chili*, et le *Paraguay*.

D. *Quel est le souverain de ce royaume ?*
R. Il porte le titre de roi des Espagnes et des Indes. La couronne est héréditaire, même pour les filles.

D. *Quel est son gouvernement ?*
R. Il est monarchique.

D. *Quelle est la religion admise en Espagne ?*
R. La seule qu'on y permette est la catholique.

D. *Quelles sont les mœurs des Espagnols ?*
R. Elles sont simples, graves, sérieuses, portées à la vengeance, à la paresse, et gâtées par la superstition. Cependant le courage, la fermeté dans le malheur, et une probité à l'épreuve, sont des vertus naturelles à l'Espagnol.

Art. xiv. *Du Portugal.*

Les bornes de ce royaume sont, au nord, la Galice ; à l'orient, le royaume de Léon, les deux Castilles et l'Andalousie ; au couchant et au midi, l'Océan.

D. *Quelle est son étendue ?*
R. Environ cent dix lieues de longueur, sur une largeur variée de trente et cinquante lieues.

D. *Quelles sont ses productions ?*
R. Elles sont aussi abondantes que multipliées. On y distingue néanmoins des fruits exquis, entr'autres ses oranges et ses vins.

D. *Quels sont ses principaux fleuves ?*
R. Le *Tage*, le *Duero*, le *Minho* et la *Guadiana*.

D. *Comment divisez-vous le Portugal ?*
R. En royaume de *Portugal* et royaume d'*Algarve*.

D. *Quelles sont les provinces du Portugal propre ?*
R. Il comprend, 1°. *Beyra*, dont la capitale

est *Coimbre*, sur le *Mondego*; cette ville est le siége d'une fameuse université.

2°. *Entre-Duero-et-Minho*, qui a pour capitale *Brague*, sur le *Cavedo*. C'est dans cette province que se trouve *Porto*, avec un bon port, fameux par son prodigieux commerce de vins.

3°. *Tra-los-Montes*; *Miranda*, ville forte sur le *Duero*, est sa capitale.

D. *Quelles sont les provinces de l'Algarve?*

R. Ce petit royaume n'est qu'une province, dont la capitale est *Taveira*, ville forte, avec un bon port. Le *Portugal* est en outre composé, 1°. de l'*Estremadure Portugaise*, dont *Lisbonne*, ville superbe sur le *Tage*, dans la plus riche situation du monde, est la capitale; elle l'est aussi de tout le royaume: 2°. de l'*Alentejo*, province si fertile, qu'on l'appelle le *grenier du Portugal*: 3°. d'un grand nombre de possessions en Afrique et dans les deux Indes.

D. *Quel est son souverain?*

R. Il porte le titre de *Roi de Portugal et des Indes*. La couronne est héréditaire, même pour les filles.

D. *Quel est son gouvernement?*

R. Il est monarchique.

D. *Quelle est la religion admise en Portugal?*

R. La seule qu'on y permette est la catholique.

D. *Quelles sont les mœurs des Portugais?*

R. Soumises au même climat et à un gouvernement semblable à celui d'Espagne, elles sont à-peu-près les mêmes; on remarque cependant moins d'aménité et plus de corruption chez les Portugais, mais aussi plus de vigueur et de hardiesse dans le caractère que chez les Espagnols.

Art. xv. *De la Suisse*, ou *République Helvétique.*

Ce pays, dans lequel on comprend celui des *Grisons*, est borné au nord par l'Alsace et la Souabe; à l'orient, par le Tirol; au midi, l'Italie, la Savoie et le lac de Genève; à l'occident, la Franche-Comté.

D. *Quelle est son étendue ?*

R. Environ soixante-dix lieues de longueur, sur quarante-cinq de largeur. Sa population est d'environ 1,850,000 ames.

D. *Quelles sont ses montagnes ?*

R. Le pays en est couvert; on les nomme les *Alpes*.

D. *Quelles sont ses principales rivières ?*

R. Le *Rhin*, le *Rhône*, l'*Inn*, le *Tésin*, l'*Aar*, l'*Adda*, la *Reuss*, et la *Limath*.

D. *Quels sont ses principaux lacs ?*

R. Celui de *Genève* ou *Léman*, sur lequel est bâtie *Genève*, ville célèbre, réunie à la France; les lacs de *Constance*, de *Zurich*, de *Neuchâtel* et de *Lucerne*.

D. *Quelles sont ses productions ?*

R. Elles consistent en vins blancs, gibier, bétail, bêtes fauves, et une grande quantité de fromages.

D. *Comment se divise la Suisse ?*

R. Avant la révolution qui vient d'avoir lieu en ce pays, il était divisé en treize cantons, dont voici l'ordre :

Zurich, *Berne*, *Lucerne*, *Ury*, *Schwitz*, *Underwald*, *Zug*, *Glaris*, *Basle*, *Fribourg*, *Soleure*, *Schafhouze* et *Appenzel*.

Comme presque tous ces cantons ont donné leur nom à leur capitale, il nous suffit de remarquer que *Berne*, située sur l'*Aar*, est la plus belle ville de toute la Suisse, et la plus propre de toute l'Europe. On divise le pays des Grisons en *Ligue-Grise*, *Ligue de la Cadée*, et *Ligue des dix Communautés*.

Il est probable que la nouvelle division sera en cantons comme l'ancienne.

D. *En qui réside la souveraineté ?*

R. Les Députés de tous les cantons sont en ce moment assemblés à Berne, pour travailler à l'œuvre d'une nouvelle constitution. Il y a apparence qu'elle sera républicaine, et que le gouvernement, devant être uniforme pour tous les cantons, en acquerra bien plus de forces qu'auparavant.

D. *Quelle est la religion ?*

R. Toutes les religions y sont tolérées, mais celle qui est plus généralement suivie est la chrétienne, soit Catholique, soit Protestante.

D. *Quelles sont les mœurs des Suisses ?*

R. Elles sont simples, douces, amies de l'hospitalité ; les Suisses se distinguent sur-tout par leur fidélité, leur bravoure, et la mâle fierté de leur caractère.

ART. XVI. *De l'Italie.*

Les bornes de ce pays sont : au nord, la Suisse et l'Allemagne ; à l'orient, la Turquie d'Europe ; au midi, la Méditerranée ; et à l'occident, la France.

D. *Quelle est son étendue ?*

R. Deux cent quatre-vingts lieues de longueur, sur une largeur très-étroite et fort irrégulière. Sa surface est d'environ 13000 lieues carrées, et sa population est à raison de 1530 habitans par lieue carrée.

D. *Quelles sont ses productions ?*

R. Elles consistent en blés, fruits et vins délicieux, de la soie et du riz.

D. Quelles sont ses principales montagnes?

R. Les *Alpes*, qui la séparent de la France, de la Suisse, de la Savoie et de l'Allemagne; et l'*Apennin*, qui la traverse d'occident en orient.

D. Quelles sont ses rivières?

R. Les principales sont, le *Pô*, l'*Adda*, l'*Adige*, l'*Arno*, le *Tibre* et le *Tésin*.

D. Quels sont ses lacs?

R. Les plus remarquables sont ceux de *Garda*, de *Côme*, et le *Lac-Majeur*.

D. Quels sont les principaux souverains de l'Italie?

R. Ce pays, qui a été un des grands théâtres des exploits des Français pendant la guerre de la révolution, a éprouvé bien des changemens. Ses principaux maîtres étaient, avant la guerre: le Pape; la république de Venise qui n'existe plus; la maison d'Autriche et le grand-duc de Toscane, qui ont cédé leurs états; le roi de Naples; le roi de Sardaigne; et la république de Gênes.

D. Quel est le gouvernement de ces contrées?

R. Il est en partie monarchique, et en partie républicain.

D. Quelle est la religion des Italiens?

R. La seule permise dans les états monarchiques est la religion Chrétienne catholique, infectée de beaucoup de superstitions; les autres y sont tolérées. Dans les états républicains, on suit en général le même culte, mais par les lois toutes les religions y sont permises.

D. Comment sont les mœurs?

R. Elles se ressentent beaucoup de la religion et de la différence extrême des gouvernemens. Les Italiens sont, en général, polis, prudens et spirituels, très-propres aux sciences et aux arts; mais on leur reproche d'être vindicatifs, dissimulés, traîtres et jaloux.

D. Comment divisez-vous l'Italie?
R. En dix parties, qui sont :

1°. La *Savoie*, qui fait partie de la République Française, et que quelques géographes prétendent ne point appartenir à l'Italie. Sa capitale est *Chambery*, sur la *Leysse*.

2°. Le *Piémont*, dépendant ci-devant du roi de Sardaigne, qui faisait sa résidence à *Turin*, capitale de cette province. Cette ville, située sur le *Pô*, est fort belle et très-ornée. Ce pays est provisoirement gouverné au nom de la République Française.

3°. Les états qui appartenaient à la maison d'Autriche, connus sous le nom de *Lombardie*.

4°. Les duchés de *Modène* et de *Mantoue*.

5°. La république de *Venise*, dont la plus grande partie a été cédée à l'empereur d'Allemagne.

Une partie de cette cinquième division, avec les deux précédentes, et les principautés de *Bologne* et de *Ferrare*, qui dépendaient de l'état de l'Église, compose le territoire de la république *Cisalpine* établie par les Français. Sa constitution et son gouvernement ne sont pas encore fixés : il y a beaucoup d'apparence qu'ils seront *Républicains*, et que Milan, ville grande et magnifique, sur des canaux formés par l'*Olana*, en sera la capitale.

6°. Les duchés de *Parme* et *Plaisance*, dont la capitale est *Parme*, située sur la *Parma*. Cet état, peu étendu, est soumis à un duc, dont le gouvernement est monarchique.

7°. La république de *Gênes*, dont la capitale de même nom est une ville superbe, bâtie en amphithéâtre sur le bord de la mer. Le gouvernement de cet état, qui était devenu oligarchique, a été changé par les Français ; c'est maintenant la république *Ligurienne* ou de *Ligurie*, nom que portait autrefois ce pays.

8°. Le grand-duché de *Toscane*, dont *Florence* est la capitale. C'est une très-belle ville, située sur l'*Arne*. Cet état porte aujourd'hui le nom de *royaume d'Étrurie* ; le roi est un prince de la maison de Parme ; son gouvernement est monarchique.

9°. L'*état de l'Église*, dont le pape est le souverain. Il fait sa résidence à *Rome*, capitale, située sur le *Tibre* ; c'est une ville superbe et magnifique par son étendue, la beauté de ses places et de ses édifices.

10°. Le royaume de *Naples*, dont la capitale porte le même nom. C'est une des villes de l'Europe dont l'aspect est le plus magnifique : elle est sur la mer, auprès du Vésuve, volcan terrible dont les éruptions causent de grands ravages. Les îles de Sardaigne, Corse, Sicile et Malte, sont comprises dans l'Italie ; mais, selon notre plan, nous allons les décrire dans la seconde section de ce chapitre.

Section II.
Des îles de l'Europe.

Nous n'observerons point, pour toutes les îles de l'Europe, l'ordre que nous avons gardé en parlant de ses continens. La plupart d'entr'elles sont très-peu considérables ; nous nous arrêterons seulement à celles qui, par leur existence politique, occupent un poste plus ou moins important sur cette partie du globe.

Art. 1. *Des îles de la mer Méditerranée.*

De la Corse.

D. Quelle est son étendue ?

R. Quarante-cinq lieues de longueur, sur une largeur de dix-huit.

D. *Quelles sont ses productions ?*
R. Des bois en abondance ; des mines d'or, d'argent, de fer et de cuivre ; des fruits excellens, de l'huile, de la soie, et beaucoup de bois de construction.

D. *Quelles sont ses montagnes ?*
R. De longues chaînes de collines qui traversent toute l'île en forme de croix.

D. *Quelles sont ses rivières ?*
R. La plus importante est le *Golo*.

D. *Quelles sont ses lacs ?*
R. Les principaux sont ceux d'*Ine* et de *Creno*, au centre de l'île.

D. *Quelles sont les mœurs des Corses ?*
R. Elles sont amies de la frugalité, passionnées pour le jeu, la chasse et la vengeance.

D. *Quelle est leur religion ?*
R. La religion Chrétienne catholique règne dans toute l'île.

D. *Quel est son souverain ?*
R. La République Française, dont elle fait partie.

D. *Comment se divise la Corse ?*
R. On la divisait ci-devant en sept provinces, qui avaient pour capitale *Bastia*, avec un bon port ; aujourd'hui elle forme deux départemens sous les noms de *Golo* et *Liamone*.

De la Sardaigne.

D. *Quelle est son étendue ?*
R. Environ soixante lieues de longueur sur une largeur de trente.

D. *Quelles sont ses productions ?*
R. Elles consistent en grains, olives, citrons, oranges et autres fruits ; on y trouve beaucoup de bétail, du gibier, et des mines d'or, d'argent et de plomb.

D. *Quelles sont les mœurs des Sardes ?*

R. Elles sont agrestes, cependant douces et agréables, mais dissimulées comme celles d'Italie.

D. *Quelle est la religion ?*

R. La religion Chrétienne catholique y est dominante.

D. *Quel est son souverain ?*

R. Il porte le titre de roi. Sa résidence était ci-devant à Turin en Piémont.

D. *Quel est son gouvernement ?*

R. Il est monarchique, et confié aux soins d'un vice-roi.

D. *Comment divisez-vous la Sardaigne ?*

R. En deux parties, savoir :

1°. Le cap *Logudori*, dont la capitale est *Sassari*.

2°. Le cap *Cagliari*, qui a donné son nom à la capitale où réside le vice-roi.

De la Sicile.

D. *Quelle est son étendue ?*

R. Cette île se prolonge sur une étendue de deux cents lieues de côtes. Sa population est d'environ un million d'ames.

D. *Quelles sont ses productions ?*

R. Elles consistent en vins, fruits, beaucoup de soie et de blés.

D. *Quelles sont ses montagnes ?*

R. Il y en a un grand nombre ; on y distingue sur-tout l'*Etna*, volcan fameux.

D. *Quelles sont les mœurs des Siciliens ?*

R. Elles sont douces, polies, amies des arts, passionnées pour la vengeance, et naturellement portées à la fausseté et à la trahison.

D. *Quelle est la religion dominante en Sicile ?*

R. C'est la religion Chrétienne catholique.

D. *Quel est son souverain ?*

R. Le roi de Naples.

D. Quel est son gouvernement ?

R. Il est monarchique ; le prince y envoie un vice-roi qui le représente, et dont la résidence est à *Messine*, port de mer célèbre, et capitale de toute l'île.

D. Comment se divise la Sicile ?

R. En trois provinces, connues sous le nom de *Vallées*, savoir :

1°. La *Vallée* de *Mazara*, dont la capitale, sur la mer, est *Palerme*, avec un bon port.

2°. La *Vallée* de *Démona*, dont la capitale est *Messine*, port de mer sur le *Phare* qui porte son nom.

3°. La *Vallée* de *Noto*, qui a donné son nom à la capitale. L'air y est généralement assez sain ; le climat est tempéré en hiver, mais extrêmement chaud en été.

On joint à la Sicile les îles de *Lipari* ; on en compte sept principales, qui sont d'ailleurs peu considérables. *Lipari*, dont la capitale est un port du même nom, est la plus grande ; les autres sont *Stromboli*, *Panari*, les *Salines*, *Volcano*, *Felicur* et *Alicur*.

De Malte.

D. Quelle est son étendue ?

R. Cette île a environ huit à neuf lieues de longueur sur cinq de largeur, et vingt-cinq de circuit.

D. Quelles sont ses productions ?

R. Elles n'offrent que des fruits, parmi lesquels on distingue ces oranges si renommées, du sucre et beaucoup de coton.

D. Quelles sont les mœurs des Maltais.

R. Elles sont graves, guerrières et un peu fanatiques.

D. Quelle est la religion ?

R. La religion Chrétienne catholique.

D. *Quel est son souverain?*

R. Elle appartenait à l'ordre de Malte, avant la conquête que les Français en ont faite : on croit qu'elle sera déclarée neutre à la paix générale, ainsi que les îles de *Gozo* et *Comino* qui en dépendent.

L'île de Malte a pour capitale *Lavalette*, port de mer extrêmement bien fortifié. C'est une place de la plus grande importance pour le commerce de l'Archipel et de tout le Levant. Le climat est doux, l'air y est fort tempéré et sain.

De Corfou, Zante, Céphalonie, et autres îles de la mer Adriatique.

D. *Quelle est leur étendue?*

R. *Corfou* a environ quarante lieues de circuit.
Zante en a environ seize.
Céphalonie environ dix-huit.
Sainte-Maure quinze lieues de tour.
Cerigo,
Curzolari, } petites îles de peu d'importance.
Ithaque,

D. *Quelles sont leurs productions?*

R. Beaucoup de vins précieux, des fruits en abondance, parmi lesquels on distingue les fameux raisins de Corinthe, des citrons, des grenades et des oranges d'une grosseur extraordinaire, et enfin tout ce qui est nécessaire à l'existence.

D. *Quelles sont les mœurs de leurs habitans?*

R. Elles portent l'empreinte de l'oppression qui a pesé si long-tems sur ces peuples, qui sont d'ailleurs généralement actifs, industrieux et très-enclins au commerce.

D. *Quelle est leur religion?*

R. La religion chrétienne, tant du rit latin que du rit grec.

D. *Quel*

D. *Quel en est le souverain ?*

R. Elles appartenaient, ainsi que plusieurs villes et établissemens dans l'*Albanie*, continent voisin, à la république de Venise. Elles forment aujourd'hui une république sous la protection de l'empereur de Russie et du grand-seigneur.

De Candie.

D. *Quelle est son étendue ?*

R. Cette île a environ quatre-vingts lieues de longueur, et deux cents de circonférence : c'était autrefois le royaume de Crète.

D. *Quelles sont ses productions ?*

R. Beaucoup de grains, des vins délicieux, des huiles, de la laine et de la soie. On y nourrit beaucoup de volailles.

D. *Comment sont les mœurs des Candiots ?*

R. Elles portent l'empreinte de la religion et du gouvernement que les Turcs y ont établis, quoique dans le fond elles soient douces, honnêtes et agréables.

D. *Comment se divise cette île?*

R. En trois districts, dont le principal est celui de la ville de *Candie*, sa capitale, où réside le gouverneur. Le climat de cette île est beau, l'air y est très-bon et les eaux excellentes.

De l'Archipel de la Grèce.

L'*Archipel* de la Grèce renferme les îles de la mer Egée, qui se trouvent entre la Romanie, la Natolie, la Macédoine, la Morée, et l'île de Candie.

D. *Comment divisez-vous ces îles ?*

R. En *Cyclades* et *Sporades*. Elles sont en grand nombre, dont plusieurs ne sont que des rochers inhabités ; mais on en compte quarante-cinq principales.

D. *A qui sont-elles soumises?*

R. A l'empereur des Turcs, qui nomme pour toutes ces îles un seul gouverneur.

D. *Quelles sont leurs productions?*

R. D'excellens vins, des fruits exquis, des cannes à sucre, de la soie, de la laine, du miel, et des marbres de la plus grande beauté.

D. *Que remarquez-vous dans ces îles?*

R. Aujourd'hui on ne peut voir, sans commisération, de si beaux pays parsemés de ruines et de monumens, et les Grecs modernes sous la domination des Turcs. Le despotisme qui les écrase n'a pu encore éteindre l'esprit de cette nation célèbre. Le climat y est varié, mais en général fort doux.

De Mayorque, de Minorque et Yvica.

Nous ne ferons qu'un article de ces trois îles, très-voisines les unes des autres.

D. *Quelle est la plus grande?*

R. C'est *Mayorque*, qui a trente-sept lieues de tour, et dont la capitale est *Mallorca*, belle ville riche, avec un bon port.

D. *Quelles sont ses productions?*

R. La nature y est extrêmement riche; les fruits, les huiles, la soie, les blés, les vins exquis, et du bétail excellent, y abondent.

Minorque, qui en est séparée par un détroit, a douze lieues de long sur quatre de large: *Mahon*, avec un bon port, en est la capitale.

D. *Quelles sont ses productions?*

R. Beaucoup de légumes, quelques vins, des mines de fer, de plomb, et des carrières de beau marbre.

Yvica, qui a environ seize lieues de tour, a pour capitale une ville de même nom.

D. *Quelles sont ses productions?*

R. Les principales sont des salines très-abondantes.

D. *Quel est le souverain de ces îles?*

R. C'est le roi d'Espagne ; son gouvernement est monarchique.

D. *Quelles sont les mœurs et la religion des habitans de ces îles?*

R. Elles sont à peu de chose près les mêmes qu'en Espagne : ils suivent la religion catholique. Le climat, quoique varié et un peu chaud, y est très-agréable.

ART. 11. *Des îles de l'Océan.*

Du Séeland et de la Fionie.

Nous avons déjà fait mention du Séeland, dont *Copenhague* est la capitale, à l'article du Danemarck, dont cette île est une province.

D. *Que dites-vous de l'île de Fionie?*

R. Le nom de cette île signifie, en langue danoise, *beau pays* : ce titre lui est dû à tous égards ; elle abonde en grains, pâturages, fruits, bétail et chevaux. Sa capitale est *Odensée*; elle est située dans la Baltique, et appartient au roi de *Danemarck*. Le climat est dur et l'air très-froid.

Des îles Britanniques.

On donne ce nom à deux grandes îles et à un grand nombre de petites qui en sont voisines, situées dans la mer du Nord.

D. *Quelle est la plus grande de ces îles?*

R. On l'appelle la *Grande-Bretagne*. Elle est bornée au nord par le Pas-de-Calais qui la sépare de la France ; à l'est par la mer d'Allemagne ; au sud la Manche, et à l'ouest la mer d'Irlande.

D. Qu'elle est son étendue ?

R. Elle a environ 220 lieues de longueur du nord au sud, sur une largeur très-inégale. Sa circonférence est de 470 lieues, en mesurant de cap en cap et de pointe en pointe ; on évalue sa population à 7,000,000 d'ames.

D. Quelles sont ses productions ?

R. L'étain, le plomb, le charbon-de-terre, le beurre, les cuivres, lin, toiles, étoffes, chevaux, et tout ce qui est nécessaire à la vie, excepté le vin ; à quoi on doit ajouter les autres marchandises en tous genres, ce pays étant le théâtre du plus grand commerce du monde, qui est occasionné par ses nombreuses colonies, et maintenu par une très-puissante marine.

D. Quelles sont ses principales rivières ?

R. La *Tamise* et l'*Humbert*, à l'orient, et la *Saverne* à l'occident.

D. Quelles sont les mœurs des Bretons ou Anglais ?

R. Le gouvernement les a entièrement tournées à la navigation et au commerce ; elles sont ensuite sérieuses, assez simples, mais elles manquent de sobriété, et on les accuse d'être entachées de beaucoup d'orgueil et de vanité.

D. Quelle est la religion ?

R. La calviniste ; elle est partagée en deux branches, l'épiscopale et la presbytérienne.

D. Quel est le souverain ?

R. Il porte le titre de roi de la Grande-Bretagne.

D. Quel est le gouvernement ?

R. Il est composé de trois pouvoirs : 1°. le Roi qui gouverne ; 2°. la Chambre des Pairs ; 3°. la Chambre des Communes, qui a seule le droit d'accorder les subsides et de voter les impôts. Ces deux chambres forment le parlement, qui fait les lois, dont la sanction appartient au roi seul.

D. *Comment divisez-vous cette île ?*

R. En deux grandes parties : l'*Angleterre propre* et l'*Écosse.*

D. *Quelles sont les divisions de l'Angleterre ?*

R. Ce pays, qu'on partage en *Angleterre* à l'orient, et en principauté de *Galles* à l'occident, est divisé en 52 comtés ou *Shires*, dont 40 en Angleterre et 12 dans la principauté de Galles. Voici les noms des six comtés du nord.

1. Northumberland ; capitale *Newcastle*, port de mer.
2. Cumberland ; capit. *Carlisle* sur l'*Éden.*
3. Westmoreland ; capit. *Kendal* sur le *Kent.*
4. Durham ; capit. *Durham* près de la *Wère.*
5. Yorck ; capit. *Yorck* sur l'*Ouse.*
6. Lancastre ; capit. *Lancastre* sur la *Low.*

Des dix-huit Comtés du milieu.

1. Chester ; capitale *Chester* sur la *Dée.*
2. Derby ; capit. *Darby* sur la *Derwent.*
3. Nottingham ; capit. *Nottingham* sur la *Trent.*
4. Lincoln ; capit. *Lincoln* sur la *Witham.*
5. Shrop ; capit. *Shrewsbury* sur la *Saverne.*
6. Stafford ; capit. *Stafford* sur la *Saw.*
7. Leicester ; capit. *Leicester* sur la *Sture.*
8. Rutland ; capit. *Okeham.*
9. Hereford ; capit. *Hereford* sur la *Wye.*
10. Worcester ; capit. *Worcester* sur la *Saverne.*
11. Warvick ; capit. *Warvick* sur l'*Aron.*
12. Northampton ; capit. *Northampton* sur le *Nen.*
13. Huntington ; capit. *Huntington* sur l'*Ouse.*
14. Monmouth ; capitale *Monmouth* sur la *Monnow.*
15. Glocester ; capit. *Glocester* sur la *Saverne.*

16. Oxford; capit. *Oxford* sur l'*Yse*, célèbre par son université.

17. Buckingham ; capitale *Buckingham* sur l'*Ouse*.

18. Bedfort ; capit. *Bedfort* sur l'*Ouse*.

Des six Comtés de l'orient.

1. Norfolck ; capit. *Norwich* sur la *Yare*.
2. Suffolck ; capit. *Ipswich*, port de mer.
3. Cambridge ; capit. *Cambridge* sur la *Cam*, renommée par son université.
4. Hertfort ; capit. *Hertfort* sur la *Less*.
5. Essex; capit. *Chelmsford* sur la *Cam*.
6. Midlesex ; capit. *Londres*, fameux port sur la *Tamise*. Cette ville est le chef-lieu de l'empire britannique.

Des dix Comtés du nord.

1. Kent ; capit. *Cantorbery* sur la *Stoure*.
2. Sussex ; capit. *Chichester* sur la *Lavan*.
3. Surrey ; capit. *Guilford* sur le *Wey*.
4. Southampton ou Hampshire ; capit. *Winchester* sur l'*Itchen*.
5. Berks ; capit. *Reading* sur la *Tamise*.
6. Vilts ; capit. *Salisbury* sur la *Bourne*.
7. Sommerset ; capit. *Bristol*, port de mer sur l'*Avon*, au confluent de la *Saverne*.
8. Dorset ; capit. *Dorchester* sur la *Frome*.
9. Devon ; capit. *Exester* sur l'*Ex*.
10. Cornouaille ; capitale *Launceston* sur le *Tamer*.

Des douze Comtés de la principauté de Galles.

1. Anglesey, île ; capit. *Beaumaris*, port.
2. Carnarvan ; capit. *Caernarvan*, port.
3. Denbigh ; capit. du même nom.

4. Flint ; capit. *Flint* sur la *Dée*.
5. Merionet ; capit. *Harlegh*, port.
6. Montgomery ; capit. du même nom près la *Saverne*.
7. Cardigan ; capit. *Cardigan* sur l'*Ygvy*.
8. Radnor ; capit. *Newradnor* sur la *Somergil*.
9. Brecknock ; capit. du même nom sur l'*Usk*.
10. Pembroke ; capit. le port de *Pembroke*.
11. Carmarthen ; capit. du même nom sur la *Towy*.
12. Glamorgan ; capit. *Cardiff* sur le *Taff*.

Des îles dépendantes de l'Angleterre.

1. L'île de Man ; capit. *Douglas*, port de mer.
2. Les Sorlingues ; ces îles sont un amas d'écueils dangereux : il y en a cinq principales qui produisent beaucoup d'étain.
3. L'île de Wight ; capitale *Newport* sur la *Medina*.
4. Jersey ; capit. *St.-Helier*, petit port.
5. Garnesey ; capit. *St.-Pierre*, port de mer.

D. *Quelles sont les divisions de l'Ecosse ?*

R. L'Ecosse, qui est séparée de l'Angleterre par la rivière de *Twede* et par l'*Esch*, qui se jettent à l'opposé l'une de l'autre dans la mer, se divise en treize provinces ou comtés dans la partie septentrionale, et vingt-deux dans la partie méridionale.

D. *Quelles sont ses rivières principales ?*

R. Le *Tay*, le *Forth*, la *Spey*, la *Clyde*, la *Nyd*, la *Twede* et l'*Esch*, qui toutes se jettent dans la mer.

D. *Quelles sont les provinces de l'Ecosse septentrionale ?*

1. Catness ; capit. *Wich*, port de mer.
2. Stratnavern ; capit. *Tung*.
3. Sutherland ; capit. le port de *Dornoch*.
4. Ross ; capit. *Chanrie*, port.

5. Lochabir ; capit. *Innerlothe.*
6. Albanie ; capit. *Killinen* sur le lac de *Tay.*
7. Athol ; capit. *Blair* sur le *Garry.*
8. Murray ; capit. *Elgin.*
9. Buchan ; capit. *Fraserbury*, port.
10. Marr ; capit. *New-Aberdeen*, port considérable sur la *Dée.*
11. Mernis ; capit. *Dunnotir.*
12. L'Angus ; capit. *Dundée*, port sur le *Tay.*
13. Perth ; capit. du même nom sur le *Tay.*

Provinces de l'Écosse méridionale.

1. Stathern ; capit. *Abernethy.*
2. Fife ; capit. *St.-André*, près de la mer.
3. Meintheith ; capit. *Dumblain* sur le *Forth.*
4. Sterling ; capit. *Stirling.*
5. Lothian, chef-lieu *Édimbourg*, capitale de toute l'Écosse : ville célèbre à une demi-lieue de *Lith*, port le plus fréquenté de l'Écosse.
6. Marche ; capit. *Coldingham.*
7. Twedail ; capit. *Peblis* sur la *Twede.*
8. Tifedail ; capit. *Iedburg* sur la *Ies.*
9. Lidisdail ; capit. l'*Hermitage.*
10. Eskedail ; capit. *Reburne.*
11. Annandail ; capit. *Annand.*
12. Nidisdail ; capit. *Dumfries* sur la *Nyth.*
13. Galloway ; capit. le port de *Withern.*
14. Carrick ; capit. *Bargeny.*
15. Kisle ; capit. *Ayr*, port.
16. Clysdail ; capitale *Glasgow*, port sur la *Clyde.* Cette ville est fameuse par son université.
17. Cuningham ; capit. *Irvin.*
18. Lennox ; capit. *Dumbritton* sur la *Clyde.*
19. Argile ; capitale *Innereyra* sur le lac de *Finn.*
20. Lom ; capit. *Dunstafage*, port.
21. Cantyr ; capit. *Dunaworty.*

22. ARRAN, île, capit. *Browich*. Il y a encore aux environs de l'Écosse trois groupes d'îles assez nombreuses ; 1°. les *Hébrides* ; 2°. les *Bréades* ; 3°. les îles de *Schetland*.

De l'Irlande.

D. *Quelle est l'étendue de cette seconde grande île Britannique ?*

R. Cette île, qui est séparée de la Grande-Bretagne par un détroit, a environ quatre-vingt-douze lieues de longueur, sur une largeur de cinquante-huit. Sa population est d'environ 2,500,000 ames.

D. *Quelles sont ses productions ?*

R. Elles sont à-peu-près les mêmes qu'en Angleterre, mais le pays n'est pas si bien cultivé. Le marbre y est d'une qualité supérieure.

D. *Quelles sont ses principales rivières ?*

R. Le *Shanon*, le *Barow*, la *Boyne*, le *Blackwater* et le *Banne*, qui toutes se jettent dans la mer.

D. *Quelles sont les mœurs ?*

R. Le peuple est moins laborieux et plus superstitieux que l'Anglais, plus fait à la misère, mais aussi moins cupide et moins livré aux excès de la table.

D. *Quelle est la religion ?*

R. La religion anglicane : les catholiques y sont un peu tolérés, et y il en a beaucoup.

D. *Quel est son souverain ?*

R. Le roi de la Grande-Bretagne, qui porte aussi le titre de roi d'Irlande.

D. *Quel est le gouvernement ?*

R. Le même que celui des Anglais, depuis la réunion de cette île à l'empire britannique.

D. *Quelles sont les divisions de l'Irlande ?*

R. En quatre provinces, savoir :

1°. L'ULTONIE ou l'ULSTER, qui renferme dix

comtés, dont les principales villes sont : *Dungal*, port; *Londonderry*; *Carrickfergus*, port; *Drogheda*, port; *Armagh*, et *Down-Patrick*.

2°. La LAGÉNIE ou LEINSTER, qu'on subdivise en onze comtés, dont voici les villes les plus importantes : *Longford*; *Navan*; *Dublin*, port renommé et capitale de toute l'Irlande; *Kildare*; *Kilkenny*, et *Wexford*.

3°. La MOMONIE ou le MUNSTER renferme six comtés, dont les places les plus considérables sont : *Waterfort*, port; *Corke*, port renommé; *Kinsale*, port; *Clare* et *Limerick*.

4°. La CONNACIE ou le CONNAUGHT contient cinq comtés, dont les villes majeures sont : *Galloway*, port; *Athlone* sur le *Shanon*; *Slego*, port; et *Letrim*.

De l'Islande.

D. *Quelle est l'étendue de cette île ?*

R. Cent trente-six lieues de longueur, sur une largeur de soixante-sept.

D. *Quelles sont ses productions ?*

R. Elles consistent en soufre, fourrures, pâturages et bestiaux.

D. *Quelles sont ses montagnes ?*

R. Elles sont en grand nombre, et perpétuellement couvertes de neige et de glace; il y a plusieurs volcans, et entre autres le mont *Hécla*, fameux par ses éruptions.

D. *Quelles sont les mœurs des Islandais ?*

R. Elles sont guerrières, simples et un peu sauvages.

D. *Quelle est la religion ?*

R. Le Christianisme de la secte de Luther.

D. *Quel est son souverain ?*

R. C'est le roi de Danemarck, qui nomme des

officiers pour la gouverner d'après ses lois particulières.

D. *Comment sont ses divisions ?*

R. On la partage en quatre provinces : *Skal-Hot* est la capitale de toute l'Islande. L'air y est très-froid.

CHAPITRE IV.

De l'Amérique ou du Nouveau-Monde.

On divise cette immense contrée en deux grandes parties ; l'une appelée *Amérique septentrionale*, l'autre *Amérique méridionale*. Le nom d'*Amérique* vient d'Améric Vespuce, qui, après Christophe Colomb, aborda le premier dans le continent en 1497.

D. *Quelles sont ses bornes ?*

R. La mer qui l'environne de tous côtés.

D. *Quelle est son étendue ?*

R. Environ trois mille quatre cents lieues.

D. *Quelles sont ses productions ?*

R. Elles sont en général très-riches ; l'argent, l'or, le sucre, le café, le tabac, les cuirs, etc. Les bois de teinture y sont extrêmement abondans.

D. *Quelles sont ses principales montagnes ?*

R. La *Cordillère* ou les *Andes*, dans le Pérou et le Chily, vers le golfe du *Mexique* ; les monts *Popayans*, et les *Cordillières du Brésil*.

D. *Quelles sont ses presqu'îles ?*

R. Dans la partie septentrionale, la *Floride* et la *Californie* ; et dans la partie méridionale, la presqu'île de *Yucatan*, près l'isthme de Panama.

D. *Quels sont ses caps principaux ?*

R. Le cap *Breton*, à l'est du Canada ; le cap de *Floride*, au sud de la Floride ; le cap *Saint-Augustin*, à la pointe la plus orientale ; le cap *Fro-*

wart ; le cap de *Horn* ; et le cap des *Corrientes*, près du Mexique.

D. *Quelles sont ses îles principales ?*

R. Dans l'Amérique septentrionale, les îles de Terre-Neuve, du cap Breton, de Saint-Jean, d'Anticostie et des Lucayes ; dans l'Amérique méridionale, les Antilles, qui comprennent Cuba, la Jamaïque, Saint-Domingue, la Martinique, la Guadeloupe, la Marguerite et la Trinité. Entre l'Amérique et l'Europe, sont les Açores, dont la principale est *Tercère*.

D. *Quels sont ses principaux détroits ?*

R. Le détroit de Davis, à l'entrée de la baie de Baffin ; le détroit d'Hudson, à l'entrée de la baie de ce nom ; le détroit de Magellan au sud ; et le détroit de Lemaire, au sud-est de la Terre de Feu.

D. *Quels sont ses golfes principaux ?*

R. Le golfe Saint-Laurent, à l'est de l'Amérique septentrionale ; le golfe du Mexique, entre les deux Amériques ; la mer Vermeille, entre le nouveau Mexique et la Californie ; et le golfe de Panama, à l'ouest de l'isthme de ce nom.

D. *Quels sont ses principaux fleuves ?*

R. Dans la partie septentrionale, le fleuve Saint-Laurent, le Mississipi : ces deux fleuves ont près de neuf cents lieues chacun de cours. Dans la partie méridionale, l'Orénoque ; le Maragnon, appelé la *rivières des Amazones* ; son cours a plus de douze cents lieues ; et le Rio de la Plata, qui a huit cents lieues de cours, et trente lieues de largeur à son embouchure dans la mer.

D. *Quels sont ses principaux lacs ?*

R. Le lac Supérieur, le lac Champlain, le Michigan, le Huron, le lac Érié, le lac Ontario, et le lac de Mexico.

Fidèles au plan que nous avons suivi jusqu'ici, avant de connaître les îles du Nouveau-Monde, voyons d'abord quelles sont ses terres fermes.

SECTION PREMIÈRE.

Des Terres fermes de d'Amérique.

Les terres fermes principales de l'Amérique sont au nombre de douze, savoir :

Dans l'Amérique septentrionale :

Le Vieux-Mexique, le Nouveau-Mexique, la Californie, les États-Unis et le Canada.

Dans l'Amérique méridionale :

La Terre ferme, le Pérou, le Paraguay, le Chily, la Terre Magellanique, le Brésil, le Pays des Amazones et la Guiane.

AMÉRIQUE SEPTENTRIONALE.

ART. I. *Du Vieux-Mexique.*

Ses bornes sont, au nord, le Nouveau-Mexique; à l'orient, le golfe du Mexique et la mer du Nord; au midi, l'Amérique méridionale et la mer du Sud; à l'occident, la même mer.

D. *Quelle est son étendue?*

R. Elle contient plus de six cents lieues de longueur, sur une largeur fort irrégulière de deux cent cinquante lieues.

D. *Quelles sont ses productions?*

R. Elles consistent en mines d'or et d'argent, en blés, cuirs, indigo, cacao, cochenille, sucre et tabac.

D. *Comment y sont les mœurs?*

R. Elles y sont douces, amies des sciences et des arts, mais gâtées par la superstition.

D. *Quelle est la religion?*

R. La catholique seule y est permise.

D. Quel est le gouvernement ?

R. Le roi d'Espagne, qui en est le maître, y envoie un vice-roi qui gouverne suivant les lois monarchiques de son pays.

D. Comment divisez-vous le Vieux-Mexique ?

R. En trois Audiences ou gouvernemens, savoir :

1°. L'audience de *Mexico*, qui a donné son nom à sa capitale. Cette ville, fort riche et fort belle, est dans une superbe situation, au milieu d'un lac qui a cinquante-deux lieues de tour.

2°. Le *Guadalajara*, dont la capitale porte le même nom.

3°. Le *Guatimala*, dont la capitale, qui porte le même nom, est située entre deux volcans. L'air y est généralement fort sain et tempéré.

Art. 11. *Nouveau-Mexique.*

Le Nouveau-Mexique est en grande partie habité par des peuples que les Espagnols n'ont pas pu soumettre, et qu'ils appellent *sauvages*.

D. Quelles sont ses bornes ?

R. Il s'étend, au nord, jusqu'à *Quivira*; à l'orient, jusqu'à la Louisiane; au midi, il est borné par le Vieux-Mexique ou la Nouvelle-Espagne; et à l'occident, par la mer Vermeille.

D. Quelles sont ses productions ?

R. Elles consistent en bestiaux de toute espèce, en maïs et beaucoup de légumes.

D. Comment sont gouvernés les naturels du pays non-soumis aux Espagnols ?

R. Par des caciques, ou chefs choisis parmi les plus braves de la nation. Ils sont idôlâtres; *Santa-Fé* est la capitale de tout ce qui appartient aux Espagnols. L'air y est un peu froid, mais excellent.

Art. III. *De la Californie.*

Cette grande presqu'île a plus de deux cent cinquante lieues de long, environ soixante de large, et plus de quatre cent quarante de côtes. Ses rivages sont fameux pour la pêche des perles : la terre y est très-fertile, mais on en connaît peu les productions, l'intérieur du pays étant presque inconnu. Les vaisseaux qui y abordent en tirent des fruits, et beaucoup de pelleteries. Les habitans sont indépendans et sauvages : en 1730, les Espagnols bâtirent sur les côtes un fort qu'ils appelèrent *Notre-Dame-de-Lorette*, et y ont établi depuis plusieurs missions. L'air de la Californie est tempéré et très-sain.

Art. IV. *Des États-Unis de l'Amérique.*

C'est ainsi que l'on nomme les treize provinces qui ont secoué le joug de l'Angleterre, et fait reconnaître leur indépendance par toutes les puissances de l'Europe.

D. *Quelle est leur étendue ?*

R. Elles occupent un espace immense le long de la mer, sur une largeur médiocre, bornée par une chaîne de montagnes presque non interrompue.

D. *Quelles sont leurs productions ?*

R. Elles consistent en pêcheries de toute espèce, fruits, tabacs, cuirs, pelleteries, viandes salées, bétail, chevaux, grains et farines en abondance, bois de construction, chanvre, légumes, et des mines de presque tous les métaux.

D. *Quelles sont les mœurs des Anglo-Américains ?*

R. Elles sont simples et pures comme la liberté dont ils jouissent.

D. Quelle est leur religion ?

R. Toutes les religions y sont permises sans restriction, mais subordonnées aux lois civiles.

D. Quel est le gouvernement de ces états ?

R. Chaque province est une république qui envoie des députés à une assemblée générale qu'on nomme *congrès*, où se traitent toutes les affaires qui intéressent la confédération et les impôts.

D. Comment se divisent les États-Unis ?

R. En treize provinces ou états, savoir :

1°. *Massachuset's-Bay*, qui a pour capitale *Boston*, belle ville, avec un bon port, où il se fait un grand commerce.

2°. *New-Hampshire*, dont la capitale est *Portsmouth* sur le *Piskataqua*, près de la mer.

3°. *Connecticut*, province maritime, vis-à-vis *Long-Island* ; capitale *Harford*.

4°. *Rhode-Island* ; cette province tire son nom d'une île du même nom sur ses côtes : *Newport* en est la capitale.

5°. La *Nouvelle-Yorck*, qui a pour capitale *New-Yorck*.

6°. La *Nouvelle-Jersey*, qui a pour capitale *Shrewsbury*.

7°. La *Pensylvanie*, dont la capitale est *Philadelphie*, résidence du congrès. Cette ville, magnifique et superbe, est située sur la *Delaware*, où remontent de gros vaisseaux.

8°. Le *Mary-Land*, dont *Baltimore* est la capitale.

9°. La *Virginie*, dont la capitale est *Richmont*.

10°. La *Caroline méridionale*, qui a pour capitale *Charles-Town*.

11°. La *Caroline septentrionale*, dont la capitale est *Wilmington*.

12°. La *Géorgie*, où l'on fait beaucoup de soie.

Cette province fait partie de la Floride : *Savanah* en est la capitale.

13°. La *Delaware*, traversée par une rivière du même nom, qui porte de très-gros vaisseaux. Le climat de ces provinces est très-varié, mais en général l'air y est fort sain. *Newcastle* est sa capitale.

Art. v. *Du Canada.*

Cet immense pays est borné, au nord, par le pays de Labrador; à l'orient, par la mer du Nord; au midi, la Floride; et à l'occident, le Nouveau-Mexique, et des terres inconnues.

D. *Quelle est son étendue ?*

R. Il a plus de six cents lieues d'orient en occident, et plus de deux cent cinquante du midi au nord.

D. *Quelles sont ses productions ?*

R. Elles consistent principalement en castors et autres pelleteries, bois de construction, légumes, froment, et beaucoup d'autres grains.

D. *Quelles sont ses principales rivières ?*

R. Le fleuve *Saint-Laurent* et le *Mississipi*, qui en reçoivent beaucoup d'autres.

D. *Comment sont les mœurs des Canadiens ?*

R. Elles sont douces, simples et guerrières, comme celles des sauvages de ces contrées : ceux-ci sont distingués par une éloquence vraie, qui est celle du cœur.

D. *Quels sont les souverains qui ont des possessions dans le Canada ?*

R. Le roi d'Espagne et le roi d'Angleterre, qui y font observer leurs lois et leurs religions.

D. *Comment divisez-vous cette grande contrée ?*

R. En trois parties principales, savoir :

1°. Le *Canada propre*, dont la capitale est *Quebec* sur le fleuve *Saint-Laurent*.

2°. La *Louisiane*, qui a pour capitale la *Nouvelle-Orléans* sur le *Mississipi*.

3°. En pays, la plupart habités, mais inconnus.

On compte dans cette région quarante-six peuples ou nations diverses ; parmi lesquels on distingue les *Algonkins*, les *Iroquois*, les *Hurons* et les *Illinois* ; quelques uns sont sujets ou alliés des Européens, les autres sont indépendans. Leur religion est l'idolâtrie. Le climat y est rude, l'air froid, mais excellent.

AMÉRIQUE MÉRIDIONALE.

ART. VI. *De la Terre-Ferme.*

Le nom de *Terre-Ferme* a été donné à cette contrée par Christophe Colomb, à son troisième voyage en Amérique, parce que dans les deux premiers il n'avait découvert que des îles. Elle est située au nord de l'Amérique méridionale.

D. *Quelles sont ses bornes ?*

R. Au nord et à l'orient, le golfe du Mexique ; au midi, le pays des Amazones et le Pérou ; et à l'occident, le golfe et l'isthme de Panama.

D. *Quelle est son étendue ?*

R. Environ sept cent quarante lieues de longueur, sur deux cent soixante de large.

D. *Quelles sont ses principales rivières ?*

R. Celles de la *Madeleine* et de *Sainte-Marthe*, qui se réunissent et se perdent dans le golfe du Mexique.

D. *Quelles sont ses productions ?*

R. Elles consistent en maïs, sucre, cacao, indigo et excellent tabac ; il y a aussi des mines d'argent et de cuivre, et beaucoup de cuirs.

D. *A qui appartient ce pays ?*

R. Une grande partie au roi d'Espagne, qui y fait observer ses lois et sa religion. Le reste est habité par les naturels, qui ont été contraints de se retirer plus avant dans les terres.

D. *Comment se divise cette contrée?*

R. En plusieurs gouvernemens, dont les principaux sont : *Terre-Ferme propre, Verago, Panama, Carthagène, Sainte-Marthe, Rio de la Hacha, Venezuela, la Nouvelle-Andalousie, Grenade* et *Popayan.* Ses principales villes sont, *Panama, Carthagène,* et *Léon de Caracas.* L'air y est fort chaud, mais généralement sain.

Art. VII. *Du Pérou.*

Les bornes de ce pays sont, au nord, la Terre-Ferme; à l'orient, le pays des Amazones; au midi, la Terre Magellanique et le Chily; au couchant, la mer Pacifique.

D. *Quelle est son étendue?*

R. Il a six cent soixante lieues de long, sur trois cent soixante de large.

D. *Quelles sont ses principales montagnes?*

R. *Las Cordilleras,* qui sont les plus hautes montagnes de la terre.

D. *Quelles sont ses productions?*

R. Ceux qui font consister les richesses d'un pays dans l'or et l'argent peuvent, à juste titre, appeler le Pérou le plus riche du monde; il renferme ces fameuses mines qui ont rendu ces métaux si communs en Europe. Il produit en outre des richesses plus réelles; telles que le froment, le maïs, du sucre, du vin, du coton, des cuirs, des fruits excellens; beaucoup de chevaux; des moutons qui, par leur taille et leur force, servent de bêtes de somme. C'est dans cette contrée que croissent les arbres qui nous fournissent le *quinquina* et le *baume du Pérou;* le cèdre, dont on construit des vaisseaux, y est très-abondant.

D. Quel est le souverain de ce pays ?

R. Le roi d'Espagne, dont on suit les lois et la religion. Les naturels qui n'ont pas été soumis se sont retirés dans les montagnes.

D. Comment se divise le Pérou ?

R. En trois Audiences, savoir :

1°. L'Audience de *Lima*, ou de *Los-Reyes*, dont la capitale est *Lima*. Cette ville, qui est fort belle, est aussi la capitale de tout le pays et la résidence du vice-roi.

2°. L'audience de *Quito*, qui a pour capitale une ville du même nom.

3°. L'audience de *Los-Charcas*, ou de *la Plata*, dont la capitale est *la Plata*, d'où l'on découvre *Potosi*, ville considérable auprès de ces fameuses mines d'argent qui l'ont rendue si célèbre. Le climat est généralement chaud et peu sain, excepté dans les montagnes, où il fait très-froid.

Art. VIII. *Du Paraguay.*

Ses bornes sont, au nord, le pays des Amazones ; à l'orient, le Brésil et la mer ; au midi, la même mer et la Terre Magellanique ; et au couchant, le Pérou.

D. Quelle est son étendue ?

R. Il a six cents lieues de long, sur environ cinq cent vingt de large.

D. Quelles sont ses principales rivières ?

R. Le fleuve de *Parana*, la rivière de *la Plata*, et le *Paraguay*.

D. Quelles sont ses productions ?

R. L'or et l'argent, des blés, fruits, sucre, coton, beaucoup de cuirs, chevaux et bétail.

D. A qui appartient ce pays ?

R. Les Portugais y ont quelques colonies, où l'on suit leurs lois et leur religion ; le reste est soumis au roi d'Espagne. Les mœurs des Européens qui l'habitent sont extrêmement voluptueuses et superstitieuses.

D. *Comment divisez-vous cette contrée ?*

R. En six provinces, savoir : *Parana*, le *Tucuman*, *Santa-Cruz*, la *Sierra*, le *Paraguay* propre, et *Rio de la Plata*. Ses villes principales sont, l'*Assomption*, *Santa-Fé* et *Buenos-Ayres*. Le climat est fort doux, l'air y est tempéré et sain.

Art. ix. *Du Chily.*

Ce pays est borné, au nord, par le Pérou; à l'orient et au midi, la Terre Magellanique; et à l'occident, la mer du Sud.

D. *Quelle est son étendue ?*

R. Environ trois cent cinquante lieues de long, sur cent cinquante de large.

D. *Quelles sont ses principales montagnes ?*

R. *Las Cordilleras*, qui le traversent : elles sont presque partout remplies de volcans, et cependant toujours couvertes de neige.

D. *Quelles sont ses productions ?*

R. Elles consistent principalement en blé, maïs et fruits, bétail de toute espèce : on distingue entr'autres animaux, des brebis plus grosses qu'au Pérou; les chevaux y abondent : on y trouve aussi des mines d'or et d'argent.

D. *Quel est le souverain de cette contrée ?*

R. La plus grande partie est occupée par les naturels, qui se font remarquer par leur caractère belliqueux, leur force, leur hardiesse et leur franchise. Le reste appartient aux Espagnols, qui y ont établi leurs lois, leurs mœurs et leur religion.

D. *Comment se divisent les possessions espagnoles au Chily ?*

R. En trois parties, savoir : l'*Évêché de San-Iago*, l'*Évêché d'Imperiale*, et le *Cuyo*. La principale ville est *San-Iago*, capitale, et résidence du gouverneur. Le climat de ce pays est très-varié; l'air y est chaud dans les plaines, très-froid sur les montagnes, et tempéré et sain sur les côtes de la mer.

Art. x. *De la Terre Magellanique.*

C'est ainsi que l'on nomme la pointe la plus méridionale de l'Amérique, terminée par le cap de Horn; au midi, le Chily et le Paraguay; à l'orient et au nord, le détroit de Magellan. Les Espagnols regardent cette terre comme une dépendance du Chily. On ne connaît ce pays que par ce qu'en disent les navigateurs qui ont relâché sur les côtes. Les habitans de l'intérieur de cette vaste contrée nous sont inconnus : ceux des côtes se nomment *Patagons*; ils sont fort grands et très-misérables. Les Espagnols ont tenté d'y établir plusieurs colonies; elles n'ont pas réussi. Les chevaux, les vaches et les taureaux qu'ils y ont portés, y ont multiplié d'une manière prodigieuse. Le climat est fort âpre, l'air y est très-froid.

Art. xi. *Du Brésil.*

Le *Brésil* est une grande contrée, bornée au nord, à l'orient, et au midi, par la mer; et à l'occident par le pays des Amazones et le Paraguay.

D. *Quelle est son étendue ?*

R. Il a environ douze cent cinquante lieues de côtes; sa largeur n'est pas déterminée, l'intérieur du pays étant inconnu. Les Portugais n'ont pénétré qu'à environ quatre-vingt ou cent lieues dans ces terres.

D. *Quelles sont ses productions ?*

R. Ce pays est le plus abondant de l'Amérique en sucre; il produit aussi beaucoup de coton, maïs, tabac, millet, fruits de toute espèce, bétail et animaux féroces et rares, une grande quantité de bois renommés, des cuirs, des mines de diamans, rubis, topazes, d'or et d'argent ; celles d'or sont les plus abondantes de la terre. C'est dans ce pays que croît la racine d'*Ipecacuanha*, dont on se sert en pharmacie. On y trouve, entr'autres oiseaux rares, le *colibri* ou oiseau-mouche.

D. *A qui appartient cette contrée ?*

R. La plus grande partie est occupée par les naturels, sauvages très-vaillans, et perpétuellement en guerre entr'eux ; le reste appartient aux Portugais, qui y ont établi leurs lois, leur religion, et leurs mœurs, qui passent pour être voluptueuses jusqu'à la dépravation, et fort superstitieuses.

D. *Comment se divise le Brésil ?*

R. En quinze provinces ou capitaineries. *San-Salvador*, capitale de tout le pays, où le vice-roi fait sa résidence, et *Rio-Janeiro*, en sont les principales villes. Le climat est fort chaud, l'air y est généralement très-sain et agréable.

Art. xii. *Du Pays des Amazones.*

Les bornes de cette grande contrée sont, au nord, la Terre-Ferme ; à l'orient, le Brésil ; au midi, le Paraguay ; et au couchant, le Pérou.

D. *Quelle est son étendue ?*

R. Environ quatre cents lieues de longueur, et autant de largeur.

D. *Quelles sont ses principales rivières ?*

R. Celles des Amazones, Rio de la Madère, et beaucoup d'autres très-considérables.

D. *Quelles sont ses productions ?*

R. Ce pays est presque inconnu ; il est habité par environ cent cinquante nations différentes de sauvages. Lorsque les Espagnols et les Portugais, qui ont formé quelques établissemens sur les deux rives de la rivière des Amazones, en ont chassé les naturels, les femmes sauvages combattirent aussi vaillamment que les hommes ; ce qui fit donner le nom d'*Amazones* à leur pays. Les Européens en tirent de l'or et beaucoup de bois. L'air de ce pays est très-chaud et peu sain, parce qu'il est couvert de bois et de rivières marécageuses.

ART. XIII. *De la Guiane.*

Ce grand pays, entre les rivières d'Orénoque et des Amazones, est borné à l'est par le Pérou, et à l'ouest par la mer ; on n'en connaît que les côtes jusqu'à environ quatre-vingts lieues dans les terres. L'intérieur du pays est occupé par un grand nombre de nations sauvages.

D. *Quelle est l'étendue des côtes de la Guiane?*
R. Environ deux cent trente lieues.

D. *Quelles sont leurs productions ?*
R. Elles consistent en sucre, tabac, coton, fruits excellens, gomme, bois de teinture, épiceries, et beaucoup d'oiseaux et animaux très-rares.

D. *Quels sont les Européens établis dans la Guiane ?*
R. Les Français, qui en possèdent la plus grande partie, les Portugais et les Hollandais.

D. *Comment nommez-vous les établissemens français ?*
R. Ils portent le titre de *France équinoxiale*, et forment le département de la *Guiane Française et Cayenne* ; le chef-lieu est à *Cayenne*, petite île de dix-huit lieues de tour, très-proche du continent ; les Français y ont établi leurs lois, leurs mœurs et leur religion.

D. *Quel est le nom de la Colonie hollandaise?*
R. On l'appelle *Surinam :* les principaux lieux sont *Paramaribo,* sur la rivière de Surinam ; et
Demerary

Demerary, sur une rivière du même nom. Les Hollandais y ont établi leurs lois, leurs mœurs et leur religion.

Le climat de la Guiane est chaud et malsain, à cause du grand nombre de rivières dont ce pays est arrosé, lesquelles se répandent dans les terres et y forment des marais infects.

Les établissemens des Portugais sont près de la rivière des Amazones.

SECTION II.

Des îles de l'Amérique.

1°. *Ile Royale*, ou *Cap-Breton*.

Cette île, située à l'entrée du golfe de St.-Laurent, a environ quatre-vingt-cinq lieues de tour.

D. *A qui appartient-elle, et quelles sont ses productions ?*

R. Aux Anglais. Son terroir, entrecoupé de lacs, est très-fertile en grains et en légumes. On pêche beaucoup de morue sur ses côtes. L'air y est froid, mais sain. *Louisbourg*, qui jouit d'un bon port, en est la capitale.

2°. *Île de Terre-Neuve.*

C'est une des plus grandes de l'Amérique; elle a cent cinquante lieues de long, cent de large, et trois cents de tour.

D. *Quelles sont ses productions, et à qui est-elle soumise ?*

R. Elle est couverte de forêts qui fournissent beaucoup de bois de construction. Le terroir y est peu fertile, quoiqu'il y ait de belles prairies. Son principal avantage est la facilité de la pêche de la morue, etc. sur ses côtes, qui sont devenues fameuses par le grand nombre de vaisseaux qui y

I.

viennent tous les ans. Cette île appartient aux Anglais ; *Plaisance*, avec un très-beau port, en est la capitale. L'air y est froid, mais pur.

3°. *L'Ile-Longue*, ou *Long-Island*.

Elle a trente-huit lieues de long et huit de large. L'air y est sain et tempéré.

D. *Que produit-elle, et à qui appartient-elle ?*

R. Elle est fertile en grains et en fruits. Elle dépend de la Nouvelle-Yorck ; *Grawesend* en est la capitale.

4°. *Les Bermudes.*

Ces îles sont nombreuses et fort petites. La plus grande, qui est *Saint-George*, n'a que six lieues de long, sur une de large ; l'air y est très-tempéré.

D. *A qui appartiennent-elles, et quelles sont leurs productions ?*

R. Les Anglais en sont les maîtres ; ils en retirent des bois de construction, du tabac et d'excellens fruits, entr'autres des limons et des oranges d'une grosseur prodigieuse.

5°. *Les Lucayes.*

C'est un groupe d'îles fort nombreuses. Il y en a quatorze principales : elles sont presque toutes désertes, à l'exception de *la Providence*, occupée par les Anglais, et quelques autres par les Espagnols, qui y recueillent du tabac, des fruits et du bois. Ces îles et les suivantes forment les *Antilles*.

6°. *Cuba.*

Cette île a deux cent quinze lieues de long, cinquante dans sa plus grande largeur, et plus de quatre cent cinquante de côtes.

D. *Quelles sont ses productions ?*

R. La terre y est très-fertile, sur-tout en tabac, qui est le meilleur de l'Amérique ; beaucoup de sucre, café, indigo, écaille de tortue, gibier et bétail en abondance. Il y a aussi des mines d'or et de cuivre.

D. *A qui appartient-elle ?*

R. Aux Espagnols. *La Havana*, port fameux, en est la capitale. L'air y est un peu chaud, mais excellent.

7°. *La Jamaïque.*

D. *Quelle est son étendue ?*

R. Elle a soixante lieues de long, vingt-cinq de large, et cent vingt-cinq de tour.

D. *A qui appartient-elle ?*

R. Aux Anglais, qui en ont fait une des plus florissantes colonies du monde. *Kingstown*, résidence du gouverneur, en est la capitale, avec un port connu sous le nom de *Port-Royal*.

D. *Quelles sont ses productions ?*

R. La terre y est d'une fertilité admirable ; on y recueille en abondance du sucre, tabac, cacao, coton, fruits : il y a quantité de vaches, bœufs, chevaux, et des tortues dont l'écaille est très-belle. La verdure y est perpétuelle ; l'air chaud, mais très-sain.

8°. *Saint-Domingue.*

D. *Quelle est l'étendue de cette île ?*

R. Environ cent vingt lieues de long, quarante-cinq de large, et plus de trois cents lieues de côtes.

D. *Quelles sont ses productions ?*

R. Elles consistent principalement en tabac, sucre, café, coton, maïs, indigo, et des fruits excellens. Les prairies y nourrissent quantité de bétail. Il y a des mines d'or qui ne sont plus exploitées.

D. *A qui appartient cette île ?*

R. Elle était partagée entre les Français et les

Espagnols avant la guerre de la révolution, les Français en sont seuls les maîtres, en vertu du dernier traité avec l'Espagne. Ils l'ont divisée en cinq départemens sous les noms de *Sud*, *Ouest*, *Nord*, *Samana*, et *Inganne*. Le climat de cette île est fort chaud, mais l'air y est bon généralement.

9°. *Puerto-Rico.*

D. *Quelle est son étendue ?*

R. Elle a environ quarante lieues de long, vingt de large, et cent dix de côtes.

D. *Quelles sont ses productions ?*

R. On y recueille du tabac, du sucre, du coton et des fruits. Il y a une grande quantité de gros bétail, qui fournit d'excellens cuirs. L'air y est chaud, mais sain.

D. *A qui est-elle soumise ?*

R. Aux Espagnols. *San-Juan-de-Puerto-Rico* en est la capitale. Cette ville a un bon port.

10°. *Sainte-Croix.*

D. *Quelle est l'étendue de cette île ?*

R. Elle a vingt-deux lieues de long, sur quatre et cinq de large.

D. *Que produit-elle ?*

R. On y recueille du tabac, du sucre et beaucoup de fruits. L'eau y est excellente ; l'air y est chaud et malsain en certains tems de l'année.

D. *A qui appartient-elle ?*

R. Aux Danois, qui l'ont achetée des Français. On y trouve trois bons ports.

11°. *La Guadeloupe.*

D. *Quelle est l'étendue de cette île ?*

R. Elle a environ vingt-cinq lieues de long, sur six et sept de large.

D. Quelles sont ses productions ?

R. Elle est très-fertile en sucre, indigo, café et tabac. L'air y est chaud, mais bon; les eaux y sont excellentes.

D. A qui est-elle soumise ?

R. Aux Français. Le *Fort-Louis* en est le chef-lieu. Elle forme, avec quelques petites îles adjacentes, le département de la *Guadeloupe*.

12°. *La Martinique.*

D. Quelle est son étendue ?

R. Elle a environ vingt lieues de long, dix de large et cinquante de tour.

D. Quelles sont ses productions ?

R. Elle est extrêmement fertile en sucre, tabac, café, cassave, etc. L'air y est très-chaud, et dangereux pour les Européens.

D. A qui appartient-elle ?

R. Aux Français. Le *Fort Saint-Pierre* en est le chef-lieu. Cette île forme un département qui porte son nom.

Sainte-Lucie, qui a quarante-quatre lieues de circuit, et *Tabago*, qui en a vingt-neuf, appartiennent aux Français. Les productions de ces deux îles sont à-peu-près les mêmes qu'à la Martinique, elles forment le département de *Sainte-Lucie et Tabago*.

La *Grenade*, qui a les mêmes productions, forme, avec les îles de *Saint-Pierre* et *Miquelon*, le département de la *Grenade*.

13°. *La Trinité*, ou *Trinidad*.

D. Quelle est l'étendue de cette île ?

R. Elle a quarante lieues de long, dix-huit de large, et quatre-vingt-dix de côtes.

D. Quelles sont ses productions ?

R. Elle est fertile en sucre, tabac et fruits; les

bêtes à cornes y donnent beaucoup d'excellens cuirs. L'air y est fort chaud et peu sain.

D. *A qui appartient-elle ?*

R. Aux Anglais, à qui elle a été cédée par les Espagnols. *Saint-Joseph* en est la capitale.

CHAPITRE V.

Des Terres Boréales et Australes.

Sous le nom de *Terres Boréales* et *Australes*, on comprend différentes terres de la mer Glaciale et de la mer du Sud, qui n'entrent point dans les quatre grandes divisions que nous venons de parcourir.

Terres Boréales.

Art. I. *Du Spitzberg.*

Le *Spitzberg* est situé dans la mer Glaciale. On ne sait point encore si ce pays, le plus septentrional de tous ceux du continent arctique, est une île ou une presqu'île. Il est à cent trente-cinq lieues, au nord, de la Norwège.

D. *Par qui a-t-il été découvert ?*

R. Par les Hollandais, en 1596.

D. *Quelles sont ses productions ?*

R. On ne connaît de l'intérieur du pays que des ours blancs en grand nombre ; mais les côtes, quoique fort dangereuses, offrent une pêche abondante aux Européens qui s'y rendent tous les ans, par la grande quantité de baleines qu'on y trouve. L'air y est extrêmement froid, et les glaces presque continuelles.

Art. II. *Du Groenland.*

Le *Groenland*, c'est-à-dire, *Terre-Verte*, est ainsi appelé à cause de la mousse qui borde ses rivages. Ce pays est situé à environ cent lieues au nord de l'Islande. On ne sait pas précisément si c'est une île, ou une prolongation de la terre ferme d'Amérique du côté du nord.

D. *Quelles sont ses productions ?*

R. Les pâturages y sont abondans, malgré le froid violent qui y règne constamment, et le pays est assez fertile ; mais ses plus grandes richesses sont sur les côtes, où l'on trouve beaucoup d'ours blancs monstrueux ; la mer y est extrêmement poissonneuse : elles sont remarquables sur-tout par la prodigieuse quantité de baleines qui s'y rendent. Les Européens, et principalement les Hollandais, y font une pêche considérable.

D. *Que dites-vous des habitans ?*

R. Les Groenlandois sont petits et replets ; ils sont très-adonnés à la chasse et à la pêche, et vivent comme les sauvages, malgré leur proximité de l'Europe.

Art. iii. *De la Nouvelle-Zemble.*

La *Nouvelle-Zemble* a été découverte par les Hollandais en 1594. C'est une grande île peu connue dans l'Océan septentrional ; le froid y est extrême. Elle est séparée de la Russie par le détroit de Waigat.

D. *Quelles sont ses productions ?*

R. On y trouve en quantité des ours, des loups et des renards, qui vivent de poisson.

Terres Australes.

Art. iv. *De la Nouvelle-Guinée.*

Cette grande île est située dans l'Océan oriental à peu de distance des Moluques.

D. *Quelles sont ses productions ?*

R. Le pays est abondant et fertile ; il est habité par des sauvages très-vaillans, qui se sont toujours opposés aux différentes tentatives des navigateurs pour connaître leur pays. L'air y est chaud et sain.

Art. v. *De la Nouvelle-Hollande.*

Cette île immense, peu distante de la Nouvelle-Guinée, a onze cents lieues de long sur sept cent cinquante de large ; sa partie orientale a été nommée par le célèbre Cook, *Nouvelle-Galle Méridionale.*

D. *Quelles sont ses productions ?*

R. L'intérieur du pays est inconnu ; ce qu'on a pu voir sur les côtes est fort sauvage, ainsi que les habitans, qui sont très-braves et guerriers audacieux. L'air y est tempéré ; les Hollandais en firent la découverte en 1644.

Art. vi. *De la Nouvelle-Zélande.*

Ce pays, découvert par les Hollandais en 1644, est composé de deux grandes îles dans l'Océan oriental ; le capitaine Cook y a fait plusieurs séjours, et nous devons à ses découvertes ce que l'on sait sur ces deux grandes terres.

D. *Quelles sont ses productions ?*

R. Elles sont fort abondantes en légumes, grains, volaille, bétail, et sur-tout des cochons et beaucoup de gibier. Les naturels sont peu civilisés, mais fiers et vaillans au suprême degré.

DES CARTES GÉOGRAPHIQUES.

D. *Qu'est-ce que sont les Cartes géographiques ?*

R. Ce sont des figures planes qui représentent la surface de la terre, ou quelqu'une de ses parties, suivant les lois de la perspective, et qui marquent les situations des pays, des provinces, des montagnes, des mers, des rivières, des villes, etc. *Voyez la planche* G H.

D. *Combien d'espèces de Cartes géographiques y a-t-il ?*

R. Il y en a deux.

1°. Les *Cartes universelles* sont celles qui représentent toute la surface de la terre, ou les deux hémisphères : on les appelle ordinairement *Mappemondes*.

2°. Les *Cartes particulières* sont celles qui représentent quelques pays particuliers, ou quelques portions d'un pays. On nomme ordinairement ces dernières, *Cartes topographiques*.

D. *Quelles sont les conditions requises pour une bonne Carte ?*

R. Ce sont, 1°. que tous les lieux y soient marqués dans leur juste situation, eu égard à celle où ils se trouvent en effet sur la terre.

2°. Que les grandeurs des différens pays aient entre elles les mêmes proportions sur la Carte, qu'elles ont sur la surface de la terre.

3°. Que les différens lieux soient respectivement sur la Carte, aux mêmes distances les uns des autres et dans la même situation que sur la terre même.

D. *Comment faut-il orienter une Carte ?*

R. Dans les Cartes où il n'est pas marqué autrement, le septentrion ou nord est en haut de la Carte, le midi en bas, l'orient à droite, et l'occident à gauche.

DE L'HISTOIRE.

D. Qu'est-ce que l'Histoire ?

R. C'est la narration des actions et des choses dignes de mémoire.

D. Comment divise-t-on l'Histoire ?

R. On la divise en *Histoire ancienne* et *Histoire moderne*.

D. Qu'appelle-t-on Histoire ancienne ?

R. On appelle ainsi celle qui comprend les choses arrivées depuis la création du monde jusqu'à la fin de l'ancien empire Romain, ou l'établissement du nouvel empire sous Charlemagne. Au lieu que l'Histoire moderne est celle qui rapporte les choses passées depuis cette époque jusqu'à nos jours.

D. Qu'appelle-t-on époque dans l'Histoire ancienne ?

R. On appelle *époque*, certains tems marqués par quelque grand événement auquel on rapporte tout le reste.

D. Qu'est-ce qu'un anachronisme ?

R. C'est une faute contre les époques ou le tems.

D. En combien d'époques divise-t-on l'Histoire ancienne ?

R. En onze : la première est *Adam*, ou la création ; la seconde *Noé*, ou le déluge ; la troisième la vocation d'*A-*

raham, ou le commencement de l'alliance de Dieu avec les hommes ; la quatrième *Moïse*, ou la loi écrite ; la cinquième la prise de *Troie* ; la sixième *Salomon*, ou la fondation du temple ; la septième *Romulus*, ou la fondation de Rome ; la huitième *Cyrus*, ou le peuple de Dieu délivré de la captivité de Babylone ; la neuvième *Scipion*, ou Carthage vaincue ; la dixième la naissance de *Jésus-Christ*, l'an 4000 de la création, ou premier de l'ère chrétienne ; l'onzième *Constantin*, ou la paix de l'église, l'an 312, 420 après J. C.

D. *Ne divise-t-on pas aussi le monde en différens âges ?*

R. Oui ; on le divise en sept âges. Le premier s'étend depuis la création jusqu'au déluge ; le second depuis le déluge jusqu'au commencement du peuple de Dieu et de l'alliance ; le troisième depuis l'alliance jusqu'à Moïse ; le quatrième depuis Moïse jusqu'à Salomon ; le cinquième depuis Salomon jusqu'à Cyrus ; le sixième depuis Cyrus jusqu'à la naissance de Jésus-Christ ; le septième et dernier a commencé à la naissance de Jésus-Christ et dure toujours.

D. *Qu'est-ce que l'Histoire ancienne nommé les sept merveilles du monde ?*

R. Ce sont sept édifices ou monumens qui ont fait en tout tems l'admiration des hommes.

D. *Comment les nommez-vous ?*

R. Le Mausolée, le Temple de Jérusalem, le Temple de Diane, les Murs de Babylone, le Jupiter d'Olympie, le Colosse de Rhodes, et les Pyramides d'Égypte.

PREMIÈRE MERVEILLE DU MONDE.

LE MAUSOLÉE.

D. *Qu'est-ce que le Mausolée ?*

R. C'est un superbe tombeau qu'Artémise, reine de Carie, fit bâtir à Mausole, son époux, dans la ville d'Halicarnasse capitale du royaume. Il est nommé *Mausolée*, du nom de Mausole pour qui il fut construit. On a depuis donné ce nom à tous les tombeaux magnifiques.

D. *Quelle était l'étendue de ce Mausolée ?*

R. Elle était de soixante-trois pieds du midi au septentrion, les faces étaient un peu moins larges, et il avait quatre cent onze pieds de circuit.

D. *Quelle était sa hauteur ?*

R. Il était haut de vingt-cinq coudées, ce qui fait trente-sept pieds et demi, parce qu'une coudée vaut un pied et demi ; et il avait trente-six colonnes dans son enceinte.

D. Combien d'architectes entreprirent cet ouvrage ?

R. Quatre ; savoir, *Scopas* qui entreprit le côté de l'orient, *Timothée* le côté du midi ; *Léocharès* travailla au couchant, et *Briaxis* au septentrion.

D. La reine Artémise vit-elle la fin de cet ouvrage ?

R. Non ; elle mourut de chagrin causé par la perte de son époux, l'an 351 avant *Jésus-Christ*. La postérité l'a mise à la tête des martyres de l'amour conjugal.

D. L'ouvrage fut-il interrompu ?

R. Non ; *Pytheus* se joignit aux quatre fameux architectes déjà mentionnés ; il éleva une pyramide au-dessus du Mausolée, sur lequel il posa un char de marbre, attelé de quatre chevaux. Le tombeau passa pour une des Merveilles du Monde : néanmoins le philosophe *Anaxagoras* de *Clazomène* dit, quand il le vit : *Voilà bien de l'argent changé en pierres.*

SECONDE MERVEILLE DU MONDE.

LE TEMPLE DE JÉRUSALEM.

D. Qui a fait bâtir le Temple de Jérusalem ?

R. Salomon.

D. Dans quel endroit ?

R. Sur le mont *Moria*, à la place où

David avait vu l'ange exécuteur de la justice divine, l'épée nue à la main.

D. *Combien de tems fut-on à le bâtir,*
R. Sept ans.

D. *Quand cela arriva-t-il ?*
R. L'an du monde 2989, et le 1015ᵉ. avant *Jésus-Christ*, la quatrième année du règne de Salomon.

D. *Combien avait-il de parties ?*
R. Quatre, renfermées dans une même enceinte : savoir, le Parvis des Gentils, celui des Juifs ; le Sanctuaire ou Parvis des Prêtres ; et le *Sancta Sanctorum*, c'est-à-dire, le Saint des Saints.

D. *Donnez-moi la description du Parvis des Gentils.*
R. Le Parvis des Gentils avait 500 pas de tour ; il était environné d'une haute galerie, soutenue de plusieurs colonnes de marbre, avec quatre portes, dont une à l'orient, l'autre à l'occident, la troisième au midi, et la quatrième au septentrion.

D. *Ce Parvis avait-il quelque communication avec d'autres ?*
R. Oui ; de ce Parvis on entrait dans celui des Juifs, qui était fort magnifique et environné de belles galeries. Le pavé était de marbre de diverses couleurs ; les murs étaient couverts d'un

B.

or très-fin, et les portes revêtues de lames d'argent.

D. De quelle grandeur était le Sanctuaire ou le Parvis des Prêtres ?

R. Il avait 40 coudées de longueur et 20 de largeur. Au milieu on y voyait un autel d'airain carré, dont chaque face avait 20 coudées de largeur et 10 de hauteur. Au deux côtés de l'autel il y avait 10 grands vases d'airain, ornés de figures de chérubins, de lions, de bœufs et de palmes ; et au côté droit était encore un très-grand vaisseau d'airain, soutenu de douze bœufs aussi d'airain. De là on allait au porche, qui était long de 20 coudées et large de 10.

D. De cet endroit où allait-on ?

R. On entrait dans le Temple, qui avait 60 coudées de longueur sur 20 de largeur. Aux deux côtés étaient 10 grands chandeliers à sept branches et autant de lampes, avec 10 tables d'or.

D. Enfin de ce Temple où allait-on ?

R. On allait dans le *Sancta Sanctorum*, ou le lieu très-saint.

D. Pouvez-vous en faire la description ?

R. Oui ; il était long et large de 20 coudées et d'une pareille hauteur, dont 10 coudées étaient revêtues d'or, et les autres 10 d'or et de pierres précieuses.

Joseph l'historien dit qu'il y avait 10,000 chandeliers d'or, 10,000 tables couvertes d'or, et une fort grande toute d'or; 20,000 coupes d'or, et 160,000 d'argent; 100,000 fioles d'or, et 200,000 d'argent; 80,000 plats d'or, et 160,000 d'argent; 50,000 bassins d'or, et 100,000 d'argent; 20,000 vases d'or, et 40,000 d'argent; 20,000 grands encensoirs, et 50,000 autres plus petits; 1000 robes enrichies de pierres précieuses; 200,000 trompettes d'argent, et 40,000 instrumens de musique d'or et d'argent. Tel était le temple de *Jérusalem* du tems de *Salomon*, selon cet historien.

TROISIÈME MERVEILLE DU MONDE.

LE TEMPLE DE DIANE.

D. *Où était le Temple de Diane?*
R. Il était à Éphèse.
D. *Par qui fut-il bâti?*
R. Quelques-uns disent qu'il fut commencé par les *Amazones*.
D. *Qui en fut l'architecte?*
R. Ctésiphon.
D. *Ce superbe édifice existe-t-il encore?*
R. Non; il fut détruit par *Érostrate*, qui, pour se faire un nom, y mit le feu.
D. *En quelle année cela arriva-t-il?*
R. La première année de la cent sixième

olympiade, et la trois-cent-cinquante-sixième avant *Jésus-Christ*.

D. *Qui contribua aux frais de ce Temple ?*

R. Presque tous les peuples de l'Asie.

D. *Combien de tems mit-on à le construire ?*

R. Quatre cents ans.

D. *Quelle était sa construction ?*

R. Il était long de quatre cent vingt-cinq pieds, et large de deux cent vingt, soutenu de cent vingt-sept colonnes de soixante pieds de haut, ornées de sculpture, et dont chacune avait été donnée par un roi. La charpente était de cèdre, et les portes de cyprès.

QUATRIÈME MERVEILLE DU MONDE.

LES MURS DE BABYLONE.

D. *Qui a fait construire les Murs de Babylone ?*

R. On croit que c'est *Nabuchodonosor*.

D. *Quels sont les ouvrages qui ont rendu Babylone si fameuse ?*

R. Premièrement, les murailles de la ville ; 2. le temple de *Belus* ; 3. le Palais royal avec les jardins suspendus ; 4. les digues et les quais de la rivière ; 5. le lac et les canaux ; 6. les murailles, qui étaient à tous égards prodigieuses.

D. Quelle était leur épaisseur ?

R. Elles avaient 87 pieds d'épaisseur.

D. Quelle était leur hauteur ?

R. Elles étaient hautes de 350 pieds.

D. Quel était leur circuit ?

R. De 480 stades, qui font 20 lieues.

D. Quelle était leur forme ?

R. Elles formaient un carré parfait, dont chaque côté était de 120 stades ou 5 lieues.

D. Combien chaque côté de ce grand carré avait-il de portes ?

R. Vingt-cinq portes, ce qui faisait cent en tout.

D. De quelle matière étaient-elles ?

R. Toutes d'airain massif ; d'où vient que, lorsque Dieu promit à *Cyrus* la conquête de *Babylone*, il lui dit : (*Isaïe*, chap. 25, v. 2.) *Je romprai les portes d'airain*.

CINQUIÈME MERVEILLE DU MONDE.

LE JUPITER D'OLYMPIE.

D. Comment Olympie, ville d'Élide dans le Péloponèse, est-elle devenue célèbre ?

R. Par un temple dédié à *Jupiter* surnommé *Olympien*, et par les Jeux Olympiques qu'on célébrait dans ses environs en l'honneur de ce Dieu. Ces jeux se renouvelaient tous les quatre ans :

cet espace de tems fut appelé *Olympiade*, et servit aux Grecs à compter les années.

D. *Pourquoi la structure de ce Temple était-elle admirable ?*

R. Parce qu'on y avait amassé des richesses immenses, à cause des oracles qui s'y rendaient, et que l'on venait consulter de toute part avec de magnifiques offrandes.

D. *Qu'y avait-il de plus remarquable ?*

R. On y admirait sur-tout la statue de *Jupiter*.

D. *Qui en fut le sculpteur ?*

R. Le célèbre *Phidias*, dont le travail parut si parfait, qu'on mit cette statue au nombre des Merveilles du Monde.

D. *Qui en a donné la description ?*

R. Pausanias l'a faite ainsi : On voit, dit-il, le Dieu assis sur un trône qui est d'or et d'ivoire, de même que la statue. Il a sur la tête une couronne qui semble être de branches d'olivier ; dans la main droite il porte une Victoire d'ivoire, qui a pour coiffure une couronne d'or ; et il tient à la main gauche un sceptre fait d'un alliage de tous les métaux et surmonté d'un aigle. La chaussure du Dieu est toute d'or ; et sur la draperie, qui est encore plus précieuse, il y a des animaux et des fleurs en grand nombre et d'un travail exquis.

Le trône est enrichi d'ivoire, d'ébène, d'or, de pierreries, et de plusieurs figures en bas-relief ; l'on voit aux quatre pieds de ce trône quatre Victoires, et deux aux deux pieds de la statue. Sur les deux pieds de devant du trône, on a mis d'un côté des sphinx qui enlèvent de jeunes Thébains ; et de l'autre les enfans de *Niobé*, qu'*Apollon* et *Diane* tuent à coups de flèches. Entre les pieds de ce trône sont représentés *Thésée* et les autres héros qui accompagnèrent *Hercule* pour aller faire la guerre aux Amazones, et plusieurs athlètes.

D. *Pausanias a-t-il fait aussi la description du lieu où était ce magnifique trône ?*

R. Ce lieu est enrichi de tableaux qui représentent les principaux combats d'*Hercule*, et plusieurs autres sujets illustres de l'Histoire. Au plus haut du trône *Phidias* a mis d'un côté les Grâces, et de l'autre les Heures, parce que les unes et les autres sont filles de *Jupiter*, selon les poëtes. Sur le marche-pied, où l'on a posé des lions d'or, on voit le combat des Amazones et de *Thésée*. Sur la base, il y a plusieurs figures d'or, savoir : le Soleil montant sur son char, *Jupiter* et *Junon*, les *Grâces*, *Mercure*, *Vesta*, et *Vénus* qui reçoit l'*Amour*. Outre ces figures, on y trouve celles d'*Apollon*, de *Diane*, de *Minerve*, d'*Hercule*, d'*Amphitrite*, de *Neptune*, et de la *Lune*, que l'on a représentée sur un cheval.

SIXIÈME MERVEILLE DU MONDE.

LE COLOSSE DE RHODES.

D. *Dites-moi ce que c'était que le Colosse de Rhodes.*

R. Ce colosse était une statue d'*Apollon* en airain, élevée à l'entrée du port de Rhodes, en l'honneur du Soleil, et regardée comme une des sept Merveilles du Monde.

D. *Quelle était sa hauteur?*

R. Elle était d'une hauteur si extraordinaire, que les anciens assurent que les navires passaient à pleines voiles entre ses jambes. Elle avait 70 coudées ou 105 pieds de notre mesure.

D. *Qui fit ce colosse?*

R. *Charès de Linde*, disciple du fameux sculpteur *Lysippe*.

D. *Combien de tems employa-t-il à le fabriquer?*

R. Douze ans.

D. *Resta-t-il long-tems sur pieds?*

R. Cinquante-six ans après, il fut

renversé par un tremblement de terre, qui causa des désolations prodigieuses en Orient, sur-tout dans la *Carie* et dans l'île de *Rhodes*.

D. *Quand cet évènement arriva-t-il ?*

R. Deux cent vingt-quatre ans avant *Jésus-Christ*.

D. *Combien de déchet en a-t-on trouvé ?*

R. Après un espace de 896 ans, on en trouva encore 7200 quintaux, qui furent vendus à un Juif par *Moavia*, sixième Calife, l'an 672 de *Jésus-Christ :* c'est ce qui peut donner une idée de sa prodigieuse grandeur.

SEPTIÈME MERVEILLE DU MONDE.

LES PYRAMIDES D'ÉGYPTE.

D. *Par qui les Pyramides d'Égypte furent-elles élevées ?*

R. Par les Pharaons, rois de ce pays.

D. *A quelle distance sont-elles du Caire ?*

R. A une lieue à-peu-près.

D. *D'où commence-t-on à les voir ?*

R. Dès qu'on est sorti de la petite ville de *Dezize*.

D. *De combien en est-elle éloignée ?*

R. De deux lieues.

D. *Combien y a-t-il de Pyramides ?*

R. Il y en a trois grosses.

D. *Sont-elles éloignées l'une de l'autre* ?

R. D'environ deux cents pas.

D. *Peut-on entrer dans ces Pyramides* ?

R. On ne peut entrer que dans la plus grande, qui est du côté du nord.

D. *Est-elle fort grande* ?

R. Son élévation est si prodigieuse, qu'on dit qu'elle a 600 pieds de hauteur et 700 de largeur en carré.

D. *Quand dit-on qu'elle fut bâtie* ?

R. Quelques uns disent qu'elle fut bâtie il y a plus de 3000 ans, par un roi d'Égypte appelé *Coph* ; d'autres croyent par *Chemmis* ou *Chéops*.

D. *Sait-on d'où on a tiré ces grosses pierres, et en si grande quantité* ?

R. On croit que c'est de la *Thébaïde* ou de la *Haute-Égypte*.

D. *Combien de tems employa-t-on à les élever* ?

R. Vingt-trois années, dit-on.

D. *Combien employa-t-on d'ouvriers à ce travail* ?

R. Trois cent soixante mille.

D. *Combien y dépensa-t-on* ?

R. *Pline* dit qu'il y fut dépensé seize cents talens, seulement en raves et en ognons, les anciens Égyptiens étant grands mangeurs de légumes ; ce qui fait en argent de France environ sept millions de francs.

D. Quelle est l'entrée de la grande Pyramide ?

R. L'ouverture de cette fameuse Pyramide où l'on peut entrer est un trou presque carré d'un peu plus de trois pieds de haut. On dit qu'autrefois il y avait auprès de l'entrée une grosse pierre qu'on avait taillée exprès pour boucher cette ouverture.

D. Quelle est sa forme ?

R. Elle est carrée, et en sortant de terre elle a 2800 pieds, ou 466 toises de circuit : son volume total passe 400,000 toises cubes.

D. Quelle est la hauteur des pierres ?

R. Les pierres qui la composent ont trois pieds de haut.

D. Quelle est leur longueur ?

R. Cinq ou six pieds ; et les côtés qui paraissent en dehors sont tout droits, sans être taillés en talut : chaque rang se retire en dedans de neuf ou dix pouces, afin de venir se terminer en pointe à la cime ; et c'est sur ces avances que l'on grimpe pour aller jusqu'au sommet.

D. Les deux autres Pyramides sont-elles de même ?

R. Non ; elles ne sont ni si hautes ni si grosses que la première.

D. A

D. *A quoi étaient destinées ces Pyramides ?*

R. Les anciennes traditions portent à croire qu'elles furent construites pour servir de tombeaux à la famille des *Pharaons* ; que dans la plus grande on déposait après leur mort les corps des monarques, dans les autres celui des reines et de leurs enfans.

DE LA MYTHOLOGIE.

D. *Qu'est-ce que la Mythologie ?*

R. C'est l'explication de la fable et de la religion des païens.

D. *En quoi consiste-t-elle ?*

R. En l'adoration des faux Dieux qu'ils avaient imaginés, et à qui ils ont donné différens attributs.

D. *Qui est le plus ancien des Dieux ?*

R. Le Tems, qui a pour nom *Saturne*.

D. *Que dit-on de lui ?*

R. Qu'il dévorait ses propres enfans tout vifs.

D. *Quels sont ceux qui restèrent en vie ?*

R. *Jupiter, Neptune, Pluton, Junon* et *Cérès.*

D. *Comment cela ?*

R. Rhée, sa femme, lui faisait accroire qu'elle accouchait d'un poulain,

K

d'une pierre, etc. etc. et cachait l'enfant qu'elle mettait au monde.

D. *Comment le gouvernement souverain fut-il partagé entre les trois fils de Saturne ?*

R. *Jupiter*, comme l'aîné, eut le ciel en partage ; *Neptune* les eaux ; et *Pluton* l'enfer.

D. *Quel est le messager des Dieux ?*

R. C'est *Mercure*, fils de *Jupiter* et de *Maïa*, dieu de l'éloquence : il est en même tems le patron du commerce et des voleurs.

D. *Qui est Hébé ?*

R. C'est la déesse de la jeunesse, fille de *Jupiter* et de *Junon*, l'échansonne de *Jupiter*, qui lui verse le nectar et l'ambrosie, boisson des Dieux.

D. *Qui est Cybèle ?*

R. C'est la femme de *Saturne*, appelée la mère de tous les Dieux : on la nomme aussi *Ops*, *Rhée*, *Vesta*, etc.

JUPITER.

D. *Qui était Jupiter ?*

R. Il était fils de *Saturne* et de *Rhée* ; les païens le nommaient le père des Dieux et des hommes.

D. *A-t-il toujours porté le nom de Jupiter ?*

R. Non ; le premier nom de ce Dieu

était *Jovis*, auquel ajoutant *Pater*, on en fit *Jupiter*.

D. *Où est-il né ?*

R. Les uns disent qu'il est né dans l'*Arcadie*, d'autres le font naître dans l'île de *Crète* ; il y en a aussi qui croient qu'il a pris naissance dans la ville de *Thèbes* en *Béotie* ; enfin d'autres lui font prendre naissance dans celle de *Messénie* dans le *Péloponèse*.

D. *Comment fut-il élevé ?*

R. Au son des instrumens que touchaient les *Corybantes*, pour empêcher que ses cris enfantins ne le découvrissent à son père : il fut nourri du lait de la chèvre *Amalthée*.

D. *Que fit-il étant devenu grand ?*

R. Il chassa son père *Saturne*, qui lui dressait des embûches pour lui faire perdre la vie.

D. *Que fit-il encore ?*

R. Il fit la guerre aux géans nommés *Titans* ou *fils de la Terre* ; et on lui attribue une infinité de rapts, d'adultères et autres forfaits.

D. *Où est-il mort ?*

R. On dit que ce Dieu des Païens avait son sépulcre dans l'île de *Crète* ; et certain auteur assure qu'on l'y voyait encore de son tems.

D. *Qui était sa femme ?*

R. *Junon*, sa propre sœur.

D. *Que dit-on d'elle ?*

R. Qu'elle était considérée des anciens comme déesse des royaumes, reine des Dieux et des richesses, fille de *Saturne* et de *Rhée*, sœur et femme de *Jupiter;* et que, par la jalousie qui régnait entr'eux, firent ensemble un très-mauvais ménage.

D. *Où est-elle née ?*

R. On dit qu'elle naquit à *Argos*, ville de la *Grèce;* mais d'autres disent à *Samos*.

D. *Jupiter ne s'est-il pas quelquefois transformé par amour ?*

R. Oui ; il s'est métamorphosé en cygne pour *Léda*, fille de *Thestius* et la femme de *Tyndare* roi d'*OEbalie;* en taureau pour *Europe*, fille d'*Agénor* roi de *Phénicie*, et sœur de *Cadmus;* en pluie d'or pour *Danaé*, fille d'*Acrise* roi d'*Argos*, et d'*Eurydice;* et en berger pour *Mnémosyne*, la déesse de la mémoire.

D. *Régna-t-il toujours en paix ?*

R. Non : les géans troublèrent son repos en voulant escalader le ciel; mais, par la foudre dont il était armé, il écrasa bientôt ces audacieux, et les précipita du ciel sur la terre.

D. Quels sont les enfans qu'il eut de différentes femmes ?

R. De *Léda* il eut *Castor* et *Pollux*, frères d'*Hélène* et de *Clytemnestre*, qui suivirent *Jason* dans la *Colchide* pour la conquête de la Toison d'or, et s'aimaient si tendrement, qu'ils ne se quittaient point; d'*Europe* il eut *Minos* et *Rhadamanthe*, qui, à cause de leur grande sévérité à rendre la justice, furent nommés juges des enfers; de *Danaé* il eut *Persée*, qui rendit son nom fameux; il aima aussi les gens de lettres, et fonda une école; et enfin de *Mnémosyne* il eut les neuf *Muses*.

D. Quels sont les attributs de Jupiter ?

R. La foudre, qu'il tient en main; et l'aigle, oiseau qui lui est consacré, et qu'il a entre les jambes.

D. Quelle est l'histoire de cet aigle ?

R. C'est que *Ganymède*, fils de *Tros* roi de *Troie*, plut à *Jupiter*, qui le changea en aigle et l'enleva au ciel, où, en lui rendant sa première forme, il le fit son échanson.

NEPTUNE.

D. Qui était Neptune ?

R. Il était fils de *Saturne* et d'*Ops*, frère de *Jupiter* et de *Pluton*, et Dieu de la mer, dont il eut l'empire.

D. *Que devint-il après sa naissance ?*

R. On prétend que sa mère le cacha aussitôt qu'il fut venu au monde, afin de le dérober à la fureur de *Saturne* ; qu'elle le mit dans une bergerie, et le confia aux bergers, et qu'elle substitua en sa place une bête, dont elle supposa être accouchée.

D. *A qui se maria-t-il ?*

R. A *Amphitrite*.

D. *Qu'y a-t-il à remarquer dans l'empire de la mer, suivant la Mythologie ?*

R. Les Sirènes, les Naïades et les Tritons.

D. *Qu'est-ce que les Sirènes ?*

R. Ce sont des êtres qu'on représente sous la figure d'une très-belle fille depuis la tête jusqu'à la ceinture, et dont le reste du corps est celle d'un poisson couvert d'écailles. L'on dit que lorsqu'elles voient passer sur un vaisseau des étrangers qui leur plaisent, elles les attirent par la douceur de leur chant, et les gardent ensuite captifs au fond des eaux.

D. *Et les Naïades, qui sont-elles ?*

R. Elles sont, de même que les Sirènes, moitié filles, moitié poissons, et servent de suivantes à *Amphitrite*, femme de *Neptune*, fille de l'*Océan* et de *Doris* mère des Néréides.

D. Que dites-vous des Tritons ?

R. Ce sont ceux qui composent la cour de *Neptune*. La moitié de leur corps est, depuis la tête jusqu'à la ceinture, semblable à celui d'un homme, et l'autre moitié a la forme d'un poisson.

D. Comment les représente-t-on ?

R. Sur un dauphin, un cornet marin à la bouche.

D. Quels sont les attributs de Neptune ?

R. On le représente assis ou debout dans une coquille de nacre tirée par deux chevaux marins, ayant un trident dans la main droite, dont il frappe les eaux.

D. Quelle est sa résidence ?

R. Dans un palais de cristal, au fond de la mer.

PLUTON.

D. Quel est le Dieu des enfers ?

R. C'est *Pluton*, fils de *Saturne* et de *Rhée*, à qui *Jupiter*, après avoir détrôné *Saturne*, donna les enfers en partage. Ce Dieu était si noir et si laid, qu'il ne pouvait trouver de femme qui voulût partager son empire avec lui ; ce qui le détermina à enlever *Proserpine*, fille de *Cérès*, lorsqu'elle s'amusait avec ses nymphes à cueillir des fleurs. On le représente sur un char tiré par quatre chevaux noirs. Son sceptre est une fourche à deux pointes.

D. Quels sont les attributs de Pluton ?

R. Une fourche et une couronne de fer.

D. Qui sont les juges des morts aux enfers ?

R. Ce sont *Minos*, *Éaque* et *Rhadamanthe*.

D. Qui est le gardien des enfers ?

R. C'est un grand chien à trois têtes ; il est enchaîné, et on le nomme *Cerbère*, né du géant *Typhon* et d'*Échidna*. On dit qu'il faisait bon accueil aux ames malheureuses qui descendaient dans les enfers, et dévorait celles qui en voulaient sortir.

D. Quels sont les principaux fleuves des enfers ?

R. Le *Styx*, l'*Achéron*, dont l'eau est fort amère ; le *Cocyte*, qui ne grossit que des larmes des méchans ; et le *Léthé* : ce fleuve, dont l'eau fait oublier entièrement le passé, est souvent nommé le *fleuve d'Oubli*.

D. Qu'y a-t-il encore à remarquer à l'égard du Styx ?

R. Que c'est par ce fleuve que jurent les Dieux, et que c'est un serment inviolable.

D. Qu'est-ce que le Tartare ?

R. C'est le lieu où l'on met les malfaiteurs pour les tourmenter.

C.

D.

D. *Et où place-t-on ceux qui se sont bien conduits sur la terre ?*

R. Dans les *Champs-Élysées*, qui sont la demeure des ames justes après leur mort.

SUITE DE LA MYTHOLOGIE.

D. *Qui est Mars ?*

R. C'est le Dieu de la guerre.

D. *De qui est-il fils ?*

R. De *Jupiter* et de *Junon*.

D. *Comment le représente-t-on ?*

R. Armé de toutes pièces, et un coq à ses pieds, parce qu'il métamorphosa en coq *Alectryon* son favori, qui, faisant sentinelle pendant qu'il était avec *Vénus*, le laissa surprendre. Ses intrigues ne lui font pas honneur.

D. *Quelle est la déesse de la guerre ?*

R. C'est *Bellone*, qui conduit ordinairement le char de *Mars*, armée d'un fouet et les cheveux épars : elle excitait les guerriers dans les combats.

D. *Qui est la déesse de la sagesse ?*

R. C'est *Minerve* ; on la représente avec un casque, et un hibou à ses pieds, parce que cet oiseau voit dans les ténèbres, et marque que la vraie sagesse ne s'endort jamais.

D. *Comment s'appelle la déesse des moissons ?*

R. Cérès, fille de *Saturne* et de *Cybèle*, qui apprit aux hommes l'art de cultiver la terre et de semer le blé, ce qui la fait regarder comme la déesse de l'agriculture : ses attributs sont des gerbes entre ses bras.

D. Qui est Morphée ?

R. C'est le Dieu du sommeil.

D. Pourquoi l'appelle-t-on ainsi ?

R. Parce qu'il endormait ceux qu'il touchait avec une plante de pavot, et présentait les songes sous diverses figures.

D. Qui est le Dieu de la raillerie ?

R. Momus; on le représente avec un masque et un visage moqueur.

R. Pourquoi est-il ainsi représenté ?

D. Parce qu'il s'occupait uniquement à examiner les actions des Dieux et des hommes, et à les reprendre avec liberté.

D. Qui est le Dieu du silence ?

R. C'est *Harpocrate*, fils d'*Osiris* et d'*Isis* : sa figure représentait un jeune homme qui a le doigt sur la bouche, et tenant de l'autre main une corne.

D. Qui est le père d'Osiris ?

R. C'est *Jupiter*, et *Niobé* est sa mère : elle était fille de *Tantale*.

D. Qui est le Dieu de la médecine ?

R. C'est *Esculape*, fils d'*Apollon* et de la nymphe *Coronis* : on le représente

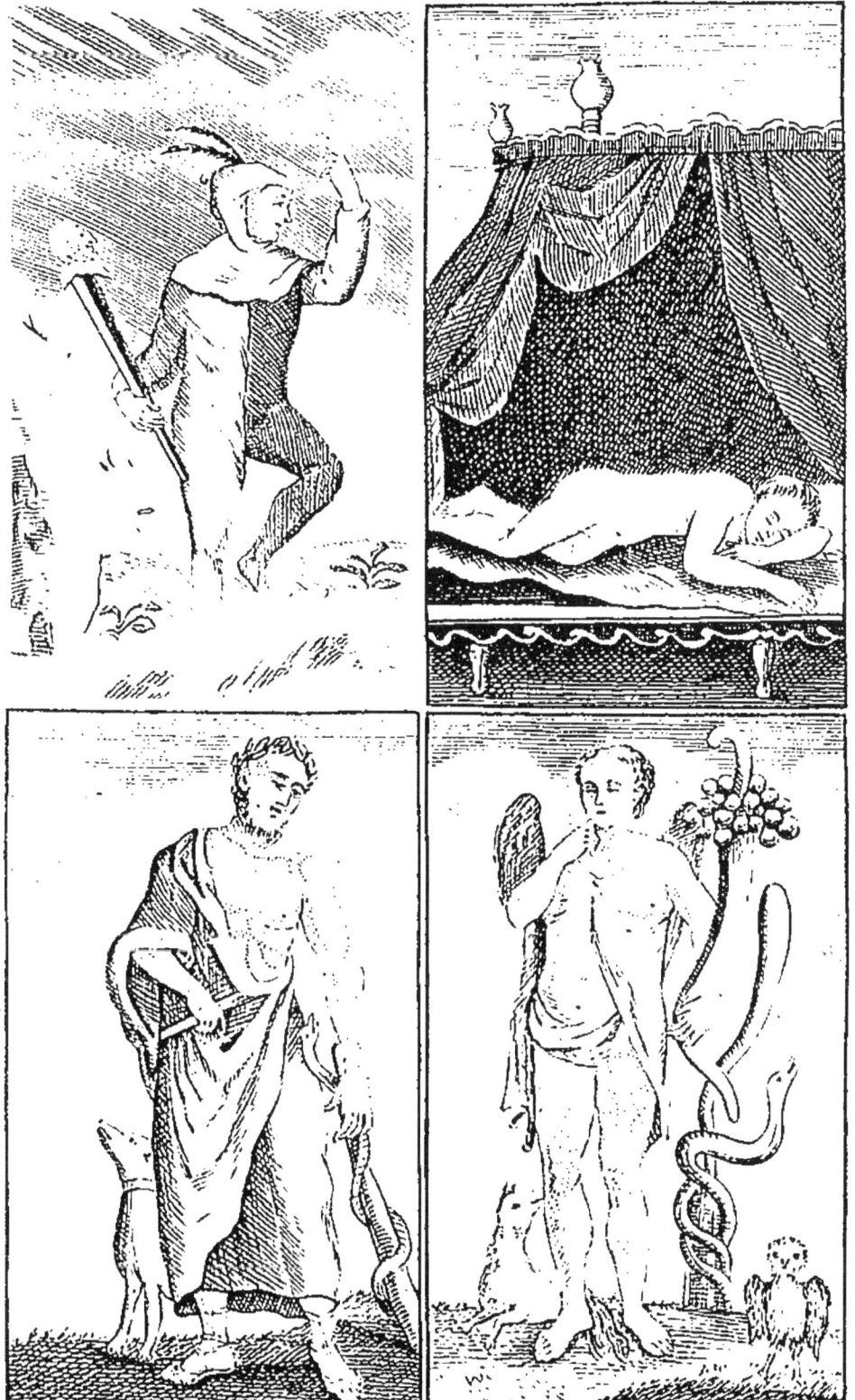

E.

F.

avec un bâton, lequel est entouré d'un serpent.

D. *Par qui fut-il élevé ?*

R. Par le centaure *Chiron*, de qui il apprit la médecine.

D. *Par qui fut-il tué ?*

R. Par *Jupiter*; d'autres disent par *Hercule*.

D. *Pour quelle raison ?*

R. Parce que *Pluton* se plaignait que l'empire des morts diminuait par l'art d'*Esculape*.

D. *Où est-il adoré ?*

R. A *Épidaure*, ville du *Péloponèse*.

D. *Qui est Vénus ?*

R. C'est la plus belle de toutes les Déesses; aussitôt qu'elle fut née, les Heures l'emportèrent avec pompe dans le ciel, où tous les Dieux la trouvèrent si belle qu'ils voulurent l'épouser, et la nommèrent *Déesse des Amours* : elle avait ses principaux temples à *Cythère* et à *Lesbos*, îles de l'*Archipel*; à *Paphos* et à *Amathonte*, villes de l'île de *Chypre*, et à *Gnide* dans la *Carie*.

D. *De qui dit-on qu'elle naquit ?*

R. De l'écume de la mer.

D. *A-t-elle des enfans ?*

R. Oui; on la fait mère de *Cupidon*, Dieu de l'amour, que l'on représente comme un jeune enfant nu, les yeux bandés, un flambeau à la main, un arc et un carquois sur l'épaule.

D. *Combien Vénus a-t-elle de suivantes?*

R. Trois, qu'on nomme les trois Grâces; savoir, *Aglaïa*, *Thalie* et *Euphrosyne*. On les représente très-belles, avec un air riant, et leurs mains entrelacées les unes dans les autres.

D. *De qui Vénus est-elle femme?*

R. De *Vulcain*, le dieu des forges, fils de *Jupiter* et de *Junon*. Comme il était extrêmement laid et malfait, aussitôt qu'il fut né, *Jupiter* lui donna un coup de pied et le jeta du haut en bas du ciel. *Vulcain* se cassa la jambe, dont il resta boiteux. On le représente travaillant avec les Cyclopes, ses forgerons.

D. *Comment étaient faits ces Cyclopes?*

R. Ils étaient d'une grandeur démesurée, fort laids, et n'avaient qu'un œil au milieu du front.

D. *Que dit-on de Vulcain?*

R. Qu'il fut rappelé dans le ciel par le crédit de *Bacchus*, et rétabli dans les bonnes grâces de *Jupiter*.

D. *Avec qui se maria-t-il?*

R. Son père lui fit épouser *Vénus*, qui lui était infidèle, et avait *Mars* pour amant déclaré, outre une infinité d'autres adultères et prostitutions.

D. *Qui est Éole ?*

R. C'est le dieu des vents, qui les fait souffler et les retient selon sa volonté. Il passe pour fils de *Jupiter*.

D. *Qu'est-ce que l'Aquilon ?*

R. C'est un vent furieux et extrêmement froid.

D. *Qu'est-ce que Borée ?*

R. C'est le vent du septentrion, un des quatre principaux, et regardé comme un dieu. La première chose qu'il fit étant grand fut d'enlever *Orithyie*, fille d'*Érechthée*. Ces deux vents sont appelés les *vents du Nord*.

D. *Qu'appelez-vous Zéphyrs ?*

R. Les Zéphyrs sont de petits vents frais très-agréables en été.

D. *De quel côté vient le vent Zéphyre ?*

R. C'est le vent d'occident, marié, dit-on, à *Flore*, à qui il donna l'intendance sur toutes les fleurs.

DU PARNASSE.

D. *Qu'est-ce que le mont Parnasse ?*

R. C'est le lieu de l'assemblée des neuf Muses, filles de *Jupiter* et de *Mnémosyne*, et où *Apollon* préside.

D. *Qui est Apollon ?*

R. C'est le dieu de la poésie, et en général de tous les ouvrages d'esprit. On le représente ordinairement tenant en sa main sa lyre, une couronne de laurier sur sa tête rayonnante, à ses pieds des instrumens des arts ; ou enfin sur un char traîné par quatre chevaux, parcourant le zodiaque, parce qu'il conduisait le soleil.

D. *De qui est-il fils ?*
R. De *Jupiter* et de *Latone*.
D. *Où est-il né ?*
R. A Délos, île de la mer Égée.
D. *Quel est le fleuve qui coule au bas du mont Parnasse ?*
R. C'est le *Permesse*; et l'*Hippocrène* est une fontaine près du mont *Hélicon*. Toutes ces choses étaient consacrées à *Apollon* et aux *Muses*.
D. *Comment nomme-t-on les neuf Muses ?*
R. *Calliope*, *Clio*, *Erato*, *Thalie*, *Melpomène*, *Terpsichore*, *Euterpe*, *Polymnie* et *Uranie*, déesses qui présidaient aux arts et aux sciences. Elles étaient filles de *Jupiter* et de *Mnémosyne*.
D. *A quoi chacune de ces Muses préside-t-elle ?*
R. *Calliope* présidait au poëme héroïque, *Clio* à l'histoire, *Erato* aux poésies amoureuses, *Thalie* à la comédie, *Melpomène* à la tragédie, *Terpsi-*

DE TOUTES LES SCIENCES. 231

[...]e à la danse, *Euterpe* aux instru[-]
[...], *Polymnie* à l'ode, et *Uranie* à
[...]onomie.

[...] *Connaissez-vous les vers faits par*
[P]errault *sur les différentes attribu[-]*
[...] *des Muses ?*

[...] Oui, les voici :

[...]a noble *Calliope*, en ses vers sérieux,
[...]bre les hauts faits des vaillans demi-dieux.
[...]uitable *Clio*, qui prend soin de l'histoire,
[...] illustres mortels éternise la gloire.
[...]oureuse *Erato*, d'un plus simple discours,
[...]te des jeunes gens les diverses amours.
[...]aillarde *Thalie* incessamment folâtre,
[...]e propos bouffons réjouit le théâtre.
[...]rave *Melpomène* en la scène fait voir
[...]ois qui de la mort éprouvent le pouvoir.
[...]ile *Therpsicore* aime sur-tout la danse,
[...] plaît d'en régler les pas et la cadence.
[...]rpe la rustique, à l'ombre des ormeaux,
[...] retentir les bois de ses doux chalumeaux.
[...]docte *Polymnie*, en l'ardeur qui l'inspire,
[...]cent sujets divers fait résonner sa lyre.
[...]a sage *Uranie* élève dans les cieux
[...]ses pensers divers le vol audacieux ».

[D]ES HÉROS DEMI-DIEUX.

[...] *Qu'entendez-vous par Héros.*

[...] C'est un titre que les Grecs don[-]
[...]nt à ceux qui s'étaient rendus célè[-]
[...] par leurs belles actions, et qu'on
[met]tait le plus souvent parmi les Dieux
[aprè]s leur mort.

[...] *Qu'est-ce qu'un demi-Dieu ?*

[R]. C'est un homme né d'un dieu et
[d'un]e mortelle, ou d'une déesse et d'un
[mor]tel. Il y en a un très-grand nombre.

D. *Qui sont les principaux ?*

R. *Énée, Ulysse, Hercule, Thésée, Achille, Jason,* etc.

D. *Qu'y a-t-il à remarquer dans l'histoire d'Énée ?*

R. Il était fils d'*Anchise* et de *Vénus*, descendant de *Tros* fondateur de *Troie*. A la guerre de *Troie*, ville célèbre de l'*Asie* mineure sur le bord de la mer, lors de l'incendie de cette ville, il emporta son père sur ses épaules à travers les flammes, et perdit en même temps sa femme *Créuse*. Il monta ensuite sur des vaisseaux, avec tous les *Troyens* qu'il put rassembler; et après de longs voyages et beaucoup de traverses et de malheurs, il arriva en *Italie*, où il fonda un petit état que les Romains regardaient comme le berceau de leur empire.

D. *Que dit-on d'Ulysse ?*

R. Il était roi d'*Ithaque*, petite île entre la côte de la *Grèce* et *Céphalonie*, et rendit de grands services aux *Grecs* au siége de *Troie*, par sa prudence et par ses artifices. En retournant à *Ithaque*, il lutta pendant dix ans contre les tempêtes et tous les dangers de la mer. Il fit plusieurs naufrages ; aborda à l'île de l'enchanteresse

DE TOUTES LES SCIENCES. 233

cé, à celles de *Calypso* et des *Cy-*
pes, évita par son adresse les *Sirènes*,
arriva enfin seul chez lui.

D. *Que remarque-t-on de Pénélope,*
femme ?

R. Obsédée par des amans en l'absence
son mari, elle s'en délivra par arti-
, en leur disant qu'aussitôt qu'une
isserie à laquelle elle travaillait se-
t achevée, elle se rendrait aux vœux
n d'entr'eux ; mais la nuit elle défai-
ce qu'elle avait fait le jour.

D. *Que dit-on d'Hercule ?*

R. Qu'il était fils de *Jupiter* et d'*Alc-*
ne, femme d'*Amphitryon*. *Junon* l'ex-
sa toujours à des périls. Les plus
nds, dont il se tira, sont nommés
douze travaux d'*Hercule*.

D. *Récitez-les suivant l'ordre histo-*
ue.

R. 1°. Il tua le lion de la forêt de
mée, qui était d'une grandeur énor-
, et qui ravageait le pays entre *My-*
nes et *Némée* : la peau de cet ani-
l lui servit dans la suite de vêtement
de bouclier.

2°. Il écrasa et tua l'hydre épouvan-
le, à plusieurs têtes, du marais de
rne. Ces têtes renaissaient à mesure
on les coupait.

3°. Il prit sur la montagne d'*Erymanthe* en *Arcadie* un sanglier qui faisait de grands dégâts aux environs, le porta tout vif à *Eurysthée*, comme il l'avait commandé.

4°. Il prit à la course la biche aux cornes d'or, qui courait d'une très-grande vitesse.

5°. Il tua à coups de flèches tous les horribles oiseaux du lac *Stymphale*, qui ravageaient entièrement les fruits des contrées voisines.

6°. Après cela, *Eurysthée* lui ordonna de nettoyer l'étable d'*Augias* sans l'aide de personne, où s'était amassée une énorme quantité de fumier. L'insulte était jointe à la peine dans ce commandement. Afin d'éviter la honte qui pourrait rejaillir sur lui de cette fonction, il donna une grande preuve de sa prudence pour nettoyer cette étable sans ignominie, en y faisant passer la rivière *Pénée*.

7°. Il domta un taureau furieux qui désolait toute l'île de *Crète*.

8°. On lui ordonna ensuite d'amener les cavales de *Diomède*, qui les nourrissait de membres coupés des malheureux étrangers qui passaient par la *Thrace*; il se saisit de ce barbare, et le donna lui-même à manger à ses chevaux, qu'il avait accoutumés à la chair humaine.

9°. Après, on lui ordonna d'aller chercher le baudrier de l'Amazone *Hippolyte*; on le lui refusa : il livra bataille aux Amazones, fit un grand carnage dans leur armée, et en tua les douze principales. *Ménalippe*, reine des Amazones, se racheta en donnant à *Hercule* le baudrier qu'il était venu demander.

10°. Il lui fut imposé d'amener les vaches de *Géryon* sur les côtes d'*Ibéria* : dans ce voyage il appela au combat *Antée*, qui s'était rendu fameux par la force de son corps et par son expérience dans la lutte, et qui faisait mourir tous les étrangers qu'il avait vaincus; mais *Hercule* l'étouffa dans le combat.

11°. Après cela, *Eurysthée* lui ordonna de tirer de l'enfer le chien *Cerbère*. Il regarda cet ordre comme glorieux : étant descendu dans les enfers, *Proserpine* le reçut comme son frère, et lui permit d'emmener avec lui *Thésée* et *Pirithoüs*, qui y étaient retenus prisonniers; ensuite il lia *Cerbère* avec des chaînes de fer, le tira hors des enfers, et le fit voir aux hommes.

12°. Son dernier travail fut d'aller chercher les pommes d'or du jardin des *Hespérides*, qui étaient gardées par un épouvantable dragon ; il tua le gardien de ces pommes, et les emporta. Chemin faisant, il sépara les deux montagnes *Calpé* et *Abila*, et fit ainsi communiquer l'Océan avec la mer Méditerranée, par le détroit nommé à présent de *Gibraltar*. Ayant ainsi accompli ses douze travaux, il se tint assuré d'avoir l'immortalité.

D. *Qu'entendez-vous par Hespérides ?*

R. Ce sont les filles d'*Hespérus*, fils de *Japet* et frère d'*Atlas*.

D. *Que dit-on d'Atlas ?*

R. Il était fils d'*Uranus*, grand observateur des astres, et le premier qui a représenté le monde par une sphère ; ce qui fit dire aux poëtes que *Jupiter* lui avait donné la commission de soutenir le ciel sur ses épaules.

D. *Que dites-vous de Thésée ?*

R. Il était fils d'*Égée* roi d'*Athènes*, et d'*Æthra*, fille du sage *Pitthée*, à la cour duquel il fut élevé à *Trézène*. Il donna pendant sa vie des marques d'une valeur extraordinaire, et marcha sur les traces d'*Hercule*. Il domta plusieurs monstres, et entr'autres le *Minotaure*, dont il devait être la proie.

D. *Qui était ce Minotaure ?*

R. C'était un monstre, moitié home, moitié taureau, enfermé dans le labyrinthe de l'île de *Crète* que *Dédale* fit par ordre du roi *Minos*. C'était dans l'île de *Crète* que, suivant la Fable, la plupart des dieux et des déesses du paganisme prirent naissance.

D. *Qui était Persée ?*

R. Il était fils de *Jupiter* et de *Danaé* fille d'*Acrisius* roi d'*Argos*. On lui donne le cheval ailé *Pégase*, l'égide de *Minerve* fille de *Jupiter* et déesse de la sagesse et des arts, le casque de *Pluton*, et un cimeterre forgé par *Vulcain*, avec lequel il coupa la tête de *Méduse*, l'une des trois *Gorgones*. Il délivra aussi d'un monstre *Andromède*, fille de *Cépée* roi d'*Ethiopie*, et de *Cassiopée*, et l'épousa ensuite.

D. *Que dit-on de la tête de Méduse ?*

R. Elle avait des serpens pour cheveux, et pétrifiait ceux qui l'envisageaient.

D. *Que remarque-t-on d'Achille ?*

R. Il était fils de la déesse *Thétis*, fille de *Nérée* et de *Doris*, la plus belle des Néréides, et de *Pélée*, fils du célèbre *Eaque* roi d'*Égine*, et de la nymphe *Endéis*, fille de *Chiron* ; il fut nourri de moelle de lion par le centaure *Chiron*. Sa mère le plongea dans le Styx, afin de le rendre invulnérable ; mais le talon par où elle le tenait ne le devint pas : aussi fut-il tué par un coup de flèche que *Pâris* lui tira à cet endroit.

D. *Qu'est-ce qu'un Centaure ?*

R. C'est un monstre moitié homme, moitié cheval. *Hercule* défit ces monstres, et les chassa de la *Thessalie.*

D. *Qui était Jason ?*

R. Il était fils d'*Eson* et d'*Alcimède.*

D. *Que devint-il étant grand ?*

R. Il se mit à la tête des *Argonautes*, et fit la conquête de la Toison-d'or, à la persuasion de *Pélias* son oncle, qui cherchait par-là à s'en défaire.

D. *Où se retira-t-il après ?*

R. Après avoir tué le dragon, emporté la toison et enlevé *Médée*, il revint chez *Pélias*, et se retira ensuite à *Corinthe*. Dans l'un et l'autre de ces endroits *Médée* commit des cruautés affreuses.

D. *Qui était Pélias ?*

R. Il était fils de *Neptune* et de *Tyro*, et frère d'*Eson.*

D. *Comment fut-il élevé ?*

R. Il fut nourri par une jument, et devint le plus cruel de tous les hommes.

D. *Que fit-il pendant sa vie ?*

R. Il usurpa non-seulement les états de *Jason*, mais le fit encore enfermer.

D. *Que fit-il encore ?*
R. Il immola sa belle-mère à *Junon*, et fit assassiner la femme et les enfans d'*Eson*; mais *Jason* fut dérobé à sa fureur et élevé en secret.

D. *Qui était Pâris ?*
R. Il était fils de *Priam* roi de *Troie*, et d'*Hécube*.

D. *Comment fut-il élevé ?*
R. Il fut exposé sur le mont *Ida*, et nourri par des bergers.

D. *Fut-il marié ?*
R. Oui; il épousa la nymphe *OEnone*, bergère d'une beauté rare.

D. *En eut-il des enfans ?*
R. Oui; deux.

D. *Quel fut le jugement qu'on lui attribue ?*
R. Aux noces de *Thétis* et de *Pélée*, où étaient *Junon*, *Vénus* et *Minerve*, la Discorde jeta dans l'assemblée une pomme d'or avec cette inscription : *A la plus belle*. Chacune de ces trois déesses prétendant l'être, *Jupiter* leur donna *Pâris* pour juge, qui décida en faveur de *Vénus*.

D. *Quelle fut sa fin ?*
R. Il fut tué par *Pyrrhus*.

D. *Qui était Pyrrhus ?*
R. Il était fils d'*Achille* roi de *Thes-*

salie, et de *Déidamie*, fille de *Lycomède*.

D. *Que fit ce prince ?*

R. Il se signala par ses cruautés.

D. *Racontez-nous-en quelques-unes.*

R. 1º. Il immola *Polyxène*, fille de *Priam* et d'*Hécube*, sur le tombeau d'*Achille*; 2º. il massacra *Priam* au pied d'un autel ; 3º. il conduisit *Andromaque* avec *Astyanax* en *Épire*.

D. *Qui était Andromaque ?*

R. Elle était fille d'*AEtion* roi de *Thèbes*, femme d'*Hector*, et mère d'*Astyanax*.

D. *Que fit-il encore ?*

R. Arrivé en *Épire*, on dit qu'il fit précipiter *Astyanax* du haut d'une tour, et qu'ensuite il épousa *Andromaque*.

D. *Comment mourut-il ?*

R. *Hermione* sa femme, fille de *Ménélas* et d'*Hélène*, porta *Oreste*, fils d'*Agamemnon* et de *Clytemnestre*, à l'assassiner, sous promesse de l'épouser : elle était transportée de jalousie.

D. *Où se commit ce crime ?*

R. Dans le temple même pendant une cérémonie.

D. *Que devint Oreste ?*

R. En punition de ses crimes, il fut agité des furies, et mourut enfin de la morsure d'une vipère.

DE L'HISTOIRE MODERNE.

D. *Comment se divise l'Histoire moderne ?*

R. En sept époques, qui comprennent les faits passés depuis l'an 420 après Jésus-Christ, jusqu'en l'an 1800.

D. *Quels sont les principaux traits qui caractérisent ces époques ?*

R. La première époque, 420 — 801. Irruption des Barbares dans l'empire Romain ; empire d'Orient ou *empire Grec;* monarchies nouvelles ; Mahomet ; empire des Califes.

Deuxième époque, 801 — 1098. Charlemagne ou le *Nouvel Empire ;* établissement de la papauté à Rome et de la Religion chrétienne en Europe; empire Grec ou *Bas-Empire ;* Sarrazins ; empire d'Allemagne.

Troisième époque, 1098 — 1300. Godefroy de Bouillon ou les Croisades ; royaumes de Chypre et de Jérusalem ; Soudans d'Égypte ; Gengiskan.

Quatrième époque, 1300 — 1492. Ottoman ou l'*empire Turc* ; Tamerlan ; destruction de l'empire Grec ; République de Venise ; les Médicis ; découverte de l'Imprimerie ; invention de la poudre à canon ; République des Suisses.

Cinquième époque, 1492 — 1517.

Découverte de l'Amérique ou *Indes occidentales;* destruction des empires du Mexique et du Pérou par les Espagnols; découverte d'un nouveau passage aux Indes orientales par le cap de Bonne-Espérance.

Sixième époque, 1517—1700. Leon X; Schisme de l'Eglise; Luther et Calvin; République de Hollande; siècle de Louis XIV; empire de Russie; Pierre-le-Grand.

Septième époque, 1700—1802. Guerre générale pour la succession d'Espagne; colonies lointaines des Européens dans les deux Indes; perfectionnement de la navigation; voyages autour du monde; République des États-Unis d'Amérique; révolution de France; coalition générale des Puissances Européennes contre la France; République Française; Bonaparte; paix générale.

Nota. Pour parvenir à avoir une connaissance particulière ou au moins des notions générales de l'Histoire, tant ancienne que moderne, il faut être dirigé par des personnes judicieuses qui puissent tracer la marche à suivre dans cette étude, absolument nécessaire à ceux qui reçoivent une bonne éducation, indiquer sur-tout les bons auteurs qui ont écrit sur cette matière si intéressante, et en faire faire aux élèves des annotations sur les principaux faits, et sur les mœurs, les arts, l'industrie et les progrès de la civilisation des différens peuples qui ont figuré sur la scène du monde, etc. etc. etc.

DE LA GÉOLOGIE.

D. *Qu'est-ce que la Géologie ?*

R. C'est une science qui s'occupe de l'examen de l'intérieur de la terre.

D. *Que font les géologistes ?*

R. Ils examinent les rochers et les montagnes; ils visitent les endroits souterrains, tels que les carrières et les mines, pour voir quels sont les différens matériaux dont la terre est composée, et les différentes couches qui se trouvent les unes sur les autres dans l'intérieur de notre globe.

D. *A quoi sert la Géologie ?*

R. Quoique les géologistes aient cherché depuis long-temps à expliquer, par la connaissance de la Géologie, la formation de la terre, ils n'ont pas encore réussi à l'expliquer d'une manière satisfaisante : mais, par l'arrangement et la disposition des différentes substances qu'ils rencontrent, ils prouvent des vérités curieuses et intéressantes.

D. *Quels sont les principaux faits que prouvent les géologistes ?*

R. Les poissons de mer et les coquillages que l'on trouve pétrifiés en si grande quantité et si loin de la mer, prouvent qu'autrefois elle a couvert ces endroits, et que c'est peut être même du déluge que viennent tous ces corps marins dont on trouve des rochers entiers. On en voit beaucoup dans les pierres dont Paris est bâti. Arcueil, qui est tout près de cette ville, est construit avec des pierres qui ne sont presque toutes que coquilles.

D. *Quelle différence y a-t-il entre la Géologie et la Minéralogie ?*

R. C'est que la Géologie ne s'occupe que des grandes masses, et que la Minéralogie s'occupe des petites masses, de celles qui peuvent être utiles aux arts. Cependant on voit que celle-ci n'est qu'une branche de la Géologie, qui s'occupe, non pas de la position des matières dans le sein de la terre, mais de leur nature intime. La Géologie est plus curieuse qu'utile, mais cependant elle guide le minéralogiste.

DE LA MINÉRALOGIE.

D. *Qu'est-ce que la Minéralogie ?*

R. C'est une science qui apprend à connaître les corps nombreux qui se trouvent dans l'intérieur de la terre et qui portent le nom de *minéraux*.

D. *Quelles sont les divisions que l'on fait de ces pierres ?*

R. Suivant la division du cabinet du *Jardin des plantes*, il y a quatre ordres;

le premier contient les *terres* et *pierres* proprement dites ; le second, les *sels fossiles solubles dans l'eau* ; le troisième, les *substances combustibles non métalliques*; et le quatrième renferme les *substances métalliques*.

D. *Quelles sont les diverses substances qui composent le premier ordre ?*

R. Les principales sont : la *pierre meulière*, le *cristal de roche*, le *grès*, les *sables*, les *agates*, les *calcédoines*, les *cornalines*, les *sardoines*, les *pierres à fusil*, les *jades*, les *petrosilex*, les *cailloux*, les *jaspes*, les *lapis*, les *pierres orientales*, les *cristaux gemmes*, les *spaths*, l'*amiante*, le *gypse*, les *terres* et *pierres calcaires*, les *marbres*, les *spaths calcaires*, l'*albâtre* et les *stalactites*.

D. *Qu'est-ce qu'on appelle* pierre meulière ?

R. C'est cette pierre dont on se sert pour faire les meules de moulin. Lorsqu'on veut la tirer avec cette forme, on la taille de la grandeur et de l'épaisseur qu'elle doit avoir, et on enfonce dans cette entaille des coins de bois que l'on arrose d'eau ; les coins se renflent et détachent la pierre suivant la forme qu'on lui a donnée.

D. *Qu'est-ce que le cristal de roche ?*

R. C'est une pierre transparente avec ou sans couleurs, que l'on trouve dans toutes les parties du monde où il y a des montagnes en chaînes, et ordinairement dans des grottes ou des cavernes abreuvées d'eau. Les plus belles sont les plus transparentes et les plus dures. Quand elles sont colorées elles portent le nom de *fausses pierres précieuses*. On s'en sert aussi pour imiter les pierres précieuses, en les faisant fondre avec des matières colorantes.

D. *Quelle est la pierre que l'on nomme* grès ?

R. C'est une pierre composée de sable, dont les parties sont plus ou moins adhérentes entre elles, et qui sert à bâtir, à paver les rues, à filtrer l'eau, et aux rémouleurs.

D. *Dites-moi maintenant ce que c'est que le sable.*

R. Le sable peut être regardé comme formé par les débris d'anciennes pierres, et servant à la formation de beaucoup d'autres. Il y en a plusieurs sortes ; les uns servent à faire le verre, les autres à faire du ciment, et enfin beaucoup d'autres servent aux usages domestiques.

D. *D'où nous viennent les agates ?*

R. Les plus belles nous viennent d'Orient, elles sont blanches et pommelées; celles de l'Occident sont différemment nuancées. L'agate herborisée qui nous vient de Moka et de l'Arabie, présente la figure de mousses et de buissons assez bien dessinés. Ces herborisations sont dues à des substances métalliques qui se sont filtrées dans la substance des agates.

D. *Que fait-on des calcédoines?*

R. Ces pierres, dont la beauté consiste dans une couleur laiteuse et nébuleuse, qui est un défaut dans beaucoup d'autres, sert à faire des bagues, des cachets et autres bijoux de petit volume, parce qu'on ne les trouve que par petits morceaux.

D. *Les cornalines sont-elles rares?*

R. Les cornalines parfaites sont très-rares; on prétend qu'elles se trouvaient en Perse, et qu'on n'en connaît plus les carrières. Les cornalines ordinaires viennent de l'Inde, de l'Arabie et de l'Égypte. On en fait des bijoux qui sont assez recherchés.

D. *Quel est le principal usage des sardoines?*

R. C'est pour la gravure, parce qu'elles ne retiennent pas la cire, et qu'elles prennent un beau poli. Celles d'Orient se trouvent en Chypre et en Égypte, et les occidentales en Silésie et en Bohême. Les sardoines onyx sont celles qui ont des couches concentriques.

D. Qu'avez-vous de particulier à dire sur les silex ?

R. Les *silex* ou *pierres à fusil* se trouvent dans les carrières de craie en masses informes, disposées néanmoins en espèce de lits horizontaux.

D. Où se trouve le jade ?

R. Il se trouve dans l'île de Sumatra et dans l'Amérique méridionale, près la rivière des Amazones ; plusieurs peuples en font des ornemens.

D. Qu'est-ce que le petrosilex ?

R. C'est une sorte de pierre dont se forme le jaspe. Elle ne prend pas un beau poli, et sa demi-transparence ressemble à celle du miel. On la trouve assez souvent dans les rochers.

D. Que nous direz-vous des cailloux ?

R. Ils sont diversement colorés. On n'en connaît pas bien la matière, qui se change en verre ; c'est pourquoi on les emploie, sur-tout les blancs, dans la verrerie. On les trouve très-communément.

D. Ne distingue-t-on pas plusieurs sortes de jaspes ?

R. Oui ; il y en a plusieurs qui toutes prennent un poli plus ou moins luisant.

C'est des Indes que viennent les plus beaux ; mais on en trouve aussi en Bohême, en Saxe, en Suède et en France. Ils sont employés à faire des ornemens agréables et des meubles précieux.

D. *Quelle est la couleur du lapis ?*

R. Il est bleu : il y en a une espèce nommée le *lapis-lazuli*, qui est très-connue dans le commerce ; elle nous vient de l'Asie. Comme sa couleur est très-belle et ne s'altère pas à l'air, on l'extrait sous la forme de poudre qui porte le nom de *bleu d'outre-mer*.

D. *N'y a-t-il pas plusieurs sortes de pierres orientales ?*

R. Oui ; il y a la *topaze*, le *saphir* et le *rubis*. Il y a même deux espèces de topaze, l'*orientale* et l'*occidentale* ; la première est plus belle et plus estimée que l'autre, elle est après le diamant la troisième pour la dureté ; elle se trouve en Arabie et en Égypte. Le saphir est, après le rubis, la pierre qui approche le plus du diamant pour la dureté ; on l'apporte du royaume de Pégu et de Ceylan. Les rubis sont les pierres les plus dures après le diamant ; les plus beaux viennent des royaumes d'Ava et de Pégu.

D. *Quelles sont les différentes sortes de cristaux gemmes ?*

R. Les *grenats* viennent de Calicut et

d'Éthiopie, et les plus beaux de Syrie l'*hyacinthe la belle*, qui se trouve en Arabie, elle reçoit un poli très-vif; et l'*émeraude orientale*, qui tient le cinquième rang parmi les pierres précieuses; les plus belles sont d'un beau vert. On en trouve de très-grosses dans les Indes orientales et en Égypte : on en trouve au Pérou, et l'une d'elles, très-grosse, était l'objet du culte des habitans, lorsque les Espagnols en firent la conquête.

D. *N'y a-t-il pas aussi plusieurs sortes de spaths ?*

R. Oui; il y a le *spath étincelant* de Sibérie, *vert et gris*, et *œil de poisson*; et le *feld-spath*, qui renferme beaucoup d'espèces.

D. *Qu'est-ce que l'amiante ?*

R. L'amiante est une matière fossile qui se trouve dans un grand nombre de pays. Elle est remarquable par la propriété qu'elle a de ne pas brûler au feu, mais d'y blanchir. Les Orientaux connaissaient anciennement l'art d'en faire de beau linge, mais il paraît à-peu-près perdu. On dit aussi que Charles-Quint avait plusieurs serviettes faites avec cette matière, et qu'il s'amusait à les jeter au feu, devant la compagnie, pour les blanchir lorsqu'elles étaient sales.

D. *Qu'est-ce qu'on nomme* gypse ?

R. C'est la matière qui sert à faire le plâtre. Il faut qu'il soit cuit avec soin, car il prend difficilement de la consistance s'il est anciennement calciné ou éventé. On le trouve en couches dans des carrières.

D. *A quoi a-t-on donné le nom de* terre calcaire ?

R. On a donné ce nom à la *craie*, et à toutes les terres calcinables, c'est-à-dire, qui peuvent être réduites en chaux en les cuisant convenablement.

D. *Que nomme-t-on* pierre calcaire ?

R. On appelle ainsi les pierres qui ont pour base la chaux. Elles prennent ordinairement un mauvais poli, excepté cependant le marbre, qui prend au contraire un très-beau poli, quoiqu'il ait aussi la chaux pour base. Cette pierre est formée des débris de coquilles marines, comme on le voit sur certains marbres par les traces qu'elles y ont laissées. Tout le monde connaît ses usages. Les *marbres de Paros* étaient très-estimés chez les anciens. On est parvenu à faire une matière qui imite beaucoup le marbre, elle se nomme *stuc*, mais elle n'est pas aussi solide. On sait aussi colorer artificiellement les marbres blancs avec des teintures de végétaux ou de dissolutions métalliques.

D. Qu'est-ce que le spath calcaire ?

R. C'est une pierre calcaire cristallisée, que l'on trouve dans les creux souterrains abreuvés d'eau. Le spath calcaire d'Islande est clair et transparent, il a la propriété de faire paraître double ce qu'on voit au travers.

D. D'où provient l'albâtre ?

R. L'albâtre provient des stalactites, concrétions pierreuses attachées sur la base du sol des grottes souterraines. Il n'est pas susceptible de prendre un poli aussi beau que celui du marbre, parce qu'il n'est pas aussi dur. Le plus beau se forme dans les grottes de Paros et d'Antiparos.

D. Qu'appelle-t-on stalactites ?

R. On appelle ainsi des substances pierreuses formées dans l'eau, ou qui ont été charriées par ce fluide dans des cavités souterraines, y ont pris de la liaison, et s'y sont durcies sous différentes figures. On les trouve quelquefois aux voûtes des grottes, et d'autres fois aux parois des galeries des mines.

D. Quelles sont les substances qui composent le second ordre ?

R. Les principales sont : l'*alkali minéral*, le *sel commun*, le *borax*, le *sel* ammoniac, le *sel de nitre* ou *salpêtre*, l'*alun* et le *vitriol*.

D. *Qu'est-ce qu'on appelle alcali minéral ?*

R. C'est ce qu'on nomme ordinairement *potasse*, sel lexiviel très-connu par ses fréquens usages. Le *natron*, qui est compris dans ce genre, fond même à l'humidité de l'air.

D. *Que nous direz-vous du sel commun ?*

R. Il y en deux espèces : celui que l'on trouve dans le sein de la terre par masses énormes, dont l'extraction occupe un grand nombre d'ouvriers dans les mines de la Pologne et de la Hongrie, les plus belles que l'on connaisse ; et le sel marin, tiré de l'eau de la mer par l'évaporation, soit au soleil, soit au feu. Tout le monde connaît ses usages.

D. *Qu'est-ce que le borax ?*

R. C'est un sel qui nous est apporté brut du Bengale, d'Ormus, et de la Grande-Tartarie ; il est soumis à des opérations chimiques avant d'être livré dans le commerce. Il sert dans la médecine.

D. *Où se trouve le sel ammoniac ?*

R. Le naturel se sublime de lui-même à travers les fentes des soufrières de

Pouzzol. On en ramasse aussi à la bouche supérieure du Mont-Étna. L'artificiel venait autrefois de l'Égypte et de la Syrie, où on le faisait avec les excrémens des animaux, et sur-tout des chameaux. Mais il y en a maintenant des manufactures en France, où l'on en fait qui est bien plus beau que tous les autres.

D. Où se forme le nitre ?

R. Il se forme dans quantité d'endroits où l'air a un libre cours, et dans les nitrières artificielles. Il est connu de tout le monde.

D. A quoi sert l'alun ?

R. L'alun préparé, car le naturel est peu connu, est employé par les enlumineurs, les teinturiers, et dans beaucoup de manufactures. Il est aussi très-utile en médecine. On le tire des mines qui le contiennent en France, en Angleterre, en Italie, en Suède, etc.

D. N'y a-t-il pas aussi deux sortes de vitriol ?

R. Oui ; il y a de même le *vitriol naturel*, qui se trouve en stalactites contre les parois des cavités souterraines où il se sépare des eaux chargées du principe des pyrites ; et le *vitriol du commerce*, que l'on obtient par différens procédés propres à le tirer de la pyrite, des terres vitrioliques, et quelquefois des eaux qui contiennent ces sels minéraux. Il est employé dans les arts et la médecine.

D. *Quelles sont les principales substances du troisième ordre ?*

R. Ce sont le *diamant*, le *jais*, l'*ambre-gris*, et l'*ambre-jaune* ou *succin*.

D. *Quelle est la nature du diamant ?*

R. Les chimistes modernes assurent que c'est le principe pur du charbon, principe qu'ils nomment *carbone*. C'est le corps le plus dur et le plus brillant de la nature. Autrefois ils venaient tous de l'Asie, des royaumes de Golconde et de Visapour ; mais depuis quelques années on en a trouvé dans le Brésil.

D. *Qu'est-ce que le jais ?*

R. C'est une sorte de bitume fossile, qu'on trouve, par couches, dans la terre, à des profondeurs assez considérables. On en fait des pendans d'oreille, des bracelets et autres ornemens qui reçoivent un assez beau poli.

D. *D'où croit-on que provient l'ambre-gris ?*

R. On croit que c'est les excrémens de la baleine ; mais on n'est pas d'accord là-dessus. Son odeur agréable le fait rechercher, et les parfumeurs en emploient beaucoup. On le trouve à la surface des eaux de la mer ou sur ses bords dans beaucoup d'endroits, en morceaux plus ou moins gros. Il y en a qui pèsent jusqu'à cent livres.

D. L'ambre-jaune est-il de la même nature que l'ambre-gris ?

R. Non ; l'ambre-jaune est une substance bitumineuse que l'on recueille dans la mer Baltique sur les côtes de la Prusse ; il est susceptible du poli de l'agate, et on en fait de très-beaux vernis. Avant que l'on connût les belles pierreries d'Orient, il était très-précieux et servait d'ornement.

D. Quelles sont les substances métalliques que vous dites former le quatrième ordre ?

R. Les plus connues sont : l'*arsenic*, le *zinc*, le *mercure*, l'*étain*, le *plomb*, le *fer*, le *cuivre*, l'*argent*, l'*or* et le *platine*. Il y a encore beaucoup d'autres métaux, mais ils sont peu connus et peu employés.

D. Quelles sont les propriétés de l'arsenic ?

R. C'est un des poisons les plus violens, que l'on tire dans les travaux que l'on fait en Saxe pour obtenir le bleu d'azur du cobalt, autre espèce de métal avec lequel il est souvent mélangé.

D. Quels sont les usages que l'on fait du zinc ?

R. Il est employé par les potiers, les fondeurs et les orfèvres. Il se trouve dans un grand nombre de pays, mais rarement pur.

D. Où trouve-t-on le mercure ?

R. Le mercure ou vif-argent se trouve dans la terre à de grandes profondeurs, et ceux qui sont occupés à l'extraction de ce minéral ne vivent pas long-temps. Le mercure s'amalgame avec presque tous les métaux ; on l'emploie pour étamer les glaces et pour exploiter certaines mines d'or et d'argent.

D. Que dites-vous de l'étain ?

R. C'est un des métaux les plus mous et les plus légers. Les mines les plus connues sont celles de Bohême et de Saxe. Ce métal entre avec le cuivre dans la composition du bronze, et, en le traitant de différentes manières, on en fait des ustensiles et des vaisselles. Il est employé par les faïenciers et les émailleurs.

D. Où sont les mines de plomb ?

R. En France, en Angleterre, et dans plusieurs autres pays. Il y a presque toujours de l'argent mêlé avec ce métal. Lorsqu'on l'a purifié et réduit en lames, il est employé à faire des gouttières, des canaux, etc. Il est d'un très-grand usage dans les arts ; mais ceux qui travaillent à la préparation de ce métal sont souvent attaqués d'une maladie très-dangereuse, connue sous le nom de *colique du plomb*.

D. *Dites-nous quelque chose du fer.*

R. Le fer est, après l'or, le métal le plus tenace, et, après l'étain, le plus léger. Il est très-commun et très-répandu ; ce qui est très-heureux, car nous l'employons dans presque tous les arts. Les minières de fer sont les moins profondes, il y en a même qui se trouvent à la surface de la terre.

L'*aimant*, qui se trouve dans les mines de fer, a la propriété d'attirer le fer et de se diriger vers le pôle. L'acier n'est qu'un fer préparé, et non pas purifié, comme on le croyait autrefois.

D. *Le cuivre se trouve-t-il communément?*

R. Il se trouve dans toutes les parties du monde. La Suède, le Danemark et l'Allemagne, sont les pays qui en fournissent le plus. Il est beaucoup employé dans les arts pour la fabrication de nos instrumens. Le cuivre jaune est un alliage de cuivre et de zinc ; le laiton est du cuivre allié avec de la calamine ; et le bronze, du cuivre allié à l'étain.

D. Où sont les plus riches mines d'argent ?

R. Les plus riches se trouvent dans l'Amérique méridionale à des températures très-froides. Les exhalaisons qui s'en échappent donnent souvent la mort aux ouvriers occupés à le tirer des mines. Tout le monde connaît ses usages et sa valeur.

D. L'or mérite-t-il la préférence qu'on lui donne sur les autres métaux ?

R. Oui ; parce qu'il les surpasse tous en éclat, en pesanteur, et par sa propriété d'être très-malléable et très-ductile : on en voit une grande preuve dans les dorures. Un physicien a calculé qu'on peut avec une ou deux onces d'or couvrir un fil d'argent de 97 lieues de long. Un autre dit qu'il faudrait trente mille feuilles d'or les unes sur les autres pour faire l'épaisseur d'une ligne.

D. Qu'est-ce que le platine ?

R. C'est un métal nouvellement connu, mais très-utile par les propriétés qu'il a de résister à une très-forte action du feu, et d'être extrêmement dur. On s'en est servi pour faire des règles sur lesquelles est gravé le mètre ; mais il est très-difficile à travailler.

DE LA BOTANIQUE.

D. Qu'est-ce que la Botanique?

R. C'est une science qui apprend à connaître méthodiquement les végétaux et toutes leurs parties.

D. Combien distingue-t-on de parties dans les plantes?

R. On en distingue en général quatre : la *racine*, la *tige*, les *feuilles*, et la *fructification*.

D. Qu'est-ce que la racine?

R. C'est la partie inférieure qui tient la plante immobile, et qui tire du corps où elle est plongée sa nourriture et celle de la plante.

D. Combien distingue-t-on de parties dans la racine?

R. Trois : une supérieure ou collet, d'où part la tige; une moyenne ou corps; et une inférieure ou radicale qui pompe les sucs nécessaires à la nourriture de la plante.

D. Ne donne-t-on pas différens noms aux racines selon leur durée?

R. Oui; on nomme *annuelle*, celle qui naît et périt dans la même année; *bisannuelle*, celle qui dure environ deux ans; et *vivace*, celle qui vit plusieurs années.

D. Quelle est la direction des racines ?

R. Les unes plongent perpendiculairement à la surface de la terre, les autres vont horizontalement, et d'autres obliquement ; en général elles tendent au centre de la terre, mais il y en a qui se détournent pour aller chercher une veine de meilleure terre.

D. Qu'est-ce que la tige ?

R. C'est la partie qui sort du collet de la racine, qui s'élève au-dessus de la surface de la terre, et qui porte les autres parties de la plante.

D. Toutes les plantes ont-elles des tiges ?

R. Non ; il y a des plantes qui n'en ont pas ; et à cause de cela on les nomme *acaules*.

D. Comment divise-t-on les tiges ?

R. On les divise en *tiges ligneuses*, formant un corps dur appelé *bois* ; et en *tiges herbacées*, telles sont celles des plantes vulgairement appelées *herbes*, qui ne sont pas ligneuses, et qui périssent après avoir fructifié. On distingue encore la *hampe*, qui ne porte que des fleurs ; le *chaume*, qui est creux et entrecoupé de nœuds ; et le *tronc*, qui est garni d'écorce.

D. Quelle est la position des tiges ?

R. Le plus souvent elles sont perpendiculaires à la surface de la terre, quelquefois elles sont couchées, et d'autres fois rampantes.

D. Quelle est la forme des tiges ?

R. La plupart sont cylindriques; mais il y en a qui sont un peu applaties; d'autres triangulaires, carrées, pentagonales, etc.; il y en a aussi dites géniculées, noueuses, articulées, grimpantes, en baguette et en spirale.

D. Quelle est la position des rameaux sur les tiges ?

R. Ou ils sortent indistinctement de différens points de la tige, et sont nommés *alternes* ; ou ils sortent de deux points directement opposés, et sont nommés *opposés ;* ou enfin ils sortent en forme d'anneau autour de la tige, et sont nommés *verticillés*.

D. Quelle est la direction des rameaux ?

R. Ils sont divergens, ramassés ou étalés.

D. Quel nom donne-t-on aux rameaux d'après leur usage ?

R. On nomme *péduncule*, celui qui porte plusieurs fleurs; *pédicelle*, celui qui n'en porte qu'une; et *branche*, celui qui porte les feuilles.

D. *Qu'y a-t-il à remarquer sur les rameaux ?*

R. Les vrilles, les épines, les aiguillons, les glandes, et les poils.

D. *Qu'est-ce que les vrilles ?*

R. Ce sont des espèces de petits rameaux grêles et flexibles, semblables à des fils roulés en spirale, au moyen desquels la plante s'attache aux corps voisins.

D. *Qu'est-ce que les épines ?*

R. Ce sont des pointes qui proviennent du bois de la tige, et qui sont recouvertes d'écorce.

D. *Qu'est-ce que les aiguillons ?*

R. Ce sont aussi des pointes, mais qui viennent de l'écorce et non du bois de la plante, et qui s'enlèvent facilement.

D. *Qu'est-ce que les glandes ?*

R. Ce sont de petites vésicules qui se trouvent sur les rameaux et les feuilles, qui sont remplies de liqueurs particulières à chaque végétal, et qui causent une grande partie des gouttelettes que l'on trouve le matin sur les plantes.

D. *Qu'est-ce que les poils ?*

R. Ce sont de petits tuyaux excrétoires qui se trouvent sur différentes parties des plantes. On les divise en soie, duvet, coton et laine, suivant leur longueur et leur rudesse au toucher.

D. Quelle est la structure de la tige ?

R. La tige est composée de l'*épiderme*, membrane mince et extérieure assez semblable à une feuille de vélin ; du *tissu cellulaire*, membrane verte et succulente placée sous l'épiderme ; de l'*écorce*, composée de lames appliquées les unes autour des autres, et placée immédiatement sous le tissu cellulaire ; du *bois*, partie la plus solide de la tige, qui se trouve sous l'écorce qui se forme d'une nouvelle couche tous les ans ; et enfin de la *moelle*, substance spongieuse logée au centre des couches ligneuses, et qui se prolonge de la racine au sommet de la tige.

D. A quoi sert la tige ?

R. Elle sert à porter les feuilles, les fleurs et les fruits.

D. Comment croissent les arbres ?

R. En deux sens : en longueur par des jets qui se succèdent et qui ont lieu chaque année ; et en grosseur par de nouvelles couches qui se forment deux à deux entre le bois et l'écorce, l'une de bois, l'autre d'écorce.

D. D'où proviennent les inscriptions et les corps étrangers que l'on trouve quelquefois dans l'intérieur du bois ?

R. De ce que ces inscriptions ont été faites, ou les corps étrangers placés, en coupant

coupant le bois, et le bois croissant par les couches successives qui recouvrent les premières, ces inscriptions et ces corps étrangers ont été recouverts par les nouvelles couches du bois sans être endommagés. Ainsi il n'est pas étonnant que l'on ait trouvé des os, des fourches, des croix et des inscriptions dans l'intérieur de quelques arbres.

D. *Quelle est la grandeur des arbres ?*

R. Elle varie beaucoup suivant le sol et le climat. Les chênes sont grands au pied des montagnes, et petits sur la cime. Mais il y a des arbres qui poussent très-vite. On a vu un *agavé* qui, dans deux mois et demi, s'est élevé à 25 pieds de hauteur, et a augmenté de sept pouces de diamètre. Il y a des bambous qui s'élèvent de 50 pieds en trois mois ; et dans les Indes il y a des rottans qui ont 300 pieds et plus.

D. *Quelle est la grosseur des arbres ?*

R. Elle varie aussi beaucoup, mais il y en a d'une grosseur surprenante. Il y avait sur le *Mont-Etna* un châtaignier creux, qui était d'une grosseur telle qu'un berger et un troupeau pouvaient y loger : il avait 150 pieds de contour. Linné parle aussi d'un *sang-dragon*, de l'île de *Ténériffe*, qui avait 34 pieds de tour.

D. Les arbres vivent-ils long-temps ?

R. Il est assez bien prouvé que les chênes peuvent vivre cent ans dans de bons terrains ; les oliviers environ 300 ans. Les cèdres du *Liban* vivent si long-tems, que les anciens les regardaient comme indestructibles. Les baoba, qui parviennent à avoir jusqu'à 435 pieds de circonférence, peuvent vivre au moins six mille ans.

D. Qu'est-ce que la greffe ?

R. C'est une opération du jardinage qui consiste à prendre sur un arbre cultivé une branche ou morceau d'écorce garni d'un bouton, pour le porter sur un autre arbre cultivé ou sauvageon ; cette opération fait que les fruits sont beaucoup meilleurs, et qu'ils deviennent de la même espèce que ceux de la greffe.

D. N'y a-t-il pas plusieurs manières de greffer ?

R. Oui ; il y a cinq manières principales : la *greffe en fente*, la *greffe en couronne*, la *greffe en sifflet*, la *greffe en écusson*, et la *greffe par approche*.

D. Qu'est-ce que les feuilles ?

R. Ce sont des parties ordinairement peu épaisses et plates, organes de la respiration et du mouvement des plantes. Elles ont différentes formes et différentes positions qui leur font donner des noms pour les distinguer ; mais on les divise en général en *simples*, comme dans le pommier, l'abricotier, etc. ; et en *composées*, comme dans le marronier d'Inde. Elles sont ordinairement vertes, et cependant la privation de la lumière peut les décolorer entièrement ou en partie.

D. *Pourquoi dites-vous que les feuilles sont les organes de la respiration et du mouvement ?*

R. Parce qu'elles servent à pomper l'air et l'humidité qui s'y trouve, et qu'elles exercent réellement des mouvemens. Tout le monde connaît le mouvement des feuilles de la *sensitive* lorsqu'on veut la toucher. Il y a d'autres plantes qui exécutent des mouvemens encore plus marqués. La *dionaea muscipula* replie ses feuilles lorsqu'on veut les toucher, et c'est ainsi qu'elle emprisonne les mouches qui viennent sucer une liqueur sucrée qu'elle distille. L'*acacie pudique* entre en mouvement par l'ombre seule d'un homme qui passe. Beaucoup d'autres plantes exécutent des mouvemens pour se fermer aux approches de la nuit : c'est ce qu'on appelle le *sommeil des plantes*.

D. Qu'est-ce que la fructification ?

R. C'est l'assemblage des parties destinées à produire le fruit.

D. Combien de parties distingue-t-on dans la fructification ?

R. Cinq, le *calice*, la *corolle*, les *étamines*, le *pistil* et le *fruit*.

D. Qu'est-ce que le calice ?

R. C'est un prolongement de l'écorce, ordinairement vert, qui entoure les parties de la fructification.

D. Qu'est-ce que la corolle ?

R. C'est cette partie la plus apparente et la plus brillante, d'un tissu très-fin, et qu'on nomme vulgairement *fleur*. On distingue les corolles en *corolles monopétales* ou d'une seule pièce, et *corolles polypétales* ou de plusieurs pièces.

D. Qu'est-ce que les étamines ?

R. Ce sont certains filamens plus ou moins longs qu'on trouve dans les fleurs, et qui portent à leur sommet une petite tête remplie d'une espèce de poussière : le filament se nomme *filet*; la petite tête ou bourse, se nomme *anthère*; et la poussière est appelée *pollen*. Le nombre des étamines varie beaucoup dans les diverses espèces de plantes. Il y a des individus qui n'en ont pas, et d'autres qui en ont beaucoup.

D. *Qu'est-ce que le pistil ?*

R. C'est un petit corps diversement conformé qui occupe ordinairement le milieu de la fleur. La partie inférieure et la plus renflée se nomme *ovaire*. Lorsqu'il se termine par un filet, le filet prend de nom de *style*, et son extrémité supérieure, ordinairement renflée et divisée, se nomme *stigmate*.

D. *Qu'est-ce que le fruit ?*

R. C'est le produit de la fructification qui succède à la fleur et contient les graines. Ce fruit est de différentes formes et de différentes espèces.

D. *Comment divise-t-on les fruits ?*

R. En deux classes, les *fruits secs* et les *fruits mous* ou *charnus*. Les fruits secs sont la capsule, la follicule, la gousse, la silique, la silicule, le cône et la noix ; les fruits charnus sont la baie, la drupe et la pomme.

D. *Qu'est-ce que la graine ?*

R. C'est une substance le plus souvent contenue dans le fruit, qui renferme toutes les parties d'une nouvelle plante entièrement semblable à celle qui l'a produite, et qui se développe par la germination.

D. *Toutes les plantes viennent-elles de graines ?*

R. La plus grande partie vient de

graines, et il est probable que toutes en ont ; mais il y a des plantes où l'on n'a pas encore pu la découvrir, à cause de sa petitesse et de sa légèreté qui fait qu'elles sont transportées par les vents, les rivières et les mers, et qu'on voit pousser des plantes dans une terre où l'on n'a rien semé.

D. N'a-t-on pas établi différentes méthodes de botanique ?

R. Oui ; telles sont la *méthode de Tournefort*, fondée sur les tiges ligneuses ou herbacées, le nombre des pétales, et la forme des corolles ; celle de *Jussieu*, fondée sur le nombre des feuilles séminales appelées *cotylédons*, sur celui des pétales et la position des étamines ; et enfin celle de *Linné*, fondée sur le nombre, l'insertion, la proportion, la connexion et la séparation des étamines. On l'appelle *système de Linné*, parce qu'elle n'est fondée que sur un seul objet, les étamines. C'est celle qui est le plus généralement suivie.

D. A quoi servent ces méthodes ?

R. Elles servent à trouver le nom des plantes que l'on ne connaît pas ; pour cela on s'y prend de la manière suivante. On a un livre dans lequel est le nom de chaque plante dans l'ordre de la méthode ; alors on examine les caractères de la plante dont on ne connaît pas le nom, et ces caractères donnent la classe, l'ordre, le genre et l'espèce de la plante, au moyen de quoi on trouve son nom dans le livre.

D. *A quoi sert la Botanique ?*

R. C'est un amusement et un plaisir pour ceux qui habitent la campagne, et c'est une connaissance nécessaire au médecin et au pharmacien, parce que les plantes fournissent une très-grande quantité de bons remèdes.

D. *Dites-moi quels sont les végétaux les plus curieux et les plus intéressans par leurs usages.*

R. Les principaux sont : le *palmier*, le *cocotier*, le *bois-de-fer*, le *savonnier*, l'*acajou*, le *cotonnier*, le *poivrier*, la *casse*, le *séné*, le *bois-immortel*, le *papayer*, le *cirier*, et le *lin*, qui, quoique très-commun dans nos pays, est aussi très-intéressant par le grand nombre de ses usages.

D. *Quels sont les usages du palmier ?*

R. Toutes les parties de ce bel arbre sont utiles aux peuples qui le cultivent : le bois sert pour la charpente, les feuilles servent à couvrir les cabanes, et le fruit fournit une nourriture saine et abondante : on ne connaît point d'arbre plus utile. Il croît sur le bord des rivières de la *Zône torride*.

D. Quelle est la partie la plus utile dans le cocotier ?

R. C'est le fruit, dont l'écorce sert à faire des vases d'un poli très-luisant. La matière qui enveloppe la noix est une espèce de brou filandreux, dont les Indiens font de la ficelle et des cordages : elle vaut mieux que l'étoupe parce qu'elle se pourrit moins vite. La moelle du noyau est fort bonne à manger et d'un goût qui approche de celui de l'amande. Ces arbres ne se trouvent que dans les climats chauds.

D. Pourquoi le bois-de-fer est-il ainsi appelé ?

R. A cause de sa dureté et de sa pesanteur, telle qu'il va au fond de l'eau. Sa couleur est rougeâtre et obscure ; les Indiens en font des instrumens tranchans, et les Sauvages en font des flèches.

D. Quelles sont les parties du savonnier qui lui ont fait donner ce nom ?

R. C'est la graine et la racine, au moyen desquelles les habitans des Antilles peuvent se passer de savon ; mais on doit en faire un usage modéré, sans cela le linge est promptement usé et même brûlé.

D. *Quelle est la principale qualité de l'acajou ?*

R. C'est que son bois se pourrit difficilement, et qu'il n'est point attaqué par les vers. Celui de Cayenne se polit aisément, et offre un coup-d'œil fort luisant. Cet arbre s'élève à plus de 80 pieds de hauteur dans les mornes de nos îles.

D. *Quel est le climat des cotonniers ?*

R. Les cotonniers ou arbres qui produisent le coton, ne peuvent végéter que dans les climats chauds, tels que la Zône torride et les endroits qui en sont peu éloignés. On en trouve dans les deux continens; celui des Colonies Françaises est le plus estimé.

D. *Quelle est la meilleure espèce de poivre ?*

R. C'est le poivre de la Jamaïque, qui se cueille sur un arbre aussi grand que nos noyers d'Europe; son tronc est droit et beau. Son fruit sert non-seulement à assaisonner les alimens, mais encore à fortifier l'estomac et à faciliter la digestion.

D. *Où croît la casse ?*

R. Elle croît au Brésil; ses feuilles sont purgatives, et elles ont la propriété de s'agglomérer le soir dès que le soleil est couché, époque du commencement de leur sommeil.

D. Où cultive-t-on le séné ?

R. On le cultive en Perse, en Syrie et en Arabie ; il s'élève à quatre ou cinq pieds de hauteur. Les gousses de cette plante sont ce qu'on appelle *follicules de séné ;* elles nous viennent du Levant.

D. D'où le bois-immortel a-t-il tiré son nom ?

R. De sa durée qui est très-longue ; les Nègres font un grand usage de toutes les parties de cet arbre, qui sont stomachiques.

D. Quel est le goût du fruit du papayer ?

R. Ce fruit, qui ressemble assez à nos melons, contient un suc laiteux d'un goût fade. L'arbre qui le porte ne vit que quatre à cinq ans, après quoi sa sommité se pourrit et détruit le reste de l'arbre. On en distingue de mâles et de femelles. Le tronc du mâle s'élève à 20 pieds environ, son bois est creux et spongieux en dedans. Il est si tendre, qu'on peut le couper entièrement en travers d'un seul coup de sabre. Le papayer femelle porte des fleurs et des fruits toute l'année lorsqu'il se trouve auprès du mâle.

D. Qu'est-ce que le cirier ?

R. C'est un arbrisseau aquatique, dont les baies bouillies dans l'eau donnent une espèce de cire ou résine ; une livre de graine donne deux onces de cire, et un homme peut cueillir 15 livres de cette graine par jour.

D. *Quels sont les nombreux usages du lin ?*

R. Sa tige ou chaume, sert à faire le linge dont nous nous habillons, les voiles qui conduisent nos vaisseaux d'un monde à l'autre, et en général, toutes les toiles dont nous nous servons, qui, lorsqu'elles sont usées, servent à faire le papier. Sa graine sert à faire une huile très-employée et très-utile.

D. *Dites-moi aussi quelles sont les principales substances très en usage que l'on tire des végétaux.*

R. Le *baume de la Mecque*, la *gomme élastique*, la *myrrhe* et le *benjoin*, sont celles de ces substances qui sont les plus employées et les plus intéressantes.

D. *Qu'est-ce que le baume de la Mecque ?*

R. C'est une résine liquide d'un goût âcre et aromatique, et d'une odeur approchante de celle du citron. Elle découle d'un arbrisseau que l'on trouve dans l'Arabie Heureuse ; les peuples du Levant attribuent de grandes vertus à ce baume, et le regardent presque comme un remède souverain.

D. Comment vient la gomme élastique?

R. Elle découle en liqueur blanche d'un arbre qui ressemble au bouleau; c'est une espèce de résine que l'on trouve dans le commerce en forme de bouteilles. Les habitans étendent plusieurs couches de cette liqueur sur des bouteilles de terre très-minces, qu'ils cassent pour les ôter lorsque la matière a pris une consistance convenable.

D. D'où vient la myrrhe, dite myrrhe en larmes?

R. Elle vient de l'Éthiopie, elle est d'un goût âcre et aromatique; lorsqu'on la brûle elle répand une odeur agréable. Les anciens en faisaient un très-grand cas.

D. Comment recueille-t-on le benjoin?

R. Il découle d'un arbre qui croît dans le royaume de Siam, dans l'île de Java et dans celle de Sumatra.

DE L'HISTOIRE NATURELLE DES ANIMAUX.

D. Qu'est-ce que l'histoire naturelle des animaux ?

R. C'est une science qui nous apprend les caractères généraux et particuliers des êtres vivans, leurs usages et leurs habitudes.

D. Comment divise-t-on les animaux ?

R. L'homme, quoique compris dans la généralité des animaux comme être animé, fait une classe particulière; parce que la raison, dont lui seul est doué, et la perfection de ses organes, le placent le premier de tous les êtres. Mais les animaux proprement dits, se divisent en *mammifères, oiseaux, reptiles, poissons, mollusques, vers, crustacés, arachnides, insectes, radiaires* et *polypes*.

D. Qu'y a-t-il principalement à remarquer sur l'homme ?

R. L'homme, par sa construction, diffère peu de quelques animaux; mais ce qui le distingue, ce qui lui assure à jamais la supériorité et la domination sur tous les autres êtres, c'est la raison qui, seule, met une distance infinie entre l'homme et les bêtes.

L'homme, dans le cours ordinaire de la vie, passe dans quatre états très-distincts : l'enfance, l'adolescence, l'âge viril et la vieillesse.

D. Qu'arrive-t-il à l'homme dans son premier âge ?

R. L'homme, arrivant au monde, est incapable de faire usage d'aucun de ses organes ; il est dans ces premiers temps plus faible que beaucoup d'autres animaux, et, de tous, est celui qui a le plus besoin des soins de ceux qui lui ont donné la vie. Il commence par annoncer par des gémissemens les souffrances qu'il éprouve ; c'est la première faculté qu'il acquiert.

La plupart des animaux ont les yeux fermés pendant les premiers jours de leur vie, l'enfant les ouvre aussitôt qu'il est né ; mais ils sont fixes et ternes, cet organe est encore imparfait ; cependant on s'apperçoit que la lumière y fait impression : ses autres sens ne sont pas plus parfaits.

L'enfant ne commence à rire et à pleurer, qu'au bout de 40 jours ; car, auparavant, ses cris ne sont pas accompagnés de larmes, il ne donne aucune expression de sentiment. Toutes les parties de son corps sont faibles, il ne peut se tenir debout, ses cuisses et ses jambes sont pliées.

Les enfans nouveau-nés dorment beaucoup ; mais leur sommeil est souvent interrompu. Ils ont aussi besoin de prendre souvent de la nourriture.

Dans l'enfance on est moins sensible au froid, que dans tous les autres tems de la vie.

Les enfans commencent à bégayer à 12 ou 15 mois, la voyelle qu'ils prononcent le plus aisément est *a*.

Leur vie est fort chancelante jusqu'à 3 ans ; elle s'assure dans les 2 ou 3 années suivantes ; et l'enfant de 6 à 7 ans est plus assuré de vivre, qu'on ne l'est à tout autre âge. Il grandit beaucoup ensuite, et parvient à l'adolescence.

D. *A quelle époque commence l'adolescence ?*
R. Vers la quatorzième année ; c'est alors que le corps achève de prendre son accroissement. Il y a des jeunes-gens qui ne grandissent plus après la quatorzième ou quinzième année : d'autres croissent jusqu'à 22 ou 23 ans. Presque tous, dans ce tems, ont le corps mince, la taille effilée, les cuisses et les jambes menues ; mais, peu après, la

chair augmente, les muscles se dessinent, les membres se moulent, et le corps est, avant l'âge de 30 ans, dans les hommes, à son point de perfection pour les porportions de sa forme.

Les femmes parviennent beaucoup plutôt à ce point de perfection; aussi leur corps est ordinairement, à 20 ans, aussi bien formé que celui de l'homme l'est à 30.

Le corps d'un homme bien fait doit être carré, ses muscles doivent être durement exprimés, les contours fortement dessinés, et les traits du visage bien marqués.

Dans les femmes, le corps et les membres sont plus arrondis, les muscles moins apparens, les contours plus doux et les traits plus délicats.

D. *L'âge viril n'est-il pas le plus bel âge de l'homme ?*

R. Oui; c'est dans ce temps que l'homme jouit de toutes ses facultés dans toute leur étendue, et avec toute la perfection dont il est susceptible; c'est à cet âge qu'on reconnaît en lui le maître de la terre : il se soutient droit et élevé, son attitude est celle du commandement, sa tête regarde le ciel, et présente une face auguste, sur laquelle est imprimé le caractère de sa dignité. L'image de son ame est peinte par sa physionomie, et l'excellence de sa nature perce au travers de ses organes matériels. C'est aussi là l'époque à laquelle l'homme est susceptible de plus de réflexion, son esprit est plus mûr, et il est plus stable dans ses résolutions. Lorsque son ame est tranquille, toutes les parties du visage sont dans un état de repos; mais, lorsqu'elle est agitée, la face humaine est un tableau vivant où les passions sont rendues avec autant de délicatesse que d'énergie : c'est sur-tout dans les yeux qu'on peut les reconnaître.

L'homme jouit peu de temps de son état de perfection ; peu-à-peu l'âge diminue sa force et le conduit à la vieillesse.

D. *Que se passe-t-il dans la vieillesse ?*

R. Lorsque le corps a acquis toute son étendue en hauteur et en largeur par le développement entier de toutes ses parties, il augmente en épaisseur. Le commencement de cette augmentation est le premier point de son dépérissement ; parce que ce n'est point une continuation de développement, mais une simple addition de matière surabondante, qui charge le corps d'un poids inutile. Le dépérissement est d'abord insensible, cependant on l'apperçoit par des changemens extérieurs ; et si nous y faisions plus d'attention, si nous nous flattions moins, nous nous en appercevrions encore plus, par les changemens qui se font intérieurement ; car on doit remarquer que l'activité diminue, et que les membres s'appesantissent, parce que les cartilages et les fibres se durcissent et deviennent moins souples. En même-temps la peau se dessèche, les rides se forment, les cheveux blanchissent, les dents tombent, le visage se déforme et le corps se courbe. Les premières nuances de cet état se font appercevoir avant 40 ans, elles augmentent par degrés assez lents jusqu'à 60, par degrés plus rapides jusqu'à 70 ; la caducité commence à cet âge, elle va toujours en augmentant ; la décrépitude suit, et la mort termine ordinairement, avant l'âge de 90 ou 100 ans, la vieillesse et la vie. Cette cause de la mort naturelle est commune à tous les animaux, et même aux végétaux. Puisqu'on ne peut l'éviter, on ne doit pas la craindre ; il faut vivre assez bien pour n'en pas redouter les suites.

D. *Quelles sont les causes des variétés qui se trouvent dans l'espèce humaine ?*

R. Il y en a trois principales : le *climat*, la

nourriture et les *mœurs*. On peut regarder le climat comme première cause de la couleur des hommes ; l'expérience montre que la nourriture influe beaucoup sur leur forme ; et, les traits du visage, chez différens peuples, dépendent beaucoup de l'usage où ils sont de s'écraser le nez, de se tirer les paupières, les oreilles, de s'applatir le visage, etc. Mais la variété la plus frappante, est la race des nègres, dont la couleur est noire, les lèvres grosses, le nez gros, et les cheveux courts ressemblants à de la laine.

D. *Comment partage-t-on les mammifères ?*

R. En trois divisions : la première comprend les *quadrupèdes proprement dits*, qui n'ont point d'ailes membraneuses ni de nageoires ; la deuxième, ceux qui ont des ailes membraneuses, *mammifères ailés* ; la troisième, ceux qui ont des nageoires, *mammifères marins*.

QUADRUPÈDES.

D. *Comment divise-t-on les quadrupèdes proprement dits ?*

R. On en fait 7 sous-divisions d'après la forme des pieds, et 15 ordres en y joignant le caractère des dents.

D. *Quelles sont les sous-divisions ?*

R. La première renferme les animaux qui ont quatre pieds en forme de mains, nommés *quadrumanes* ; la deuxième, ceux qui ont les pieds de derrière en forme de mains, *pédimanes* ; la troisième, ceux qui ont la plante des pieds articulée de manière à s'appuyer sur la terre quand l'animal marche, *plantigrades* ; la quatrième, ceux qui ont des doigts sans sabots, *digitigrades* ; la cinquième, ceux qui ont les doigts renfermés dans une peau très-épaisse, ou plus de deux sabots, *pachydermes*; la sixième, ceux qui ont deux sabots, *bisulques* ou *ruminans*; et la septième, un seul sabot, *solipèdes*.

D. *Comment forme-t-on les ordres ?*

R. D'après l'existence ou la non-existence des dents incisives, laniaires et molaires.

D. *Dites-moi quels sont les 15 ordres.*

R. La première sous-division, les *quadrumanes*, ne forme qu'un ordre, qui a des dents incisives, des dents laniaires et des dents molaires. La deuxième sous-division, les *pédimanes*, forme deux ordres; le second ordre, qui a des dents incisives, laniaires et molaires; et le troisième, qui n'a pas de dents incisives, mais seulement des dents laniaires et molaires. La troisième sous-division, les *plantigrades*, fait le quatrième ordre, qui a des dents incisives, laniaires et molaires. La quatrième sous-division, les *digitigrades*, comprend 5 ordres, c'est-à-dire, le cinquième ordre, dents incisives, laniaires et molaires; le sixième, dents incisives et molaires; le septième, dents laniaires et molaires; le huitième, dents molaires; et le neuvième, qui n'a point de dents. La cinquième sous-division, les *pachydermes*, a trois ordres; le dixième, qui a des dents incisives, laniaires et molaires; le onzième, dents incisives et molaires; et le douzième, dents molaires seulement. La sixième sous-division, les *bisulques*, comprend 2 ordres; le treizième, dents incisives, laniaires et molaires; le quatorzième, dents incisives et molaires. La septième sous-division, les *solipèdes*, fait le quinzième ordre, qui a des dents incisives, laniaires et molaires.

D. *Quels sont les genres du premier ordre ?*

R. Ce sont: les *singes*, les *guenons*, les *sapajous*, les *sagouins*, les *alouattes*, les *macaques*, les *babouins*, les *makis*, les *loris* et les *tarsiers*.

D. Quelles sont les espèces qui portent le nom de singe?

R. On a donné ce nom aux animaux qui ressemblent le plus à l'homme par leur organisation physique. Ce sont : le *satyre* ou *orang-outang*, dont la face est presque entièrement couverte de poil, et qui a le museau avancé, ce qui lui donne un air triste et sauvage; il marche debout à l'aide d'un bâton, et n'a point de queue. Le *chimpanzée*, dont on n'a pas encore pu connaître l'organisation intérieure, que l'on croit cependant, à-peu-près, la même que celle du *satyre*. Et le *gibbon*, qui a les bras presque aussi longs que le corps; ce qui le distingue des deux autres. Cependant il marche comme eux sur les mains de derrière : il est d'un naturel doux et tranquille.

D. Quels sont les animaux appelés guenons?

R. Ce sont des animaux qui ressemblent aux singes, mais qui ont tous une longue queue; ce qui les distingue des véritables singes. Ils en diffèrent encore beaucoup par leur gaîté et leur vivacité. Ils se réunissent en troupe, et se mettent les uns à la file des autres, pour aller voler et transporter les fruits qu'ils prennent dans les jardins et les plantations voisines des forêts qu'ils habitent.

D. Comment reconnaît-on les sapajous?

R. En ce qu'ils ont une longue queue, au moyen de laquelle ils se pendent aux branches, et, en se balançant, ils s'élancent d'un arbre sur un autre. Quelquefois ils se réunissent, et se pendent les uns au bout des autres pour sauter une rivière ou un large fossé.

D. Les sagouins sont-ils aussi grands que les autres singes?

R. Non; ils paraissent être les plus petits des animaux qui portent ce nom. Ils n'ont pas, comme les sapajous, la faculté de se pendre avec leur queue, et de s'élancer comme eux ; mais ils peuvent sauter et grimper sur les arbres.

D. *Pourquoi a-t-on donné aux alouattes le nom de hurleurs ?*

R. Parce qu'ils font un bruit épouvantable, quand ils crient dans les forêts, de sorte qu'en les entendant de loin, on croirait qu'ils sont une vingtaine lorsqu'ils sont deux ou trois.

D. *Les macaques sont-elles jolies ?*

R. Non ; ce sont les animaux les plus laids et les plus malpropres, on ne peut les regarder sans horreur et dégoût. Le *magot* est compris dans ce genre.

D. *Les babouins sont-ils méchans ?*

R. Oui ; ces grands singes sont d'un caractère féroce et intraitable, et pour les conserver vivans on est obligé de les enfermer dans des cages de fer.

D. *Où se trouvent les makis ?*

R. Ils se trouvent à Madagascar et sur les côtes orientales de l'Afrique.

D. *Quel est le caractère du lori ?*

R. Il est mélancolique, silencieux et carnassier. Pendant la nuit il fait la guerre aux petits animaux, et durant le jour il dort la tête appuyée sur ses deux mains.

D. *Quels sont les genres les plus intéressans du deuxième ordre ?*

R. C'est le genre des *didelphes*, dont plusieurs femelles ont une poche placée sous le ventre, et dans laquelle leurs petits sont nourris et allaités : lorsqu'on les poursuit, elle se ferme. D'autres femelles, qui n'ont point cette poche, entortillent la queue de leurs petits autour de la leur, les chargent sur leur dos et se sauvent à la hâte.

D. *Quels sont les genres du troisième ordre ?*

R. Il n'y en a que deux, le *kanguroo*, et le

aye-aye. Le kanguroo, à cause de la disproportion de ses jambes de devant avec celles de derrière, ne peut pas courir, mais seulement sauter. Le aye-aye ne voit qu'avec peine pendant le jour; ses doigts grêles lui servent à s'accrocher au tronc des arbres, où il trouve les insectes et les vers dont il fait sa nourriture.

D. *Le quatrième ordre n'est-il pas plus nombreux en genres ?*

R. Oui ; il comprend les *ours*, les *coatis*, les *kinkajous*, les *mangoustes*, les *hérissons*, les *teurecs*, les *musaraignes* et les *taupes*.

D. *Quel est le caractère de l'ours ?*

R. Il est non seulement sauvage, mais solitaire; il n'aime que les lieux inhabités. On lui apprend à se tenir debout, à gesticuler et à danser au son des instrumens.

D. *Que remarque-t-on de singulier dans le coati ?*

R. C'est qu'il est sujet à manger sa queue. Il a les mêmes goûts que le renard ; il égorge les poules et en mange les œufs.

D. *De quelle manière se nourrit le kinkajou ?*

R. Il grimpe sur les arbres, et de là se jette sur les orignaux et les bêtes fauves, les tue et en boit le sang. Il mange de tout ; mais il a un goût particulier pour le sucre et les confitures.

D. *Pourquoi les anciens Égyptiens rendaient-ils les honneurs divins à l'espèce de mangouste nommée* mangouste pharaon *?*

R. Parce qu'elle détruit les souris et les rats, qu'elle déterre sous le sable les œufs des crocodiles, et les casse.

D. *Quelle est la nouriture du hérisson ?*

R. Il se nourrit de fruits tombés, et de certains insectes qu'il trouve en fouillant un peu la terre avec son nez.

D. Qu'est-ce que les tenrecs ?

R. Ce sont de petits animaux des Indes orientales, assez ressemblans à nos hérissons. Ils marchent fort lentement et aiment à se vautrer dans la fange comme nos pourceaux.

D. Où se trouve la musaraigne ?

R. Dans les maisons et dans les campagnes ; elle est plus petite que la souris, et se nourrit des mêmes alimens, mais elle répand une odeur forte qui éloigne les chats.

D. Est-il vrai que la taupe soit aveugle ?

R. Non ; mais ses yeux sont si petits et si couverts, que beaucoup de personnes le croyent.

D. Quels sont les genres du cinquième ordre ?

R. Il y en a quatre : les *chiens*, les *félis*, les *civettes* et les *martres*.

D. N'y a-t-il pas plusieurs espèces comprises dans le genre du chien ?

R. Oui ; l'on y comprend le *chien proprement dit*, la *hyène*, le *chacal*, le *loup*, le *renard* et l'*isatis*.

D. Quelle est la variété du chien qui a le moins dégénéré ?

R. C'est le chien de berger, qui est la race originaire, (le vrai chien de la nature.) La différence du climat, des alimens et le croisement des races, opèrent la variété que l'on remarque dans ces animaux. Ceux qui vivent encore dans les forêts de l'Afrique méridionale, abandonnés à leur caractère naturel, vont par troupes et font la guerre aux lions et aux bêtes féroces. Tout le monde connaît l'amitié, le dévouement et l'utilité du chien réduit en domesticité, et peu de personnes savent l'apprécier. Les Mahométans, plus reconnaissans, ont des hôpitaux pour les chiens infirmes.

D. Quel est le caractère de la hyène ?

R. La hyène est d'un caractère féroce et cruel;

lorsque la faim la presse, elle se jette sur les hommes qu'elle rencontre; et, dans tous les tems, elle attaque les troupeaux jusque dans leur bergerie, déterre les cadavres et en dévore les lambeaux à moitié pourris.

D. *Les chacals ne se rassemblent-ils pas en troupe?*

R. Oui; ils vont par bandes de 40 à 50, attaquent presque tous les animaux, et quelquefois suivent les caravanes comme le requin suit un navire.

D. *Quel est le caractère du loup?*

R. C'est l'animal le plus cruel de nos contrées; tout le monde sait les ravages qu'il fait dans les bergeries.

D. *Le renard mérite-t-il la réputation qu'il a d'être rusé?*

R. Oui; il a beaucoup d'adresse pour surprendre les volailles et les oiseaux. Il a une odeur très-forte qui lui est particulière.

D. *Quelle est la nouriture de l'isatis?*

R. Il se nourrit de rats, de lièvres et d'oiseaux. Il a beaucoup d'analogie avec le renard, par ses mœurs et sa finesse.

D. *Quelles sont les espèces comprises dans le genre des félis?*

R. Le *chat*, le *caracal*, le *margais*, le *serval*, la *panthère*, le *lion*, le *lynx*, le *couguar* et l'*ocelot*.

D. *Quels services nous rend le chat?*

R. Il nous délivre des rats, des souris, des lézards, etc.; mais il est faux et perfide. Il ressemble beaucoup aux animaux les plus féroces et les plus sanguinaires.

D. *Pourquoi les Arabes appellent-ils le caracal, guide du lion?*

R. Parce que le caracal suit souvent le lion pour

manger les restes de sa chasse. On voit que ce nom lui est mal appliqué.

D. *Où trouve-t-on le margais ?*

R. Dans le Brésil et la Guiane, où on l'appelle *chat-tigre*. Il donne la chasse au petit gibier et aux oiseaux.

D. *Quel est le caractère du serval ?*

R. Il est très-féroce, les bons traitemens comme les mauvais, ne diminuent pas sa férocité.

D. *Ne peut-on pas dompter la panthère ?*

R. Oui ; malgré son caractère cruel, les habitans de la Barbarie en viennent à bout, et la font servir à la chasse, mais avec les plus grandes précautions.

D. *Pourquoi dit-on que le lion est le roi des animaux ?*

R. Parce que sa force, son adresse et sa générosité lui méritent ce titre. Lorsqu'il est cruel, c'est par besoin ou par vengeance. L'histoire nous fournit des exemples frappans de sa sensibilité.

D. *Quelles sont les habitudes du lynx ?*

R. Il se tient sur les arbres, fait la chasse aux écureuils, aux chats sauvages, aux martres, aux oiseaux, et se précipite sur les chevreuils, les lièvres et les autres animaux qui passent à sa portée.

D. *Le couguar est-il dangereux ?*

R. Il est aussi craint en Amérique que le tigre en Afrique ; il n'est pourtant ni aussi fort ni aussi courageux.

D. *Quel est le naturel de l'ocelot ?*

R. Il est plus altéré de sang, qu'avide de la chair des animaux plus faibles que lui, qu'il égorge pour étancher sa soif ; néanmoins il craint l'homme, et attaque rarement les chiens.

D. *Les civettes ne nous fournissent-elles pas quelque chose d'utile ?*

R. Oui ; elle fournissent le parfum qu'elles
portent

portent dans une petite ouverture placée sous le ventre. Celui du *zibet* est le plus fort et le plus estimé.

D. *Pourquoi recherche-t-on les martres?*

R. A cause de leur peau, dont on fait les fourrures les plus belles et les plus précieuses.

D. *Quelles sont les espèces du genre des martres?*

R. La *saricovienne*, la *fouine*, le *putois*, la *zibeline*, l'*hermine* et la *belette*.

D. *Où se trouve la saricovienne?*

R. En Amérique, sur les bords de la rivière de la Plata. Elle nage très-bien, se nourrit de crabes et de petits poissons.

D. *Pourquoi les habitans de la campagne cherchent-ils a détruire les fouines?*

R. Parce qu'elles causent souvent des ravages dans les poulaillers et les colombiers.

D. *Quel est le caractère du putois?*

R. Il tient beaucoup de celui de la fouine. Il porte une odeur infecte, et sa chair est d'un si mauvais goût que les chiens n'en veulent pas manger.

D. *Qu'est-ce que la zibeline?*

R. C'est l'animal qu'on trouve sous le nom de *furet* : sa fourrure est très-fine et très-recherchée.

D. *Qu'est-ce que l'hermine?*

R. C'est un joli petit animal dont la fourrure est précieuse ; sa peau fine et blanche pendant l'hiver, devient rouge sur le dos en été.

D. *Pourquoi détruit-on les belettes?*

R. Parce que, lorsqu'elles parviennent à s'introduire dans un poulailler, elles égorgent tout ce qui s'y trouve.

D. *Quels sont les genres du sixième ordre?*

R. Ce sont : le *lièvre*, le *daman*, le *cabiai*, l'*agouti*, le *castor*, l'*ondatra*, la *marmotte*, le *hamster*, le *rat*, le *campagnol*, le *loir*, la *gerboise*, l'*écureuil*, le *porc-épic* et le *coendou*.

N

D. Quelles sont les espèces du lièvre ?

R. Le *lièvre timide* et le *lapin*. Le lièvre dort beaucoup et les yeux ouverts; il n'a pas de cils aux paupières, et paraît avoir la vue mauvaise. Tout le monde connaît le lapin, et sa facilité à multiplier.

D. Où habitent les damans ?

R. Dans les environs du Cap de Bonne-Espérance; ils aiment à se tenir sur les lieux élevés, où ils sautent avec beaucoup de légèreté.

D. Comment vivent les cabiais ?

R. Sur le bord des fleuves de la Guiane; ils ne marchent ordinairement que de nuit et toujours en troupe.

D. N'y a-t-il pas plusieurs espèces d'agoutis ?

R. Oui; mais le *paca* est le seul bien connu : il se creuse un terrier comme le lapin.

D. Le castor ne passe-t-il pas pour un animal fort industrieux ?

R. Oui; dans quelques endroits de l'Amérique, les castors construisent encore des bourgades et des digues qui retiennent les eaux de la rivière à la hauteur qui leur convient. Il y demeure 4 à 5 cents castors qui y passent la mauvaise saison et jouissent des douceurs de la société.

D. Les ondatras ne tiennent-ils pas beaucoup des castors ?

R. Oui; ils ont beaucoup de leurs mœurs et de leur industrie. Pendant l'hiver ils vivent aussi en famille dans des cabanes qu'ils se sont construites, et dans l'été on ne les trouve que deux à deux.

D. Que dit-on de la marmotte ?

R. On dit qu'elle ressemble au lièvre, par la tête; au blaireau, par le poil et les ongles; et à l'ours, par les pieds. Ordinairement elle se tient assise, et se sert de ses pieds de devant pour porter à sa bouche. On l'accoutume facilement à la vie domestique, et on la fait danser au son de la vielle.

D. *Le hamster est-il nuisible aux laboureurs ?*

R. Oui; non-seulement parce qu'il mange et détruit beaucoup de grains, mais encore parce qu'il en fait des provisions considérables dans son terrier.

D. *N'y a-t-il pas plusieurs espèces de rats ?*

R. Il y a le *rat commun*, la *souris* et le *mulot.* Ces animaux, communs dans nos climats, sont assez connus. Le rat et la souris habitent les maisons, les caves, les greniers, les granges, etc. Le mulot habite dans la terre. Le rat est le plus grand, ensuite le mulot, et la souris est la plus petite.

D. *En quoi le campagnol diffère-t-il du mulot ?*

R. Par sa taille, qui est plus petite, sa queue courte et tronquée, et sa tête plus grosse.

D. *Quelles sont les habitudes du loir ?*

R. Elles tiennent beaucoup de celles de l'écureuil : il vit comme lui dans les forêts et sur la cime des arbres.

D. *La gerboise boit-elle souvent ?*

R. Presque jamais. Il semble aussi que la lumière l'incommode; car elle dort une partie du jour, et ne va chercher sa nourriture que pendant la nuit.

D. *Quelle est la nourriture de l'écureuil ?*

R. C'est ordinairement les glands, les faînes, les noix, etc. Cet animal est assez petit et d'une forme svelte et agréable.

D. *Le porc-épic est-il méchant ?*

R. Non; mais il est jaloux de sa liberté; et lorsqu'il est en colère, les blessures qu'il fait avec ses piquans sont fort dangereuses.

D. *Où habitent les coendous ?*

R. Dans l'Amérique méridionale ; ils vivent solitaires pendant une partie de l'année, et se réunissent deux à deux pendant la belle saison.

D. Combien y a-t-il de genres dans le septième ordre ?

R. Il n'y en a qu'un : le *paresseux* ; c'est le plus misérable de tous les êtres vivans. Il ne peut marcher sur la terre et grimper aux arbres qu'avec une peine incroyable. Il a l'habitude singulière d'accrocher ses quatre pates à une branche, et de s'y suspendre le corps en bas pour dormir.

D. Quels sont les genres du huitième ordre ?

R. L'*oryctérope*, encore peu connu ; il le *tatou*, qui est d'un caractère fort doux ; il a le corps couvert d'une croûte ou têt solide, mais seulement à la partie supérieure, car la gorge, la poitrine et le ventre présentent une peau blanche.

D. Quels sont les genres du neuvième ordre ?

R. Le *fourmiller* et le *pangolin*. Le fourmiller a l'habitude d'insinuer sa langue dans les fourmilières, et de la retirer un moment après couverte de fourmis dont il fait sa nourriture.

Le pangolin, nommé aussi *lézard - écailleux*, est revêtu d'une espèce de cuirasse qui le met à l'abri des attaques de ses ennemis même les plus cruels ; tels que le tigre et la panthère.

D. Quels sont les genres du dixième ordre ?

R. Le *cochon*, le *tapir* et l'*hippopotame*. Le cochon est d'une grande ressource, parce qu'il se nourrit de choses très-communes, et qu'on mange tout en lui : la tête, les oreilles, les pieds, le sang, les boyaux, rien n'est perdu.

Le tapir est le plus grand animal du nouveau monde. Sa lèvre supérieure est prolongée en forme de trompe ; mais il a néanmoins plus de ressemblance avec le cochon qu'avec l'éléphant, dont il n'a ni les habitudes ni l'intelligence.

L'hippopotame est d'une masse qui l'empêche de courir ; mais il nage très-bien et séjourne aussi bien dans l'eau que sur la terre. Il se nourrit de poissons. Les flèches et les balles de fusil ne peuvent pas percer sa peau.

D. *Combien le onzième ordre a-t-il de genres?*

R. Il n'a que l'*éléphant*, animal d'une grosseur énorme, qui se trouve dans les climats chauds de l'Asie et de l'Afrique. Cet animal réunit, sous les formes les moins avantageuses, l'esprit du chien, l'adresse du singe et la sociabilité du castor. Il est obéissant en servitude et généreux en liberté.

D. *Combien y a-t-il de genres dans le douzième ordre?*

R. Il n'y a que le *rhinocéros*, dont on connaît deux espèces; l'une qui a une corne, et l'autre, plus rare, qui en a deux. C'est le plus puissant des quadrupèdes après l'éléphant; mais il n'a ni son adresse, ni son intelligence. Il se nourrit d'herbes et de feuillages, et ne paraît pas aimer la viande ni le poisson.

D. *Quels sont les genres du treizième ordre?*

R. Le *chameau* et le *chevrotin*. Les principaux caractères du chameau sont d'avoir deux bosses charnues au milieu du dos et cinq estomacs, tandis que les autres animaux ruminans n'en ont que quatre; ce cinquième estomac est un réservoir que l'animal remplit d'eau, qui peut s'y conserver plus de huit jours sans se corrompre, et d'où l'animal la fait refluer à volonté dans un autre estomac. Le *dromadaire*, qui est une espèce de chameau, n'a qu'une bosse et est plus agile.

Le chevrotin est un joli petit animal des pays chauds de l'Asie et de l'Afrique; il saute très-bien, mais il paraît qu'il ne court par long-tems, car les Indiens l'attrapent à la course.

D. *Combien y a-t-il de genres dans le quatorzième ordre?*

R. Il y en a six: le *cerf*, la *giraffe*, l'*antilope*, la *chèvre*, la *brebis* et le *bœuf*.

D. Quel est le naturel du cerf ?

R. Le cerf est un animal doux et tranquille ; sa forme est élégante, et sa tête est parée d'un bois vivant. Sa femelle est la *biche*. Elle est plus petite et n'a point de bois. Les petits cerfs portent, jusqu'à un an, le nom de *faons* ; ils sont très-légers et sautent des haies de plus de six pieds de haut : ils deviennent très-familiers.

D. La giraffe est-elle grande ?

R. Oui ; c'est un des animaux les plus grands et les plus doux ; mais la disproportion de ses jambes, dont celles de devant sont beaucoup plus longues que celles de derrière, a probablement empêché les peuples parmi lesquels on la trouve, de l'employer à leur service.

D. Qu'est-ce que l'antilope ?

R. C'est un animal, dont une espèce, nommée *chamois*, nous fournit la peau de ce nom. Ils vivent réunis plusieurs ensemble ; et lorsque la troupe est occupée à manger il y en a toujours un en sentinelle : au moindre bruit il avertit, par un sifflement, le reste de la troupe, qui à l'instant se sauve de rochers en rochers.

D. La chèvre est-elle un animal utile ?

R. Oui ; elle est couverte d'un long poil qu'on emploie pour fabriquer des étoffes ; elle donne un lait bien nourrissant, et dont on fait le fromage de *Gruyère*. Son mâle se nomme *bouc*, il a comme elle des cornes et une espèce de barbe. Ces animaux aiment les lieux escarpés.

D. La brebis n'est-elle pas aussi très-utile ?

R. Oui ; elle fournit pour nos usages, sa laine, sa peau, sa chair, ses os ; tout en elle est devenu du domaine de la nécessité et de l'industrie. Son mâle se nomme *bélier*. Il porte seul des cornes.

D. *Le bœuf n'est-il pas encore un animal très-utile ?*

R. Oui ; il est très-vigoureux et semble méconnaître sa force pour se plier à la volonté de l'homme. Il traîne la charrue et les voitures, mais on ne l'emploie guère à porter des fardeaux. Après lui avoir fait souffrir un dur esclavage pendant sa vie, on le tue pour faire servir ses restes à nos usages.

D. *Combien y a-t-il de genres dans le quinzième ordre ?*

R. Il n'y a que le *cheval*. Cet animal sortant des mains de la nature, est jaloux de sa liberté, fier de son indépendance, pétulant, mais sociable. Les chevaux sauvages vivent en troupe et avec union. En perdant leur liberté, loin d'avoir perdu la noblesse et la force, ils acquièrent les grâces et le sentiment. On dresse le cheval pour la pompe et le manège ; il est souple et attentif aux mouvemens qu'exige de lui la main qui le guide.

MAMMIFÈRES AILÉS.

D. *Comment partage-t-on la deuxième division ?*

R. On en fait une sous-division ; qui a les pieds de devant garnis de membranes en forme d'ailes, comprenant les *cheiroptères*. Et de cette sous-division on fait deux ordres : le seizième, qui a des dents incisives, laniaires et molaires ; et le dix-septième, qui n'a que des dents laniaires et molaires.

D. *Quels sont les genres compris dans le seizième ordre ?*

R. La *chauve-souris*, dont les ailes sont des membranes qui joignent les ongles prolongés des pates de devant ; elle ne sort qu'aux approches de la nuit, se nourrit de moucherons, de cousins et de papillons de nuit ; reste engourdie pendant l'hiver, et peut passer plusieurs jours sans manger.

Le *spectre* et le *rhinolophe*, encore peu connus.

Le *phyllostome* et le *galéopithèque*, animaux de l'ancien et du nouveau-monde, qui tiennent beaucoup de la chauve-souris ; on ne les voit comme elle que le soir ; pendant le jour, ils se tiennent cachés dans les fentes des rochers et les crevasses des vieux bâtimens.

D. *Quels sont les genres du dix-septième ordre ?*

R. Il n'y a que le *noctilion*, qui tient aussi beaucoup de la chauve-souris, mais il n'a pas de dents incisives.

MAMMIFÈRES MARINS.

D. *Comment divise-t-on les mammifères marins ?*

R. On en fait deux sous-divisions : la première a les pieds de derrière en forme de nageoires ; ce sont les *empêtrés* : la deuxième n'a point de pieds de derrière ; ce sont les *cétacés*.

D. *Combien la première sous-division a-t-elle d'ordres ?*

R. Trois ordres : le dix-huitième, dents incisives, laniaires et molaires ; le dix-neuvième, dents laniaires et molaires ; le vingtième, dents molaires seulement.

D. *Quels sont les genres du dix-huitième ordre ?*

R. Le *phoque*, qui est conformé de manière à vivre également sur la terre et dans l'eau ; il mange indifféremment de l'herbe, de la chair et du poisson. Son sommeil est si profond que les chasseurs en approchent sans l'éveiller et l'assomment à coups de bâton.

Le *morse* ou vache marine, qui ressemble beaucoup aux grands *phoques* ; mais il est armé à la mâchoire supérieure de dents laniaires, qui se prolongent en dessous comme des défenses d'*éléphant*.

D. Quels sont les genres du dix-neuvième ordre?

R. Il n'y a que le *dugon*, qui est encore peu connu.

D. Quels sont les genres du vingtième ordre?

R. Il n'y a que le *lamantin*, qui habite dans les grandes rivières de l'Amérique méridionale. Comme il ne peut quitter l'eau, il allonge le cou et avance la tête pour paître l'herbe qui croît sur les rivages. Les lamantins marchent toujours en troupe très-serrée et sont très-sociables.

D. Combien la deuxième sous-division contient-elle d'ordres?

R. Deux : le vingt-unième, dont les animaux ont des dents laniaires seulement; et le vingt-deuxième, qui n'a point du tout de dents.

D. Quels sont les genres du vingt-unième ordre?

R. Le *dauphin*, dont la forme a peu de rapport avec celle que les peintres et les sculpteurs font sous le nom de cet animal. Il a deux évents réunis et l'œil situé près de l'angle de la bouche.

Le *cachalot*, dont la longueur de la tête fait presque le tiers ou la moitié de celle de l'animal. Il a la mâchoire inférieure étroite et armée de dents grosses et coniques.

Et le *narwal*, qui a deux longues défenses droites ou sillonnées en spirale, dont il se sert pour faire à la glace un trou par lequel il vient respirer l'air.

D. Quels sont les genres du vingt-deuxième ordre?

R. Il n'y a que la *baleine*, qui a la mâchoire supérieure garnie de fanons ou lames de cornes, connues vulgairement sous le nom de *baleines*. Elle a aussi sur la tête deux évents par où elle rejette l'eau.

Oiseaux.

D. Comment divise-t-on les oiseaux ?

R. En deux sous-classes, dont la première comprend les oiseaux dont le bas de la jambe est garni de plumes, et qui n'ont pas de doigts entièrement réunis par une large membrane ; et la seconde, ceux dont le bas de la jambe est dénué de plumes, ou qui ont plusieurs doigts réunis par une large membrane.

D. Comment divise-t-on la première sous-classe ?

R. En deux divisions, dont la première a deux doigts devant, deux doigts derrière ; et la seconde, trois doigts devant, un doigt ou point de doigt derrière.

D. Comment partage-t-on la première division ?

R. On en fait une seule sous-division, comprenant les *grimpeurs*, dont les doigts sont gros et forts, et dont il y a six ordres : le premier, bec crochu ; le deuxième, bec dentelé ; le troisième, bec échancré ; le quatrième, bec droit et comprimé ; le cinquième, bec très-court ; et le sixième, bec arqué.

D. Quels sont les genres du premier ordre ?

R. Les *arras*, qu'on distingue des perroquets par une place dénuée de plumes sur chaque joue. Ils habitent en grand nombre l'Amérique méridionale. Leurs plumes, dont les Sauvages se parent, sont fort belles. Leurs habitudes et leurs mœurs sont à-peu-près les mêmes que celles des perroquets, mais ils ne parlent jamais aussi bien qu'eux.

Et les *perroquets*, qui se trouvent dans les climats chauds de l'ancien et du nouveau Continent. Une conformation particulière de la langue et du bec, fait qu'ils peuvent répéter quelques mots qu'on leur apprend, mais ils n'ont pas pour cela plus d'intelligence que les autres oiseaux.

D. Combien le second ordre renferme-t-il de genres ?

R. Quatre : 1°. les *toucans*, qui ont un bec très-léger, très-mince, plus long que leur tête, et peu propre à broyer les alimens ; c'est pourquoi lorsqu'on leur jette quelque chose à manger, ils le prennent avec la pointe, le font sauter en l'air, le reçoivent dans leur large bec et l'avalent en entier.

2°. Les *couroucous*, que l'on voit ordinairement deux à deux ; lorsque la femelle est occupée à couver ses œufs, le mâle lui apporte à manger.

3°. Les *touracos*, qui sont les plus beaux oiseaux de l'Amérique. M. de Buffon en a conservé un chez lui pendant quelque tems ; il le nourrissait de raisins, de pommes et de différens fruits.

4°. Le *musophage*, qui se trouve dans la province d'Acra en Guinée. On croit qu'il se nourrit du fruit du bananier.

D. Quels sont les genres du troisième ordre ?

R. Il n'y a que les *barbus*, qui habitent les climats chauds des deux continens. Ceux des Indes attaquent les oiseaux plus petits qu'eux, et tiennent du caractère des *pies-grièches*. Au lieu que ceux de l'Amérique se tiennent dans les endroits les plus solitaires des forêts, restent toujours éloignés des habitations et même des lieux découverts.

D. Quels sont les genres du quatrième ordre ?

R. Les *jacamars* et les *pies*. On trouve deux espèces de *jacamars* ; les uns dans les lieux découverts, que ne fréquentent jamais les autres : ceux-ci toujours solitaires au fond des bois, ceux-là ordinairement appariés : ils se nourrissent d'insectes.

Les *pies* se nourrissent d'œufs d'insectes et de fourmis cachés sous l'écorce des arbres et dans le bois. Leur chant est triste ; elles fuient toute société.

D. Quels sont les genres du cinquième ordre ?

R. Il n'y a que le *torcol*, qui est répandu dans presque toutes les contrées, et assez rare partout. On le trouve presque toujours seul, à terre, dans les bleds ou les avoines.

D. Quels sont les genres du sixième ordre ?

R. Le *coucou* et l'*ani*. Le coucou ne fait point de nid ; la femelle pond dans celui d'un autre oiseau. Il quitte nos climats en automne ; et, lorsqu'il revient au printems, il est fort maigre. Il est carnassier, se nourrit de petits animaux, d'insectes et d'œufs des autres oiseaux.

Les *anis* se tiennent sur les bords des marais d'eau salée et dans les savanes du Brésil. Ils vont en troupe, vivent et pondent plusieurs ensemble dans le même nid. Ils se nourrissent de graines et de petits insectes.

D. Comment partage-t-on la seconde division ?

R. On en fait quatre sous-divisions ; la première comprend les *oiseaux de proie*, qui ont les ongles forts et très-crochus ; la seconde, les *passereaux*, qui ont les ongles peu crochus, les doigts extérieurs libres, ou unis seulement le long de la première phalange ; la troisième, les *platypodes*, qui ont les doigts extérieurs unis dans presque toute leur longueur ; et la quatrième, les *gallinacées*, qui ont les doigts de devant réunis à leur base par une membrane.

D. Combien la première sous-division a-t-elle d'ordres ?

R. Un seul ordre ; le septième, qui renferme les oiseaux à bec crochu.

D. Quels sont les genres du septième ordre ?

R. 1°. Les *vautours*, oiseaux lâches et cruels, attirés par la corruption et l'infection des cadavres. Quelquefois ils se réunissent plusieurs pour égorger une victime. On en trouve dans les deux continens.

2°. Le *griffon*, un des plus grands oiseaux de proie ; il enlève des lièvres et des moutons. On en trouve qui ont jusqu'à 18 pieds de vol.

3°. L'*aigle*, que sa force, son courage et sa générosité mettent, parmi les oiseaux, au même rang que le lion, parmi les quadrupèdes. Il établit son nid au milieu des précipices et dans les fentes des rochers. Toute la terre est de son domaine. Sa vie s'étend généralement au-delà de cent ans.

4°. L'*autour*, dont le caractère est sanguinaire et difficile à dompter. Il plume les oiseaux avant de les manger, mais il dévore entièrement les souris.

5°. L'*épervier*, que l'on peut priver assez facilement, et dresser pour la chasse des perdreaux et des cailles. Il attaque les pigeons séparés de leur troupe, et les petits oiseaux qu'on voit réunis en hiver.

6°. La *buse*, oiseau paresseux et sédentaire sur les arbres de nos forêts, où il reste quelquefois plusieurs heures de suite, et qu'il ne quitte que pour se jeter sur le petit gibier qui passe à sa portée.

7°. Le *buzard* ; il se tient dans les buissons, les haies et les joncs. Il y en a de deux espèces, l'une aime beaucoup la volaille, et l'autre le poisson.

8°. Les *milans*, aussi lâches que voraces et cruels. Ils se réunissent souvent plusieurs pour attaquer un animal de leur force. Leur vol est rapide ; ils se reposent rarement, et n'approchent de terre que pour se saisir du gibier dont ils se nourrissent.

9°. Le *faucon* ; cet oiseau fond sans détour sur sa proie, et l'enlève de même. On le dressait autrefois pour la chasse des princes et des grands.

10°. La *chouette*, oiseau sinistre, qui paraît ébloui par la clarté du jour. Il ne vole qu'un peu avant le lever et après le coucher du soleil ; dans l'obscurité de la nuit, il ne voit pas plus que les autres oiseaux.

D. Combien la seconde sous-division a-t-elle d'ordres ?

R. Huit : le huitième, bec dentelé ; le neuvième, bec échancré ; le dixième, bec droit et conique ; le onzième, bec droit et comprimé ; le douzième, bec droit et menu ; le treizième, bec très-court ; le quatorzième, bec arqué ; et le quinzième, bec renflé.

D. Quels sont les genres du huitième ordre ?

R. Il n'y a que le *phytotome*, qui a la langue courte et non pointue. On connaît encore peu ses habitudes.

D. Quels sont les genres du neuvième ordre ?

R. 1°. La *pie-grièche*, qui, quoique très-petite, est très-courageuse et même sanguinaire. Elle attaque quelquefois et se défend toujours contre les oiseaux plus grands qu'elle, tels que les pies et les corneilles.

2°. Le *tyran*, petit oiseau dont le caractère est méchant, et qui ressemble beaucoup au gobemouche.

3°. Le *gobe-mouche*, petit oiseau qui ne fréquente nos climats que pendant quelques mois de l'année. Il se nourrit de mouches et d'insectes.

4°. Le *moucherolle*, qui se trouve en Amérique, en Afrique et dans nos climats pendant la belle saison. Il nous délivre d'un grand nombre d'insectes.

5°. Le *merle*, oiseau de notre climat. Quoiqu'il soit ordinairement noir, on en trouve de blancs, qui ne diffèrent des premiers que par la couleur. On peut lui apprendre à chanter et même à imiter la voix humaine.

6°. Le *fourmiller*, qui se trouve par terre, auprès des grandes fourmilières qui infestent le territoire de la Guiane et l'intérieur de l'Amérique méridionale, parce qu'il a la queue et les ailes trop courtes pour voler.

7°. Les *loriots*, oiseaux très-peu sédentaires. Ils suspendent leur nid à des branches d'arbres. Ils ne voyagent guère que deux ou trois ensemble. Ils mangent des insectes; mais ils sont friands de figues et de cerises.

8°. Le *cotinga*, dont le plumage est fort beau. Les Sauvages du Brésil en font de jolies parures. Ces oiseaux habitent les bords de la rivière des Amazones et différentes contrées de l'Amérique méridionale; mais on ne les voit jamais en troupe.

9°. Le *tangara*, ressemblant assez au moineau, ayant comme lui le vol peu étendu, et ne se trouvant que dans le nouveau Continent. Il se nourrit de petits grains et vient très-près des habitations.

D. *Quels sont les genres du dixième ordre?*

R. 1°. Les *caciques*, habitans du nouveau-monde où ils vivent en troupe, construisent leur nid avec des feuilles de certains graminées, entrelacées avec des crins de cheval. On voit quelquefois 4 ou 5 de ces nids sur le même arbre.

2°. Les *troupiales*, qui suspendent leurs nids à l'extrémité des hautes branches, et les laissant flotter librement dans l'air, pour les soustraire à la dent des serpens et des animaux terrestres qui leur font la guerre.

3°. Les *carouges*, qui ont aussi leur nid d'une forme assez singulière. Il ressemble à la tranche d'un globe creux coupé en 4, et cousue à une feuille de bananier. Leur chant est assez agréable.

4°. Les *étourneaux*, dont on trouve dans nos climats une espèce connue sous le nom de *sansonnet* : ils ont l'habitude de voler en troupe, font leur nid avec peu de soin et souvent s'emparent de celui du *pivert*.

5°. Les *gros-becs*, oiseaux répandus dans différens pays. La forme de leur bec est la même ; mais leurs mœurs sont quelquefois différentes. Ceux de nos pays sont taciturnes et solitaires.

6°. Le *bouvreuil*, qui a un plumage agréable et le chant fort doux. On l'élève avec beaucoup de facilité. Pendant l'été ces oiseaux se tiennent dans les bois, et en hiver ils parcourent les plaines en grandes troupes.

7°. Les *moineaux*, dans le genre desquels sont compris le *serin*, le *chardonneret*, la *linotte*, etc. parce que leur forme est à-peu-près la même, et qu'ils ne diffèrent que par la couleur du plumage et par le chant. Ils sont très-communs dans nos climats et par conséquent connus de tout le monde.

8°. Les *bruans*, dont on trouve dans nos contrées plusieurs espèces, connues sous le nom de *zizi*, *verdrier* et *ortolan*. Leur chant n'est pas désagréable quoiqu'un peu aigu, et leur chair est un morceau friand pour quelques personnes.

D. *Quels sont les genres du onzième ordre ?*

R. 1°. Les *gracules*, parmi lesquels on doit remarquer le *maniate*, à cause de ses talens pour siffler, chanter et parler. Il a la prononciation plus franche que le perroquet, et aime beaucoup à exercer son talent.

2°. Les *corbeaux*, dont les habitudes ne sont pas généreuses, mais qui réunissent cependant quelques bonnes qualités. Ils ont un grand soin de leurs petits, et profitent bien des leçons de ceux qui leur apprennent à parler ou à chasser. On assure que leur vie s'étend au-delà de cent ans.

3°. Les *rolliers*, qui voyagent tous les ans depuis la Suède jusqu'en Afrique. Ils ont le vol fort élevé. Ils sont plus sauvages que le *geai* et la *pie*. Leur plumage est fort beau ; c'est un assemblage des plus belles nuances de bleu et de vert, mêlées avec du blanc et relevées par des couleurs plus obscures.

4°. Les *paradis*, dont le beau plumage aurait bien suffi pour fixer l'attention des hommes, sans leur attribuer des vertus imaginaires. On les trouve aux îles *Arou* et dans les *Indes*, parmi les végétaux qui donnent les aromates, et dont ils se nourrissent.

5°. La *sittèle*, qui meurt dans le pays qui la voit naître ; elle ne voyage que d'un arbre à l'autre, et c'est dans le tronc d'un arbre qu'elle établit son nid. Lorsque l'ouverture est trop grande, elle la rétrécit par une espèce de maçonnerie.

6°. Le *pic-bœuf*, oiseau très-friand de certains vers ou larves d'insectes, qui éclosent sous l'épiderme des bœufs, et y vivent jusqu'à leur métamorphose. Il se pose sur le dos de ces animaux et leur entame le cuir à coups de bec pour en tirer ces vers. C'est de là que lui vient son nom de *pic-bœuf*.

D. *Quels sont les genres du douzième ordre ?*
R. 1°. Les *mésanges*, petits oiseaux très-vifs et très-agissans, se suspendant et s'accrochant partout : ils se nourrissent d'insectes et de petits vers. Ils ont du penchant à la cruauté, et mangent quelquefois la cervelle de leurs compagnons d'esclavage plus faibles qu'eux.

2°. Les *alouettes*, dans le genre desquelles sont compris plusieurs oiseaux très-communs parmi nous et très-bons à manger ; tels que l'*alouette*, la *mauviette*, la *coquillade*, etc. ; la *fauvette*, connue par le son mélodieux de son chant ; le *roitelet*, un des plus petits oiseaux de nos climats. Il porte sa queue troussée comme celle du coq.

3°. Les *bec-fins*, dans le genre desquels se trouve le *rossignol*, dont le chant est si connu par sa mélodie. On peut apprendre aux *rossignols* à répéter certains sons, et même du latin et du grec. Ils sont très-confians, et à cause de cela très-faciles à prendre. Aux approches de l'hiver ils quittent nos climats.

4°. Les *motacilles*, oiseaux qui fréquentent le bord des ruisseaux, et qui se plaisent à suivre la charrue des laboureurs pour saisir les vermisseaux qui se trouvent sur la glèbe nouvellement renversée.

D. *Quels sont les genres du treizième ordre ?*

R. Il y en a deux : les *hirondelles*, qui sont répandues dans toutes les contrées, suivant les saisons. Elles voyagent beaucoup, par la facilité qu'elles ont de voler, et détruisent une grande quantité d'insectes dont elles font leur nourriture. Et l'*engoulevent*, surnommé *crapaud-volant*, à cause de sa physionomie hideuse. Le matin et le soir il va à la chasse des insectes dont il se nourrit; la grande lumière l'incommode beaucoup.

D. *Quels sont les genres du quatorzième ordre ?*

R. 1°. La *huppe*, qui se trouve dans presque toutes les contrées, où elle séjourne rarement. Les différentes saisons la voient successivement arriver et partir. Les insectes sont sa principale nourriture.

2°. Les *grimpereaux*, petits oiseaux assez communs dans nos climats et qui voyagent peu ; ils se tiennent aux murailles ou dans le creux des arbres. On les voit presque toujours cherchant leur nourriture partout où il y a des insectes.

3°. Les *colibris*, généralement un peu plus gros que les *oiseaux mouches*, et habitant les mêmes climats ; ils ont un plumage tout-à-fait brillant.

D. *Quels sont les genres du quinzième ordre ?*

R. Il n'y a que les *oiseaux mouches*, qui se trouvent dans les climats chauds du nouveau Continent.

Ils sont plus jolis que les *papillons*, et vont comme eux de fleur en fleur. Ils sont aussi remarquables par leur petitesse que par leur couleur. Suivant Acosta, un de ces oiseaux, avec son nid, pèse en tout 24 grains. Les jeunes Indiennes s'en font une parure et les portent en forme de pendans d'oreille.

D. *Combien la troisième sous-division a-t-elle d'ordres ?*

R. Cinq : le seizième, bec dentelé ; le dix-septième, bec droit et comprimé ; le dix-huitième, bec droit et déprimé ; le dix-neuvième, bec droit et menu ; et le vingtième, bec arqué.

D. *Quels sont les genres du seizième ordre ?*

R. Il y en a deux : les *calaos*, pourvus d'un bec énorme plus embarrassant qu'utile, qui leur donne un aspect rude. Et le *momot*, dont la chair est sèche et peu bonne à manger : il dépose ses œufs dans un trou de *tatou* ou de quelqu'autre quadrupède.

D. *Quels sont les genres du dix-septième ordre ?*

R. Il n'y a que les *alcyons*, parmi lesquels on trouve le *martin-pêcheur*, un des plus beaux oiseaux de notre climat par la netteté, la richesse et l'éclat de son plumage. Il niche au bord des ruisseaux et des rivières, dans des trous creusés par les *rats-d'eau* ou par les *écrevisses*. Il les approfondit lui-même et en maçonne l'entrée.

D. *Quels sont les genres du dix-huitième ordre ?*

R. Il n'y a que les *todiers*, qui se trouvent dans le nouveau Continent ; ils se nourrissent de vers et d'insectes : quelques-uns ont le ramage agréable.

D. *Quels sont les genres du dix-neuvième ordre ?*

R. Il n'y a que les *manakins*, qui, au lever

du soleil, se trouvent ordinairement en troupe; mais pendant la chaleur, ils s'enfoncent dans les forêts et se séparent jusqu'au lendemain.

D. *Quels sont les genres du vingtième ordre?*

R. Il n'y a que les *guêpiers*, dont un est assez commun dans nos climats; il niche au fond d'un trou qu'il creuse lui-même avec ses pieds et son bec, et la jeune famille qu'il y élève ne se disperse point.

D. *Combien la quatrième sous-division renferme-t-elle d'ordres?*

R. Un seul, le vingt-unième, dont les oiseaux ont le bec renflé.

D. *Quels sont les genres de ce vingt-unième ordre?*

R. 1°. Le *pigeon*, que tout le monde connaît, et dont il y a plusieurs espèces étrangères plus belles et aussi fécondes que notre pigeon domestique. Ce genre comprend les *tourterelles*, symbole de la tendresse, dont les mœurs et les inclinations ressemblent tellement à celles des *pigeons*, qu'on les a vus s'unir et produire ensemble.

2°. Les *tétras*, qui sont en général d'un fort bon goût; mais ils ne survivent pas à la perte de leur liberté; de sorte qu'on ne peut avoir que ceux tués à la chasse.

3°. Les *perdrix*, dans le genre desquelles on a mis aussi les *cailles*, qui sont un peu plus petites; mais ces deux espèces ont beaucoup de ressemblance dans leurs mœurs et leur organisation.

4°. Les *tinamous*, oiseaux particuliers aux climats chauds de l'Amérique. Ils se perchent sur les arbres pour y passer la nuit, et s'y tiennent aussi quelquefois le jour. Leur chair est bonne à manger.

5°. Les *tridactyles*, qui ont une place auprès des yeux dénuée de plumes, et qui n'ont que trois doigts à chaque pied. Ils voyagent dans différens climats.

6°. Le *paon*, qui réunit le plus beau plumage, avec le chant le plus désagréable. Sa chair n'est bonne à manger que pendant sa jeunesse ; elle devient dure et fort sèche quand il est vieux.

7°. Les *faisans*, parmi lesquels se trouve notre *coq*, que tout le monde connaît, et qui paraît originaire des vastes forêts des Indes orientales. En général, le *faisan* vit avec peine en domesticité ; on réussit pourtant à le conserver dans des lieux appelés *faisanderies*.

8°. La *pintade*, oiseau assez répandu parmi nous. Sa chair est bonne à manger ; on en fait la chasse à coups de bâton. En domesticité elle exerce une espèce d'empire sur tous ses compagnons d'esclavage, et se fait craindre des *dindons* plus forts qu'elle.

9°. Le *dindon*, un des oiseaux les plus utiles de nos basses-cours. Il paraît n'avoir été connu que depuis la découverte du nouveau-monde, où il existe en grande quantité : il se rengorge et étale ses plumes à l'aspect d'un objet ou d'un son inconnu.

10°. Les *hoccos*, animaux paisibles et sans défiance, dans les montagnes de l'Amérique où ils habitent ordinairement. On dirait qu'ils ne voyent point le danger, ou qu'ils ne veulent rien faire pour s'en garantir.

11°. Les *pénélopes*, qui ont les plumes du dessus de la tête relevées en huppe, ou retournées vers le bec. Leurs habitudes sont encore peu connues.

12°. Les *gouans*, qui ont aussi les plumes du dessus de la tête très-roides, ou retournées vers le bec, ou relevées en huppe. Leur plumage est noir, mêlé de brun et un peu tacheté de blanc. Leur chair est bonne à manger.

D. Comment divise-t-on la deuxième sous-classe ?

R. On en fait deux divisions, dont la première a trois doigts devant, un doigt ou point de doigt derrière ; et la deuxième, qui a deux, trois ou quatre doigts très-forts.

D. Comment partage-t-on la première division ?

R. On en fait trois sous-divisions, dont la première comprend les *oiseaux d'eau*, qui ont les doigts de devant entièrement réunis par une membrane ; la deuxième, les *oiseaux d'eau*, quatre doigts réunis par une large membrane ; et la troisième, les *oiseaux de rivage*, doigts réunis à leur base par une membrane.

D. Combien la première division a-t-elle d'ordres ?

R. Six : le vingt-deuxieme, bec crochu ; le vingt-troisième, bec dentelé ; le vingt-quatrième, bec droit et comprimé ; le vingt-cinquième, bec droit et menu ; le vingt-sixième, bec arqué ; et le vingt-septième, bec renflé.

D. Quels sont les genres du vingt-deuxième ordre ?

R. 1°. Les *flamands*, plus communs dans les climats chauds de l'ancien et du nouveau Continent que dans les climats tempérés. Ils placent leur nid dans les mares salées. Ils se nourrissent d'œufs et de poissons, de coquillages et d'insectes aquatiques.

2°. Les *albatrosses*, qui habitent les mers australes. Ils effleurent en volant la surface des eaux, et ne prennent un vol un peu plus élevé que dans les gros tems. Ils se reposent et dorment sur les flots. Ils se nourrissent de petits animaux marins et de poissons morts.

3°. Les *pélécanoïdes*, qui ont une poche sous la gorge, et qui n'ont que trois doigts à chaque pied ; leurs habitudes et leurs mœurs sont encore peu connues.

4°. Les *pétrels*, qui ne viennent à terre que pour faire leur ponte. Ils ont la faculté de se reposer tranquillement sur les flots au milieu des tempêtes. Lorsqu'on les surprend sur leur nid, ils rejettent une huile, qui est le produit de leur digestion, et la lancent assez loin pour incommoder ceux qui veulent en approcher.

D. *Quels sont les genres du vingt-troisième ordre ?*

R. 1°. Les *canards*, dont une partie rendue domestique, nous est devenue très-utile dans les basses-cours. Les *canards sauvages* passent une partie du jour sur les eaux, loin du rivage ; et vers la nuit, ils les quittent pour aller dans les prairies et terres ensemencées, chercher leur nourriture. Ils vont nicher et passer l'été dans les régions septentrionales de l'Europe. Le *cygne*, qui est une espèce de ce genre, vole et nage avec beaucoup de facilité. Il paraît que sa vie est très-longue.

2°. Les *harles*, qu'on trouve dans le nord de l'Europe, sur la mer et sur les étangs ; mais ils sont assez rares, et on ne les voit qu'en hiver. Leur chair est sèche et mauvaise à manger.

3°. Le *prion*, qui a un ongle, au lieu de pouce, à chaque pied. Il se nourrit de poissons et de coquillages.

D. *Quels sont les genres du vingt-quatrième ordre ?*

R. 1°. Le *bec-en-ciseaux*, qui rase, en volant, la surface de la mer, et la sillonne avec la partie inférieure de son bec, plongée dans l'eau, afin d'attraper en-dessous le poisson et l'enlever en passant; ce qui l'a fait nommer *coupeur-d'eau* par quelques auteurs. Il est particulier aux mers d'Amérique.

2°. Les *plongeons*, oiseaux privés de la faculté de voler; mais qui nagent avec beaucoup de facilité; lorsqu'ils sont poursuivis, ils s'enfoncent dans l'eau, pour ne reparaître que fort loin de l'endroit où ils ont plongé.

3°. Les *grèbes*, habitans de la mer et des eaux douces : ils se nourrissent de poissons et de plantes marines. Ceux qui fréquentent la mer établissent leurs nids dans les fentes des rochers qui la bordent; au-lieu que ceux de nos étangs le construisent avec des roseaux et des joncs entrelacés.

4°. Le *guillemot*, qui a le bec un peu haut et pointu, trois doigts à chaque pied et les ailes très-courtes.

5°. L'*alque*, qui a aussi les ailes très-courtes, trois doigts à chaque pied, et le bec très-haut et sillonné.

6°. Les *pingouins*, ressemblant assez aux *manchots*, mais ayant cependant quelques pennes à leurs ailes. Ils voyagent au milieu des glaces flottantes de l'océan septentrional. Leur peau est si épaisse, qu'on a de la peine à leur couper la tête d'un coup de sabre.

7°. Les *manchots*, oiseaux privés de la faculté de voler, mais qui nagent très-bien. Ils ne viennent à terre que pour nicher.

D. *Quels sont les genres du vingt-cinquième ordre ?*

R. Il n'y a que les *sternes*, que l'on trouve dans tous les climats, rasant l'eau d'un vol rapide, et enlevant les petits poissons qui se trouvent à sa surface.

surface. Quoiqu'elles nagent très-bien, elles le font rarement.

D. *Quels sont les genres du vingt-sixième ordre ?*

R. Il n'y a que l'*avocette*, qui arrive sur nos côtes en avril et en novembre, et qui en part souvent le lendemain de son arrivée. On la prend difficilement ; elle ne paraît être commune nulle part.

D. *Quels sont les genres du vingt-septième ordre ?*

R. Les *mauves*, seuls, oiseaux fort communs sur nos côtes. On les voit en grande troupe se disputer les débris des cadavres qui flottent sur les eaux. Ils dévorent tout : la chair fraîche ou corrompue, les poissons, les écailles, et les os même.

D. *Combien la deuxième sous-division renferme-t-elle d'ordres ?*

R. Trois : le vingt-huitième, bec crochu ; le vingt-neuvième, bec dentelé ; et le trentième, bec droit et comprimé.

D. *Quels sont les genres du vingt-huitième ordre ?*

R. 1°. La *frégate*, oiseau qui vole rapidement, et parcoure d'un trait des mers immenses. Elle voyage la nuit comme le jour, et ne s'arrête que sur les mers qui lui offrent une ample pâture. Elle est très-vorace, et les poissons qui voyagent en troupe ne sauraient se soustraire à ses attaques.

2°. Le *cormoran*, oiseau de rivage, se trouvant sur presque toutes les mers de l'ancien et du nouveau continent. Il se nourrit de poissons, dont il détruit une grande quantité. Sa chair est assez mauvaise.

D. *Quels sont les genres du vingt-neuvième ordre ?*

R. 1°. Le *fou*, ainsi nommé parce qu'il se laisse chasser à la main, sans chercher à fuir ni à se défendre. Il ne peut prendre son vol que d'un point élevé,

O

d'où il part pour planer sur la mer et enlever les poissons qui nagent à sa surface. Il quitte peu les environs du rivage.

2°. Les *phaétons*, qui quittent peu les tropiques, ce qui les a fait appeler *oiseaux des tropiques*. Leur vol est rapide et puissant, et ils ont en outre la faculté de se reposer sur l'eau.

3°. L'*auhinga*, qui habite les côtes de l'Amérique méridionale et du Sénégal. Il nage tenant seulement la tête hors de l'eau ; et au moindre soupçon de danger, il s'y plonge entièrement.

D. *Quels sont les genres du trentième ordre ?*

R. Il n'y a que le *pélican*, qui nage et vole très-bien. On en trouve quelques uns dans nos pays, mais en général ils fréquentent des climats plus chauds, comme l'Égypte et la Barbarie. Ils ont aussi une espèce de poche sous la gorge.

D. *Combien la troisième sous-division renferme-t-elle d'ordres ?*

R. Sept : le trente-unième, bec crochu ; le trente-deuxième, bec droit et conique ; le trente-troisième, bec droit et comprimé ; le trente-quatrième, bec droit et déprimé ; le trente-cinquième, bec droit et menu ; le trente-sxième, bec arqué ; et le trente-septième, bec renflé.

D. *Quels sont les genres du trente-unième ordre ?*

R. 1°. Le *kamichi*, qui fait la guerre aux reptiles qui infestent les vastes contrées de l'Amérique méridionale. Il a les mœurs douces et le naturel sensible. Le mâle et la femelle ne se quittent jamais ; et si l'un d'eux vient à mourir, il n'est plus de bonheur pour l'autre ; ses douleurs ne finissent qu'avec sa vie.

2°. Le *glaréole*, dont le bec est court et droit dans une grande partie de sa longueur. Ses habitudes sont peu connues.

D. *Quels sont les genres du trente-deuxième ordre ?*

R. 1°. L'*agami*, qui vit en troupe nombreuse dans les hautes forêts de l'Amérique méridionale. On l'apprivoise facilement, et il est capable des sentimens les plus affectueux pour son maître. Il paraît que de tous les oiseaux c'est celui qui a le plus d'instinct, et le moins d'éloignement pour la société de l'homme.

2°. Le *vaginal*, qui a la mandibule supérieure renfermée en partie dans une gaîne. Il n'a aussi que trois doigts à chaque pied. Ses mœurs sont peu connues.

D. *Quels sont les genres du trente - troisième ordre ?*

R. 1°. Les *grues*, originaires du nord ; elles passent l'automne dans nos climats et l'hiver en Egypte. Elles portent leur vol très-haut, et voyagent en formant un triangle à peu-près isocèle. Elles se nourrissent de graines et d'insectes.

2°. Les *cigognes*, qui habitent successivement aussi l'Europe et l'Egypte. Leur industrie et leur utilité les a fait respecter par les anciens et par quelques peuples modernes.

3°. Les *hérons*, oiseaux fort tristes et fort peu industrieux. On les trouve près des marais et des ruisseaux, où ils se nourrissent de grenouilles et de poissons.

4°. Le *bec-ouvert*, ainsi nommé parce que ses deux mandibules sont toujours séparées l'une de l'autre dans une partie de leur longueur.

5°. Les *ralles*, qui habitent ordinairement le bord des étangs et des marais. Presque tous les oiseaux retirent leurs pieds sous le ventre pendant leur vol, et eux ils les laissent allongés.

6°. Les *huîtriers*, que l'on trouve sur les bords de la mer et jamais sur les rivages d'eau douce. Ce nom leur a été donné parce qu'ils font leur principale nourriture d'huîtres et de coquilles marines.

D. *Quels sont les genres du trente-quatrième ordre ?*

R. Le *savacou*, surnommé *cuiller* par quelques uns, à cause de la forme de son bec. Il se perche sur les arbres aquatiques, où il attend le passage du poisson dont il fait sa proie, et sur lequel il tombe en plongeant, et se relevant sans s'arrêter sur l'eau. Et la *spatule*, qu'on trouve rarement dans les terres, parce qu'elle préfère les bords de la mer et des rivières de presque toute l'Europe, où elle trouve une ample nourriture parmi les poissons, les vers et les insectes aquatiques.

D. *Quels sont les genres du trente-cinquième ordre ?*

R. Il n'y a que la *bécasse*, qui habite, pendant l'été, le sommet des Alpes et des Pyrénées, et nous offre pendant l'hiver une chasse abondante. On en trouve dans les deux mondes et très-communément en Europe.

D. *Quels sont les genres du trente-sixième ordre ?*

R. 1°. Le *jabiru*, le plus puissant des oiseaux de rivage. Il attaque et détruit les reptiles qui peuplent le bord des marais et des fleuves du nouveau monde.

2°. Les *ibis*, à qui les Égyptiens rendaient les honneurs divins, parce que ces oiseaux détruisent les œufs des crocodiles et de beaucoup de reptiles, qui, sans les ibis, infesteraient l'Égypte lorsque le Nil rentre dans son lit.

3°. Les *courlis*, oiseaux de toutes les contrées. En France, ils ne fréquentent guère que les côtes maritimes. Ils volent ordinairement par troupe et courent avec beaucoup d'agilité. Ils se nourrissent de vers de terre, d'insectes et de petits coquillages.

4°. L'*échasse*, oiseau dont les jambes sont extrêmement grêles et allongées. Il se trouve en Égypte et dans plusieurs autres pays, mais partout assez rarement : il marche avec peine et vole avec facilité.

D. *Quels sont les genres du trente-septième ordre ?*

R. 1°. Les *hydrogallines*, parmi lesquelles se trouve la *poule sultane* de Buffon. Son port est noble, ses formes belles, et son plumage brillant. Presque toutes les hydrogallines fréquentent les rivages, et on en trouve dans les climats chauds des deux continens.

2°. La *foulque*, qui passe une grande partie de la journée sur l'eau, et ne vient que rarement à terre ; pendant le jour elle se cache dans les roseaux, et ne prend son vol que vers la nuit. A peine ses petits sont-ils nés, qu'ils se jettent à l'eau, nagent et plongent très-bien.

3°. Les *jacanas*, surnommés *chirurgiens* au Brésil, où on les trouve, à cause de leurs ongles incisifs comme des stylets et des aiguilles. Ils ont un petit éperon jaune et pointu de nature de corne, placé à la partie antérieure de l'aile, et qui leur sert de défense.

4°. Les *vanneaux*, que l'on voit arriver dans nos climats au commencement du printems, et qui les quittent à la fin de l'automne. Ils se nourrissent de vers ; et comme ils vont par grandes troupes, ils ont bientôt dévoré tous les vers d'un canton, et sont obligés de changer souvent de pays.

5°. Les *pluviers*, oiseaux assez communs aux deux continens. On ne les voit en France que vers le printems et vers l'automne. Ils vont passer les grandes chaleurs dans les climats du nord, et les froids de l'hiver dans ceux du midi. Le nom de *pluvier* leur a été donné, parce qu'ils reviennent ordinairement dans nos contrées pendant les pluies d'automne.

6°. Les *outardes*, qui ne construisent pas de nids. Au commencement du printems, elles se séparent par couples ; la femelle fait un trou en terre, dans les bleds, et y dépose deux œufs. Dans leurs passages, elles ne se reposent que dans les lieux les plus élevés, parce qu'elles s'élèvent difficilement de terre.

D. *Comment partage-t-on la seconde division de la seconde sous-classe ?*

R. On en fait une seule sous-division, comprenant les *oiseaux coureurs*, qui ont les doigts non réunis à leur base par une membrane.

D. *Combien cette sous-division renferme-t-elle d'ordres ?*

R. Trois : le trente-huitième, bec droit et déprimé ; le trente-neuvième, bec arqué ; et le quarantième, bec renflé.

D. *Quels sont les genres du trente-huitième ordre ?*

R. L'*autruche*, le plus gros des oiseaux, mais privé de la faculté de voler. Elle se nourrit de dattes, de fruits et de légumes, avale du sable et d'autres corps durs. Elle habite l'Égypte, l'Arabie, et même l'Asie, mais assez rarement. Et le *touyou*, qui n'a que trois doigts à chaque pied, et une tubérosité qui tient lieu de pouce. Il court si vite que les chiens ne peuvent l'atteindre.

D. *Quels sont les genres du trente-neuvième ordre ?*

R. Le *casoar*, que l'on trouve dans les Indes orientales à Java, d'où les Hollandais l'on apporté les premiers en Europe. On lui attribue la même voracité et la même facilité à digérer qu'à l'autruche ; il vit dans la même zone, est aussi privé de la faculté de voler, et rue comme le cheval.

D. *Quels sont les genres du quarantième ordre ?*

R. Il n'y a que le *dronte*, oiseau très-lourd et mal proportionné. Il a un corps massif, à peine soutenu sur deux gros piliers très-courts, et surmonté d'une tête grotesque ; il a des ailes, mais elles sont trop courtes pour l'élever dans les airs.

QUADRUPÈDES OVIPARES.

D. *Comment divise-t-on les quadrupèdes ovipares ?*

R. En deux classes, dont la première comprend ceux qui ont une queue, et la seconde comprend ceux qui n'ont point de queue.

D. *Que renferme la première classe ?*

R. Elle comprend deux genres : les *tortues*, qui ont le corps couvert d'une carapace ; et les *lézards*, qui ont le corps sans carapace. Les *tortues* ont toujours passé pour le symbole de la lenteur, à cause de leur marche lente et qui paraît pénible. Elles ont une enveloppe dure et pesante qui leur couvre tout le corps ; elles l'ont en naissant et la gardent toute leur vie. Elle leur sert d'asile et de défense contre leurs ennemis. Les *tortues* n'ont pas de dents ; mais les os festonnés qui composent leur mâchoire sont assez durs pour qu'elles puissent briser aisément les substances les plus compactes. Les femelles déposent leurs œufs en grande quantité sur le sable, et les recouvrent un peu pour que le soleil puisse néanmoins les échauffer et les faire éclore. Il y a des espèces qui vivent dans la mer, d'autres dans l'eau douce et dans les terrains secs et élevés.

Les tortues de mer paissent l'herbe sous l'eau et hors de l'eau ; elles trouvent leur nourriture dans des espèces de prairies qui sont au fond de la mer le long de plusieurs îles de l'Amérique. On trouve de ces *tortues* qui pèsent jusqu'à deux cents livres, et qui donnent 30 à 40 pintes d'huile.

Les *tortues d'eau douce* se trouvent sur les bords de presque toutes les rivières des climats chauds et tempérés. On en élève, dans les départemens méridionaux, dans les jardins au bord des ruisseaux et des étangs. Elles y sont très-utiles par la grande quantité de limaçons, de vers et d'insectes qu'elles dévorent.

Les *tortues de terre* habitent constamment les jardins, les champs, les forêts et les montagnes, se nourrissent de fruits, de légumes et d'insectes.

Les *lézards*, en général, habitent le bord des eaux ; on en trouve cependant qui préfèrent les vieux murs. Quelques-uns fréquentent les endroits habités, ce qui a fait nommer le lézard *ami de l'homme*; d'autres préfèrent les lieux déserts. Nos *lézards* changent de peau pendant la belle saison; ils sont plus communs dans les climats chauds que dans les pays froids. Ils deviennent quelquefois familiers, et dans tous les tems on peut les manier impunément et sans aucun risque. Parmi les différentes espèces de ces animaux se trouvent :

1°. Le *crocodile*, qui habite les grands fleuves de la zone torride. Il se tient sur le bord des fleuves, ou caché entre deux eaux, et attend les animaux qui viennent s'y désaltérer, et qui ont de la peine à lui échapper. Il se trouve en Egypte, en Amérique et en Asie, sur les bords du Niger, du Nil, et des Amazones. Il a beaucoup d'ennemis ; et il y a sur la côte de Guinée des Nègres assez hardis pour l'attaquer corps à corps, et assez adroits pour lui donner la mort.

2°. La *salamandre*, à qui on a attribué beaucoup de propriétés qu'elle n'a pas, et entr'autres celle d'éteindre le feu, ce qui l'a fait appeler *fille du feu*. Elle a cela de particulier, que, lorsqu'on lui a coupé une pate, il lui en revient une autre entièrement semblable. On trouve ces animaux dans presque tout l'ancien continent.

3°. Le *caméléon*, qui depuis long-tems est pris pour l'emblême de ces hommes qui savent flatter toutes les opinions et se plier à tous les caractères, parce qu'on a cru qu'il n'avait point de couleur en propre, et qu'il prenait toujours celle des objets voisins. Il se trouve en Afrique, au Méxique, et peut vivre, comme quelques autres lézards, une année sans manger; ce qui a fait dire qu'il vivait d'air.

4°. Le *dragon*, qui, au moyen d'ailes formées par une membrane qui réunit ses côtes, peut se transporter d'une branche à l'autre de l'arbre qu'il habite. Il est bien différent, comme on le voit, de ce monstre ailé dont parlent les poëtes; monstre dont le regard immolait ses victimes, et qui réunissait l'agilité de l'aigle, la force du lion et la grandeur du serpent. On le trouve en Asie et en Afrique, vivant de fourmis, de papillons, et d'insectes.

D. Quels genres sont compris dans la seconde classe ?

R. Trois genres : les *grenouilles*, les *raines*, et les *crapauds*.

1°. Les *grenouilles* sont connues de tout le monde; dans les belles soirées d'été elles remplissent l'air de sons rauques, que l'on appelle *croassement de la grenouille*. Elles passent l'hiver dans quelque asile au fond des eaux, où on les trouve engourdies. Ces animaux vivent encore près de quatre heures après qu'on leur a coupé la tête. Ils se nourrissent, en général, d'insectes, d'araignées et de petits limaçons.

2°. Les *raines*, que l'on distingue des grenouilles par de petites pelotes visqueuses qu'elles ont sous les doigts, et qui leur servent à s'attacher aux branches d'arbres, sur lesquelles elles sautent d'une manière qui ressemble assez à celle des oiseaux. Elles vont à la chasse des insectes, sur lesquels elles s'élancent avec beaucoup d'agilité.

3°. Les *crapauds*, que l'on regarde comme les plus ignoble des êtres à cause de leurs goûts sales et grossiers, mais non comme les plus malfaisans. Il paraît qu'ils vivent plus de quarante ans. On en trouve dans beaucoup de pays ; et en Amérique, lorsqu'il a plu, la terre en est entièrement couverte. Plus ils approchent des climats chauds et humides, plus ils paraissent nuisibles et dangereux.

D. Quels sont les animaux qui par leur conformation semblent tenir le milieu entre les quadrupèdes ovipares et les serpens ?

R. Ce sont les *reptiles bipèdes*, dont il y a deux espèces ; le *bipède cannelé*, et le *stheltopusik*, qui sont très-peu connus, dont le premier a deux pieds de devant, et le second a deux pieds de derrière.

SERPENS.

D. Qu'appelle-t-on serpens ?

R. On appelle *serpens*, des animaux sans pieds et sans nageoires que l'on trouve dans les deux continens. Ils passent l'hiver dans la torpeur et l'engourdissement. Au commencement de la belle saison ils se dépouillent et revêtent une peau nouvelle. On ne sait point au juste la durée de leur vie ; mais il paraît qu'elle est assez longue. Quand on leur a coupé une partie de la queue elle repousse presque toujours.

D. *Comment divise-t-on les serpens ?*
R. En huit genres.
D. *Quels sont les serpens du premier genre ?*
R. Les *couleuvres*, dans le genre desquelles se trouvent :

1°. La *vipère*, aussi féroce et dangereuse que les couleuvres communes sont douces et innocentes. Elle habite nos départemens méridionaux, où elle est très-connue à cause de son venin dangereux. Elle a de chaque côté de la mâchoire une, deux et quelquefois trois ou quatre dents, longues d'environ trois lignes, blanches, diaphanes, crochues et très-aiguës, qu'on appelle *dents canines de la vipère*. Le poison est contenu dans une vésicule placée de chaque côté de la tête ; et se trouvant pressé par le mouvement de la mâchoire, il traverse la dent percée de la base au sommet, et s'infiltre dans la blessure. Le tabac leur donne la mort.

2°. L'*aspic*, dont l'infortunée Cléopâtre choisit le poison pour se donner la mort, après la victoire d'Auguste. On le trouve en Égypte, où il est employé à plusieurs préparations. Les Vénitiens la tirent de là, pour la préparation de leur thériaque.

3°. Les *couleuvres communes*, très-distinctes des vipères par les belles couleurs dont la nature les a ornées sur toutes les parties du corps. On peut les apprivoiser : on en a vu une qui reconnaissait la voix de sa maîtresse et obéissait à tous ses commandemens. Les couleuvres passent l'hiver dans la terre, et n'en sortent qu'au retour de la belle saison.

4°. Le *serpent d'Esculape*, répandu dans presque toutes les régions chaudes et tempérées de l'Europe. Il est si peu farouche, qu'il se laisse manier et caresser par les enfans.

5º. Le *serpent des dames*, dont les jolies couleurs, les formes sveltes et agréables, ont fixé l'attention des Indiennes. Les femmes de la côte de Malabar le prennent dans leurs mains, le soignent, le caressent ; et lorsque la fraîcheur de l'atmosphère paraît lui être nuisible, elles le cachent dans leur sein.

D. *Quels sont les serpens du second genre ?*

R. Les *boas*, parmi lesquels se trouvent les plus forts et les plus grands des serpens ; ils n'ont aucun venin ; et lorsqu'ils détruisent, ce n'est que pour satisfaire un appétit dévorant. Le *boa devin* est, parmi les serpens, ce que le lion est entre les quadrupèdes. On en trouve qui ont jusqu'à trente pieds de long ; et lorsque la faim les presse, ni les montagnes, ni les rivières, rien ne peut les arrêter.

D. *Quels sont les serpens du troisième genre ?*

R. Les *serpens à sonnettes*, à qui on a donné ce nom à cause de leur queue qui est terminée par une grande pièce de nature écailleuse, ou par plusieurs grandes pièces articulées les unes dans les autres, et qui, étant mobiles, sont assez bruyantes. Le *boiquisa*, le plus dangereux des serpens à sonnettes, habite presque toutes les contrées du Nouveau-Monde, où il se fait beaucoup redouter. Le bruit de ses sonnettes ressemble à du parchemin qu'on froisse, et peut être entendu à plus de soixante pieds de distance. Malgré ce bruit il est difficile de l'éviter, parce qu'il marche avec rapidité, saute de branche en branche et sur les pointes des rochers qu'il habite.

D. *Quels sont les serpens du quatrième genre ?*

R. Les *anguis*, reptiles qui peuvent exécuter des mouvemens en tout sens avec plus de facilité que la plupart des autres reptiles. Ils peuvent aussi marcher en arrière ; mais ils n'ont pas deux têtes, comme on l'a dit : ce qui avait pu contribuer à le faire croire, c'est que leur queue est très-grosse et arrondie, et que les taches qui se trouvent dessus ont pu, à une certaine distance, être prises pour des yeux, des narines et une bouche.

D. *Quels sont les serpens du cinquième genre?*

R. Les *amphisbènes*, dont le corps est composé d'anneaux qui leur donnent la faculté de se plier en tout sens, et de ramper avec une vitesse presque égale en avant et en arrière. C'est de là que leur vient le nom d'*amphisbène*, qui veut dire, *double-marcheur*. On a dit d'eux des choses aussi ridicules que sur les *anguis*; on a dit qu'ils avaient deux têtes, et que lorsqu'on les coupait, les morceaux se recherchaient mutuellement et se réunissaient.

D. *Quels sont les serpens du sixième genre ?*

R. Les *cœciles*, ainsi nommés à cause de la petitesse de leurs yeux, qui a fait croire qu'ils étaient aveugles.

D. *Quels sont les serpens du septième genre ?*

R. Les *langahas*, très-redoutés des habitans de Madagascar; et, en effet, la forme de leurs dents, semblables à celles de la vipère, doit faire présumer qu'ils sont venimeux.

D. *Quels sont les genres du huitième ordre ?*

R. Les *acrochordes*, beaucoup plus grands que les anguis. L'ouverture de leur gueule est petite; ils n'ont point de crochets à venin, mais un double rang de dents à chaque mâchoire. Ils ont la queue très-menue; et l'endroit le plus gros de leur corps est auprès de l'anus, dont l'ouverture est étroite.

D. *N'y a-t-il pas aussi des serpens qui ont plusieurs têtes?*

R. Il a existé des serpens monstrueux nés avec deux têtes, à la même extrémité de leur corps: mais ce sont des monstres qui arrivent dans cette classe, comme dans les autres classes d'animaux; et il n'y a point d'espèce qui naisse et produise constamment des serpens à plusieurs têtes ou à plusieurs queues ; on ne doit ces contes qu'à des imaginations toujours avides du merveilleux.

POISSONS.

D. Comment divise-t-on les poissons ?

R. On en fait deux sous-classes, dont la première comprend les *poissons cartilagineux*, qui ont les parties solides de l'intérieur du corps cartilagineuses ; et la seconde comprend les *poissons osseux*, qui ont les parties solides de l'intérieur du corps osseuses.

D. Comment divise-t-on la première sous-classe ?

R. On en fait quatre divisions, dont les caractères sont : la première, de ne point avoir d'opercule branchial, ni de membrane branchiale ; la seconde, point d'opercule branchial, une membrane branchiale ; la troisième, un opercule branchial, point de membrane branchiale ; la quatrième un opercule branchial, et une membrane branchiale.

D. Comment partage-t-on les divisions ?

R. Chaque division est partagée en quatre ordres ; dans le premier, sont les poissons qui n'ont point de nageoires inférieures, et que l'on nomme *apodes* ; dans le deuxième ordre, sont ceux qui ont une ou deux nageoires sous la gorge, et qu'on appelle *jugulaires* ; dans le troisième ordre, sont ceux qui ont une ou deux nageoires sous la poitrine, nommés *thoracins* ; et dans le quatrième ordre, sont ceux qui ont une ou deux nageoires sous l'abdomen, qui sont nommés *poissons abdominaux*.

D. Combien la première division contient-elle de genres ?

R. Quatre : 1°. Les *pétromysons*, poissons du

premier ordre, à qui on a donné ce nom, qui signifie *suce-pierre*, à cause de la faculté qu'ils ont de s'attacher, par leurs lèvres, aux rochers, aux fonds limoneux et aux bois submergés. Ils ont, comme les cétacés, un évent placé sur le derrière de la tête. Dans ce genre se trouve la *lamproie*.

2°. Les *raies*, poissons du quatrième ordre (1), qu'on ne trouve que dans la mer, sur-tout vers les zones et suivant les différentes époques de l'année, parce qu'elles préfèrent les vastes plages de l'Océan pour nourrir leur corps volumineux; elles poursuivent souvent avec promptitude les poissons plus faibles qu'elles, et fendant les eaux, elles tombent dessus à l'improviste, comme les oiseaux de proie se précipitent du haut des airs. Une des espèces de ce genre, *la raie chagrinée*, est le poisson dont on tire la peau connue sous le nom de *peau de chagrin*. C'est aussi dans ce genre que se trouve la *torpille*, dont le nom est si connu, à cause de la faculté qu'elle a de donner une forte commotion au bras qui veut la saisir, ainsi qu'à l'animal le plus terrible qui veut la dévorer.

3°. Les *squales*, poissons du quatrième ordre, dans le genres desquels se trouve le *requin*, qui parvient à la longueur de trente pieds, et pèse quelquefois plus de douze cents livres. Il a aussi la force et la voracité. Son nom vient par corruption de *requiem*, repos, et lui a été donné par l'effroi des voyageurs, dont il suivait le navire, dans l'espoir d'avaler tout ce qui tomberait sous sa dent meurtrière. Il peut avaler un homme tout entier, au moyen de sa gueule qui a jusqu'à six pieds d'ouverture. Elle est armée de six rangs de dents dentelées: sa chair est dure, de mauvais goût; et sa peau est celle

---

(1) On ne connait point encore de poissons du second et du troisième ordre, ainsi que de beaucoup d'autres ordres.

que l'on connaît dans le commerce sous le nom de *peau de chien de mer*.

Une autre espèce de ce genre, encore très-remarquable, est le *squale-scie*; son museau se termine par une extension très-ferme, très-longue, très-applatie de haut en bas et très-étroite. Cette extension est très-dure et garnie de dents aussi très-fortes ; ce qui lui forme une arme terrible ressemblant assez à un râteau, ou à une grande et forte scie, qui lui a fait donner les noms de *poisson-scie*, *poisson-râteau* ou *porte-râteau*. Il attaque et tue souvent les baleines, dont il est pour ainsi dire un ennemi implacable.

4°. Les *aodans*, poissons du quatrième ordre, dont le nom signifie *sans dents* : ces poissons ont été long-tems confondus dans le genre des squales. Ils habitent la mer Rouge, mais sont encore très-peu connus.

D. *Combien la seconde division contient-elle de genres ?*

R. Trois : 1°. Les *lophies*, poissons jugulaires, dont la tête excessivement grosse et l'ouverture de la gueule extrêmement grande lui ont fait donner le nom de *grenouille de mer*. Ayant peu de moyens, pour faire ouvertement la guerre aux autres poissons, elle emploie la ruse, et se cache dans la vase, au milieu des plantes marines. Elle ne laisse apercevoir que ses filamens qu'elle agite en différens sens, pour qu'ils ressemblent à des vers ou à d'autres appâts : et lorsque sa proie est descendue à portée de sa vaste gueule, elle se jette dessus. On la trouve dans toutes les mers d'Europe.

2°. Les *balistes*, poissons thoracins, dont le plus grand nombre habite les contrées équatoriales; aussi les couleurs de leur vêtement sont brillantes. Ils se nourrissent de crabes, de mollusques, et de polypes. Ils paraissent nager avec difficulté; la peau épaisse, dure et tuberculeuse qui enveloppe leur queue, ôte probablement à cette partie la liberté de se mouvoir avec facilité.

3°. Les *chimères*, poissons abdominaux, qui ont reçu ce nom à cause de leur conformation remarquable. Leur agilité, l'espèce de bizarrerie de leurs mouvemens, la manière dont ils montrent les dents, et celle dont ils remuent inégalement les différentes parties de leur museau, leur ont fait donner aussi le nom de *singe de mer*. Leur longue queue, et la longueur des premiers rayons des nageoires de leur dos, ont fait dire aux poëtes anciens que la chimère avait une tête de lion et une queue de serpent.

D. *Combien la troisième division contient-elle de genres?*

R. Deux: Les *polyodons*, poissons abdominaux, nommés aussi *chiens-de-mer-feuilles*. Le nom de *polyodon* signifie qui a beaucoup de dents, et ce caractère les distingue le plus des autres poissons du même ordre. Le nom de *chien-de-mer-feuille* leur a été donné à cause de leur ressemblance avec les *squales*, qu'on nomme *chiens de mer*, et de la prolongation très-applatie de leur museau, qui est presque aussi long que la tête, le corps et la queue ensemble, et qui a un peu la forme d'une spatule. Et les *acipensères*, poissons abdominaux, et parmi lesquels se trouve l'*esturgeon*, qui nous fournit une saine et abondante nourriture. L'*acipensère-huso*, que l'on ne trouve guère que dans la mer Caspienne et la mer Noire, fournit la colle de poisson, si répandue dans le commerce.

D. *Combien y a-t-il de genres dans la quatrième division?*

R. Onze: 1°. Les *ostracions*, poissons apodes,

revêtus d'une croûte obscure qui les renferme en entier ; ce qui les fait appeler, par certains peuples, *poissons-coffres*. Ils ont en général peu de chair, mais elle est de bon goût dans plusieurs espèces. On ne les trouve que dans les mers chaudes des deux continens.

2°. Les *tétrodons*, poissons apodes, qui ont reçu ce nom, qui signifie *quatre dents*, à cause de la conformation particulière de leurs mâchoires, qui sont séparées chacune en deux portions dentelées, auxquelles on a donné le nom de *dents*. On en trouve une espèce nommée *tétrodon-électrique*, parce qu'elle fait éprouver de fortes commotions à ceux qui veulent la saisir. Cette propriété électrique, que nous avons vu appartenir à la torpille, appartient aussi à d'autres espèces dont nous allons traiter.

3°. Les *ovoïdes*, poissons apodes, qui ont reçu ce nom à cause de la forme de leur corps, qui ressemble à un œuf. Ils n'ont que deux nageoires pectorales aussi petites que les ailes d'une mouche ordinaire.

4°. Les *diodons*, poissons apodes, ressemblant beaucoup aux *tétrodons* et aux *ovoïdes*, mais ayant des mâchoires d'une seule pièce, et qui forment une dent en haut et une autre en bas. C'est de là que leur vient leur nom, qui veut dire, *deux dents*. Les nombreux aiguillons qu'ils portent sur presque toute la surface de leurs corps les ont fait comparer aux *porcs-épics* et aux *hérissons*.

5°. Les *sphéroïdes*, poissons apodes, ainsi nommés à cause de leur forme presque entièrement sphérique, qui n'est altérée que par deux saillies très-marquées, dans chacune desquelles un des yeux est placé. Ses deux narines sont situées entre les yeux et l'ouverture de la bouche.

6°. Les *syngnathes*, poissons apodes, qui n'ont point de langue ni de dents. Ils ont une cuirasse qui leur permet cependant assez de mouvemens. Comme ils ont peu de chair qu'ils perdent difficilement, et qu'en s'agitant ils ressemblent assez à un ver, on s'en sert pour amorcer des hameçons. L'*hippocampe*, compris dans ce genre, a une tête dont la forme ressemble un peu à celle de la tête du cheval, et le reste du corps à une chenille; de là lui vient son nom, qui signifie *cheval-chenille*; mais on a beaucoup exagéré cette forme.

7°. Les *cycloptères*, poissons thoracins, dont les deux nageoires inférieures réunies, et arrondies à leur contour, présentent assez bien, lorsqu'elles sont déployées, la forme d'un bouclier, ou, pour mieux dire, d'un disque; ce qui leur a fait donner ce nom, qui signifie *porte-disque*. On les trouve dans un grand nombre de mers, mais sur-tout dans l'Océan septentrional.

8°. Les *lépadogastères*, poissons thoracins, qui ont beaucoup de ressemblance avec les cycloptères. Leurs nageoires inférieures, qui réunies ensemble présentent la forme d'une conque, leur ont fait donner ce nom.

9°. Les *macrorhinques*, poissons abdominaux, qui ont été ainsi nommés pour désigner la forme de leur museau, qui est non-seulement pointu, mais très-long.

10°. Les *pégases*, poissons abdominaux, ayant des nageoires pectorales, conformées et étendues de manière à pouvoir les soutenir assez long-tems dans l'air. Une des espèces est nommée *pégase-dragon*, et une autre *pégase-volant*.

11°. Les *centrisques*, poissons abdominaux, ressemblant assez à une espèce de tortue qu'on nomme *tortue-luth*. Ils sont la plupart recouverts d'une cuirasse plus ou moins forte, qui a donné lieu à cette comparaison.

D. *Comment divise-t-on la seconde sous-classe des poissons ?*

R. On en fait quatre divisions, dont les caractères sont : la première, d'avoir un opercule branchial, et une membrane branchiale ; la seconde, un opercule branchial, point de membrane branchiale ; la troisième, point d'opercule branchial, une membrane branchiale ; et la quatrième, point d'opercule branchial, ni de membrane branchiale.

D. *Comment partage-t-on les divisions ?*

R. Comme celles de la première sous-classe ; c'est-à-dire, chacune en quatre ordres, dont le premier comprend les poissons qui n'ont pas de nageoires inférieures, et qu'on nomme *apodes* ; le second renferme ceux qui ont une ou deux nageoires sous la gorge, qu'on appelle *jugulaires* ; dans le troisième, sont ceux qui ont une ou deux nageoires sous la gorge, et qui sont appelés *thoracins* ; enfin, dans le quatrième ordre, sont ceux qui ont une ou deux nageoires sous l'abdomen, et qui sont nommés *abdominaux*.

D. *Quels sont les genres du premier ordre de la première division des poissons osseux ?*

R. 1°. Les *cœcilies*, poissons apodes, ainsi que les suivans, et qui n'ont même aucune espèce de nageoires. Ils sont ainsi nommés, parce qu'ils paraissent entièrement privés de la vue.

2°. Les *monoptères*, dont le nom signifie, qui n'a qu'une seule nageoire, parce qu'en effet ils n'ont qu'une petite nageoire à la queue.

3°. Les *leptocéphales*, qui n'ont point de nageoire à la queue, ni même de nageoires pectorales. Ils n'ont qu'une nageoire dorsale et une nageoire de l'anus, toutes deux très-longues, mais très-étroites.

4°. Les *gymnotes*, dont une espèce nommée *gymnote-électrique* donne comme la torpille une forte commotion à celui qui veut la toucher ; ce qui l'a fait nommer *anguille-électrique* à Cayenne et à Surinam où on la trouve.

5°. Les *trichiures*, poisson applati, dont la queue est très-déliée et dénuée de nageoire. En frappant l'eau par ses deux grandes surfaces latérales, il peut s'élancer au dessus de l'eau des fleuves et des lacs, et quelquefois jusque dans les barques des pêcheurs.

6°. Les *nonoptères*, poissons brillans des couleurs de l'or et de l'argent, qui sont répandues sur les petites écailles de leur peau.

7°. Les *ophisures*, long-tems appelés *serpens-marins*, à cause de la ressemblance de leur queue avec celle des serpens.

8°. Les *triures*, dont le nom signifie qui a trois queues ; parce que la nageoire du dos, celle de l'anus et celle de la queue, sont si rapprochées et tellement disposées, que ces poissons semblent avoir trois queues.

9°. Les *aptéronotes*, poissons de deux couleurs, d'un noir plus ou moins foncé et d'un blanc éclatant.

10°. Les *regalecs*, surnommés *rois des harengs*, parce qu'ils se trouvent dans les nombreuses légions de ces poissons, qu'ils sont argentés comme eux, et qu'ils sont plus grands.

11°. Les *odontognathes*, dont les mâchoires sont disposées d'une manière particulière. La mâchoire inférieure est plus longue que la supérieure, et très-relevée contre cette dernière, lorsque l'animal a la bouche entièrement fermée ; de sorte que dans cette position, elle paraît presque verticale.

12°. Les *murènes*, dans le genre desquelles se trouve l'anguille, que tout le monde connaît; mais ce qu'elle a de plus remarquable, c'est la faculté de s'éloigner du bord des eaux pour aller dans les prés chercher les petits vers dont elle se nourrit. Une autre espèce, nommée *murène-congre*, parvient jusqu'à la longueur de dix-huit pieds; elle est très-vorace; et pour satisfaire ses besoins, elle se tient en embuscade à l'embouchure des grands fleuves, et fait sa proie des poissons qui descendent dans la mer et de ceux qui montent dans les rivières.

13°. Les *amodytes*, dont on ne connaît encore que l'espèce nommée *amodyte-appât*, parce que, beaucoup de grands poissons étant friands de sa chair, on s'en sert pour amorcer les hameçons.

14°. Les *ophidies*, que l'on trouve dans la mer Rouge et la Méditerranée : leurs nuances sont l'argenté mêlé de teintes couleur de chair, relevé de bleuâtre, et varié par un grand nombre de petites taches.

15°. Les *macrognathes*, dont le nom, qui veut dire *longue mâchoire*, désigne le grand allongement de la mâchoire supérieure de ces poissons.

16°. Les *xiphias*, dont il y a deux espèces : l'une nommée *espadon*, à cause de la prolongation de sa mâchoire supérieure, qui a la forme d'un espadon ou sabre à deux tranchans; arme terrible dont ce grand animal, qui joint à cela le courage et la force, se sert souvent contre les autres cétacés qu'il met en fuite : et la seconde espèce, qu'on nomme *épée*, à cause d'une prolongation de la mâchoire, à-peu-près semblable, mais qui n'a point de tranchans, et qui est au contraire arrondie et couverte d'une peau chagrinée beaucoup plus rude que celle de l'espadon.

17°. Les *anarhiques*, dont les espèces sont très-féroces et très-redoutables. L'une est nommée *loup-de-mer*, et l'autre *panthérin* ; quoiqu'ils n'aient pas de glaives, comme l'espadon et l'épée, le nombre, la forme et la dureté de leurs dents sont des moyens de destruction plus puissans que ceux des xiphias.

18°. Les *coméphores*, qui ont reçu ce nom, qui veut dire *porte-cheveux*, parce que leur seconde nageoire dorsale est terminée par des filamens qui ressemblent à des cheveux.

19°. Les *stromatées*, dont il y a deux espèces, toutes deux ornées de couleurs brillantes, mais différentes. L'une a sa partie supérieure bleue, la partie inférieure blanche et le tour des lèvres rouge; l'autre est d'une couleur dorée en dessus et argentée en dessous.

20°. Les *rhombes*, que l'on trouve dans la Caroline, et dont les faces latérales sont rhomboïdales, ce qui leur a fait donner le nom générique qu'ils portent.

D. *Combien le second ordre de la première division des poissons osseux contient-il de genres?*

R. Dix : 1°. Les *murénoïdes*, qui ont les deux mâchoires garnies d'un double rang de dents ; ils sont d'un gris cendré qui s'éclaircit sur la tête et sur le ventre.

2°. Les *callionymes*, qui méritent leur nom par leurs belles nuances, relevées de couleurs plus vives, telles que le jaune, le bleu, le vert, etc. Une des espèces est nommée *callionyme-lyre*, à cause d'une nageoire dorsale dont les rayons décroissent dans la proportion de cordes qui seraient destinées à donner par leur longueur l'accord le plus parfait de la musique.

3°. Les *calliomores*, ressemblant assez aux callionymes, mais ayant des couleurs bien moins belles que celles de ces jolis poissons.

4°. Les *uranoscopes*, dont le nom signifie *qui regarde le ciel*, parce que non-seulement leurs yeux sont placés sur la partie supérieure de la tête, mais tournés de manière que, lorsque ces animaux sont en repos, leurs prunelles sont dirigées vers le sommet des cieux.

5°. Les *trachines*, nommés aussi *dragons-marins*, à cause de l'éclat de leur couleur joint au pouvoir de faire des blessures cruelles par des armes presque inévitables. On a voulu les comparer au dragon fabuleux qui attaché au char des magiciennes éblouit et charme en donnant la mort.

6°. Les *gades*, dans le genre desquels sont deux espèces très-connues : la *morue*, qu'on trouve dans le Kamtschatka et dans la Manche ; mais les plus estimées et les meilleures habitent les environs du banc de Terre-Neuve, et c'est là que se réunissent les navires de presque toutes les nations pour la pêche de ce poisson. L'autre espèce est le *merlan*, que l'on pêche sur les côtes européennes, où on le trouve pendant presque toute l'année : sa chair est toujours délicate et de facile digestion ; mais il est plus gros, lorsque les harengs ont déposé leurs œufs, et qu'il a pu s'en nourrir pendant quelque tems.

7°. Les *batrachoïdes*, dont le nom est tiré d'un mot grec, qui signifie *grenouille* : on leur a donné ce nom, à cause d'une ressemblance vague qu'ils ont avec ces animaux.

8°. Les *blennies*, poissons qui ne sont ni aussi nombreux, ni aussi grands, ni aussi bons à manger que les gades ; mais qui ont beaucoup d'agilité et de finesse, soit pour se saisir de leur proie, soit pour échapper à leurs ennemis.

9°. Les

9°. Les *oligopodes*, à qui on a donné ce nom pour marquer la petitesse de leurs nageoires pectorales ou thoracines, et dont la seule espèce connue, et nommée *vélifère*, porte deux immenses nageoires qui, en se déployant, présentent une grande surface et ressemblent assez bien à une voile.

10°. Les *kurtes*, dont le nom signifie *bossu*, parce qu'en effet ces poissons ont sur le dos une élévation qui ressemble à une bosse. Leurs écailles ressemblent à des lames d'argent, et le dos est orné de taches dorées, ce qui rend leur parure magnifique.

D. *Quels sont les genres les plus remarquables du troisième ordre de la première division des poissons osseux?*

R. 1°. Les *cépoles*, dont il y a deux espèces; l'une, dont les différens noms de *ruban*, *bandelette*, *flamme*, *épée*, désignent un corps très-allongé, très-aplati par les cotés, très-souple, se roulant avec facilité autour d'un cylindre, paraissant et disparaissant au milieu des eaux comme un feu léger, ou cédant à tous les mouvemens des flots, comme les flammes qui voltigent au sommet des mâts cèdent à tous les courans de l'atmosphère; et la seconde, dont les noms de *serpent de mer*, *serpent rouge* et *serpentiforme*, indiquent la ressemblance de sa forme avec celle des serpens.

2°. Les *tænioïdes*, dont les yeux sont si petits qu'on ne peut les distinguer qu'avec peine, mais qui au reste se rapprochent beaucoup des cépoles par leurs ondulations, leur vitesse et leur agilité.

3°. Les *gobies*, qui n'ont pas reçu de la nature des armes terribles, mais un instinct assez étendu pour échapper à leurs ennemis par toutes sortes de manéges et de ruses. Ils n'ont pas non plus les couleurs brillantes de beaucoup d'autres poissons; mais cependant leurs nuances sont assez agréables.

P.

4°. Les *scombres*, poissons intéressans par leurs courses rapides, leurs longs voyages, leurs chasses, leurs combats et plusieurs autres habitudes. Parmi les différentes espèces, se trouve le *thon*, que l'on voit souvent se réunir en troupes nombreuses, bondir avec agilité, s'élancer avec force de la surface des eaux où ces poissons livrent leurs combats ou leurs jeux. Lorsqu'ils voyagent ils forment une espèce de parallélogramme qui paraît à la surface des eaux, suivant un navire quelquefois fort loin, et tout-à-coup dispersés par une vive décharge d'artillerie ou un coup de tonnerre subit. Une autre espèce de ce genre qui est aussi très-connue, le *maquereau* est moins grand que le thon. Il se trouve dans les mers glaciales, ainsi que dans les mers chaudes, il passe l'hiver ayant la tête enfoncée dans le limon, et ne laisse dehors que sa queue qu'il tient redressée peut-être par engourdissement.

5°. Les *caranx*, dont le nom tiré du grec signifie *tête*. On leur a donné ce nom à cause de la force de cette partie, et pour annoncer la sorte de puissance qu'ils exercent sur un grand nombre de poissons.

6°. Les *cæsios*, dont les couleurs sont d'un bleu céleste des plus agréables à la vue, une bande jaune, en dessus et le ventre d'un blanc brillant et argenté ; enfin, l'or, l'argent, le bleu céleste, le jaune et le noir sont répandus sur ses écailles avec beaucoup de magnificence et de variété.

7°. Les *coris*, dont la tête est surmontée et enveloppée d'une espèce de casque formé d'une grande lame de substance écailleuse. Le premier rayon de la nageoire dorsale est une ou deux fois plus long que les autres, et semble servir d'aigrette à son casque.

8°. Le *gomphose*, dont le museau ressemble assez à un clou, ce qui lui a fait donner cette dénomination. Il y en a deux espèces, le *bleu* et le *varié*.

9°. Les *nasons*, poissons d'un gris brun, et remarquables par la singularité de la forme de leur tête, sur laquelle on voit une protubérance presque cylindrique qui l'a fait nommer *licornet*, *petite licorne*.

10°. Les *osphronèmes*, remarquables par leur forme, leur grandeur et la bonté de leur chair. Leur hauteur étant très-grande à proportion de leurs autres dimensions, ils fournissent une nourriture aussi abondante qu'agréable.

11°. Les *trichopodes*, dont la tête vue de profil présente quelque ressemblance avec la figure humaine. La mâchoire inférieure s'avance et s'arrondit pour former une espèce de menton ; son front est convexe ; et toute la face, dénuée d'écaille et revêtue de grandes lames, paraît couverte d'une peau : mais cette image n'est pas complète.

12°. Les *plectorhinques*, dont le nom désigne les plis nombreux qui se trouvent sur leur museau. Leur parure est assez belle et variée.

13°. Les *bostryches*, dont les barbillons que l'on trouve à la mâchoire supérieure servent à les distinguer facilement de beaucoup d'autres poissons dont ils se rapprochent par d'autres caractères.

14°. Les *échénéis*, dont une espèce, nommée *rémora*, a été le sujet de beaucoup de fables aussi ridicules qu'extraordinaires. On a dit, et Pline le rapporte, que lorsque ce poisson, qui n'a pas beaucoup plus d'un pied de long, s'attache à un navire, il le tient immobile, même au milieu des tempêtes les plus violentes. On supposait aussi à ce poisson la faculté d'arrêter l'action de la justice, et mille autres puissances dont les funestes étaient compensées par d'autres très-utiles ; comme de retirer par sa seule approche tout l'or qui pouvait être tombé dans le puits le plus profond.

15°. Les *coryphènes*, les plus magnifiquement

parés des poissons de la haute mer; revêtus d'écailles grandes et polies, ils réfléchissent avec vivacité les rayons du soleil, et font briller les couleurs du diamant et des pierres orientales les plus précieuses. Ils entourent en grande troupe les vaisseaux, et s'en approchent assez pour qu'on puisse bien distinguer la richesse et la variété de leurs nuances.

16°. Les *cottes*, dont presque toutes les espèces n'ont que des couleurs sales et obscures; mais ils en sont dédommagés par une faculté qui n'a été accordée qu'à un très-petit nombre de poissons, celle de proférer des sons, qui à la vérité sont bien loin non-seulement des chants mélodieux de beaucoup d'oiseaux, mais même des cris expressifs de presque tous les quadrupèdes.

17°. Les *scorpènes*, poissons pour ainsi dire monstrueux, et qu'il est probable que les poëtes, les romanciers, les mythologues et les peintres, ont pris pour modèle des fantômes, des ombres et des démons dont ils entouraient leurs enchanteurs et leurs magiciens.

18°. Les *centronotes*, que leur petitesse peut seule faire épargner des grands poissons, au milieu desquels ils se trouvent fort souvent; car leurs seules armes sont de petits dards qui se trouvent à quelques parties de leurs corps. Mais le peu de nourriture qu'ils fourniraient aux autres poissons ou aux marins fait toute leur sûreté.

19°. Les *dactyloptères*, grands poissons volans: leurs nageoires leur servent d'ailes pour s'élever dans les airs; mais la membrane qui forme ces ailes se desséchant dans l'atmosphère brûlant du pays qu'ils habitent, ils retombent dans la mer, où ils réparent par leur immersion l'altération de leurs nageoires. Cette propriété de voler leur a fait donner les noms de *faucon-de-mer*, d'*hirondelle-marine*, et leur sert souvent pour échapper à un grand nombre de poissons qui les poursuivent.

20°. Les *mulles*, si anciennement connus à cause de l'éclat et de la beauté de leurs couleurs. Ils étaient très-chers chez les Romains, qui en faisaient un objet de luxe. Leur beauté a été la cause de leur captivité, car on les garde dans des étangs et des rivières dont ils font l'ornement. On les trouve dans plusieurs mers; dans la Manche, dans la mer Baltique, l'Océan Atlantique, etc.

21°. Les *macropodes*, que leurs belles couleurs et leurs mouvemens légers ont fait rechercher des Chinois, qui cultivent les beaux poissons comme les belles fleurs. Ces poissons ont été peints avec beaucoup de soin chez ce peuple.

22°. Les *labres*, poissons qui n'ont ni la grandeur, ni la force, ni la puissance, mais qui ont reçu de la nature des proportions agréables, des mouvemens agiles et des rames rapides. Ils brillent aussi de couleurs éclatantes disposées en gouttes, en raies, en anneaux et en ondes. Ils se trouvent dans beaucoup de mers; auprès des glaces de la Norwège, et sur les rivages brûlans des Indes orientales, dans la haute mer, et à l'embouchure des rivières.

23°. Enfin, les *ophicéphales*, dont le nom signifie *tête de serpent*. Ces poissons se trouvent dans les rivières et les lacs de la côte de Coromandel; ils se tiennent dans la vase, où ils s'enfoncent même assez avant.

(*Nota.*) Nous croyons devoir avertir que cet abrégé d'*Histoire Naturelle* étant presque entièrement extrait de l'Ouvrage encore non terminé, du célèbre naturaliste le C^{en}. Lacepède, il reste encore quelques genres de poissons dont nous n'avons pas parlé; mais nous avons tâché de rassembler les articles les plus frappans et les plus propres à amuser les enfans, en leur donnant en même tems des connaissances exactes sur cette partie intéressante des connaissances humaines.

Mollusques.

D. *Qu'appelle-t-on mollusques ?*

R. On appelle *mollusques*, des animaux dont le corps, ne contenant pas de parties osseuses, est mou, et garni d'une enveloppe très-sensible, qu'on nomme *manteau*.

D. *Comment les mollusques changent-ils de lieu ?*

R. Le plus grand nombre rampe ou se traîne sur un disque ou sur une espèce de pied glutineux, qui leur sert à s'attacher au corps sur lequel ils se meuvent, et quelques-uns seulement ont un pied qui leur sert de ressort pour sauter.

D. *Qu'appelle-t-on tentacules des mollusques ?*

R. On appelle ainsi des espèces de cornes flexibles, qui sont en nombre jamais plus petit que deux, et rarement plus grand que quatre, et que l'animal peut allonger ou raccourcir à son gré : le plus souvent même, ce sont des espèces de tuyaux creux qui peuvent se retirer et rentrer en eux-mêmes.

D. *Les mollusques ont-ils des yeux ?*

R. Les mollusques nuds, c'est-à-dire, qui n'ont point de coquille, ont des yeux même assez bien conformés ; mais ceux des autres mollusques qui en ont sont très-imparfaits. Quelques-uns ont aussi une bouche qui tantôt est marquée par une petite fente, et tantôt est prolongée en forme de trompe.

D. *Comment se forme la coquille des mollusques ?*

R. Les mollusques qui ont des coquilles naissent avec, et ensuite cette coquille s'agrandit et s'accroît par la formation successive de couches intérieures qui débordent toujours un peu les précédentes, et qui sont produites par une transsudation continuelle d'une liqueur visqueuse sortant de la peau, et sur-tout du manteau de l'animal, dont on sait que le corps est toujours humide. Cette liqueur se fige, se dessèche, et prend ensuite de la consistance.

D. *Où vivent les mollusques ?*

R. La plupart vivent dans la mer ; cependant on en trouve dans les eaux douces, et même sur la terre dans les lieux humides ou ombragés. Le *limaçon* est dans ce cas ; on en trouve très-communément dans les jardins, sur-tout après les grandes pluies.

CRUSTACÉS.

D. *Qu'appelle-t-on crustacés ?*

R. On appelle *crustacés*, des animaux recouverts d'une enveloppe dure, flexible, et divisée par des jointures qu'on nomme *articulations* ; c'est pourquoi l'on dit que leur corps et leurs membres sont articulés.

D. *Comment sont placés les yeux des crustacés ?*

R. Les uns ont les yeux élevés sur des pédicules mobiles, et à cause de cela sont nommés *pédiocles* : tels sont le *crabe*, l'*écrevisse*. Les autres ont les yeux fixes non élevés sur des pédicules ou sossiles, et à cause de cela sont nommés *sessiliocles* : tels sont la *crevette*, le *cloporte*, ce qui fait deux ordres bien distincts de ces animaux.

D. *La peau des crustacés croît-elle comme les coquilles des mollusques ?*

R. Non ; leur peau devient de plus en plus dure, ce qui fait qu'à mesure que l'animal grandit elle ne peut plus se prêter et s'accommoder au nouveau volume opéré par cet accroissement, et que l'animal est obligé de s'en dépouiller totalement à certaines époques de sa vie, pour en former une autre plus convenable à ses nouvelles dimensions.

D. Où vivent les crustacés ?

R. La plupart vivent dans les eaux, soit douces, soit salées, courantes ou stagnantes.

D. Où les crustacés déposent-ils leurs œufs ?

R. Les uns les attachent à leur queue, et, dans ce cas, les portent toujours à nud ; ce sont les crustacés du premier ordre, où se trouvent le crabe et l'écrevisse : les autres les portent, soit sous le ventre, soit sous la queue, soit attachés au derrière, mais toujours enfermés dans une pellicule qui forme une espèce de sac ; ce sont les crustacés du second ordre, où se trouvent la crevette et le cloporte.

ARACHNIDES.

D. Quelle est la conformation extérieure des arachnides ?

R. Les arachnides ont presque toutes la peau molle, des pates articulées et des yeux à la tête dès leurs premiers développemens.

D. Quelle est la bouche des arachnides ?

R. Elles ont une paire de mandibules et une paire de mâchoires très-petites ; quelques-unes n'ont même au lieu de bouche qu'une petite trompe ou une espèce de suçoir.

D. Où vivent les arachnides ?

R. Les unes vivent sur la terre, les autres dans les eaux, et d'autres vivent sur différens animaux dont elles sucent la substance. En général elles sont carnassières et vivent de proie ou de sang qu'elles sucent.

D. D'où vient le nom d'arachnide ?

R. Il vient d'un mot grec qui signifie *araignée*; parce que l'araignée, comprise dans cette classe, étant le plus connu de ces animaux, a servi a dénommer cette classe.

Insectes.

D. *Quels sont les animaux que l'on appelle insectes ?*

R. Ce sont des animaux qui subissent une ou plusieurs métamorphoses, et qui dans leur état parfait ont des yeux et des antennes à la tête. Ils ont six pates-articulées.

D. *Qu'appelle-t-on antennes ?*

R. On appelle *antennes*, des espèces de cornes que portent les insectes. Le papillon a des antennes.

D. *Comment naissent les insectes ?*

R. Ils sortent de l'œuf sous la forme d'un ver, forme différente de celle qu'ils doivent acquérir pour être dans leur état parfait, et privés de certains organes qu'ils doivent avoir par la suite. Ils portent alors le nom de *larves*. La plupart de ces larves ont des pates courtes en nombre variable; mais il y en a qui en manquent totalement.

D. *Les insectes demeurent-ils long-tems dans l'état de larves ?*

R. Plus long-tems que dans celui d'insectes parfaits; et pendant ce tems, ils subissent différentes mues; c'est-à-dire, changent plusieurs fois de peau, à mesure qu'ils se développent. Lorsque les larves ont acquis leur dernier accroissement, elles subissent une transformation et passent à l'état de nymphe ou chrysalide.

D. *Comment les insectes sont-ils lorsqu'ils sont changés en nymphes ?*

R. Ils sont pour la plupart dans un état singulier d'immobilité, de resserrement et d'occultation de parties qui a l'air d'un état de mort. Ces nymphes ne prennent aucune nourriture, et ont presque toutes une forme à-peu-près ovale. Après un tems variable suivant les différentes espèces, elles subissent une transformation qui les fait passer à l'état d'insecte parfait.

D. Les insectes parfaits sont-ils bien différens de ce qu'ils étaient auparavant ?

R. Oui ; car d'insectes rampans qu'ils étaient, ils sont devenus insectes ailés et volans ; état le plus brillant de leur vie, et pendant lequel ils ne semblent respirer que le plaisir et la gaîté.

VERS.

D. Quels sont les caractères extérieurs des vers ?

R. Les vers ont un corps allongé, mou, partagé par des rides transverses, et qu'ils peuvent contracter, c'est-à-dire, allonger ou raccourcir à volonté. Ils n'ont point de pates articulées, et ne subissent pas de métamorphoses.

D. Les vers ont-ils des yeux ?

R. Il n'y en a qu'un petit nombre qui ayent des yeux, la plupart en sont totalement privés.

D. Comment les vers avancent-ils ?

R. Ils rampent en contractant successivement toutes les parties de leur corps, se cramponnant par quelques-unes de leurs rides, et allongeant ensuite celles qui ne sont pas cramponnées.

D. Les vers meurent-ils lorsqu'on leur coupe une partie du corps ?

R. Non ; ils ont la propriété de régénérer leurs parties tronquées ; et il y en a même qui étant coupés en deux parviennent à réparer et à cicatriser l'extrémité coupée de chaque partie de leur corps, en sorte qu'il en résulte deux individus qui vivent séparément.

D. Où vivent les vers ?

R. Il y en a qui sont constamment nuds, et qui

vivent soit dans l'eau ou l'intérieur de la terre, soit dans le corps de différens animaux; et d'autres qui vivent dans des fourreaux ou tubes qu'ils se sont construits, d'où ils sortent et où ils rentrent quand il leur plaît.

Radiaires.

D. *Quels sont les animaux que l'on nomme radiaires ?*

R. Ce sont des animaux dont le corps est dépourvu de tête, d'yeux et de pates articulées, ayant une disposition à la forme rayonnante, ce qui les a fait appeler *radiaires*. Ils ont une bouche inférieure; mais à peine observe-t-on quelques légers indices de leur existence, ce qui les avait fait confondre long-tems avec les polypes.

D. *Quelles sont les parties extérieures qu'on remarque dans les radiaires ?*

R. On y remarque une bouche souvent armée de dents, et souvent aussi un anus très-distinct de la bouche; dans les uns un corps couvert d'une peau opaque, coriace et parsemée dans la plupart d'épines articulées et de suçoirs tubuleux; dans les autres une peau molle, transparente et dépourvue d'épines.

D. *Où vivent les radiaires ?*

R. Ils vivent librement dans la mer. Ils sont en général doués de peu de sensibilité; mais cependant leurs parties molles sont très-irritables et très-contractiles.

Polypes.

D. *Quelle est la conformation des polypes ?*

R. Les polypes ont un corps mou, le plus souvent gélatineux, dépourvu de tête et d'yeux, et un canal intestinal dont l'entrée sert de bouche et d'anus.

D. *Comment vivent les polypes ?*

R. Ils sont tous aquatiques, et paraissent se nourrir par la succion et l'absorption, qui se fait autour du canal alimentaire, des matières qui s'y trouvent digérées.

D. *Comment se reproduisent-ils ?*

R. Plusieurs produisent des bourgeons que l'on a pris quelquefois pour des œufs, qui dans le plus grand nombre ne se séparent que tardivement, et souvent ne se séparent point ; en sorte que le polype, d'abord simple, devient ensuite composé. D'autres se multiplient par une scission naturelle de leur corps, et ont la propriété, lorsqu'on les coupe, de former autant de polypes nouveaux que l'on a fait de parties.

D. *Qu'appelle-t-on polypier ?*

R. On a donné le nom de *polypier* aux demeures des polypes qui y sont attachés en dessous. Les polypiers se forment insensiblement par l'extrême multiplication des polypes, et par l'amoncellement des cellules que les polypes se construisent. Ils sont de substance tantôt pierreuse, tantôt cornée, tantôt spongieuse, ou simplement gélatineuse.

La classe des polypes est la dernière du règne animal, et comprend les animaux les plus imparfaits.

DE LA PHYSIQUE.

D. *Qu'est-ce que la Physique ?*

R. La Physique en général est une science qui nous apprend les causes de tout ce qui se passe dans la nature ; mais on l'a divisée en *Physique* proprement dite, et en *Chimie*. La Physique proprement dite ne s'occupe que de l'action des corps agissant par leur masse.

D. *Qu'appelle-t-on propriétés générales des corps ?*

R. On appelle *propriétés* dans les corps certaines manières d'agir qui sont constantes ; et on appelle *propriétés générales* celles qui appartiennent à tous les corps.

D. *Quelles sont ces propriétés générales ?*

R. Les propriétés générales sont : l'*étendue*, la *divisibilité*, la *figurabilité*, l'*impénétrabilité*, la *porosité*, la *raréfactibilité*, la *condensabilité*, la *compressibilité*, l'*élasticité*, la *dilatabilité*, la *mobilité*, et l'*inertie*. Elles appartiennent à tous les corps sans exception, mais dans différens degrés.

D. *Qu'est-ce que l'étendue ?*

R. C'est la propriété qu'ont tous les corps d'avoir une longueur, une largeur et une épaisseur : tous les corps ont ces trois dimensions, quelque petites qu'elles soient; donc tous les corps sont étendus.

D. *Qu'est-ce que la divisibilité ?*

R. C'est la propriété qu'ont tous les corps de pouvoir être partagés en plusieurs parties. On conçoit qu'on peut, avec des instrumens et des organes convenables, partager un corps, quelque petit qu'il soit; et il y a des corps dans lesquels cette propriété est portée à un très-haut degré. Les odeurs en sont des preuves. Un grain de musc, laissé dans une chambre dont on renouvelle l'air tous les jours, se fait sentir d'une manière incommode pendant dix ans. L'expérience a aussi prouvé qu'en faisant passer une once d'or par la filière et le laminoir on peut la diviser en soixante-sept millions six cent seize mille parties de chacune une ligne.

D. *Qu'appelle-t-on figurabilité ?*

R. On appelle *figurabilité*, la propriété qu'ont tous les corps d'avoir une figure quelconque. Tous les corps sont terminés par des surfaces, ces surfaces ont nécessairement un certain arrangement entr'elles, c'est cet arrangement qu'on nomme *figure;* tous les corps ont donc une figure, tous les corps sont donc figurés.

D. Qu'est-ce que l'impénétrabilité?

R. C'est la propriété qu'ont tous les corps de ne pouvoir occuper un même lieu en même tems, et par laquelle ils se chassent réciproquement.

D. Qu'est-ce que la porosité?

R. C'est la propriété qu'ont tous les corps d'avoir des vides entre leurs molécules. Il y a des corps dont les pores sont très-apparens, et d'autres chez qui les pores sont imperceptibles; mais l'expérience prouve que tous en ont une très-grande quantité.

D. Qu'est-ce que la raréfactibilité?

R. C'est la propriété qu'ont tous les corps d'augmenter de volume par l'action de la chaleur. L'air jouit de cette propriété à un très-haut degré.

D. Qu'est-ce que la condensabilité?

R. C'est la propriété qu'ont tous les corps de diminuer de volume par le refroidissement. La chaleur qui avait écarté leurs molécules s'échappant, ils reprennent leur premier état.

D. Qu'est-ce que la compressibilité?

R. C'est la propriété, commune à tous les corps, de pouvoir être réduits par la pression à occuper un plus petit volume. En effet, tous les corps étant poreux, c'est-à-dire, laissant des vides entre leurs molécules, si l'on rapproche ces molécules, elles occuperont un moindre volume. Tous les corps sont donc compressibles; mais quelques-uns, tels que les liquides, le sont très-peu.

D. *Qu'est-ce que l'élasticité ?*

R. L'élasticité est la propriété qu'a tout corps comprimé de faire effort pour se rétablir dans son premier état. Il y a des corps très-peu élastiques; d'autres, tels que le marbre, l'ivoire, l'acier, le sont beaucoup.

D. *Qu'est-ce que la dilatabilité ?*

R. La dilatabilité est la propriété qu'ont tous les corps d'augmenter de volume, par la force de leur ressort, sitôt qu'ils cessent d'être retenus par des obstacles. Il ne faut pas confondre cette propriété avec la raréfactibilité; la dilatabilité est produite par le ressort des corps, la raréfactibilité par la chaleur.

D. *Qu'est-ce que la mobilité ?*

R. La mobilité est la propriété qu'ont tous les corps de pouvoir être transportés d'un lieu dans un autre moyennant une force suffisante.

D. *Qu'est-ce que l'inertie ?*

R. C'est la propriété par laquelle tous les corps résistent à une variation d'état; c'est-à-dire, par laquelle, lorsqu'ils sont en repos, ils résistent au mouvement, et quand ils sont en mouvement ils résistent au repos.

D. *Qu'est-ce que le mouvement?*

R. C'est l'état d'un corps qui est transporté d'un lieu dans un autre, soit en totalité, soit eu égard seulement à ses parties.

D. *Y a-t-il plusieurs sortes de mouvemens.*

R. Oui; il y a le mouvement absolu et le mouvement relatif, le mouvement simple et le mouvement composé, le mouvement rectiligne et le mouvement curviligne, le mouvement réfléchi et le mouvement réfracté.

D. *Qu'est-ce que le mouvement absolu et le mouvement relatif?*

R. Le mouvement absolu est le changement de situation d'un corps par rapport à tous les corps qui l'avoisinent, et le mouvement relatif est le changement de situation qui arrive à un corps, relativement à certains corps, et non pas à tous.

D. *Qu'est ce que le mouvement simple et le mouvement composé?*

R. Le mouvement simple est celui d'un corps qui n'est dirigé que vers un seul point; et le mouvement composé est celui d'un corps qui est déterminé à se mouvoir par plusieurs puissances, qui agissent sur lui en même tems et dans des directions différentes.

D. *Qu'est-ce que le mouvement rectiligne et le mouvement curviligne ?*

R. Le mouvement rectiligne est celui qui se fait en ligne droite, et le mouvement curviligne est celui qui se fait en ligne courbe.

D. *Qu'est-ce que le mouvement réfléchi et le mouvement réfracté ?*

R. Le mouvement réfléchi est celui d'un corps qui rencontre un obstacle invincible pour lui, et qui le fait rejaillir après le choc. Le mouvement réfracté est celui d'un corps dont la direction est changée par son passage successif dans deux fluides de différentes densités ?

D. *Qu'appelle-t-on lois du mouvement.*

R. On appelle ainsi certaines règles constantes, suivant lesquelles tous les corps se meuvent. Il y en a trois pour le mouvement simple ; et, pour le mouvement composé, il n'y en a qu'une, dont toutes les autres ne sont que des conséquences.

D. *Quelles sont les lois du mouvement simple ?*

R. 1°. Tout corps mis en mouvement doit continuer de se mouvoir dans la direction et avec le degré de vitesse qu'il a reçu, si son état n'est changé par quelque cause nouvelle.

2°. Les changemens qui arrivent à un corps sont toujours proportionnels à la cause qui les produit.

3°. La réaction est toujours égale à l'action ou à la compression.

D. *Quelle est la loi du mouvement composé ?*

R. La voici : un corps sollicité au mouvement par plusieurs puissances qui agissent en même tems et suivant différentes directions, ou demeure en repos, ou prend un mouvement qui suit le rapport des puissances entr'elles pour la vitesse, et une direction moyenne entre celles des puissances auxquelles il obéit.

D. *Le mouvement composé ne peut-il pas avoir lieu de différentes manières ?*

R. Oui ; il peut se faire en ligne droite si le corps obéit à des puissances qui persévèrent dans le même rapport, soit qu'elles ne changent pas, soit qu'elles éprouvent des changemens égaux ou proportionnels de part et d'autre ; ou en ligne courbe lorsque le rapport des puissances change, si l'une devient plus forte ou plus faible, tandis que l'autre ne change pas ; ou si, changeant toutes les deux, elles ne changent pas proportionnellement.

D. *Qu'appelle-t-on force ?*

R. On appelle *force*, la cause qui imprime ou qui tend à imprimer un mouvement au corps sur lequel elle agit.

D. *N'y a-t-il pas plusieurs sortes de forces ?*

R. Oui ; il y a, 1°. la *force motrice*, qui est celle d'un ou de plusieurs corps employés pour en mouvoir un autre ; 2°. la *force morte*, qui agit contre un obstacle invincible pour elle ; qui ne donne par conséquent aucun mouvement, mais une simple tendance au mouvement ; et 3°. la *force vive*, celle d'un corps en mouvement qui agit sur un obstacle qui cède.

D. *Qu'appelle-t-on forces centrales ?*

R. On appelle *forces centrales* deux forces qui sollicitent continuellement le mobile, l'une à s'éloigner et l'autre à s'approcher, et qui lui donnent un mouvement en ligne courbe : pour les distinguer, on nomme la première, *force centrifuge*, et la deuxième, *force centripète*.

D. *Qu'est-ce que la gravité ou gravitation des corps ?*

R. C'est la force par laquelle tous les

corps tendent les uns vers les autres : on l'appelle aussi *attraction*.

D. *Qu'appelle-t-on pesanteur des corps* ?

R. On appelle *pesanteur*, la force par laquelle les corps tendent à descendre, par une ligne perpendiculaire, au point de la surface de la terre auquel ils correspondent : c'est une suite de la gravité générale.

D. *Qu'est-ce que l'oscillation ?*

R. C'est le mouvement d'un corps lourd attaché par un fil, ou par une verge, à un point fixe autour duquel il décrit un arc, par l'action de sa pesanteur : dans ce cas, le corps se nomme *pendule*, son centre de gravité se nomme *centre d'oscillation*, et le point fixe *centre de mouvement*.

D. *Qu'est-ce que le mouvement de projection* ?

R. C'est celui d'un corps lancé hors de la perpendiculaire à l'horizon, et sur lequel agit la pesanteur : tel est celui d'une bombe, d'une pierre, etc. La force qui lance le corps se nomme *force projectile*.

D. *Qu'est-ce que l'hydrodynamique?*

R. C'est une science qui a pour objet l'action physique des fluides : elle comprend deux parties, l'*hydrostatique* et l'*hydraulique*.

D. *Qu'est-ce que l'hydrostatique ?*

R. C'est la science qui s'occupe de la pesanteur et de l'action des fluides.

D. *Quels sont les corps que l'on appelle fluides ?*

R. Ce sont des substances dont les parties sont mobiles entr'elles, n'ont point ou presque point de cohésion les unes aux autres, et se meuvent indépendamment les unes des autres : tels sont l'eau, l'air, etc. Les fluides produisent différens phénomènes curieux et intéressans.

D. *Quels sont ceux de ces phénomènes qui sont les plus remarquables ?*

R. L'ascension de l'eau dans les pompes, du mercure dans le baromètre, et le jeu des siphons, sont des phénomènes dûs à l'action d'un fluide sur un autre, à la pression de l'air sur les autres fluides.

D. *Qu'est-ce que l'aréomètre ?*

R. L'aréomètre est un instrument de verre divisé en parties égales sur sa longueur, et qui, plongé dans les fluides, sert à faire connaître leur pesanteur spécifique.

D. *Qu'appelle-t-on tuyaux capillaires ?*

R. On appelle *tuyaux capillaires*, des

tubes menus, qui, plongés dans un liquide par une de leurs extrémités, ont la propriété de faire monter ou descendre, hors de son niveau, la colonne de liquide qui s'introduit dans leur intérieur. On n'est pas d'accord sur la cause de ce phénomène.

D. *Qu'est-ce que l'hydraulique ?*

R. C'est la science qui a pour objet le mouvement des fluides. C'est d'après les principes de cette science, qu'on trouve les moyens de conduire les eaux d'un lieu à un autre, par des canaux, des aqueducs, des pompes et autres machines hydrauliques, soit pour en faire des jets, soit pour d'autres usages.

D. *Quelle est la cause qui élève l'eau des jets d'eau ?*

R. C'est la pression exercée sur le fluide, soit par l'élévation des réservoirs d'où vient l'eau, soit par l'élasticité de l'air comprimé par des machines hydrauliques.

D. *Quelle est la construction des pompes ?*

R. Les pompes sont composées d'un tuyau creux bien uni à l'intérieur, que l'on appelle *corps de pompe*, dans lequel on fait glisser un bouchon ou piston, que l'on met en jeu au moyen d'une tige de métal, à l'extrémité de laquelle on adapte le moteur au moyen d'un levier ou de quelqu'autre machine ; on joint à cela un tuyau montant pour conduire l'eau à la hauteur qu'on désire, et enfin, des clapets ou soupapes.

D. *N'y a-t-il pas plusieurs sortes de pompes ?*

R. Oui ; il y a les *pompes foulantes*, les *pompes aspirantes*, et les *pompes* qui sont tout-à-la-fois *aspirantes* et *foulantes*.

D. *Quels sont encore les avantages que nous a procurés l'hydraulique ?*

R. Elle a appris à employer l'eau pour opérer de très-grands efforts, comme dans tous les moulins à eau et dans toutes les machines qui sont mises en jeu par le moyen d'une roue à aubes, qui, plongée à sa partie inférieure dans une eau courante, produit une force souvent plus grande que celle de quatre chevaux, et qui, de plus, est uniforme et continue.

D. *Qu'est-ce que la mécanique ?*

R. C'est une science qui nous enseigne les lois de l'équilibre et du mouvement des corps solides. On la divise en deux branches : la *statique*, qui s'occupe de l'équilibre des corps, et la *dynamique*,

mique, qui s'occupe du mouvement des corps.

D. *Qu'appelle-t-on machine ?*

R. On appelle *machine* tout instrument destiné à transmettre l'action d'une force à un point qui n'est pas sur sa direction, ou à changer la direction de cette force.

D. *Ne distingue-t-on pas plusieurs sortes de machines ?*

R. Oui ; on distingue les *machines simples* et les *machines composées*.

D. *Quelles sont les machines simples ?*

R. Il y en a sept : le *levier*, la *poulie*, le *tour*, la *roue dentée*, le *plan incliné*, la *vis*, et le *coin*.

D. *Qu'est-ce qu'un levier ?*

R. C'est une verge inflexible, droite ou courbe, et mobile autour d'un de ses points, rendu fixe au moyen d'un obstacle invincible qu'on nomme *point d'appui*.

D. *A quoi sert le levier ?*

R. Il sert à soulever des fardeaux considérables, et, en général, à produire un effort très-grand avec peu de force : on l'emploie aussi dans toutes les espèces de balances.

D. *Qu'est-ce qu'une poulie ?*

R. C'est une roue creusée en gorge à sa circonférence pour recevoir une corde, et traversée à son centre par un axe sur lequel elle peut tourner dans une chape.

D. A quoi sert la poulie ?

R. A changer la direction d'une force, ou à produire un grand effet avec peu de force, lorsque l'on emploie plusieurs poulies, dont les unes sont fixes et les autres mobiles.

D. Qu'appelle-t-on moufle ?

R. On appelle *moufle* un système de plusieurs poulies assemblées dans la même chape, ou sur des axes particuliers, ou sur le même axe.

D. Qu'est-ce que le tour ?

R. Le *tour*, aussi nommé *treuil* et *cabestan*, est une machine composée d'un cylindre mobile sur son axe, autour duquel s'enveloppe une corde qui y est fixée par une de ses extrémités, et qui est attachée par l'autre extrémité à la résistance que l'on veut attirer ; des hommes font tourner le cylindre, soit au moyen d'une roue garnie de jantes auxquelles ils s'accrochent, soit au moyen de grands leviers placés à la tête du cylindre. Cette machine produit encore de très-grands effets, et est employée dans les grues, pour l'exploitation des carrières, etc.

D. *Qu'appelle-t-on roues dentées ?*

R. Ce sont des roues garnies de dents à leur circonférence, et que l'on dispose de manière que les dents de l'une entrant dans l'intervalle des dents d'une autre, la première communique à la seconde le mouvement qu'elle reçoit elle-même. On place ordinairement sur le même arbre deux roues, dont l'une est d'un diamètre plus petit, et se nomme *pignon*. Le *cric* est une machine composée de roues dentées, qui est très-commune et qui produit un grand effet. Les maçons s'en servent pour soulever des pierres énormes, et les charretiers pour soulever leurs voitures.

D. *Qu'appelle-t-on plan incliné ?*

R. On appelle *plan incliné*, tout plan qui fait un angle aigu avec l'horizon. On s'en sert pour faciliter les descentes de fardeaux très-lourds, et pour les monter plus facilement.

D. *Qu'est-ce que la vis ?*

R. C'est un cylindre droit, enveloppé d'un filet saillant, adhérent et roulé en hélice sur la surface du cylindre. La distance qui se trouve entre deux révolutions consécutives du filet, se nomme *hauteur* du pas de la vis. La pièce dans laquelle entre la vis, se nomme *écrou*; sa cavité est revêtue d'un autre filet saillant, tel qu'il remplit exactement les intervalles qui restent entre les filets de la vis.

D. *A quoi emploie-t-on la vis ?*

R. On l'emploie le plus souvent pour exercer de grandes pressions ; très-souvent pour assurer différentes pièces d'une manière très-solide ; et quelquefois on l'emploie aussi pour communiquer à une roue dentée un mouvement de rotation sur son arbre ; dans ce cas, on la nomme *vis sans fin*.

D. *Qu'est-ce que le coin ?*

R. C'est ordinairement un instrument de bois ou de fer, présentant une arête tranchante, que l'on introduit dans une fente, pour écarter ou séparer les deux parties d'un corps. Les couteaux, les haches, etc., peuvent être considérés comme des coins. La face qui reçoit l'effort, se nomme *tête du coin*; on appelle *tranchant* l'arête, par laquelle il commence à s'enfoncer; et on donne le nom de *côtés* aux faces par lesquelles il comprime les corps qu'il écarte.

D. *Qu'appelle-t-on fluides aériformes ?*

R. On appelle *fluides aériformes*, les fluides qui, comme l'air, sont souvent sans couleurs, invisibles et toujours très-élastiques ; on les nomme aussi *gas*.

Il y en a un assez grand nombre ; et on ne distingue de deux sortes, les *gas permanens*, et les *gas non-permanens*.

D. *Qu'entend-on par gas permanens et gas non-permanens ?*

R. On entend par *gas permanens*, ceux qui ne deviennent pas liquides par le refroidissement ; et on entend par *gas non-permanens*, ceux qui deviennent liquides en se refroidissant. Telle est la vapeur de l'eau.

D. *Quel est le fluide aériforme le plus utile et le plus répandu ?*

R. C'est l'air, fluide permanent, pesant, très-compressible, très-élastique, et invisible ; il environne de toutes parts le globe de la terre, autour de laquelle il forme une enveloppe que l'on nomme *atmosphère*.

D. *Qu'est-ce qu'une machine pneumatique ?*

R. C'est un instrument composé d'une ou de deux pompes aspirantes, au moyen duquel on peut faire le vide dans un vase quelconque, c'est-à-dire, priver d'air l'intérieur de ce vase, qui est ordinairement une cloche de verre, que l'on appelle *récipient*.

ABRÉGÉ DES MÉTÉORES.

D. Qu'appelle-t-on météores ?

R. On appelle *météores*, les phénomènes produits dans l'atmosphère par les exhalaisons qui s'élèvent sans cesse de la terre. On les divise en *météores aqueux, météores lumineux,* et *météores ignés* (1).

D. Quels sont les différens météores aqueux ?

R. Il y en a neuf : le *serein*, la *rosée*, la *gelée blanche*, le *brouillard*, les *frimats*, les *nuages*, la *pluie*, la *neige*, et la *grêle*.

D. Qu'est-ce que le serein ?

R. Le serein est une espèce d'humidité, que l'on sent souvent sur ses habits lorsqu'on se promène le soir.

D. Comment le serein est-il produit ?

R. Le soleil échauffe l'air et la terre pendant le jour, mais lorsqu'il se couche, l'air se refroidit plus promptement que la terre ; alors la chaleur sort de la terre pour se répandre également dans l'air, et elle entraîne avec elle des particules aqueuses, qui, rencontrant nos

---

(1) Les *météores lumineux* seront expliqués lorsqu'on traitera de la lumière, et les *météores ignés* étant dûs à l'électricité, seront expliqués lorsqu'on traitera de cette propriété.

habits, y produisent l'humidité du serein.

D. *Qu'est-ce que la rosée ?*

R. Ce sont de petites gouttes d'eau que l'on trouve sur l'herbe et sur les plantes, le matin, au lever du soleil. Il y en a deux sortes : l'une qui vient de l'air, et l'autre qui sort des plantes.

D. *Comment se forment ces deux sortes de rosée ?*

R. Les particules aqueuses du serein s'élèvent pendant toute la nuit ; mais, au lever du soleil, l'air, dilaté par la chaleur, ne peut plus les soutenir et les dépose en gouttelettes, ce qui forme la rosée tombante. L'autre rosée est fournie par une transpiration des plantes mêmes, sur lesquelles elle se ramasse quelquefois en assez grande quantité ; pour s'en convaincre, on peut le soir couvrir d'une cloche une plante quelconque, par exemple, un chou ; le lendemain matin, on trouvera le chou de dessous la cloche couvert de gouttelettes, comme ceux qui n'auront pas été couverts, et la cloche elle-même aura reçu la rosée tombante.

D. *Comment se forme la gelée blanche ?*

R. Lorsque les nuits sont longues et froides, l'air et la terre ont le tems de se refroidir assez, pour permettre à la rosée de se geler ; les petits glaçons qui se forment sont très-menus et fort près les uns des autres, ce qui les fait paraître blancs et forme la gelée blanche.

D. *D'où provient le brouillard ?*

R. Il vient de ce que, par un concours de circonstances favorables, il s'élève une très-grande quantité de particules aqueuses, qui, ayant pris la forme de vapeurs grossières, s'étendent dans l'atmosphère et en troublent la transparence.

Les lieux bas et humides, tels que les endroits marécageux, les rivières, etc., pouvant fournir une plus grande quantité de ces particules aqueuses, sont plus sujets aux brouillards que les lieux secs et élevés.

D. *Qu'est-ce que le frimas ?*

R. Le frimas, que l'on appelle aussi *givre*, est cette grande quantité de petits glaçons que l'on voit dans l'hiver aux branches et aux feuilles des arbres, aux cheveux et aux habits des voyageurs. Il est formé par les brouillards, qui dans l'hiver sont plus fréquens que dans les saisons chaudes, et qui se déposent et se gèlent sur les corps qui y sont exposés.

D. *Comment sont formés les nuages ?*

R. Ils sont formés par les brouillards qui se sont élevés dans l'atmosphère, et qui se rapprochent et se condensent peu-à-peu par l'impulsion des vents. Ils flottent à différentes hauteurs dans l'air avec lequel ils sont en équilibre. Comme l'air est d'autant plus léger qu'il est plus loin de la surface de la terre, il n'y a que les nuages légers qui peuvent se soutenir à une certaine hauteur. Les nuages épais, qui sont prêts à fondre en pluie, sont ordinairement fort bas.

D. *Comment se forme la pluie ?*

R. Elle se forme par l'épaississement des nuages que les vents ou la dilatation de l'air forcent à se réunir en gouttes, qui devenues alors trop pesantes pour se soutenir dans l'air, tombent en pluie plus ou moins grosse ; car si la condensation des nuages se fait promptement et dans une région peu élevée de l'atmosphère où l'air est plus en état de les soutenir, les gouttes prennent plus de grosseur, acquièrent par conséquent plus de poids et de vitesse, et forment les grosses pluies.

Si au contraire cette condensation des nuages se fait lentement, et que les particules aqueuses se réunissent par une faible dilatation de l'air, alors les gouttes sont très-petites et en grand nombre, tombent lentement et forment une pluie extrêmement fine, que l'on nomme *bruine*.

D. *Qu'est-ce que la neige ?*

R. C'est un assemblage de petits glaçons extrêmement fins formés par une congélation des nuages faite au moment de leur condensation, et avant que les particules aqueuses aient pu se réunir en gouttes. Ces petits glaçons se réunissant en grand nombre, et laissant entre eux beaucoup d'espaces vides, ne forment que des flocons très-légers, qui, réfléchissant de toute part la lumière, paraissent d'un très-beau blanc.

D. *Comment se forme la grêle ?*

R. Elle se forme des gouttes de pluie qui, passant dans des régions froides de l'atmosphère, se gèlent en tombant. Ainsi elle ne devrait jamais être plus grosse que les gouttes de pluie ; mais si elle est assez froide pour geler les particules d'eau qu'elle rencontre, ou si plusieurs grains se réunissent ensemble, elle acquiert de la grosseur et forme ces grains qui sont quelquefois gros comme une noix ou comme un œuf. C'est pour cela que la grêle cause toujours plus de dégât que la pluie, dont les gouttes, au lieu de se réunir en tombant, sont au contraire divisées par la résistance de l'air.

Du Vent.

D. *Qu'est-ce que le vent ?*

R. Le vent est un mouvement de translation de l'air, par lequel une certaine portion de l'atmosphère se trouve poussée d'un lieu dans un autre, avec une vitesse plus ou moins grande qui cause sa force, et dans une direction variable qui lui fait donner différens noms. Les physiciens ne sont pas d'accord sur la cause des vents.

D. *Quels sont les noms des vents ?*

R. Les quatre principaux sont : le *vent du nord*, le *vent du sud*, le *vent d'orient* et le *vent d'occident*, noms tirés des quatre principales régions du monde, d'où ils paraissent souffler.

Le vent du nord ou du septentrion est ordinairement le plus froid, parce qu'il nous vient des pays froids de la zone glaciale.

Le vent du midi ou du sud, est le plus chaud, parce qu'il vient du côté de la zone torride, pays plus chaud que le nôtre, et nous amène beaucoup de nuages, parce qu'il passe sur la Méditerranée.

Le vent d'orient ou d'est, est le plus

sec, parce qu'il nous vient du grand continent d'Asie, où il y a peu de mers.

Le vent d'occident ou d'ouest est le plus humide, et nous donne souvent de la pluie, parce qu'il nous vient de l'océan Atlantique.

D. *Qu'est-ce que les tourbillons ?*

R. Ce sont des vents impétueux qui rencontrent en leur chemin des nuées épaisses qui leur font un obstacle, les resserrent et les font venir sur la terre en tournoyant.

D. *Que marque une couleur rougeâtre dispersée çà et là dans les nuées ?*

R. Elle marque une grande condensation de l'air, et annonce du vent.

Du Son.

D. *Qu'est-ce que le son ?*

R. C'est un mouvement de vibration imprimé à un corps sonore, et communiqué par l'air à une membrane qui se trouve dans l'oreille, et que l'on nomme *tympan*.

D. *Le son est-il long-tems à se transmettre d'un lieu dans un autre ?*

R. La vitesse avec laquelle le son se transmet est évaluée à 173 toises par seconde, et l'expérience a prouvé qu'elle est uniforme, que la direction du vent et la force du son ne changeaient rien à sa vitesse.

D. *Qu'est-ce qui produit les échos ?*

R. Lorsque le son rencontre un obstacle, tel qu'une maison, un mur, un rocher, etc. l'air qui est parfaitement élastique réfléchit le son, et semble en produire un pareil que l'on appelle *écho*, qui varie de direction selon la disposition de l'obstacle ; de sorte que quelquefois la personne qui parle n'entend pas l'écho, et que d'autres entendent l'écho sans entendre la personne qui parle. S'il se trouve plusieurs obstacles placés à différentes distances, alors chaque obstacle produit un écho ; et c'est ainsi qu'il y a des échos qui répètent ce que l'on a dit trois fois, quatre fois, et même plus.

DE L'EAU.

D. *L'eau ne s'offre-t-elle pas à nous sous plusieurs états différens ?*

R. Oui ; elle se présente, 1°. dans l'état de *liqueur*; 2°. dans l'état de *vapeur*; 3°. dans l'état de *glace*.

D. *Quelles sont les propriétés de l'eau dans l'état de liqueur ?*

R. L'eau pure en liqueur est insipide, visible, transparente, sans couleur, sans odeur, presque totalement incompressible et très-peu élastique, elle pénètre un grand nombre de corps, en dissout plusieurs, est nécessaire à la végétation et à notre propre existence.

D. *Comment l'eau nous est-elle fournie ?*

R. De deux manières : 1°. de l'atmosphère par les pluies, les neiges, les grêles, etc. 2°. du sein de la terre, par les sources et les fontaines, qui forment les rivières et les fleuves, et se rendent ensuite à la mer.

D. *Expliquez-moi comment se forment les sources et les fontaines.*

R. L'eau des pluies pénètre la terre, et coule à travers les graviers, les sables et les montagnes, où elle trouve des grottes souterraines creusées dans des rochers impénétrables à l'eau, ou garnies d'un lit d'argile qui la retient. Cette eau s'amasse dans ces grottes et forme sous terre des réservoirs considérables. Lorsqu'il se trouve quelque issue ou quelque endroit que l'eau peu pénétrer, elle s'y insinue, entraîne peu-à-peu ce qui gênait son passage, et se fait une ouverture par où elle sort en source.

D. *Les sources se tarissent-elles ?*

R. Il y en a qui pendant une longue secheresse donnent moins d'eau, ou même se tarissent entièrement ; mais on en voit beaucoup sur lesquelles la secheresse ne paraît pas agir ; ce qui vient de ce que le réservoir d'où elles coulent est capable de contenir assez d'eau pour en fournir pendant toute la secheresse, sans en recevoir de nouvelle.

D. Qu'arrive-t-il lorsque l'eau passe de l'état de liquide à celui de vapeur ?

R. Elle augmente beaucoup de volume, et devient un fluide très-élastique que la chaleur étend beaucoup, et auquel elle fait occuper un espace 12 à 1400 fois plus grand que celui qu'elle occupait dans l'état de liquide. Si elle est retenue par des obstacles, elle fait de très-grands efforts pour les vaincre ; et c'est sur cette propriété qu'on a construit les pompes dites *à feu*, où la vapeur soulève un poids de plus de 43,000 livres.

D. Que se passe-t-il dans le changement de l'eau liquide en glace ?

R. Elle se refroidit, ses parties adhèrent fortement les unes aux autres, et forment un corps solide. Dans ce changement elle augmente un peu de volume, et c'est pour cela que lorsque l'eau gèle, elle casse souvent les vases qui la contiennent.

Du Feu.

D. Qu'est-ce que le feu ?

R. Ce qu'on appelle ordinairement *feu*, n'est autre chose qu'un corps embrasé dont les parties se désunissent et s'en vont en fumée, en flamme, en vapeur, etc.; mais la cause de cet embrasement est une véritable matière qui a besoin d'être excitée pour agir. Il n'y a presque point de corps qui ne soient altérables par le feu ; l'or lui-même s'y fond.

D. N'y a-t-il pas différens moyens pour exciter l'action du feu ?

R. Oui ; 1°. le choc ou le frottement des corps solides est le moyen que nous employons le plus fréquemment.

2°. La fermentation et l'effervescence qui produisent une très-grande chaleur, et quelquefois l'embrasement ; du foin serré avant d'être sec, peut fermenter et s'échauffer au point de s'embraser.

3°. Les rayons du soleil qui, rassemblés avec un miroir concave, peuvent emflammer les corps qu'on y expose, (on prétend même que ce fut par ce moyen qu'Archimède mit le feu à la flotte des ennemis qui étaient devant Syracuse) et lorsqu'il sont rassemblés par une lentille de verre, produisent la plus grande chaleur connue : c'est par ce moyen qu'on est parvenu à brûler le diamant.

D. *Quel est le moyen de faire cesser le feu.*

R. C'est de le priver d'air, ce que l'on fait en plongeant le corps embrasé dans l'eau, ou en jetant beaucoup d'eau dessus ; car si on n'en jetait qu'une petite quantité, on augmenterait son action au lieu de la diminuer.

De la Lumière.

D. *Qu'est-ce que la lumière ?*

R. La lumière est un fluide parfaitement élastique, qui, lorsqu'il agit sur nos yeux, produit pour nous la clarté et nous fait voir les objets en donnant la couleur et l'éclat à toutes les productions de la nature ; mais on ne sait pas encore bien comment elle agit ni comment son action se propage.

D. *Quelles sont les sciences qui s'occupent des effets de la lumière ?*

R. Il y en a trois : l'*optique*, la *catoptrique*, et la *dioptrique*.

D. *Qu'est-ce que l'optique*

R. C'est la science qui a pour objet les effets de la lumière directe, c'est-à-dire, la vision des objets par des rayons qui viennent directement et immédiatement de ces objets à nos yeux.

D. Qu'est-ce que la catoptrique ?

R. C'est une science qui s'occupe des effets de la lumière réfléchie, c'est-à-dire, de la lumière renvoyée par les corps sur lesquels elle tombe.

D. Quels sont les corps dont on se sert pour réfléchir le mieux la lumière ?

R. Ce sont les *miroirs*. Il y en a de plusieurs espèces : le *miroir plan*, le *miroir convexe*, le *miroir concave*, et le *miroir mixte*, composé des autres espèces.

Le *miroir plan* est celui dont nous nous servons dans l'usage ordinaire de la vie.

Le *miroir convexe* fait voir les objets plus petits qu'ils ne sont.

Le *miroir concave* fait voir les objets tantôt derrière et tantôt devant lui, selon leur éloignement, et c'est le seul qui puisse servir à rassembler les rayons solaires pour en faire un foyer ardent.

Les *miroirs mixtes* sont les *miroirs cylindriques* et les *miroirs coniques*.

D. Qu'est-ce que la dioptrique ?

R. C'est une science qui s'occupe des effets de la lumière réfractée, c'est-à-dire, de la lumière qui, passant obliquement d'un corps transparent ou d'un fluide dans un autre d'une résistance différente, souffre un petit changement dans sa direction.

D. *Qu'appelle-t-on lentille ?*

R. On appelle *lentilles* ou *verres convexes*, les verres qui sont bombés, c'est-à-dire, travaillés de manière que le milieu soit plus épais que les bords. Ils ont la propriété de grossir les objets à la vue, et de rassembler les rayons lumineux pour en faire un foyer brûlant.

D. *Qu'appelle-t-on verres concaves ?*

R. On appelle ainsi ceux qui, au lieu d'être bombés comme les verres convexes, sont au contraire creusés, de sorte qu'ils sont plus minces dans le milieu que vers les bords. Ils font voir les objets plus petits qu'ils ne sont, et dispersent les rayons lumineux, au lieu de les rassembler.

D. *Qu'est-ce qui produit les couleurs ?*

R. C'est la lumière.

D. *Combien y a-t-il de couleurs ?*

R. Il y en a sept primitives : le *rouge*, l'*orangé*, le *jaune*, le *vert*, le *bleu*, l'*indigo*, et le *violet*. Toutes les autres nuances ne sont que des mélanges ou des modifications de celles-ci.

D. *Pourquoi ne compte-on pas le* noir *et le* blanc *parmi les couleurs ?*

R. Parce que le noir est l'absence

de toutes les couleurs, et le blanc la réunion de toutes.

D. *Comment fait-on pour reconnaître les sept couleurs primitives ?*

R. On reçoit un rayon lumineux sur un *prisme de verre* qui le décompose, et offre ces sept couleurs en une bande d'un éclat magnifique.

D. *Quels sont les météores lumineux ?*

R. Il y en a deux très-remarquables, l'*iris* ou *arc-en-ciel* et les *couronnes*.

D. *Qu'est-ce que l'arc-en-ciel ?*

R. C'est ce bel arc offrant les sept couleurs primitives, que l'on voit souvent en un tems pluvieux, dans la partie de l'air opposée au soleil.

D. *Comment est formé cet arc ?*

R. Il est formé par les gouttes de pluie, qui, rompant les rayons du soleil, nous offrent les sept couleurs primitives dans le même ordre que le prisme de verre.

D. *Que dit l'Écriture-Sainte de cet arc ?*

R. Que Dieu, par un effet de sa bonté infinie, nous l'a voulu donner après le déluge universel, pour un signe qu'il ne ferait plus périr les hommes par les eaux.

D. *Comment l'arc-en-ciel, qui n'est qu'un phénomène naturel, n'avait-il pas paru avant le déluge ?*

R. Il n'y a point de doute que Noé n'en eût souvent vu de semblables avant le déluge ; mais Dieu, ajoutant, comme dans tous les sacremens, la grâce à la nature, en fit un signe de son alliance ; et c'est pour cela qu'il le nomme *son arc*, et qu'il dit qu'il le mettra dans la nue.

D. *Qu'appelle-t-on couronnes ?*

R. On appelle *couronnes* des cercles colorés, qu'on apperçoit quelquefois autour du soleil et de la lune, et qui proviennent de ce que leurs rayons sont réfractés ou rompus par les vapeurs qui forment les nuages.

D. *Quels sont les instrumens d'optique ?*

R. Les principaux sont : les *polémoscopes*, les *optiques*, les *chambres noires*, les *télescopes*, les *lunettes* et les *microscopes*.

D. *Qu'est-ce que le polémoscope ?*

R. C'est un instrument, par le moyen duquel on peut voir des objets cachés à ses regards directs ; la principale pièce est un miroir incliné.

D. *Qu'est-ce qu'une optique ?*

R. C'est une boîte dans laquelle des

objets assez éclairés se font voir sous des images amplifiées et dans l'éloignement, par le moyen de miroirs et de verres convexes.

D. *Qu'appelle-t-on chambre noire ?*

R. On appelle ainsi une chambre exactement fermée de toutes parts, excepté un trou pratiqué dans un volet de la fenêtre, et dans lequel est placé un verre convexe; par ce moyen, les objets extérieurs vont se peindre dans une situation renversée, mais distincte, et avec leurs couleurs naturelles, sur un fond blanc placé dans la chambre au foyer du verre.

D. *Qu'est-ce que les télescopes ?*

R. Ce sont des instrumens composés de tuyaux, dans lesquels des verres convexes, des verres concaves, et quelquefois des miroirs, sont disposés convenablement pour faire voir très-distinctement des objets très-éloignés. On s'en sert pour examiner les astres. Ceux qui servent pour examiner les objets terrestres portent le nom de *lunettes* de *longue vue*, etc.

D. *Qu'est-ce qu'un microscope ?*

R. C'est un instrument qui, par le moyen de plusieurs lentilles combinées ensemble, fait paraître très-gros des objets très-petits, et fait voir très-distinctement des objets imperceptibles à la vue simple.

De l'Astronomie.

D. *Qu'est-ce que l'astronomie ?*

R. L'astronomie est une science qui nous apprend à connaître les mouvemens et les révolutions des astres, tandis que la cosmographie n'apprend qu'à savoir leur nombre et leur disposition. On dit qu'elle doit son origine aux Chaldéens.

D. *Quel est le mouvement des astres ?*

R. Il y a plusieurs systèmes sur ce mouvement, et sur-tout deux principaux, celui de *Ptolémée* et celui de *Copernic*.

D. *Quel est le système de Ptolémée ?*

R. Ptolémée suppose que la terre est immobile au milieu du monde, et que tous les astres tournent autour d'elle pour l'éclairer ; ce qui exigerait une vitesse inconcevable de la part de ces astres, car les étoiles seraient obligées de parcourir au moins 500 millions de lieues par seconde de tems.

D. *Quel est le système de Copernic ?*

R. Copernic pense que la terre a sur son axe un mouvement de rotation, que l'on nomme *mouvement diurne*, et qu'elle fait en 24 heures, ce qui n'exige pas cette vitesse prodigieuse de la part des astres ; ensuite il suppose que le soleil est au centre de notre système planétaire, que la terre tourne autour de lui dans l'espace d'un an, dans son mouvement annuel, par lequel elle décrit l'écliptique, et qui explique tous les phénomènes astronomiques, dont on ne peut rendre raison dans l'autre système ; de plus, que la lune tourne autour de la terre, dans une orbite qui est emportée avec la terre dans son mouvement annuel autour du soleil ; que les autres planètes tournent de même avec leurs satellites, en plus ou moins de tems, autour du soleil, et que le tout est terminé par le ciel des étoiles fixes.

D. *Quel est celui de ces deux systèmes que les astronomes suivent aujourd'hui ?*

R. C'est celui de Copernic, corrigé par Képler, Galilée et plusieurs autres célèbres astronomes, qui pensent que les étoiles fixes sont à différentes distances du soleil, et qui, leur attribuant un mouvement de rotation sur leur axe, pensent qu'elles peuvent être le soleil d'autant d'autres systèmes planétaires peut-être beaucoup plus considérables que le nôtre ; car leur éloignement de la terre est si grand, qu'on n'a pas encore

encore pu mesurer leur grosseur, que l'on croit cependant énorme.

Du Tems.

D. Comment divise-t-on le tems ?

R. Le soleil étant l'astre le plus facile à observer pour nous, a servi à diviser le tems suivant l'ancienne ère, en *siècles, années, mois, semaines, jours, heures* et *minutes*.

D. Qu'est-ce qu'on nomme siècle ?

R. C'est un tems qui renferme l'espace de cent ans.

D. Qu'est-ce qu'un an ?

R. C'est l'espace de douze mois.

D. Qu'est-ce qu'un mois ?

R. C'est l'espace de quatre semaines et quelques jours.

D. Quel est le nom des mois et le nombre de jours qu'a chacun ?

R. Janvier a 31 jours, *février* 28 ou 29, selon que l'année est commune ou bissextile, *mars* 31, *avril* 30, *mai* 31, *juin* 30, *juillet* 31, *août* 31, *septembre* 30, *octobre* 31, *novembre* 30, et *décembre* 31.

D. Que nomme-t-on années communes et années bissextiles ?

R. On nomme *années communes* celles qui ont 365 jours, et *années bissextiles* celles qui en ont 366; elles arrivent

R

tous les 4 ans, et l'on en omet trois en quatre cents ans.

D. *Qu'est-ce qu'une semaine ?*

R. C'est l'espace de sept jours.

D. *Qu'est-ce qu'un jour ?*

R. Le jour naturel est le tems que le soleil paraît employer à faire le tour de la terre, et le jour civil, est la durée de 24 heures.

D. *Comment nomme-t-on les jours de la semaine ?*

R. Dimanche, lundi, mardi, mercredi, jeudi, vendredi, et samedi; noms tirés de celui des planètes, auxquelles ils étaient consacrés : le dimanche était dédié au Soleil; le lundi, à la Lune; le mardi, à Mars; le mercredi, à Mercure; le jeudi, à Jupiter; le vendredi, à Vénus; et le samedi, à Saturne.

D. *Toutes les nations comptent-elles les jours dans le même ordre ?*

R. Non; les Chrétiens commencent par le dimanche; les Juifs, par le samedi; et les Mahométans, par le vendredi.

D. *Comment le jour civil est-il partagé ?*

R. En deux parties : la *nuit*, et le *jour* proprement dit. On le divise aussi en quatre parties, qui sont : le *matin*, le *midi*, le *soir*, et le *minuit*.

D. *Qu'est-ce que le jour proprement dit ?*

R. C'est l'espace de tems qui s'écoule depuis le lever du soleil jusqu'à son coucher.

D. *Qu'est-ce que la nuit ?*

R. C'est l'espace de tems qui s'écoule depuis le coucher du soleil jusqu'à son lever.

D. *Qu'est-ce que l'aurore et le crépuscule ?*

R. L'aurore est la lumière qui précède le lever du soleil, et le crépuscule est la lumière qui suit son coucher.

D. *Combien d'heures a le jour proprement dit ?*

R. Douze.

D. *Et la nuit ?*

R. Autant.

D. *Cela est-il toujours égal ?*

R. Non ; cela change suivant les saisons ; car, le jour est tantôt plus long, tantôt plus court, et il en est de même de la nuit.

D. *Qu'est-ce qu'une heure ?*

R. C'est l'espace de soixante minutes, qui sont encore divisées chacune en soixante secondes.

D. *Qu'est-ce qu'une saison ?*

R. C'est une division de l'année que l'on a partagée en quatre parties, selon les différens degrés de chaleur.

D. *Quel est le nom des saisons ?*

R. Le *printems*, l'*été*, l'*automne*, et l'*hiver*.

D. *Combien dure chaque saison ?*

R. Trois mois.

D. *Quand commence le printems ?*

R. Le 21 ou 22 mars.

D. *Quand commence l'été ?*

R. Le 20 ou 21 juin.

D. *Quand commence l'automne ?*

R. Le 22 ou 23 septembre.

D. *Quand commence l'hiver ?*

R. Le 21 ou 22 décembre.

D. *Qu'appelle-t-on équinoxe ?*

R. On appelle *équinoxe*, chaque époque à laquelle les jours sont égaux aux nuits.

D. *Quand cela arrive-t-il ?*

R. Deux fois par an; le premier jour du printems et le premier jour de l'automne.

D. *Qu'appelle-t-on solstice ?*

R. On appelle *solstice*, chacune des deux époques auxquelles les jours ne paraissent ni allonger ni raccourcir. Il y a deux solstices : le *solstice d'été*, qui arrive aux premiers jours d'été ; et le *solstice d'hiver*, dans les premiers jours d'hiver : ce mot veut dire station du soleil, parce qu'à cette époque le soleil ne paraît avancer ni du côté du midi, ni du côté du nord, et par conséquent semble s'arrêter.

D. *Quand le jour est-il le plus long ?*

R. Au solstice d'été, et après il commence peu-à-peu à diminuer.

D. *Quand le jour est-il le plus court ?*

R. Au solstice d'hiver, après lequel il commence un peu à augmenter.

D. *Ce changement est-il le même par toute la terre ?*

R. Non ; il varie suivant la situation du climat par rapport à la route du soleil. Il y a des pays où la nuit est en tout tems de même longueur que le jour ; d'autres, où la nuit n'est, en été, que d'une heure ; et sous les pôles la nuit dure six mois, et le jour autant.

D. *Qu'appelle-t-on jours caniculaires ?*

R. Ce sont les jours les plus chauds de l'année, depuis le 21 juillet jusqu'au premier septembre ; on leur a donné ce nom, parce que le grand chien ou l'étoile nommée *canicule*, se lève et se couche, pendant ce tems-là, si près du soleil, qu'il est caché dans ses rayons.

D. *Les Romains comptaient-ils leurs mois comme nous ?*

R. Non ; ils n'en avaient d'abord que dix, ensuite ils y en ajoutèrent deux ; mais ils commençaient toujours l'année par le mois de mars.

D. *Qui ont été les réformateurs de l'ancien calendrier ?*

R. *Jules-César*, 46 ans avant la naissance de Jésus-Christ ; et le pape *Grégoire XIII*, 1682 ans après cette naissance.

D. *Qu'est-ce qu'une olympiade ?*

R. C'est un intervalle de 4 années ; les anciens Grecs se servaient de cette manière de compter, parce qu'ils célébraient tous les 4 ans, près de la ville d'Olympie, des fêtes et des jeux institués par Hercule en l'honneur de Jupiter.

D. *Qu'est-ce qu'un lustre ?*

R. C'est l'espace de cinq ans.

D. *Qu'est-ce qu'un jubilé ?*

R. C'est la célébration d'une chose remarquable arrivée il y a un siècle, un demi-siècle, ou un quart de siècle.

D. *Qu'est-ce qu'une indiction ?*

R. C'est l'espace de quinze ans. Ce terme n'est en usage que lorsqu'il s'agit du calendrier romain.

D. Qu'est-ce qu'une époque ?

R. C'est aussi une manière de compter, mais qui ne désigne pas une durée fixe. Elle marque le tems écoulé depuis un événement remarquable jusqu'à un autre. C'est, par exemple, une époque, depuis la création du monde jusqu'au déluge. On appelle aussi *époque*, l'événement même ; ainsi on dit que la naissance de Jésus-Christ, la destruction du Temple et de la ville de Jérusalem, sont des époques.

DE LA NOUVELLE ÈRE FRANÇAISE.

D. Faites-moi connaître la nouvelle ère française.

R. Tous les peuples qui ont occupé l'Histoire ont choisi dans leurs propres annales l'événement le plus mémorable, pour y rapporter tous les autres. Les Tyriens dataient du recouvrement de leur liberté ; les Romains, de la fondation de Rome ; les Français datent de la fondation de la République.

D. Quand a eu lieu cette fondation de la République Française ?

R. Elle a eu lieu le 22 septembre 1792 de l'ère vulgaire.

D. Qu'y a-t-il eu de remarquable ce jour-là ?

R. Les représentans du peuple, réunis

en convention nationale, ouvrirent leur session le 21 et prononcèrent l'abolition de la royauté ; le 22, ce décret fut proclamé dans Paris, ce jour fut décrété le premier de la République ; et ce même jour, à 9 heures 18 minutes 30 secondes du matin, le soleil arriva à l'équinoxe vrai d'automne, en entrant dans le signe de la *Balance*, pour l'observatoire de Paris. Ainsi la première année de la République Française a commencé à minuit, le 22 septembre 1792, et a fini à minuit, séparant le 21 du 22 septembre 1793. La seconde année a commencé le 22 septembre 1793 à minuit, l'équinoxe vrai d'automne étant arrivé ce jour-là à 3 heures 11 minutes 38 secondes du soir ; et chaque année commence à minuit, le jour où tombe l'équinoxe vrai d'automne, pour l'observatoire de Paris.

D. *Comment est divisée l'année républicaine ?*

R. En douze mois égaux de 30 jours chacun ; après les douze mois suivent cinq jours pour compléter l'année ordinaire, et quelquefois six, selon que la position de l'équinoxe le comporte, afin de maintenir la coïncidence de l'année civile avec les mouvemens célestes. Ces jours n'appartiennent à aucun mois.

D. *Comment se nomment-ils ?*

R. Ils se nomment *jours complémentaires*; et l'année qui en a six se nomme *année sextile* : elle arrive tous les 4 ans, comme l'année bissextile dans l'ancien calendrier, et il y en a de même trois d'omises en quatre cents ans.

D. *Quel est le nom des mois républicains ?*

R. 1. Vendémiaire.
2. Brumaire. } pour l'Automne.
3. Frimaire.

4. Nivôse.
5. Pluviôse. } pour l'Hiver.
6. Ventôse.

7. Germinal.
8. Floréal. } pour le Printemps.
9. Prairial.

10. Messidor.
11. Thermidor. } pour l'Été.
12. Fructidor.

D. *Comment se divisent ces mois ?*

R. En trois parties égales de dix jours chacune, et qui sont appelées *décades*.

D. *Comment se nomment les jours de la décade ?*

R. 1er. Primidi. 6ème. Sextidi.
2ème. Duodi. 7ème. Septidi.
3ème. Tridi. 8ème. Octidi.
4ème. Quartidi. 9ème. Nonidi.
5ème. Quintidi. 10ème. Décadi.

D. Quelle est la nouvelle division du jour ?

R. Le jour, de minuit à minuit, est divisé en dix parties, que l'on nomme *heures*.

D. Comment divise-t-on la nouvelle heure ?

R. En dix parties égales, chaque partie en dix autres, ainsi de suite jusqu'à la plus petite portion commensurable de la durée.

D. Comment s'appelle la centième partie de l'heure ?

R. Minute décimale ; et la centième partie de la minute est appelée *seconde décimale.*

Des nouvelles Mesures.

D. Comment a-t-on formé les nouvelles mesures ?

R. On les a tirées de la grosseur même de la terre.

D. Expliquez-moi comment on a fait cela.

R. Pour que la mesure principale soit fixe et invariable, on a pris la dix-millionième partie de la distance d'un pôle à l'équateur, ce qui fait la quarante-millionième partie du tour entier de la terre ; on l'a nommée *mètre*, (nom tiré d'un mot grec qui veut dire *mesure*), on en a fait l'unité de longueur, et on en a déduit toutes les autres mesures.

D. *Quelles sont les diverses unités de mesure ?*

R. Le *mètre* est, comme nous l'avons vu, l'unité de mesure linéaire ; le *litre*, est l'unité de mesure de capacité ; le *gramme*, l'unité de poids ; l'*are*, l'unité de surface ; le *stère*, l'unité de mesure pour le bois de chauffage ; et le *franc*, est l'unité monétaire.

D. *Comment a-t-on déduit les autres mesures du mètre ?*

R. Le litre est égal à un cube qui aurait la dixième partie du mètre en longueur, en largeur, et en profondeur.

Le gramme est égal au poids d'un cube d'eau pure, qui aurait la centième partie du mètre en longueur, en largeur et en profondeur, et à la température de la glace fondante.

L'are est une surface de dix mètres de long, sur dix mètres de large, ce qui fait cent mètres carrés.

Le stère est égal à un mètre cube ; et le franc est égal à une pièce d'argent à neuf dixièmes de fin, pesant cinq grammes.

D. Quel est le rapport des nouvelles mesures avec les anciennes ?

R. Le mètre vaut à-peu-près 3 pieds 11 lignes et demie.

Le litre vaut un peu plus que la pinte de Paris.

Le gramme vaut à-peu-près 19 grains.

L'are, environ 25 toises carrées et demie.

Le stère, environ la demi-voie de Paris.

Et le franc vaut une livre tournois plus trois deniers ou un liard.

D. Quelle est la division des nouvelles mesures ?

R. Elles vont toutes en décroissant et en augmentant par une valeur décuple; c'est-à-dire, qu'elles se divisent en dixièmes, centièmes, millièmes, etc. et qu'elles se composent en rassemblant dix unités pour faire une dixaine ; dix dixaines pour faire une centaine ; dix centaines pour faire un mille, etc.

D. Comment exprime-t-on les mesures décroissantes ?

R. En mettant devant le nom de l'unité principale, les mots *déci, centi, milli*, qui marquent que ce sont des dixièmes, des centièmes, des millièmes de cette unité.

D. Comment exprime-t-on les mesures composées ?

R. En mettant devant le nom de l'unité principale, les mots *déca, hecto, kilo, myria*, qui marquent qu'elles valent dix, cent, mille, dix mille de ces unités.

D. Donnez-moi des exemples des mesures décroissantes et des mesures composées.

R. Le mot *déci-mètre* exprime la dixième partie du mètre ; *centi-mètre*, la centième partie ; *milli-mètre*, la millième partie.

Le mot *déca-mètre* exprime dix mètres ; *hecto-mètre*, cent mètres ; *kilomètre*, mille mètres ; *myria-mètre*, dix mille mètres. Il en est de même pour les autres mesures.

D. Les monnaies s'expriment-elles de même ?

R. Non ; le franc se divise bien aussi en dixièmes et centièmes, mais ses dixièmes se nomment *décimes*, et ses centièmes *centimes*.

D. Quel est l'avantage des nouvelles mesures sur les anciennes ?

R. C'est, 1°. d'être les mêmes pour tous les pays, au lieu que les anciennes variaient souvent pour chaque ville.

20. De se diviser toutes de même et d'une manière qui simplifie beaucoup les calculs.

Des Éclipses.

D. *Qu'est-ce qu'une éclipse ?*

R. C'est une privation totale ou en partie de la lumière d'un astre, causée par l'interposition d'un autre qui passe entre l'astre lumineux et celui qui reçoit la lumière.

D. *Combien y a-t-il de sortes d'éclipses ?*

R. Deux principales : les *éclipses de soleil* et les *éclipses de lune*. Les autres planètes se trouvent aussi quelquefois éclipsées, mais ces sortes d'éclipses sont moins faciles à remarquer.

D. *Quand arrivent les éclipses de soleil ?*

R. Lorsque la lune se trouve entre le soleil et la terre ; dans cette position elle intercepte en tout ou en partie les rayons du soleil ; de sorte que nous avons alors plus ou moins d'obscurité. Quand cette éclipse est totale, on voit les étoiles comme dans la nuit.

D. *Comment se font les éclipses de lune ?*

R. Par la position de la terre entre la lune et le soleil. On conçoit aisément qu'alors les rayons du soleil étant interceptés par la terre, la lune ne peut pas être éclairée, ce qui fait que nous ne la voyons plus; car nous ne l'appercevons que par la lumière qu'elle nous envoie.

Du Flux et Reflux.

D. *Qu'appelle-t-on flux et reflux ?*

R. C'est un mouvement périodique et régulier d'élévation et d'abaissement alternatifs qu'on observe dans les eaux des grandes mers.

D. *Comment se fait le flux et reflux ?*

R. Les eaux pendant environ six heures s'élèvent et s'étendent sur le rivage, ce qu'on appelle *flux*; elles restent quelques minutes en repos, et descendent pendant environ six heures, ce qui forme le *reflux*; après quoi elles commencent à remonter de nouveau, et ainsi de suite.

On donne aussi le nom de *marée* au flux et reflux; et l'on appelle *haute-mer* le moment où finit le flux, et *basse-mer* le moment où finit le reflux.

D. *Quelle est la cause de ce phénomène ?*

R. C'est la lune qui par son attraction fait gonfler la mer successivement à chaque endroit où elle passe, ce qui forme le flux pour cet endroit, ainsi que pour celui qui lui est précisément opposé sur la terre, et forme le reflux ou basse-mer pour les endroits qui se trouvent entre eux. Aussi remarque-t-on que les marées sont plus grandes dans les pleines lunes et les nouvelles lunes, que dans les quartiers, parce qu'étant du même côté que le soleil, ou lui étant directement opposée, l'action du soleil ajoute encore à l'effet de la lune ; et lors des équinoxes, le soleil se trouvant plus près de la lune que dans les solstices, où il en est écarté à droite ou à gauche, les marées sont les plus fortes de l'année.

D. *Le flux arrive-t-il à l'instant même du passage de la lune sur le méridien ?*

R. Non, parce que la résistance et le balancement des eaux cause un retard d'à-peu-près 3 heures.

DE L'AIMANT.

D. *Qu'est-ce que l'aimant ?*

R. C'est une pierre ressemblant assez à du fer, qui a la propriété d'attirer ce métal, ainsi que l'acier, et de s'y attacher plus ou moins fortement. Cette propriété se nomme *magnétisme* : il y a des aimans dans lesquels elle est si grande, qu'ils soutiennent des poids de 50 à 60 livres.

D. *Qu'y a-t-il à remarquer dans un aimant ?*

R. Deux points opposés, par lesquels il agit le plus fortement, et que l'on nomme ses *pôles*, parce que, lorsque l'aimant est suspendu de manière à pouvoir se mouvoir librement, il tourne ces deux points chacun vers un des pôles de la terre ; et comme chacun de ces deux points se dirige toujours vers le même pôle, on nomme *pôle-sud* celui qui se dirige vers le sud, et *pôle-nord* celui qui se tourne vers le nord.

D. *Les aimans s'attirent-ils entre eux ?*

R. Ils s'attirent lorsqu'on les approche par des pôles de différens noms, c'est-à-dire, lorsqu'on présente le pôle-sud de l'un au pôle-nord de l'autre, et ils se repoussent lorsqu'on présente le pôle-sud de l'un au pôle-sud de l'autre, ou le pôle-nord de l'un au pôle-nord de l'autre. L'aimant peut aussi communiquer sa propriété au fer et à l'acier.

D. *Comment s'y prend-on pour cela ?*

R. Il y a différentes méthodes, dont la base est de frotter le fer d'une certaine manière contre l'aimant, et suivant la manière que l'on emploie, le fer acquiert une vertu plus ou moins forte.

Il suffit même de laisser tomber verticalement une barre de fer pour lui donner un léger commencement d'attraction.

D. *Comment nomme-t-on les aimans qui sont faits ainsi ?*

R. On les nomme *aimans artificiels*, et les autres *aimans naturels*. Les aimans artificiels ont souvent plus de force, et communiquent plus facilement leur vertu que les aimans naturels.

D. *L'aimant est-il employé à quelque chose d'utile ?*

R. Oui ; on l'emploie dans les boussoles.

D. *Qu'est-ce qu'une boussole ?*

R. C'est une boîte dans laquelle est placée librement, sur un pivot, une aiguille aimantée, attachée sous une feuille ronde de tôle ou de carton, sur laquelle on a tracé les 32 aires de vent, et dont la circonférence est divisée en 360 degrés. Cette boîte, étant suspendue sur 4 pivots qui la laissent mouvoir dans tous les sens, demeure toujours horizontale, malgré les différens mouvemens du vaisseau sur lequel on en fait usage.

DE L'ÉLECTRICITÉ.

D. *Qu'est-ce que l'électricité ?*

R. C'est la propriété qu'ont certains

corps, lorsqu'on les y a disposés, d'attirer et de repousser les corps légers qu'on en approche, de lancer des aigrettes lumineuses, de produire des étincelles brillantes, de faire sentir des piqûres assez vives à ceux qui en approchent, de leur causer des commotions violentes, et d'enflammer les liqueurs et les vapeurs spiritueuses ou inflammables.

D. *A quoi sont dûs ces effets ?*

R. Ils paraissent dûs à une matière en mouvement tant au dedans qu'au dehors du corps électrisé ; et cette matière se nomme *fluide électrique?*

Cette matière ou fluide électrique forme deux courans ; l'un sort du corps électrisé pour se porter sur les corps voisins qui ne le sont pas, et se nomme *matière effluente*. L'autre sort des corps non électrisés pour se porter sur le corps électrisé, et se nomme *matière affluente*. Lorsque ces deux courans se rencontrent, ils se choquent, s'enflamment et produisent ce qu'on appelle une *étincelle électrique ?*

D. *Quels sont les moyens que l'on emploie pour faire naître la vertu électrique dans les corps ?*

R. Il y a deux moyens ; le premier est de les frotter, soit avec la main nue, soit avec quelque substance animale ou métallique; le second est de les approcher de fort près ou de les faire toucher à un corps nouvellement électrisé. Presque tous les corps sont électrisables par une de ces deux manières, mais les plus faciles à électriser par le frottement, sont le verre, le soufre, la cire d'Espagne, les poils des animaux, etc. On nomme ces corps *idio-électriques*. Les corps qui s'électrisent le mieux par communication se nomment *an-électriques*, ce sont les subtances métalliques et l'eau.

D. *Qu'appelle-t-on isoler un corps?*

R. C'est ne lui donner communication qu'avec des corps qui, ne s'électrisant pas bien par communication, ne lui font pas perdre sa vertu. Les corps qu'on emploie pour isoler sont les corps idio-électriques, et principalement le verre et la soie.

D. *Quels sont les instrumens qui servent à produire les phénomènes électriques?*

R. Ce sont : 1°. des tubes de verre, ou des bâtons de cire d'Espagne; 2°. des globes, des cylindres, ou des plateaux de verre, de soufre, ou de cire d'Espagne, que l'on fait tourner entre des coussins, et auxquels l'on donne plus particulièrele nom de *machine électrique*; 3°. des substances métalliques, ou chargées d'humidité, qui conduisent l'électricité d'un corps électrisé, et que l'on nomme *conducteurs* ; 4°. des bouteilles électriques, appelées *bouteilles de Leyde* ; 5°. des batteries électriques, qui sont des assemblages de grandes bouteilles électriques, et qui donnent des commotions capables de tuer des animaux, de fondre des fils de métal, et qui servent par-là à expliquer les effets du tonnerre.

D. *Expliquez-moi donc ce que c'est que le tonnerre, et comment il est produit.*

R. On sait que la vertu électrique s'excite dans les corps de deux manières, par frottement et par communication. Or, dans les tems d'orage, où l'on voit assez ordinairement les vents et les nuages aller en sens contraire, une partie de l'atmosphère glisse sur l'autre ; l'air, qui est un corps idio-électrique, s'électrise en se frottant contre lui-même, ou contre les objets terrestres qu'il rencontre en passant, et communique son électricité au nuage qu'il porte. Ce nuage dans lequel s'amasse l'électricité, devient un grand corps électrisé qui doit produire tous les effets que présentent les corps que nous électrisons. Si donc il rencontre un autre nuage qui ne soit pas électrisé, il part un éclair qui n'est que la lumière d'une grande étincelle électrique, accompagnée d'un grand bruit. Nous ne l'entendons pas, lorsque ce choc a lieu dans un endroit de l'atmosphère trop éloigné de nous, mais, s'il se fait près de nous, il cause un bruit épouvantable, sur-tout s'il est répété par les échos que forment les nuages et les montagnes des environs, qui produisent cette espèce de roulade que nous entendons souvent, après un coup de tonnerre. Si cette nuée électrique, au lieu d'étinceler contre un autre nuage, étincelle vis-à-vis d'un objet terrestre qui s'en trouve à une distance convenable, voilà la foudre qui éclate et renverse tout ce qu'elle frappe.

D. *Qu'est-ce qu'un paratonnerre ?*

R. Ce n'est autre chose qu'une verge de métal terminée en pointe, et qui, placée sur le haut d'un bâtiment, va répondre jusque dans la terre.

D. *Quels effets produisent les paratonnerres ?*

R. Ces pointes de métal ont la propriété de soutirer peu-à-peu l'électricité de nuages, et de la conduire dans la terre. Alors les nuages qui se trouvent dessus ne peuvent plus produire d'étincelles foudroyantes; mais comme cette pointe n'agit que de près, elle ne fait rien sur les nuages qui sont trop éloignés.

Des Trombes.

D. *Qu'est-ce qu'une trombe ?*

R. C'est un phénomène terrible et capable de causer de grands ravages. Les trombes commencent ordinairement par un nuage qui paraît fort petit, et que les marins appellent le *grain*. Ce grain se grossit ensuite considérablement, et en fort peu de tems devient un amas de vapeurs ressemblant à une grosse nuée fort épaisse, qui s'allonge de haut en bas, ou de bas en haut, en forme de colonne, qui fait entendre un bruit assez semblable à celui d'une mer fortement agitée, qui lance des éclairs, et même quelquefois la foudre, qui jette souvent autour d'elle beaucoup de pluie ou de grêle, et qui est capable de submerger les vaisseaux, de renverser les arbres, les maisons, et tout ce qui est exposé à son choc. Les marins, qui savent le danger qu'ils courraient s'ils en étaient atteints, font tous leurs efforts pour s'en éloigner; et lorsqu'ils ne peuvent pas éviter de s'en approcher, ils tâchent de les rompre à coups de canon avant d'être dessous.

D. *Quelle est la cause de ce phénomène ?*

R. C'est encore l'électricité ; car nous avons dit que les corps électrisés attirent les corps légers qui ne s'en trouvent pas trop éloignés. Si donc un nuage électrisé passe assez près de la surface de la mer, il attire l'eau, qui forme une petite élévation, et qui laisse échapper une grande quantité de particules aqueuses qui forment cette colonne de vapeur. Lorsque l'eau s'est peu-à-peu élevée, ou que le nuage s'est lui-même abaissé suffisamment, il excite un éclair entre le nuage et la mer, et la foudre frappe ce qui se trouve à sa portée. Comme ces trombes occasionnent toujours de grandes commotions, il n'est pas étonnant qu'il en résulte souvent des ouragans, de la pluie, de la grêle, etc.

DES ÉTOILES TOMBANTES.

D. Qu'est-ce qu'on appelle étoiles tombantes ?

R. Ce sont de petits nuages qui contiennent des exhalaisons qui, venant à s'échauffer, s'enflamment d'elles-mêmes; et comme elles ne brûlent pas subitement, mais au contraire lentement, elles paraissent dans l'atmosphère comme une fusée volante, parce que l'air leur offre une résistance qui les fait reculer peu-à-peu. Souvent ce feu se dissipe dans les airs,

airs, quelquefois il parvient jusqu'à terre, et alors on trouve au lieu de sa chûte une matière blanche et visqueuse comme de la colle, la matière combustible ayant été entièrement consumée.

Des Tremblemens de Terre.

D. Qu'est-ce qu'un tremblement de terre ?

R. C'est un mouvement causé par une inflammation soudaine de quelques exhalaisons sulfureuses et bitumineuses, qui se trouvent dans les grottes souterraines peu éloignées de la surface de la terre. Dans les pays méridionaux il y a fréquemment de ces tremblemens de terre.

Les naturalistes les attribuent aussi à l'action de l'eau et de l'air, et cela est très-vraisemblable. Pour le bien comprendre, il est bon de remarquer que la surface de la terre est comme une croûte, au-dessous de laquelle il y a une infinité de cavités et de canaux capables de contenir une quantité considérable d'eau et d'air, qui, étant raréfiés et dilatés par la chaleur des embrasemens souterrains, s'échappent avec violence de ces cavités, et par leurs efforts causent des ébranlemens considérables.

S

D. *Qu'appelle-t-on volcans ?*

R. On appelle *volcans* des lieux souterrains d'où il sort continuellement une fumée fort épaisse, et des flammes qui causent quelquefois de grands embrasemens sur la terre.

Il y en a un grand nombre ; mais les plus considérables sont l'*Etna* en Sicile, le *Vésuve* dans le royaume de Naples, et l'*Hécla* en Islande.

DE LA CHIMIE.

D. *Qu'est-ce que la Chimie ?*

R. C'est une science qui apprend à connaître l'action des molécules des corps les unes sur les autres ; c'est-à-dire, une science qui s'occupe de décomposer et de recomposer les corps.

D. *Qu'est-ce que l'analyse ?*

R. C'est la manière de décomposer un corps.

D. *Qu'est-ce que la synthèse ?*

R. C'est la méthode de recomposer.

D. *Comment divise-t-on les corps en Chimie ?*

R. La division actuellement suivie les partage en huit classes : dans la première sont, *les corps simples* ou *indécomposés* ; dans la seconde, *les corps brûlés* ; dans la troisième, *les bases salifiables* ; dans la quatrième, *les sels* ;

dans la cinquième, *les métaux*; dans la sixième, *les composés minéraux*; dans la septième, *les composés végétaux*; et dans la huitième, *les composés animaux*.

D. *Quels sont les corps simples ?*

R. 1°. La *lumière*, 2°. le *calorique*, 3°. l'*oxygène*, 4°. l'*azote*, 5°. l'*hydrogène*, 6°. le *carbone*, 7°. le *phosphore*, 8°. le *soufre*, 9°. le *diamant*, 10°. les *métaux*.

Parmi ces corps, que l'on peut appeler *élémens*, jusqu'à ce qu'on les ait pu décomposer, on ne trouve aucun de ceux que l'on appelait autrefois *les quatre élémens* (l'*air*, l'*eau*, la *terre* et le *feu*); et l'on verra qu'en effet ils sont composés, et que par conséquent ils ne sont pas des élémens.

D. *Qu'est-ce que la lumière ?*

R. C'est un fluide non pesant, souvent produit par la combustion, d'une vitesse 900,000 fois plus rapide que celle du son, traversant les corps transparens, et réfléchi par les corps opaques. La lumière est la cause de la coloration, et obéit à des attractions.

D. *Qu'est-ce que le calorique ?*

R. C'est aussi un fluide non pesant et produit par la combustion. C'est la matière de la chaleur, qui pénètre tous les corps avec plus ou moins de facilité, ce qui les fait distinguer en *bons* et *mauvais conducteurs* de la chaleur.

D. Qu'est-ce qu'on appelle oxygène ?

R. C'est un principe qui existe dans l'air, dont il forme la partie respirable, et qui est aussi nécessaire à la combustion ; car la combustion n'est que la combinaison de l'oxygène avec le corps qui brûle ; et comme le gaz oxygène qui compose l'air est une dissolution de l'oxygène dans le calorique lorsque la combustion a lieu, l'oxygène, en se combinant, laisse échapper le calorique avec lequel il était combiné, ce qui produit la chaleur. Le gaz oxygène pur, employé pour souffler le feu, produit la plus grande chaleur connue. L'oxygène, en se combinant avec les corps, les rend acides, ce qui lui a fait donner le nom qu'il porte, et qui signifie *générateur des acides*.

D. Qu'est-ce que l'azote ?

R. C'est l'autre principe qui se trouve avec l'oxygène dans l'air atmosphérique ; il y est dans l'état de gaz, et n'est pas respirable seul ; mais il sert à modérer l'action de l'oxygène qui, lorsqu'il est respiré seul, produit en peu de tems une inflammation dans les poumons.

D. Qu'est-ce que l'hydrogène ?

R. C'est un des principes de l'eau, ce que marque son nom, qui signifie *générateur de l'eau*, que l'on trouve souvent aussi sous la forme de gaz, et connu dans cet état sous le nom d'*air inflammable*; à cause de sa légèreté, il est employé pour emplir les ballons, qui ne s'élèvent que lorsqu'ils sont gonflés par un gaz qui leur fait occuper un grand volume avec peu de poids, et, les rendant moins pesans que l'air, les fait nécessairement monter.

D. Qu'est-ce que le carbone ?

R. C'est le principe combustible qui existe dans le charbon, où il est déjà combiné avec un peu d'oxygène, pour lequel il a une très-forte attraction.

D. Qu'est-ce que le phosphore ?

R. C'est un principe que l'on ne trouve pas naturellement pur, mais que l'art obtient facilement. Il est solide, transparent et brillant dans l'obscurité ; il ressemble un peu à de la cire jaune, se casse à froid ; mais étant très-ductile dans l'eau chaude, on l'y moule ordinairement en petit bâtons gros comme le tuyau d'une plume. Il s'enflamme facilement à l'air, ce qui fait qu'il faut beaucoup de précautions pour en faire usage.

D. Qu'est-ce que le soufre?

R. C'est le seul corps simple que la nature nous offre abondamment pur, et le premier connu de tous, parce qu'il est souvent à la surface de la terre. Il est solide, d'un jaune particulier, se fond, brûle, et devient fétide quand on le chauffe.

D. Qu'est-ce que le diamant?

R. C'est le corps le plus dur que l'on connaisse; il brûle par une forte chaleur, et se dissipe dans l'air.

Les chimistes modernes le regardent comme du carbone pur, parce qu'il donne les mêmes résultats que le charbon lorsqu'on le brûle.

D. Qu'est-ce que les métaux?

R. Ce sont aussi des corps simples; mais leur importance et leur utilité en ont fait faire une classe particulière, qui est, comme nous l'avons vu, la cinquième, dans laquelle ils sont reportés.

D. Qu'est-ce que les corps brûlés?

R. La combustion étant, comme nous l'avons vu, la combinaison d'un corps avec l'oxygène, les corps brûlés sont ceux qui proviennent de la combinaison de l'oxygène avec un autre corps. On divise les corps brûlés en *oxydes* et en *acides*.

D. *Qu'appelle-t-on oxydes* ?

R. Ce sont des corps combinés avec trop peu d'oxygène pour en faire des acides. Il y a beaucoup d'oxydes, et parmi ces corps se trouve l'*eau*. L'eau est un oxyde d'hydrogène, c'est-à-dire, une combinaison de l'oxygène avec l'hydrogène : cette combinaison se fait en brûlant le gaz hydrogène.

D. *Qu'appelle-t-on acides* ?

R. Ce sont des corps produits par la combinaison entière d'une base avec l'oxygène. Ces corps ont une saveur aigre, détruisent certaines couleurs, et en altèrent un grand nombre.

D. *Quels sont les principaux acides* ?

R. L'*acide carbonique*, produit par la combustion du charbon ; l'*acide phosphorique*, par celle du phosphore ; l'*acide sulfurique* (vulgairement nommé *huile de vitriol*), par celle du soufre ; l'*acide nitrique* (ou *eau-forte*), ayant pour base l'azote ; et l'*acide muriatique*, dont la base est inconnue, etc. Il y en a aussi qui ont pour base des métaux ; tel est l'*acide arsenical* et plusieurs autres.

D. *Qu'appelle-t-on bases salifiables* ?

R. Ce sont des matières qui, unies aux acides, forment des sels : on les distingue en *terres* et en *alcalis*.

D. Qu'appelle-t-on terres ?

R. On appelle *terres* des substances insipides ou peu sapides, insolubles ou peu solubles, souvent sèches, arides, et quelquefois cependant douces au toucher.

D. Quel est le nom de ces terres ?

R. 1°. La *silice*, nom tiré du *silex*, pierre scintillante dont elle est la base ; 2°. l'*alumine*, nom tiré de l'*alun*, dont elle est la base principale, et abondante dans les argiles et les glaises, où elle se trouve mêlée avec d'autres terres ; 3°. la *glucine*, dont le nom est tiré d'un mot grec qui signifie *doux*, *sucré*, parce qu'elle donne cette saveur aux sels qu'elle forme ; 4°. la *zircone*, tirée du *jargon*, qu'on nomme aussi *zircon* ; 5°. la *magnésie*, dont le nom vient d'une ancienne comparaison avec l'aimant ; 6°. la *chaux*, substance très-connue par l'emploi qu'on en fait continuellement : son nom vient de la chaleur qu'elle excite, comme de celle qu'on emploie pour l'obtenir.

D. Qu'appelle-t-on alcalis ?

R. On appelle *alcalis* des subtances âcres, solubles, altérant certaines couleurs, et dissolvant les matières animales.

D. Combien y a-t-il d'alcalis ?

R. Il y en a cinq : 1°. la *barite*, dont

le nom veut dire *pesant*, parce qu'en effet elle est très-pesante ; 2°. la *potasse*, assez connue par son emploi fréquent, et extraite des cendres de bois lessivées et calcinées ; 3°. la *soude*, ayant beaucoup des propriétés de la potasse, et extraite des plantes marines que l'on brûle au bord de la mer ; 4°. la *strontiane*, confondue d'abord avec la *barite*, et moins commune que les deux précédentes ; 5°. l'*ammoniaque*, nommé aussi *alcali volatil*, par opposition aux quatre autres qui sont appelés *alcalis fixes* : il est en effet très-volatil. Cet alcali est la base du sel connu sous le nom de *sel ammoniaque*.

D. *Qu'appelle-t-on sels ?*

R. On appelle *sels* des substances provenant de la combinaison d'une ou de plusieurs bases salifiables avec un acide. Il y en a un très-grand nombre ; et ces corps sont susceptibles de se cristalliser, c'est-à-dire, de prendre, lors de leur formation, une forme régulière qui varie suivant les différentes espèces de sels. Le *sel marin*, ou *sel de cuisine*, provient de la combinaison de la soude avec l'acide muriatique, et se nomme, à cause de cela, *muriate de soude* : il se cristallise en cubes qui, en prenant les précautions nécessaires, peuvent devenir très-gros.

D. *Comment nomme-t-on les sels ?*

R. On compose leur nom de celui de l'acide qui les a formés, et l'on y joint le nom de la base salifiable ; ainsi le nom de *sulfate de chaux*, donné au *plâtre*, indique qu'il provient de la combinaison de l'acide sulfurique avec la chaux; celui de *nitrate de potasse*, donné au *salpêtre*, indique qu'il résulte de la combinaison de l'acide nitrique avec la potasse ; ainsi des autres : on voit que cette nomenclature est très-avantageuse.

D. *Combien y a-t-il de métaux ?*

R. Il y en a maintenant vingt-un de connus. Ce nombre est bien différent de celui des sept métaux que l'on nommait autrefois, parce qu'on ne les distingue plus en *métaux* et *demi-métaux*, ou *métaux parfaits* et *métaux imparfaits*.

D. *Quels sont ces vingt-un métaux ?*

R. L'*arsenic*, le *tungstène*, le *molybdène*, le *chrôme*, le *titane*, l'*urane*, le *cobalt*, le *nickel*, le *manganèse*, le *bismuth*, l'*antimoine*, le *tellure*, le *mercure*, le *zinc*, l'*étain*, le *plomb*, le *fer*, le *cuivre*, l'*argent*, l'*or*, et le *platine*. Ils sont classés ici suivant leur facilité à s'oxyder, c'est-à-dire, à se combiner avec l'oxygène, qui change beaucoup leur état et leurs propriétés, comme on le voit par la rouille du fer, qui est une oxydation du fer ; le vert-de-gris, une oxydation du cuivre, etc. Le plus facilement oxydable est l'arsenic, que l'on ne peut avoir que très-difficilement dans l'état métallique ; et le moins oxydable est le platine. Les autres sont rangés entre ces deux métaux, comme nous l'avons déjà dit, selon leur facilité à s'oxyder.

D. Qu'appelle-t-on *composés minéraux* ?

R. On appelle *composés minéraux*, les mélanges et combinaisons de plusieurs substances qui se trouvent dans le sein de la terre. Ils sont formés par les substances que nous venons de voir, et qui s'y trouvent plus ou moins pures, c'est-à-dire, mêlées avec une plus ou moins grande quantité d'autres matières qui leur sont étrangères.

D. Qu'appelle-t-on *composés végétaux* ?

R. Ce sont les différentes matières végétales, qui sont aussi composées des principes ou corps simples, réunis deux à deux, trois à trois, ou même en plus grand nombre, et qui forment des produits que l'on extrait sans les altérer, sous le nom de *sève*, *muqueux*, *sucré*, *acide*, *fécule* ou *amidon*, *huile*, *gomme*, *résine*, *baume*, *matière colorante*, etc. Ils offrent aussi des phénomènes chimiques, entr'autres la fermentation.

D. Qu'appelle-t-on composés animaux ?

R. On appelle ainsi les substances animales, telles que le *sang*, la *bile*, les *os*, etc. qui sont composés de beaucoup de principes réunis et qui forment beaucoup d'ammoniaque lorsqu'on les décompose; ce qui cause la mauvaise odeur des matières animales en putréfaction. Les animaux offrent aussi beaucoup de phénomènes chimiques : la *respiration*, la *digestion*, etc. sont des phénomènes chimiques, car l'air est décomposé dans les poumons; et il est bien clair que les alimens le sont aussi par la digestion, puisque les matières végétales que nous mangeons se changent en sang, bile, os, etc. qui n'existaient pas dans les végétaux.

D. Qu'est-ce que la pierre philosophale ?

R. C'est l'art prétendu ou secret de convertir les métaux en or. Tous ceux qui se sont occupés de cette recherche, y ont perdu leur temps et leur santé, sans pouvoir jamais réussir.

DE LA THÉOLOGIE.

D. *Qu'est-ce que la Théologie ?*

R. C'est une science qui donne la connaissance de Dieu et des choses divines.

D. *Comment divisez-vous la Théologie ?*

R. En *Théologie naturelle*, *Théologie surnaturelle*, et *Théologie morale*.

La Théologie naturelle nous fait connaître Dieu par ses ouvrages et par les lumières de la raison naturelle.

La Théologie surnaturelle est celle que nous apprenons par la foi de toutes les choses qui nous ont été révélées dans les divines écritures.

La Théologie morale est celle qui nous donne la connaissance des lois divines pour régler les mœurs, qui traite des vertus et des vices, et qui apprend à discerner ce qui est bien ou mal fait.

D. *D'où vient le mot Théologie ?*

R. De deux mots grecs, qui signifient *parole de Dieu*, ou *discours touchant les choses divines* ; et cette science est ainsi appelée, parce qu'elle traite des choses surnaturelles, et doit se prendre de la parole de Dieu, ou de la tradition et des décisions de l'église catholique, et ne rien admettre qui n'y soit contenu, ou qui ne s'en puisse tirer par de légitimes conséquences.

DE LA PHILOSOPHIE.

D. Qu'est-ce que la Philosophie ?

R. C'est l'étude de la nature et de la morale, fondée sur l'observation, l'expérience et le raisonnement.

D. Quelle est l'étymologie du mot Philosophie ?

R. C'est un mot grec qui signifie *l'amour de la sagesse.*

DE LA JURISPRUDENCE.

D. Qu'est-ce que la Jurisprudence ?

R. C'est la science des lois, des coutumes, des ordonnances, et de tout ce qui sert à rendre ou à faire rendre la justice due à chaque membre de la société.

D. Comment divise-t-on cette science ?

R. Généralement en *Droit naturel*, en *Droit des gens*, et en *Droit civil.*

D. Qu'est-ce que le Droit naturel ?

R. C'est celui que la nature et la raison enseignent aux hommes : tel est entr'autres celui de ne pas faire aux autres ce que nous ne voudrions pas qu'ils fissent envers nous ; celui de se défendre contre ceux qui nous attaquent injustement ; tel est aussi celui qui donne pouvoir aux pères et aux mères sur leurs enfans, etc.

D. *En quoi consiste le Droit des gens ?*

R. Dans certaines maximes et coutumes conformes au droit de la nature et reçues de toutes les nations policées, qui empêchent d'attaquer injustement, de violer l'hospitalité, de rien entreprendre contre la personne des ambassadeurs, etc.

D. *Quel est le Droit civil ?*

R. C'est celui qui est fondé sur les lois et les coutumes que chaque nation a établies pour en être gouvernée.

D. *L'étude des lois de son pays est-elle nécessaire ?*

R. Cette connaissance est très-nécessaire à tous les hommes, parce que partout il faut vivre sous les lois : mais cette science est principalement nécessaire à ceux qui cherchent à occuper quelque poste ou emploi de l'État : depuis le moindre jusqu'au plus éminent, il n'y en a aucun qu'ils puissent bien remplir sans cette science.

DE LA MÉDECINE.

D. *Qu'est-ce que la Médecine ?*

R. C'est une science qui s'applique à connaître le corps humain, et tout ce qui lui peut conserver la santé, ou la lui rendre quand il l'a perdue.

D. *Comment divise-t-on la Médecine ?*

R. En *théorique* et *pratique*. La théorique s'arrête à la contemplation ou à la considération de la nature du corps humain et de ses maladies, et à la qualité des remèdes. La pratique s'applique par l'expérience à trouver le spécifique de chaque maladie, pour faire l'application des remèdes convenables et propres à opérer une prompte guérison.

D. *De quelle manière peut-on acquérir la connaissance du corps humain ?*

R. Par le secours de l'anatomie.

DE L'ANATOMIE.

D. *Qu'est-ce que l'Anatomie ?*

R. C'est une science qui apprend à connaître la structure du corps humain et les fonctions de ses différentes parties. Elle se divise en plusieurs branches, telles que l'*ostéologie*, qui traite des os; la *névrologie*, qui traite des nerfs, etc.

DE LA CHIRURGIE.

D. *Qu'est-ce que la Chirurgie ?*

R. C'est une partie de la médecine qui consiste en opérations qui se font de la main pour guérir les plaies, et plusieurs autres défauts et maladies du corps humain. Comme les effets de la Chirurgie sont plus évidens que ceux de la Médecine, on l'a toujours beaucoup cultivée.

D. Quelles doivent être les principales qualités d'un bon chirurgien ?

R. Un bon chirurgien doit être bon anatomiste, pour savoir plus précisément les routes qu'il doit suivre en faisant ses opérations, et pour éviter de donner atteinte aux parties qu'il est nécessaire de conserver. Il doit faire ses opérations avec promptitude, avec sûreté, avec beaucoup d'adresse, et avec tout l'agrément dont elles sont susceptibles.

DE LA PHARMACIE.

D. Apprenez-moi ce que c'est que cette autre partie de la médecine qu'on appelle Pharmacie.

R. La Pharmacie enseigne le choix, la préparation et la mixtion des médicamens : cette science n'est autre chose que la profession des apothicaires. Pharmacie vient de *Pharmacon*, mot grec qui signifie *remède*. Cette science exige une connaissence préliminaire de la botanique et de la chimie.

DU COMMERCE.

D. Qu'est-ce que le Commerce ?

R. C'est l'art d'échanger ou d'acheter, et de vendre des marchandises, dans la vue d'y gagner.

D. Y a-t-il long-tems qu'on a exercé le Commerce ?

R. Il y a toute apparence qu'il est aussi ancien que le monde. Au commencement il consistait dans l'échange des choses nécessaires à la vie, comme cela se pratique encore aujourd'hui dans la Laponie et la Sibérie, parmi divers peuples de l'Asie et de l'Afrique, et presque chez tous ceux de l'Amérique.

D. Les monnaies, qui sont d'une si grande utilité dans le Commerce, étaient-elles en usage alors ?

R. Elles n'y étaient point du tout au commencement ; dans la suite on les a inventées pour faciliter le Commerce.

D. Qui ont été les peuples dont le Commerce a été le plus renommé ?

R. Les *Phéniciens*, les *Égyptiens*, les *Carthaginois*, les *Athéniens*, les *Rhodiens*, les *Romains*, les *Gaulois*, les *Flamands*, les *Anglais*, et les *Hollandais*, se sont distingués par leur commerce ; mais maintenant l'activité des manufactures françaises et les soins de notre gouvernement actuel vont rendre notre commerce le plus florissant et le plus étendu.

D. *Quelles doivent être les qualités d'un bon et habile négociant ?*

R. Elles sont en grand nombre. Il doit bien savoir l'*arithmétique*, et l'art de tenir les livres à parties doubles. Il doit savoir aussi la *géographie*, connaître les poids, les mesures et les monnaies ; il doit entendre à fond le cours des changes ; il doit être instruit des droits d'entrée et sortie : il est nécessaire qu'il entende les principales langues étrangères, comme le français, l'anglais, l'italien, l'allemand, l'espagnol, etc. mais principalement la langue du pays où il a établi une correspondance réglée. Il ne doit pas ignorer les lois et les coutumes des pays étrangers ; il doit être prompt à exécuter les ordres qu'on lui donne, équitable et fidèle dans toutes ses négociations, ponctuel dans ses paiemens, modéré dans ses entreprises, court, simple et clair dans ses lettres missives, et scrupuleux à payer jusqu'aux moindres droits qui sont sur les marchandises qu'il reçoit ou qu'il envoie au dehors.

DE LA NAVIGATION.

D. Qu'est-ce que la Navigation ?

R. C'est l'art de conduire un vaisseau sur les eaux, et particulièrement sur la mer ; ce qui se fait par le secours des vents, des voiles, de la boussole, du gouvernail, des cartes marines, des rames, etc. à quoi on a ajouté les observations de la hauteur du soleil et des étoiles.

D. Qui a inventé la Navigation ?

R. L'Ecriture-Sainte semble nous en marquer l'origine, quand elle nous parle du déluge universel, parce que l'arche de *Noé* est le premier vaisseau qu'on sache qui ait été sur les eaux. Il y a toute apparence que les enfans de *Noé*, ayant vu la facilité avec laquelle on pouvait aller sur les eaux, ont continué de construire des vaisseaux ; et qu'ainsi ils ont cultivé un art qui ne pouvait être que très-avantageux à eux et à leurs descendans. Les premiers marins dont l'histoire profane fasse mention sont les Phéniciens.

D. De quel instrument les marins se servent-ils pour diriger les vaisseaux en pleine mer ?

R. De la *boussole* ou *compas de mer*. Il y a près de cinq cents ans qu'elle a été inventée : au défaut de la boussole, ils se règlent sur les astres.

DE L'IMPRIMERIE.

D. Qu'est-ce que l'Imprimerie ?

R. C'est l'art d'assembler et d'arranger les caractères mobiles, signes représentatifs de l'écriture, pour en former des livres en tous genres. C'est à la Science pratique de l'Imprimerie qu'on peut certainement appliquer les vers de Brebeuf, cités ci-devant, *page* 20.

D. Quel avantage tirons-nous de l'Imprimerie ?

R. Nous en tirons de très-grands. 1º. Il est évident que deux ouvriers feront plus d'ouvrage en un jour, que cent écrivains n'en feraient dans le même espace de tems, quelque diligens qu'ils fussent. 2º. Le caractère imprimé peut être lu facilement de tout le monde, à cause de sa régularité et de sa netteté; au lieu que l'écriture de main est difficile à lire à une infinité de gens. 3º. On lit un ouvrage imprimé avec plus de plaisir et de fruit, qu'un ouvrage écrit à la main, à cause que les caractères, étant nets et réguliers, attirent l'attention et soulagent la mémoire. 4º. Par la facilité que donne l'Imprimerie, il n'y a personne qui ne soit en état d'acheter les livres dont il a besoin, et qui ne puisse jouir du travail d'une infinité de savans et de gens d'esprit en tout genre. Enfin, cet Art précieux, en reproduisant et multipliant à volonté les grandes idées et les vérités utiles, en fait la possession de tout l'univers civilisé.

C'est à l'Imprimerie que l'on doit un des plus prompts et des plus sûrs moyens d'accroître la masse des connaissances humaines, de propager les lumières, de populariser la science, et d'étendre sur tout le globe le règne de la raison, en mettant tous les savans d'un pays, et même ceux de tous les pays, à même de se transmettre leurs idées, leurs doutes, leurs difficultés, et de travailler ensemble au perfectionnement de l'intelligence, des lois, de l'industrie, du commerce, et du bonheur de l'espèce humaine.

D. Quelle est l'origine de l'Imprimerie ?

R. La plupart en attribuent l'invention à *Jean Guttemberg*, de Mayence, vers l'an 1440 ; il s'y associa, peu après, *Pierre Scheffer* et *Jean Faust*. Ces deux-ci achevèrent d'imprimer toute la Bible en 1462. Les Hollandais prétendent que c'est *Laurent Coster*, de Harlem, qui inventa l'Imprimerie vers 1430 ; mais on croit plutôt que Coster ne se servit que de la gravure sur planches de bois pour imprimer de petits livres d'école, et que Guttemberg et Scheffer sont les véritables inventeurs des caractères mobiles, qui font l'essentiel de l'art de l'Imprimerie.

L'art d'imprimer des livres par le moyen de la gravure en bois, en se servant d'une planche pour chaque page, a été en usage à la Chine plusieurs siècles avant qu'on s'en fût servi en Europe pour la même fin ; quoique l'impression des cachets, des cartes à jouer, etc. en approchât beaucoup, comme il est facile de le voir en les comparant ensemble.

DE LA MUSIQUE.

D. *Qu'est-ce que la Musique ?*

R. C'est la science qui enseigne à faire des accords agréables à l'oreille, et qui règle l'harmonie, soit par un instrument ou par la voix : de toutes les Musiques, la vocale est la plus belle.

D. *Quels sont les effets de la Musique ?*

R. Elle délasse agréablement l'esprit, et lui donne de nouvelles forces à s'appliquer ensuite avec plus d'ardeur au travail. Elle sert encore à appaiser les troubles et les agitations de l'esprit ; les troubles sur-tout qui procèdent de la mélancolie.

La Musique enfin a été toujours en grande estime, principalement celle qui est en usage dans le service divin, parce qu'elle nous excite à la vertu, et qu'elle anime notre zèle et notre dévotion.

D. *Qui a inventé la Musique ?*

R. Les Païens en attribuaient la première invention à *Apollon* ou à *Mercure*. Mais l'Écriture-Sainte nous apprend que *Jubal*, fils de *Lamech*, avant le déluge, fut l'inventeur des instrumens de Musique, et le premier qui en joua.

D. *D'où tire-t-elle son étymologie ?*

R. Des Muses, que les Païens regardaient comme les Déesses des sciences.

D. *De qui la Musique a-t-elle reçu sa perfection ?*

R. On croit que c'est des Hébreux ; mais à présent on la pratique avec bien plus d'éclat et d'invention : les Allemands et sur-tout les Italiens excellent dans cet art.

CONSTITUTION

CONSTITUTION

DE

LA RÉPUBLIQUE FRANÇAISE.

TITRE PREMIER.

De l'exercice des droits de cité.

ARTICLE PREMIER.

La République française est une et indivisible.

Son territoire européen est distribué en départemens et arrondissemens communaux.

II. Tout homme né et résidant en France, qui, âgé de vingt-un ans accomplis, s'est fait inscrire sur le registre civique de son arrondissement communal, et qui a demeuré depuis pendant un an sur le territoire de la République, est citoyen français.

III. Un étranger devient citoyen français, lorsqu'après avoir atteint l'âge de vingt-un ans accomplis, et avoir déclaré l'intention de se fixer en France, il y a résidé pendant dix années consécutives.

IV. La qualité de citoyen français se perd,

Par la naturalisation en pays étranger;

Par l'acceptation de fonctions ou de pensions offertes par un gouvernement étranger;

Par l'affiliation à toute corporation étrangère qui supposerait des distinctions de naissance;

Par la condamnation à des peines afflictives ou infamantes.

V. L'exercice des droits de citoyen français est suspendu, par l'état de débiteur failli, ou d'héritier immédiat détenteur à titre gratuit de la succession totale ou partielle d'un failli;

Par l'état de domestique à gages, attaché au service de la personne ou du ménage;

Par l'état d'interdiction judiciaire, d'accusation ou de contumace.

VI. Pour exercer les droits de cité dans un arrondissement communal, il faut y avoir acquis domicile par une

T

année de résidence, et ne l'avoir pas perdu par une année d'absence.

VII. Les citoyens de chaque arrondissement communal désignent, par leurs suffrages, ceux d'entre eux qu'ils croient les plus propres à gérer les affaires publiques. Il en résulte une liste de confiance, contenant un nombre de noms égal au dixième du nombre des citoyens ayant droit d'y coopérer. C'est dans cette première liste communale que doivent être pris les fonctionnaires publics de l'arrondissement.

VIII. Les citoyens compris dans les listes communales d'un département désignent également un dixième d'entre eux. Il en résulte une seconde liste, dite *départementale*, dans laquelle doivent être pris les fonctionnaires publics du département.

IX. Les citoyens portés dans la liste départementale désignent pareillement un dixième d'entr'eux : il en résulte une troisième liste, qui comprend les citoyens de ce département éligibles aux fonctions publiques nationales.

X. Les citoyens ayant droit de coopérer à la formation de l'une des listes mentionnées aux trois articles précédens sont appelés, tous les trois ans, à pourvoir au remplacement des inscrits décédés, ou absens pour toute autre cause que l'exercice d'une fonction publique.

XI. Ils peuvent, en même tems, retirer de la liste les inscrits qu'ils ne jugent pas à propos d'y maintenir, et les remplacer par d'autres citoyens dans lesquels ils ont une plus grande confiance.

XII. Nul n'est retiré d'une liste que par les votes de la majorité absolue des citoyens ayant droit de coopérer à sa formation.

XIII. On n'est point retiré d'une liste d'éligibles par cela seul qu'on n'est pas maintenu sur une autre liste d'un degré inférieur ou supérieur.

XIV. L'inscription sur une liste d'éligibles n'est nécessaire qu'à l'égard de celles des fonctions publiques pour lesquelles cette condition est expressément exigée par la constitution ou par la loi. Les listes d'éligibles seront formées, pour la première fois, dans le cours de l'an 9.

Les citoyens qui seront nommés pour la première formation des autorités constituées feront partie nécessaire des premières listes d'éligibles.

TITRE II.

Du Sénat conservateur.

XV. Le sénat conservateur est composé de quatre-vingts membres, inamovibles et à vie, âgés de quarante ans au moins.

Pour la formation du sénat, il sera d'abord nommé soixante membres : ce nombre sera porté à soixante-deux dans le cours de l'an huit, à soixante-quatre en l'an neuf, et s'élevera ainsi graduellement à quatre-vingts, par l'addition de deux membres en chacune des dix premières années.

XVI. La nomination à une place de sénateur se fait par le sénat, qui choisit entre trois candidats présentés, le premier par le corps législatif, le second par le tribunat, et le troisième par le premier consul.

Il ne choisit qu'entre deux candidats, si l'un d'eux est proposé par deux des trois autorités présentantes : il est tenu d'admettre celui qui serait proposé à-la-fois par les trois autorités.

XVII. Le premier consul sortant de place, soit par l'expiration de ses fonctions, soit par démission, devient sénateur de plein droit et nécessairement.

Les deux autres consuls, durant le mois qui suit l'expiration de leurs fonctions, peuvent prendre place dans le sénat, et ne sont pas obligés d'user de ce droit.

Ils ne l'ont point quand ils quittent leurs fonctions consulaires par démission.

XVIII. Un sénateur est à jamais inéligible à toute autre fonction publique.

XIX. Toutes les listes faites dans les départemens en vertu de l'article IX sont adressées au sénat : elles composent la liste nationale.

XX. Il élit dans cette liste les législateurs, les tribuns, les consuls, les juges de cassation, et les commissaires à la comptabilité.

XXI. Il maintient ou annule tous les actes qui lui sont déférés comme inconstitutionnels par le tribunat ou par le gouvernement ; les listes d'éligibles sont comprises parmi ces actes.

XXII. Des revenus de domaines nationaux déterminés sont affectés aux dépenses du sénat. Le traitement annuel de chacun de ses membres se prend sur ces revenus, et il est égal au vingtième de celui du premier consul.

XXIII. Les séances du sénat ne sont pas publiques.

XXIV. Les citoyens SIEYES et ROGER-DUCOS, consuls sortans, sont nommés membres du sénat conservateur : ils se réuniront avec le second et le troisième consuls nommés par la présente constitution. Ces quatre citoyens nomment la majorité du sénat, qui se complète ensuite lui-même, et procède aux élections qui lui sont confiées.

TITRE III.

Du Pouvoir législatif.

XXV. Il ne sera promulgué de lois nouvelles que lorsque le projet en aura été proposé par le gouvernement, communiqué au tribunat, et décrété par le corps législatif.

XXVI. Les projets que le gouvernement propose sont rédigés en articles. En tout état de la discussion de ces projets, le gouvernement peut les retirer ; il peut les reproduire modifiés.

XXVII. Le tribunat est composé de cent membres, âgés de vingt-cinq ans au moins ; ils sont renouvelés par cinquième tous les ans, et indéfiniment rééligibles tant qu'ils demeurent sur la liste nationale.

XXVIII. Le tribunat discute les projets de loi ; il en vote l'adoption ou le rejet.

Il envoie trois orateurs pris dans son sein, par lesquels les motifs du vœu qu'il a exprimé sur chacun de ces projets sont exposés et défendus devant le corps législatif.

Il défère au sénat, pour cause d'inconstitutionnalité seulement, les listes d'éligibles, les actes du corps législatif et ceux du gouvernement.

XXIX. Il exprime son vœu sur les lois faites et à faire, sur les abus à corriger, sur les améliorations à entreprendre dans toutes les parties de l'administration publique, mais jamais sur les affaires civiles ou criminelles portées devant les tribunaux.

Les vœux qu'il manifeste en vertu du présent article n'ont aucune suite nécessaire, et n'obligent aucune autorité constituée à une délibération.

XXX. Quand le tribunat s'ajourne, il peut nommer une commission de dix à quinze de ses membres, chargée de le convoquer si elle le juge convenable.

XXXI. Le corps législatif est composé de trois cents membres, âgés de trente ans au moins ; ils sont renouvelés par cinquième tous les ans.

Il doit toujours s'y trouver un citoyen au moins de chaque département de la République.

XXXII. Un membre sortant du corps législatif ne peut y rentrer qu'après un an d'intervalle ; mais il peut être immédiatement élu à toute autre fonction publique, y compris celle de tribun, s'il est d'ailleurs éligible.

XXXIII. La session du corps législatif commence chaque année le premier frimaire, et ne dure que quatre mois ; il peut être extraordinairement convoqué durant les huit autres par le gouvernement.

XXXIV. Le corps législatif fait la loi en statuant par scrutin secret, et sans aucune discussion de la part de ses membres sur les projets de loi débattus devant lui par les orateurs du tribunat et du gouvernement.

XXXV. Les séances du tribunat et celles du corps législatif sont publiques ; le nombre des assistans, soit aux unes, soit aux autres, ne peut excéder deux cents.

XXXVI. Le traitement annuel d'un tribun est de 15,000 francs ; celui d'un législateur, de 10,000 francs.

XXXVII. Tout décret du corps législatif, le dixième jour après son émission, est promulgué par le premier consul, à moins que dans ce délai il n'y ait eu recours au sénat pour cause d'inconstitutionnalité. Ce recours n'a point lieu contre les lois promulguées.

XXXVIII. Le premier renouvellement du corps législatif et du tribunat n'aura lieu que dans le cours de l'an dix.

TITRE IV.

Du Gouvernement.

XXXIX. Le gouvernement est confié à trois consuls nommés pour dix ans, et indéfiniment rééligibles.

Chacun d'eux est élu individuellement, avec la qualité distincte ou de premier, ou de second, ou de troisième consul.

La constitution nomme PREMIER CONSUL, le citoyen BONAPARTE, ex-consul provisoire ; SECOND CONSUL, le citoyen CAMBACERÈS, ex-ministre de la justice ; et TROISIÈME CONSUL, le citoyen LEBRUN, ex-membre de la commission du conseil des anciens.

Pour cette fois, le troisième consul n'est nommé que pour cinq ans.

XL. Le premier consul a des fonctions et des attributions particulières, dans lesquelles il est momentanément suppléé, quand il y a lieu, par un de ses collègues.

XLI. Le premier consul promulgue les lois ; il nomme et révoque à volonté les membres du conseil d'état, les ministres, les ambassadeurs et autres agens extérieurs en chef, les officiers de l'armée de terre et de mer, le membres des administrations locales, et les commissaires du gouvernement près les tribunaux. Il nomme tous les juges criminels et civils, autres que les juges de paix et les juges de cassation, sans pouvoir les révoquer.

XLII. Dans les autres actes du gouvernement, le second et le troisième consuls ont voix consultative : ils signent le registre de ces actes pour constater leur présence, et, s'ils le veulent, ils y consignent leur opinion ; après quoi la décision du premier consul suffit.

XLIII. Le traitement du premier consul sera de cinq cents mille francs en l'an huit. Le traitement de chacun des deux autres consuls est égal aux trois dixièmes de celui du premier.

XLIV. Le gouvernement propose les lois, et fait les règlemens nécessaires pour assurer leur exécution.

XLV. Le gouvernement dirige les recettes et les dépenses de l'état, conformément à la loi annuelle qui détermine le montant des unes et des autres; il surveille la fabrication des monnaies, dont la loi seule ordonne l'émission, fixe le titre, le poids et le type.

XLVI. Si le gouvernement est informé qu'il se trame quelque conspiration contre l'état, il peut décerner des mandats d'amener et des mandats d'arrêt contre les personnes qui en sont présumées les auteurs ou les complices; mais si, dans un délai de dix jours après leur arrestation, elles ne sont mises en liberté ou en justice réglée, il y a, de la part du ministre signataire du mandat, crime de détention arbitraire.

XLVII. Le gouvernement pourvoit à la sûreté intérieure et à la défense extérieure de l'état; il distribue les forces de terre et de mer, et en règle la direction.

XLVIII. La garde nationale en activité est soumise aux règlemens d'administration publique; la garde nationale sédentaire n'est soumise qu'à la loi.

XLIX. Le gouvernement entretient des relations politiques au-dehors ; conduit les négociations, fait les stipulations préliminaires, signe, fait signer et conclut tous les traités de paix, d'alliance, de trève, de neutralité, de commerce, et autres conventions.

L. Les déclarations de guerre, et les traités de paix, d'alliance et de commerce, sont proposés, discutés, décrétés et promulgués comme des lois.

Seulement les discussions et délibérations sur ces objets, tant dans le tribunat que dans le corps législatif, se font en comité secret quand le gouvernement le demande.

LI. Les articles secrets d'un traité ne peuvent être destructifs des articles patens.

LII. Sous la direction des consuls, le conseil d'état est chargé de rédiger les projets de lois et les règlemens d'administration publique, et de résoudre les difficultés qui s'élèvent en matière administrative.

LIII. C'est parmi les membres du conseil d'état que sont toujours pris les orateurs chargés de porter la parole, au nom du gouvernement, devant le corps législatif.

Ces orateurs ne sont jamais envoyés au nombre de plus de trois pour la défense d'un même projet de loi.

LIV. Les ministres procurent l'exécution des lois et des règlemens d'administration publique.

LV. Aucun acte du gouvernement ne peut avoir d'effet s'il n'est signé par un ministre.

LVI. L'un des ministres est spécialement chargé de l'administration du trésor public : il assure les recettes, ordonne les mouvemens de fonds et les payemens autorisés par la loi. Il ne peut rien faire payer qu'en vertu, 1°. d'une loi, et jusqu'à la concurrence des fonds qu'elle a déterminés pour un genre de dépenses; 2°. d'un arrêté du gouvernement; 3°. d'un mandat signé par un ministre.

LVII. Les comptes détaillés de la dépense de chaque ministre, signés et certifiés par lui, sont rendus publics.

LVIII. Le gouvernement ne peut élire ou conserver pour conseillers d'état, pour ministres, que des citoyens dont les noms se trouvent inscrits sur la liste nationale.

LIX. Les administrations locales établies, soit pour chaque arrondissement communal, soit pour des portions plus étendues du territoire, sont subordonnées aux ministres. Nul ne peut devenir ou rester membre de ces administrations, s'il n'est porté ou maintenu sur une des listes menntionées aux articles VII et VIII.

TITRE V.

Des Tribunaux.

LX. Chaque arrondissement communal a un ou plusieurs juges de paix, élus immédiatement par les citoyens pour trois années.

Leur principale fonction consiste à concilier les parties, qu'ils invitent, dans le cas de non-conciliation, à se faire juger par des arbitres.

LXI. En matière civile il y a des tribunaux de première instance et des tribunaux d'appel. La loi détermine l'organisation des uns et des autres, leur compétence, et le territoire formant le ressort de chacun.

LXII. En matière de délit emportant peine afflictive ou infamante, un premier jury admet ou rejette l'accusation ; si elle est admise, un second jury reconnaît le fait ; et les juges formant un tribunal criminel appliquent la peine. Leur jugement est sans appel.

LXIII. La fonction d'accusateur public près un tribunal criminel est remplie par le commissaire du gouvernement.

LXIV. Les délits qui n'emportent pas peine afflictive ou infamante sont jugés par des tribunaux de police correctionnelle, sauf l'appel aux tribunaux criminels.

LXV. Il y a, pour toute la République, un tribunal de cassation, qui prononce sur les demandes en cassation contre les jugemens en dernier ressort rendus par les tribunaux, sur les demandes en renvoi d'un tribunal à un autre pour cause de suspicion légitime ou de sûreté publique, sur les prises à partie contre un tribunal entier.

LXVI. Le tribunal de cassation ne connaît point du fond des affaires ; mais il casse les jugemens rendus sur des procédures dans lesquelles les formes ont été violées, ou qui contiennent quelque contravention expresse à la loi, et il renvoie le fond du procès au tribunal qui doit en connaître.

LXVII. Les juges composant les tribunaux de première instance, et les commissaires du gouvernement établis près ces tribunaux, sont pris dans la liste communale ou dans la liste départementale.

Les juges formant les tribunaux d'appel, et les commissaires placés près d'eux, sont pris dans la liste départementale.

Les juges composant le tribunal de cassation, et les commissaires établis près ce tribunal, sont pris dans la liste nationale.

LXVIII. Les juges, autres que les juges de paix, conservent leurs fonctions toute leur vie, à moins qu'ils ne soient condamnés pour forfaiture, ou qu'ils ne soient pas maintenus sur les listes d'éligibles.

TITRE VI.

De la responsabilité des Fonctionnaires publics.

LXIX. Les fonctions des membres, soit du sénat, soit du corps législatif, soit du tribunat, celles des consuls et des conseillers d'état, ne donnent lieu à aucune responsabilité.

LXX. Les délits personnels emportant peine afflictive ou infamante, commis par un membre, soit du sénat, soit du tribunat, soit du corps législatif, soit du conseil d'état, sont poursuivis devant les tribunaux ordinaires, après qu'une délibération du corps auquel le prévenu appartient a autorisé cette poursuite.

LXXI. Les ministres prévenus de délits privés emportant peine afflictive ou infamante, sont considérés comme membres du conseil d'état.

LXXII. Les ministres sont responsables, 1°. de tout acte du gouvernement signé par eux et déclaré inconstitutionnel par le sénat; 2°. de l'inexécution des lois et des règlemens d'administrations; 3°. des ordres particuliers qu'ils ont donnés, si ces ordres sont contraires à la Constitution, aux Lois et aux Règlemens.

LXXIII. Dans les cas de l'article précédent, le tribunal dénonce le ministre par un acte sur lequel le corps législatif délibère dans les formes ordinaires, après avoir entendu ou appelé le dénoncé. Le ministre, mis en jugement par un décret du corps législatif, est jugé par une haute-cour, sans appel et sans recours en cassation.

La haute-cour est composée de juges et de jurés. Les juges sont choisis par le tribunal de cassation, et dans son sein; les jurés sont pris dans la liste nationale: le tout suivant les formes que la loi détermine.

LXXIV. Les juges civils et criminels sont, pour les délits relatifs à leurs fonctions, poursuivis devant les tribunaux auxquels celui de cassation les renvoie, après avoir annulé leurs actes.

LXXV. Les agens du gouvernement, autres que les ministres, ne peuvent être poursuivis pour des faits relatifs à leurs fonctions, qu'en vertu d'une décision du conseil d'état: en ce cas, la poursuite a lieu devant les tribunaux ordinaires.

TITRE VII.

Dispositions générales.

LXXVI. La maison de toute personne habitant le territoire français est un asyle inviolable.

Pendant la nuit, nul n'a le droit d'y entrer que dans le cas d'incendie, d'inondation, ou de réclamation faite de l'intérieur de la maison.

Pendant le jour, on peut y entrer pour un objet spécial, déterminé ou par une loi, ou par un ordre émané d'une autorité publique.

LXXVII. Pour que l'acte qui ordonne l'arrestation d'une personne puisse être exécuté, il faut, 1°. qu'il exprime formellement le motif de l'arrestation, et la loi en exécution de laquelle elle est ordonnée ; 2°. qu'il émane d'un fonctionnaire à qui la loi ait donné formellement ce pouvoir ; 3°. qu'il soit notifié à la personne arrêtée, et qu'il lui en soit laissé copie.

LXXVIII. Un gardien ou geolier ne peut recevoir ou détenir aucune personne, qu'après avoir transcrit sur son registre l'acte qui ordonne l'arrestation : cet acte doit être un mandat donné dans les formes prescrites par l'article précédent, ou une ordonnance de prise de corps, ou un décret d'accusation, ou un jugement.

LXXIX. Tout gardien ou geolier est tenu, sans qu'aucun ordre puisse l'en dispenser, de représenter la personne détenue à l'officier civil ayant la police de la maison de détention, toutes les fois qu'il en sera requis par cet officier.

LXXX. La représentation de la personne détenue ne pourra être refusée à ses parens et amis porteurs de l'ordre de l'officier civil, lequel sera toujours tenu de l'accorder, à moins que le gardien ou geolier ne représente une ordonnance du juge pour tenir la personne au secret.

LXXXI. Tous ceux qui, n'ayant point reçu de la loi le pouvoir de faire arrêter, donneront, signeront, exécuteront l'arrestation d'une personne quelconque ; tous ceux qui, même dans le cas de l'arrestation autorisée par la loi, recevront ou retiendront la personne arrêtée, dans un lieu de détention non publiquement et légalement désigné comme tel, et tous les gardiens ou geoliers qui contreviendront aux dispositions des trois articles précédens, seront coupables du crime de détention arbitraire.

LXXXII. Toutes rigueurs employées dans les arrestations, détentions ou exécutions, autres que celles autorisées par les lois, sont des crimes.

LXXXIII. Toute personne a le droit d'adresser des pétitions individuelles à toute autorité constituée, et spécialement au tribunat.

LXXXIV. La force publique est essentiellement obéissante : nul corps armé ne peut délibérer.

LXXXV. Les délits militaires sont soumis à des tribunaux spéciaux, et à des formes particulières de jugement.

LXXXVI. La nation française déclare qu'il sera accordé des pensions à tous les militaires blessés à la défense de la patrie, ainsi qu'aux veuves et aux enfans des militaires morts sur le champ de bataille ou des suites de leurs blessures.

LXXXVII. Il sera décerné des récompenses nationales aux guerriers qui auront rendu des services éclatans en combattant pour la République.

LXXXVIII. Un institut national est chargé de recueillir les découvertes, de perfectionner les sciences et les arts.

LXXXIX. Une commission de comptabilité nationale règle et vérifie les comptes des recettes et des dépenses de la République. Cette commission est composée de sept membres choisis par le sénat dans la liste nationale.

XC. Un corps constitué ne peut prendre de délibération que dans une séance où les deux tiers au moins de ses membres se trouvent présens.

XCI. Le régime des colonies françaises est déterminé par des lois spéciales.

XCII. Dans le cas de révolte à main armée, ou de troubles qui menacent la sûreté de l'État, la loi peut suspendre, dans les lieux et pour le tems qu'elle détermine, l'empire de la Constitution.

Cette suspension peut être provisoirement déclarée, dans les mêmes cas, par un arrêté du gouvernement, le corps législatif étant en vacance, pourvu que ce corps soit convoqué au plus court terme par un article du même arrêté.

XCIII. La nation française déclare qu'en aucun cas elle ne souffrira le retour des Français qui, ayant abandonné leur patrie depuis le 14 juillet 1789, ne sont pas compris dans les exceptions portées aux lois rendues contre les émigrés; elle interdit toute exception nouvelle sur ce point.

Les biens des émigrés sont irrévocablement acquis au profit de la République.

XCIV. La nation française déclare qu'après une vente légalement consommée de biens nationaux, quelle qu'en soit l'origine, l'acquéreur légitime ne peut en être dépossédé, sauf aux tiers réclamans à être, s'il y a lieu, indemnisés par le trésor public.

XCV. La présente Constitution sera offerte de suite à l'acceptation du peuple français.

Fait à Paris, le 22 frimaire an 8 de la République française, une et indivisible.

Signé Regnier, *président de la Commission du Conseil des Anciens;* Jacqueminot, *président de la Commission du Conseil des Cinq-cents;* Rousseau, Vernier, *secrétaires de la Commission du Conseil des Anciens;* Alexandre Villetard, Frégeville, *secrétaires de la Commission du Conseil des Cinq cents;* Roger-Ducos, Sieyes, Bonaparte, *Consuls;* P. C. Laussat, Fargues, N. Beaupuy, Beauvais, Cabanis,

Perrin (des Voges), Depère, Cornet, Ludot, Girot-Pouzol, Lemercier, Chatry-Lafosse, Cholet (de la Gironde), Caillemer, Bara, Chassiron, Gourlay, Peré (des Hautes-Pyrénées), Porcher, Vimar, Thiessé, Berenger, Casenave, Sedillez, Thibault, Daunou, Herwyn, Joseph Cornudet, P. A. Laloy, Lenoir-Laroche, J. A. Créuzé-Latouche, Arnoult (de la Seine), Goupil-Préfeln fils, Mathieu, Chabaud, Cretet, Boulay (de la Meurthe), Garat, Émile Gaudin, Lebrun, Lucien Bonaparte, Devinck Thierry, J. P. Chazal, M. J. Chénier.

DICTIONNAIRE
DES PRINCIPAUX LIEUX
DE
LA RÉPUBLIQUE FRANÇAISE, EN EUROPE,

Avec l'indication des Départemens où chaque Lieu est situé.

A.

Abbeville. — *Somme.*
Ablis. — *Seine et Oise.*
Achère-le-Marché. — *Loiret.*
Agde. — *Hérault.*
Agen. — *Lot et Garonne.*
Ahun. — *Creuse.*
Aigle. (l') — *Orne.*
Aignai-le-Duc. — *Côte-d'Or.*
Aignan. (St.) — *Loir et Cher.*
Aigue-Perse. — *Puy-de-Dôme.*
Aigue-Perse. — *Rhône.*
Aiguerando. — *Indre.*
Aigues-Mortes. — *Gard.*
Aillant-sur-Tholon. — *Yonne.*
Ailly. — *Somme.*
Aimoutier. — *Haute-Vienne.*
Aire. — *Landes.*
Aire. — *Pas-de-Calais.*
Airvaux. — *Deux-Sèvres.*
Aix. — *Bouches-du-Rhône.*
Aix-d'Angillon. (les) — *Cher.*
Aixe. — *Haute-Vienne.*
Alassac. — *Corrèze.*
Alais. — *Gard.*
Albas. — *Lot.*
Albenque. (l') — *Lot.*
Albert. — *Somme.*
Albin. — *Aveyron.*
Alby. — *Tarn.*
Alençon. — *Orne.*
Aleth. — *Aude.*
Alixan. — *Drôme.*
Alouch. — *Bouches-du-Rhône.*
Alzenay. — *Vendée.*
Alzone. — *Aude.*
Allanche. — *Cantal.*
Allègre. — *Haute-Loire.*
Allemans. — *Lot et Garonne.*
Allevard. — *Isère.*

Allos. — *Basses-Alpes.*
Altkirch. — *Haut-Rhin.*
Amance. — *Haute-Saône.*
Amberieux. — *Ain.*
Ambert. — *Puy-de-Dôme.*
Ambleteuse. — *Pas-de-Calais.*
Amboise. — *Indre et Loire.*
Ambrières. — *Mayenne.*
Ambronay. — *Ain.*
Amiens. — *Somme.*
Ammerschvir. — *Bas-Rhin.*
Amou. — *Landes.*
Amplepuis. — *Rhône.*
Anay-le-Château. — *Allier.*
Ancenis. — *Loire inférieure.*
Ancerville. — *Moselle.*
Ancizan. — *Hautes-Pyrénées.*
Ancy-le-Franc. — *Yonne.*
Andance. — *Ardèche.*
Andelot. — *Haute-Marne.*
Anderlecht. — *Dyle.*
Andernach. — *Rhin et Moselle.*
Andlaw. — *Bas-Rhin.*
Anduze. — *Gard.*
Anet. — *Eure et Loire.*
Angers. — *Mayenne et Loire.*
Angerville. — *Seine et Oise.*
Angiron. — *Landes.*
Angles. — *Hérault.*
Anglesqueville. — *Seine inférieure.*
Anglure. — *Marne.*
Angoulême. — *Charente.*
Aniane. — *Hérault.*
Anneau. — *Eure et Loire.*
Annebaut. — *Eure.*
Annecy. — *Mont-Blanc.*
Annonay. — *Ardèche.*
Annot. — *Basses-Alpes.*
Ansex. — *Rhône.*
Anthière. — *Loire.*
Antibes. — *Var.*

Anvers. — Deux-Nèthes.
Anweiller. — Bas-Rhin.
Aoust. — Drôme.
Apt. — Vaucluse.
Apt. — Bouches-du-Rhône.
Aramont. — Gard.
Arbresle. (l') — Rhône.
Arc en Barrois. — Haute-Marne.
Arche. (l') — Corrèse.
Archiac. — Charente inférieure.
Ardes. — Puy-de-Dôme.
Ardres. — Pas-de-Calais.
Arfeuille. — Allier.
Argelés. — Pyrénées orientales.
Argellez. — Hautes-Pyrénées.
Argennes. — Calvados.
Argental. — Corrèse.
Argentan. — Orne.
Argenteuil. — Seine et Oise.
Argenton. — Deux-Sèvres.
Argenton. — Indre.
Argy. — Indre.
Arlant. — Puy-de-Dôme.
Arlay. — Jura.
Arles. — Bouches-du-Rhône.
Arles. — Pyrénées orientales.
Arleux. — Nord.
Arlon. — Les Forêts.
Armentières, — Nord.
Arnay-le-Duc. — Côte-d'Or.
Arpajon. — Seine et Oise.
Arqueil. — Seine inférieure.
Arques. (les) — Lot.
Arques. — Seine inférieure.
Arras. — Pas-de-Calais.
Arreau. — Hautes-Pyrénées.
Arron. — Eure et Loire.
Arschot. — Dyle.
Arthes. — Basses-Pyrénées.
Artonne. — Puy-de-Dôme.
Arudy. — Basses-Pyrénées.
Arzac. — Basses-Pyrénées.
Asche. — Dyle.
Aspect. — Haute-Garonne.
Aspelner. — Escaut.
Asprières. — Aveyron.
Assy. — Oise.
Ath. — Jemmapes.
Attigny. — Ardennes.
Aubagne. — Bouches-du-Rhône.
Aubais. — Gard.
Aubas. — Gard.
Aubenas. — Ardèche.
Aubenton. — Aisne.
Aubeterre. — Charente.
Aubière. — Puy-de-Dôme.
Aubiers (les) — Deux-Sèvres.
Aubiet. — Gers.
Aubigny. — Cher.
Aubigny. — Pas-de-Calais.
Aubusson. — Creuse.
Auch. — Gers.
Audenarde. — Escaut.

Audruick. — Pas-de-Calais.
Auffay. — Seine-Inférieure.
Aulnay. — Calvados.
Aumont. — Lozère.
Aunay. — Char.-Inférieure.
Aups. — Var.
Aure. — Haute-Loire.
Auriac. — Haute-Garonne.
Aurignac. — Haute-Garonne.
Aurillac. — Cantal.
Auriol. — Bouches-du-Rhône.
Auterive. — Haute-Garonne.
Authon. — Eure et Loire.
Autrain. — Ille et Vilaine.
Autry. — Ardennes.
Autun. — Saône et Loire.
Anveiller. — Mont-Tonnerre.
Auvillard. — Lot et Garonne.
Auxance. — Creuse.
Auxerre. — Yonne.
Auxon. — Aube.
Auxonne. — Côte-d'Or.
Auzon. — Haute-Loire.
Avallon. — Yonne.
Avenay. — Marne.
Avesne. — Pas-de-Calais.
Avignon. — Vaucluse.
Avignonet. — Haute-Garonne.
Avize. — Marne.
Avolle. — Vienne.
Avranches. — Manche.
Avrillé. — Mayenne et Loire.
Ax-sur-Arriège. — Arriège.
Ay. — Marne.
Aymargues. — Gard.
Azay. — Indre.
Azay. — Indre et Loire.
Azille. — Aude.

B.

BACARAT. — Meurthe.
Bachelerie. (la) — Dordogne.
Bagé-le-Châtelet. — Ain.
Bagnères en Bigorre. — H. Pyrénées.
Bagnères de Luchon. — Haute-Gar.
Bagnols. — Gard.
Baigneux. — Côte-d'Or.
Baillée. — Mayenne.
Bailleul. — Nord.
Bain. — Ille et Vilaine.
Baix. — Ardèche.
Ballon. — Charente inférieure.
Bangy. — Cher.
Bannegon. — Cher.
Banville. — Calvados.
Baon. — Vosges.
Baons. (les) — Seine-Inférieure.
Bapaume. — Pas-de-Calais.
Baracé — Mayenne et Loire.
Barbantane. — Bouches-du-Rhône.
Barbezieux. — Charente.
Barbonne. — Marne.

Barcelone. — *Gers.*
Barcelonette. — *Basses-Alpes.*
Barenton. — *Manche.*
Bargemon. — *Var.*
Baricourt. — *Ardennes.*
Barjac. — *Gard.*
Barjols. — *Var.*
Barneville. — *Manche.*
Bar-sur-Aube. — *Aube.*
Bar-sur-Ornain. — *Meuse.*
Bar-sur-Seine. — *Aube.*
Barr. — *Bas-Rhin.*
Barran. — *Gers.*
Barraux. — *Isère.*
Barre. (la) *Eure.*
Barré. — *Lozère.*
Barrèges-les-Bains. — *H. Pyrénées.*
Barthes-de-Neste. (la) — *H. Pyrén.*
Bas-en-Basset. — *Haute-Loire.*
Bassée. (la) — *Nord.*
Basqueville. — *Seine-Inférieure.*
Bassounes. — *Gers.*
Bastia. — *Ajaccio en Corse.*
Bastia. — *Golo en Corse.*
Bastide-d'Armagnac. (la) — *Gers.*
Bastide-de-Clérence. (la) — *B. Pyr.*
Bastide-de-Béarn. (la) — *B. Pyrén.*
Bastide-de-Seron. (la) — *Arriège.*
Bastogne. — *Les Forêts.*
Baud. — *Morbihan.*
Baudouvillers. — *Meurthe.*
Baugé. — *Maine et Loire.*
Baumes-les-Nones. — *Doubs.*
Baux. (les) — *Bouches-du-Rhône.*
Bavay. — *Nord.*
Bay. — *Mayenne.*
Bayeux. — *Calvados.*
Bayn. — *Calvados.*
Bayon. — *Meurthe.*
Bayonne. — *Basses-Pyrénées.*
Bazas. — *Gironde.*
Bazière. — *Haute-Garonne.*
Bazoches. — *Aisne.*
Bazouges. — *Ille et Vilaine.*
Beaucaire. — *Gard.*
Beauchâtel. — *Ardèche.*
Beaufort. — *Drôme.*
Beaufort. — *Mayenne et Loire.*
Beaugency. — *Loiret.*
Beaujeu. — *Rhône.*
Beaulieu. — *Corrèze.*
Beaulieu. — *Indre et Loire.*
Beaulieu. — *Loiret.*
Beaulon. — *Ille et Vilaine.*
Beaumarchais. — *Gers.*
Beaumont. — *Calvados.*
Beaumont. — *Dordogne.*
Beaumont en Argonne. — *Ardennes.*
Beaumont. — *Puy de-Dôme.*
Beaumont. — *Sarthe.*
Beaumont. — *Seine et Oise.*
Beaumont de la Lomagne. — *Haute-Garonne.*

Beaumont en Gâtinois. — *Seine et Marne.*
Beaumont-le-Roger. — *Eure.*
Beaune. — *Côte-d'Or.*
Beaune. — *Loiret.*
Beaune. — *Maine et Loire.*
Beaupréau. — *Mayenne et Loire.*
Beauregard. — *Dordogne.*
Beauregard. — *Lot.*
Beauregard. — *Puy-de-Dôme.*
Beaurepaire. — *Isère.*
Beaurieux. — *Aisne.*
Beauvais. — *Oise.*
Beauvier. — *Deux-Sèvres.*
Beauville. — *Lot et Garonne.*
Beauvoir. — *Isère.*
Beauvoir. — *Vendée.*
Beauzée. — *Meuse.*
Bec. (le) *Eure.*
Becède. (la) — *Aude.*
Bedarieux. — *Hérault.*
Béfort. — *Bas-Rhin.*
Belabre. — *Indre.*
Belarmont. — *Nord.*
Belcaires. — *Aude.*
Belesta. — *Aude.*
Belmont. — *Aveyron.*
Belpech. — *Aude.*
Belvez. — *Dordogne.*
Belvois. — *Doubs.*
Bellac. — *Haute-Vienne.*
Bellecombres. — *Seine-Inférieure.*
Bellegarde. — *Creuse.*
Bellegarde. — *Pyrénées-Orientales.*
Belle-Ile en Terre. — *Côtes du Nord.*
Bellenave. — *Allier.*
Bellesme. — *Orne.*
Bellevre. — *Saône et Loire.*
Belleville. — *Rhône.*
Belley. — *Ain.*
Beny. (le) *Calvados.*
Benévent. — *Creuse.*
Benfelden. — *Bas-Rhin.*
Beuzeville. — *Eure.*
Berchem. — *Escaut.*
Bergerac. — *Dordogne.*
Bergues. — *Nord.*
Beringen. — *Meuse-Inférieure.*
Bernnville. — *Seine-Inférieure.*
Bernay. — *Eure.*
Berre. — *Bouches-du-Rhône.*
Berus. — *Moselle.*
Besançon. — *Doubs.*
Beslé. — *Sarthe.*
Bessan. — *Hérault.*
Bessanie. (la) *Tarn.*
Besse. — *Puy-de-Dôme.*
Bessières. — *Haute-Garonne.*
Béthune. — *Pas-de-Calais.*
Beuvron. — *Calvados.*
Beziers. — *Hérault.*
Bidache. — *Basses-Pyrénées.*
Billom. — *Puy-de-Dôme.*

Billy. — *Allier.*
Bilsen. — *Meuse-Inférieure.*
Binche. — *Jemmapes.*
Bingen. — *Rhin et Moselle.*
Bioule. — *Lot.*
Birau. — *Gers.*
Biron. — *Dordogne.*
Bischweiler. — *Bas-Rhin.*
Bische. — *Moselle.*
Blagnac. — *Haute-Garonne.*
Blain. — *Loire-Inférieure.*
Blainville. — *Meurthe.*
Blaison. — *Mayenne et Loire.*
Blamon. — *Jemmapes.*
Blamont. — *Doubs.*
Blamont. — *Meurthe.*
Blanc en Berri. (le) *Indre.*
Blanckerberghe. — *Lys.*
Blangis. — *Seine-Inférieure.*
Blanzac. — *Charente.*
Blasmon. — *Gironde.*
Blaye. — *Gironde.*
Bleicastel. — *Sarre.*
Bléré. — *Indre et Loire.*
Blesle. — *Haute-Loire.*
Blet. — *Cher.*
Bletterans. — *Jura.*
Blevy. — *Eure et Loire.*
Bleymarde. — *Lozère.*
Bligny. — *Côte-d'Or.*
Blois. — *Loire et Cher.*
Boen. — *Loire.*
Bogognano. — *Ajaccio en Corse.*
Bohain. — *Aisne.*
Boiscommun. — *Loiret.*
Bois-d'Yoingt. — *Rhône.*
Boishalbout. (le) — *Calvados.*
Bois-Ste.-Marie. — *Saône et Loire.*
Boisseron. — *Hérault.*
Boisseron-d'Aumont. — *Tarn.*
Bolbec. — *Seine-Inférieure.*
Bollene. — *Vaucluse.*
Bonat. — *Creuse.*
Bonglons. — *Lot et Garonne.*
Bonieux. — *Bouches-du-Rhône.*
Bonifacio. — *Ajaccio en Corse.*
Bonlieu. — *Ardèche.*
Bonteux. — *Vaucluse.*
Bonn. — *Rhin et Meuse.*
Bonne. — *Loiret.*
Bonnebosc. — *Calvados.*
Bonnestable. — *Sarthe.*
Bonneval. — *Eure et Loire.*
Bordeaux. — *Gironde.*
Bordes. (les) — *Ariège.*
Bormes. — *Var.*
Bort. — *Corrèze.*
Bosouls. — *Aveyron.*
Bosse. (la) — *Oise.*
Bouage. (le) — *Loire-Inférieure.*
Bouchain. — *Nord.*
Bouchemaine. — *Mayenne et Loire.*
Bouillac. — *Lot.*

Bouille. (la) — *Seine-Inférieure.*
Bouillé-Ménard. — *Mayenne et Loire.*
Boulay. — *Moselle.*
Boulogne. — *Haute Garonne.*
Boulogne. — *Pas-de-Calais.*
Bouloire. — *Sarthe.*
Boulon. (le) — *Pyrén. Orientales.*
Bourbon-Lancy. — *Saône et Loire.*
Bourbon-l'Archambault. — *Allier.*
Bourbonne-les-Bains. — *H. Marne.*
Bourbourg. — *Nord.*
Bourdeaux. — *Drome.*
Bourdeille. — *Dordogne.*
Bourdelins. (les) — *Cher.*
Bourg. — *Ain.*
Bourg. — *Gironde.*
Bourg. — *Loire.*
Bourg. (le) — *Puy-de-Dôme.*
Bourg-Achard. — *Eure.*
Bourg-à-Neuf. — *Creuse.*
Bourgdeels. — *Indre.*
Bourg-de-Visa. — *Lot.*
Bourg-de-Lestia. — *Ardèche.*
Bourg-Égalité. — *Seine.*
Bourg-d'Oisans. (le) — *Isère.*
Bourg-en-Bresse. — *Ain.*
Bourg-le-Roi. — *Sarthe.*
Bourg-Saint-Andéol. — *Ardèche.*
Bourges. — *Cher.*
Bourgueil. — *Indre et Loire.*
Bourglastic. — *Puy-de-Dôme.*
Bourg-Neuf. — *Loire-Inférieure.*
Bourg-Neuf. — *Saône et Loire.*
Bourgoin. — *Isère.*
Bourmont. — *Haute-Marne.*
Bournazel. — *Aveyron.*
Bournevlle. — *Eure.*
Bourth. — *Eure.*
Bourgtheroude. — *Eure.*
Bourzillé. — *Mayenne et Loire.*
Bouvignes. — *Sambre et Meuse.*
Bouvray. — *Côte-d'Or.*
Bouxweiller. — *Bas-Rhin.*
Bouzonville. — *Moselle.*
Braine. — *Aisne.*
Braine. — *Jemmapes.*
Braine-le-Leude. — *Dyle.*
Brain-sur-Allone. — *May. et Loire.*
Brancion. — *Saône et Loire.*
Branne. — *Gironde.*
Brantôme. — *Dordogne.*
Braspars. — *Finistère.*
Brassac-le-Bellefourte. — *Tarn.*
Bray. — *Seine et Marne.*
Bray. — *Somme.*
Bréal. — *Ille et Vilaine.*
Bréauté. — *Seine-Inférieure.*
Brécé. — *Manche.*
Brée. — *Meuse-Inférieure.*
Brehal. — *Manche.*
Bressuire. — *Deux-Sèvres.*
Brest. — *Finistère.*
Bretenoux. — *Lot.*

de la République Française. 449

Breteuil. — *Eure.*
Breteuil. — *Oise.*
Bretteville. — *Calvados.*
Brezolles. — *Eure et Loire.*
Briare. — *Loiret.*
Briançon. — *Hautes-Alpes.*
Briastexte. — *Tarn.*
Briey. — *Moselle*
Brie-Comte-Robert. — *Seine et Marn.*
Brienne-le-Château. — *Aube.*
Brignais. — *Rhône.*
Brignoles. — *Var.*
Brinon-l'Archevêque. — *Yonne.*
Brion. — *Deux-Sèvres.*
Brionne. — *Eure.*
Brioude. — *Haute-Loire.*
Briouse. — *Orne.*
Briquebec. — *Manche.*
Brissac. — *Mayenne et Loire.*
Brives. — *Corrèze.*
Broglie. — *Eure.*
Broons. — *Côte-du-Nord.*
Brou. — *Eure et Loire.*
Brouage. — *Charente-Inférieure.*
Bruch. — *Lot et Garonne.*
Bruère. — *Cher.*
Bruges. — *Lys.*
Bruges. — *Basses-Pyrénées.*
Bruguière-dit-Dulac. — *Tarn.*
Brumpt. — *Bas-Rhin.*
Bruniquel. — *Lot.*
Brusque. — *Aveyron.*
Bruxelles. — *Dyle.*
Bruyère-sous-Laon. — *Aisne.*
Bruyères. — *Vosges.*
Bu. — *Eure et Loire.*
Buchy. — *Seine-Inférieure.*
Bugue. (le) — *Dordogne.*
Buis. (le) — *Drôme.*
Bulegneville. — *Vosges.*
Bulles. — *Oise.*
Bulon. — *Sarthe.*
Bures. — *Seine-Inférieure.*
Burlats. — *Tarn.*
Burzet. — *Ardèche.*
Bussy-le-Grand. — *Côte-d'Or.*
Buxy. — *Saône et Loire.*
Buzançois. — *Indre.*
Buzancy. — *Ardennes.*
Buzat. *Lot et Garonne.*

C.

CABANNES. — *Arriège.*
Cabrères. — *Lot.*
Cadalen. — *Tarn.*
Cadenet. — *Vaucluse.*
Caderousse. — *Vaucluse.*
Cadière. (la) — *Var.*
Cadillac. — *Gironde.*
Caen. — *Calvados.*
Cahors. — *Lot.*
Cahusac. — *Lot et Garonne.*
Cahuzac-sur-Vorre. — *Tarn.*

Caillère. (la) — *Vendée.*
Cajarc. — *Lot.*
Calais. — *Pas-de-Calais.*
Calenzana. — *Golo en Corse.*
Caliac. — *Côte-du-Nord.*
Callas. — *Var.*
Calmon. — *Aveyron.*
Calmont. — *Haute-Garonne.*
Calvi. — *Golo en Corse.*
Calvisson. — *Gard.*
Cambray. — *Nord.*
Cambremes. — *Calvados.*
Campan. — *Hautes-Pyrénées.*
Cancalle. — *Ille et Vilaine.*
Cancon. — *Lot et Garonne.*
Candé. — *Mayenne et Loire.*
Candelles. — *Calvados.*
Candes. — *Indre et Loire.*
Candies. — *Pyrénées-Orientales.*
Cannes. — *Var.*
Canourgues. (la) — *Lozère.*
Caphreton. — *Landes.*
Cap de la Hogue. — *Manche.*
Capdenac. — *Lot.*
Capelle. (la) *Aisne.*
Capelle Marival. (la) — *Lot.*
Capeslang. — *Hérault.*
Captieux. — *Gironde.*
Caraman. — *Haute-Garonne.*
Carbonne. — *Haute-Garonne.*
Carcassonne. — *Aude.*
Cardaillac. — *Lot.*
Carennac. — *Lot.*
Carentan. — *Manche.*
Carhaix. — *Finistère.*
Carignan. — *Ardennes.*
Carlat. (le) — *Arriège.*
Carmeaux. — *Tarn.*
Carouge. — *Lac-Leman.*
Carouges. — *Orne.*
Carpentras. — *Vaucluse.*
Carvin. — *Pas-de-Calais.*
Cassagnes. — *Aveyron.*
Cassel. — *Nord.*
Casseneuil. — *Lot et Garonne.*
Castanet. — *Haute-Garonne.*
Castel-de-Magnoac. — *H. Pyrén.*
Castel-Dupat. — *Lot et Garonne.*
Castelfranc. — *Lot.*
Casteljaloux. — *Lot et Garonne.*
Castellane. — *Basses-Alpes.*
Castel-Moron. — *Lot et Garonne.*
Castelmoron-d'Albret. — *Gironde.*
Castelnau-Barbarens. — *Gers.*
Castelnaudary. — *Aude.*
Castelnau-de-Bonnefons. — *Tarn.*
Castelnau-de-Gratte-Gambe. — *Lot et Garonne.*
Castelnau-de-Médoc. — *Gironde.*
Castelnau-de-Montmiral. — *Tarn.*
Castelnau-de-Montrotier. — *Lot.*
Castelnau-de-Rivière-Basse. — *Hautes-Pyrénées.*

Castelnau-de-Strefon. — *H. Garonne.*
Castelnau-sur-Gupie. — *Lot et Gar.*
Castera-Lectourois. — *Gers.*
Castillon. — *Ariège.*
Castillon. — *Gironde.*
Castillonne. — *Lot et Garonne.*
Castres. — *Gironde.*
Castres. — *Tarn.*
Castries. — *Hérault.*
Câteau-Cambresis. (le) — *Nord.*
Catelet. (le) — *Somme.*
Cathis. — *Lot.*
Cavaillon. — *Vaucluse.*
Cavalerie. (la) *Gard.*
Caudebec. — *Seine-Inférieure.*
Caudecoste. — *Lot et Garonne.*
Caumont. — *Calvados.*
Caune. (la) — *Tarn.*
Caussade. — *Lot.*
Caylus. — *Lot.*
Cazais. — *Lot.*
Cazaubon. — *Gers.*
Cazères. — *Haute-Garonne.*
Cazères. — *Landes.*
Cebassat. — *Puy-de-Dôme.*
Ceilhes. — *Hérault.*
Celles. — *Loir et Cher.*
Cerdon. — *Ain.*
Cerences. — *Manche.*
Ceret. — *Pyrénées-Orientales.*
Cerisay. — *Deux-Sèvres.*
Cerisier. — *Yonne.*
Corisy. — *Manche.*
Cernay. — *Haut-Rhin.*
Cervières. — *Loire.*
Cervione. *Golo en Corse.*
Cestayrols. — *Tarn.*
Cette-Neuve. — *Hérault.*
Ceyserial. — *Ain.*
Cezan. — *Gers.*
Chabanois. — *Charente.*
Chabeuil. — *Drôme.*
Chablis. — *Yonne.*
Chacé. — *Mayenne et Loire.*
Chagnon. — *Loire.*
Chagny. — *Saône et Loire.*
Chaillard. (le) — *Ardèche.*
Chaise. (la) — *Côte-du-Nord.*
Chaise-Dieu. (la) — *Haute-Loire.*
Chaise-le-Vicomte. (la) — *Vendée.*
Chalabre. — *Aude.*
Châlain. — *Mayenne et Loire.*
Chalais. — *Charente.*
Chalamont. — *Ain.*
Chalançon. — *Ardèche.*
Chalans. — *Vendée.*
Chalautre. — *Saône et Marne.*
Châlons. — *Marne.*
Châlons. — *Saône et Loire.*
Chaltis. — *Haute-Vienne.*
Chamberet. — *Corrèze.*
Chambéry. — *Mont-Blanc.*
Chambly. — *Oise.*
Chambois. — *Orne.*
Chambon. — *Creuse.*
Chambon. (le) — *Loire.*
Chamdeniers. — *Deux-Sèvres.*
Chamelet. — *Rhône.*
Champagne. — *Ain.*
Champeix. — *Puy-de-Dôme.*
Champigny-sur-Vende. — *Indre et L.*
Champlemy. — *Nièvre.*
Champlitte. — *Haute-Saône.*
Champroud. — *Eure et Loire.*
Champtocé. — *Mayenne et Loire.*
Champtoceaux. — *Mayenne et Loire.*
Chanac. — *Lozère.*
Chanceaux. — *Côte-d'Or.*
Changy. — *Loire.*
Chantaunay. — *Vendée.*
Chantelle. — *Allier.*
Chaource. — *Aube.*
Chapelle-Aubry. (la) — *Mayen. et L.*
Chapelle-d'Angillon. — *Cher.*
Chapelle-Saint-Laurent. — *D. Sèvres.*
Chapelle-sur-Oreuse. (la) — *Yonne.*
Chapelle-Taillefer. (la) — *Creuse.*
Charenton. — *Cher.*
Charenton. — *Seine.*
Charité. (la) — *Nièvre.*
Charlemont. — *Ardennes.*
Charleroi. — *Jemmapes.*
Charly. — *Aisne.*
Charmes. — *Vosges.*
Charmy. — *Yonne.*
Charolles. — *Saône et Loire.*
Charost. — *Cher.*
Charoux. — *Allier.*
Charoux. — *Vienne.*
Chars. — *Seine et Oise.*
Chartres. — *Eure et Loire.*
Chasay. — *Rhône.*
Chasselay. — *Rhône.*
Châteaubourg. — *Ille et Vilaine.*
Château-Briant — *Loire-Inférieure.*
Château-Châlon. — *Jura.*
Château-Chinon. — *Nièvre.*
Châteaudren. — *Côtes du Nord.*
Châteaudun. — *Eure et Loire.*
Château-du-Loir. — *Sarthe.*
Château-Giron. — *Ille et Vilaine.*
Château-Gontier. — *Mayenne.*
Château-Landon. — *Seine et Marne.*
Château-la-Vallière. — *Ind. et Loire.*
Châteaulin. — *Finistère.*
Château-Meillant. — *Cher.*
Châteauneuf. — *Cher.*
Châteauneuf. — *Côte-d'Or.*
Châteauneuf. — *Haute-Vienne.*
Châteauneuf. — *Ille et Vilaine.*
Châteauneuf. — *Mayenne et Loire.*
Châteauneuf-du-Faou. — *Finistère.*
Châteauneuf-du-Rhône. — *Drôme.*
Châteauneuf-en-Thimerais. — *Eure et Loire.*
Château-sur-Charente. — *Charente.*

Château-de-Raudon. — Lozère.
Château-Poinsac. — Haute-Vienne.
Château-Porcien. — Ardennes.
Château-Regnault. — Indre et Loire.
Château-Renaud. — Loiret.
Châteauroux. — Indre.
Château-Salins. — Meurthe.
Château-Thierry. — Aisne.
Châteauvilain. — Haute-Marne.
Châteigneraye. — Vendée.
Châtel-Censoy. — Yonne.
Châteldon. — Puy-de-Dôme.
Châtelet. (le) — Seine et Marne.
Châtel-sur-Moselle. — Vosges.
Châtellerault. — Vienne.
Châtenois. — Bas-Rhin.
Châtenay. — Vosges.
Châtillon. — Drôme.
Châtillon. — Vosges.
Châtillon-de-Michaille. — Ain.
Châtillon-lès-Dombes. — Ain.
Châtillon-sur-Indre. — Indre.
Châtillon-sur-Loire. — Loiret.
Châtillon-sur-Loing. — Loiret.
Châtillon-sur-Marne. — Marne.
Châtillon-sur-Saône. — Vosges.
Châtillon-sur-Seine. — Côte-d'Or.
Châtillon-sur-Sèvres. — Deux-Sèv.
Châtonnay. — Isère.
Châtre. (la) — Indre.
Châtre. (la) — Sarthe.
Chaudes-Aigues. — Cantal.
Chaudieu. — Loire.
Chaumes. — Seine et Marne.
Chaumont. — Ardennes.
Chaumont. — Haute-Marne.
Chaumont-en-Vexin. — Oise.
Chaup. (la) — Drôme.
Chaussin. — Jura.
Chauvigny. — Vienne.
Chavaignes. — Mayenne et Loire.
Chavan. — Loire.
Chavange. — Aube.
Chavanne. — Ain.
Chazelles. — Loire.
Chef-Boutonne. — Deux-Sèvres.
Chelfés. — Mayenne et Loire.
Chelles. — Seine et Marne.
Chemillé. — Mayenne et Loire.
Chenebrun. — Eure.
Chêne-le-Populeux. (le) — Arden.
Cheneraille. — Creuse.
Cherbourg. — Manche.
Cherveux. — Deux-Sèvres.
Cheux. — Calvados.
Chevreuse. — Seine et Oise.
Chezy. — Aisne.
Chièvres. — Jemmapes.
Chigny-sur-Yonne. — Yonne.
Chimay. — Jemmapes.
Chinon. — Indre et Loire.
Chirac. — Lozère.
Chirens. — Isère.

Chizé. — Deux-Sèvres.
Choisy. — Seine et Marne.
Chollet. — Mayenne et Loire.
Chomelis. — Haute-Loire.
Chommerac. — Ardéche.
Chorges. — Hautes-Alpes.
Cintegabelle. — Haute-Garonne.
Ciotat. (la) — Bouches-du-Rhône.
Civray. — Vienne.
Claix. — Isère.
Clamecy. — Nièvre.
Claye. — Seine et Marne.
Clefs. — Mayenne et Loire.
Clermont-Lodève. — Hérault.
Clermont. — Lot et Garonne.
Clermont en Argonne. — Meuse.
Clermont. — Oise.
Clermont. — Puy-de-Dôme.
Clerval. — Doubs.
Clervaux. — Jura.
Clervaux. — Aube.
Clisson. — Loire-Inférieure.
Cloye. — Eure et Loire.
Cluis-Dessus. — Indre.
Cluny. — Saône et Loire.
Cluse. — Mont-Blanc.
Coblentz. — Rhin et Moselle.
Cocumont. — Lot et Garonne.
Cognac. — Charente.
Coincy. — Aisne.
Collinée. — Côtes-du-Nord.
Collioure. — Pyrénées-Orientales.
Colmar. — Haut-Rhin.
Colmars. — Basses-Alpes.
Cologne. — Gers.
Cologne. — La Roër.
Colombey. — Meurthe.
Combourg. — Ille et Vilaine.
Combrée. — Mayenne et Loire.
Combret. — Aveyron.
Combrondre. — Puy-de-Dôme.
Commercy. — Meuse.
Compeyre. — Aveyron.
Compiègne. — Oise.
Comps. — Var.
Conac. — Charente-Inférieure.
Concarneau. — Finistère.
Conches. — Basses-Pyrénées.
Conches. — Eure.
Conches. — Seine et Loire.
Concots-le-Bourg. — Lot.
Conda-en-Ferrières. — Cantal.
Condé. — Nord.
Condé-sur-Noireau. — Calvados.
Condom. — Gers.
Condrieux. — Rhône.
Conflans. — Haute-Saône.
Confolens. — Charente.
Conlie. — Sarthe.
Conliège. — Jura.
Conques. — Aveyron.
Conquêt. (le) — Finistère.
Constant. — Cantal.

Conteville. — *Eure*.
Contigné. — *Mayenne et Loire*.
Contras. — *Gironde*.
Contros. — *Loire et Cher*.
Conty. — *Somme*.
Corbeil. — *Seine et Oise*.
Corbeny. — *Aisne*.
Corbie. — *Somme*.
Corbigny. — *Nièvre*.
Cordes. — *Tarn*.
Corlay. — *Côtes-du-Nord*.
Corme — *Charente-Inférieure*.
Cormeilles. — *Eure*.
Cormery. — *Indre et Loire*.
Cormicy. — *Marne*.
Corneille. (la) *Orne*.
Cornus. — *Aveyron*.
Coron. — *Mayenne et Loire*.
Corps. — *Isère*.
Corrèze. — *Corrèze*.
Corte. *Golo en Corse*.
Corvol-l'Orgueilleuse. — *Nièvre*.
Cosne. — *Allier*.
Cosne. — *Nièvre*.
Cosse-le-Vivier. — *Mayenne*.
Côte-Saint-André. (la) *Isère*.
Cotignac. — *Var*.
Coueron. — *Loire-Inférieure*.
Couhé-Vérac. — *Vienne*.
Coulange-la-Vineuse. — *Yonne*.
Coulange-sur-Yonne. — *Yonne*.
Couleuvre-Cérilly. — *Allier*.
Coulommiers. — *Seine et Marne*.
Coulonges. — *Deux-Sèvres*.
Coulures. — *Landes*.
Coupiac. — *Aveyron*.
Couptrain. — *Mayenne*.
Courchamp. — *Mayenne et Loire*.
Cour-Chaveny. — *Loire et Cher*.
Courgivaux. — *Marne*.
Cournon. — *Puy-de-Dôme*.
Courpierre. — *Puy-de-Dôme*.
Courtenay. — *Loiret*.
Courteron. — *Aube*.
Courteson. — *Vaucluse*.
Courtine. (la) — *Creuse*.
Courtray. — *Lys*.
Courville. — *Eure et Loire*.
Cousance. — *Jura*.
Coutances. — *Manche*.
Couterne. — *Orne*.
Coze. — *Charente-Inférieure*.
Cracay. — *Cher*.
Cramont. — *Escaut*.
Craon. — *Mayenne*.
Craonne. — *Aisne*.
Craponne. — *Haute-Loire*.
Cravant. — *Yonne*.
Crécy. — *Seine et Marne*.
Crécy-sur-Serre. — *Aisne*.
Creil. — *Oise*.
Creil-de-Bournezeau. — *Vendée*.
Cremieu. — *Isère*.

Créon. — *Gironde*.
Crépy. — *Aisne*.
Crès. (le) — *Puy-de-Dôme*.
Crespy-en-Valois. — *Oise*.
Cressy. — *Somme*.
Crest. — *Drôme*.
Creuilly. — *Calvados*.
Crève-Cœur. — *Calvados*.
Crève-Cœur. — *Oise*.
Criel. — *Seine-Inférieure*.
Criquetor. — *Seine-Inférieure*.
Croc. — *Creuse*.
Cronat. — *Saône et Loire*.
Crotoy. (le) — *Somme*.
Crouy. — *Seine et Marne*.
Crozet. — *Loire*.
Cubjac. — *Dordogne*.
Cucuron. — *Vaucluse*.
Cuers. — *Var*.
Cuisery. — *Saône et Loire*.
Culan. — *Cher*.
Cuq. — *Lot et Garonne*.
Curemonte. — *Corrèze*.
Cussac. — *Haute-Vienne*.
Cusset. — *Allier*.
Cuzeaux. — *Saône et Loire*.

D.

DACHSTEIN. — *Bas-Rhin*.
Dagum. — *Gers*.
Dal. (le) — *Lot et Garonne*.
Dalem. — *Ourthe*.
Dambach. — *Bas-Rhin*.
Damblain. — *Vosges*.
Darnetal. — *Seine-Inférieure*.
Darney. — *Vosges*.
Damerie. — *Marne*.
Dammartin. — *Seine et Marne*.
Dampierre. — *Haute-Saône*.
Damvilliers. — *Meuse*.
Dannemarie. — *Haut-Rhin*.
Danville. — *Eure*.
Daumazan. — *Arriège*.
Dax. — *Landes*.
Décize. — *Nièvre*.
Dégagnac. — *Lot*.
Deinse. — *la Lys*.
Delle. — *Haut-Rhin*.
Delmont. — *Mont-Terrible*.
Demazan. — *Lot et Garonne*.
Denas. — *Tarn*.
Dendermonde. — *Escaut*.
Dénèze. — *Mayenne et Loire*.
Dergues. (le) — *Aveyron*.
Desaigne. — *Ardèche*.
Desurennes. — *Pas-de-Calais*.
Deux-Ponts. — *La Sarre*.
Dèves. — *Calvados*.
Devèze. (la) — *Gers*.
Die. — *Drôme*.
Dié. — *Vosges*.
Dickierch. — *Les Forêts*.

de la République Française. 453

Dicaville. — Aube.
Dieppe. — Seine-Inférieure.
Diest. — Dyle.
Dieubouard. — Meurthe.
Dieulefit. — Drôme.
Dieuze. — Meurthe.
Digne. — Basses-Alpes.
Digny. — Eure et Loire.
Digoin. — Saône et Loire.
Dijon. — Côte-d'Or.
Dinan. — Côte-du-Nord.
Dinant. Sambre et Meuse.
Distré. — Mayenne et Loire.
Dixmont. — Yonne.
Dixmudes. — Lys.
Dol. — Ille et Vilaine.
Dôle. — Jura.
Dolmayrac. — Lot et Garonne.
Domfront. — Orne.
Dommart. — Somme.
Dommartin. — Vosges.
Domme. — Dordogne.
Dompaire. — Vosges.
Dompierre. — Allier.
Dompierre. — Charente-Inférieure.
Donamenez. — Finistère.
Donchery. — Ardennes.
Donemarie. — Seine et Marne.
Donges. — Loire-Inférieure.
Donjenac. — Corrèze.
Donjon. (le) — Allier.
Donzère. — Drôme.
Donzy. — Nièvre.
Dorat. (le) — Haute-Vienne.
Dormans. — Marne.
Dorne. — Nièvre.
Douay. — Nord.
Doué. — Mayenne et Loire.
Doulens. — Somme.
Doulevent. — Haute-Marne.
Dourdan. — Seine et Oise.
Dourgne. — Tarn.
Draguignan. — Var.
Dreux. — Eure et Loire.
Droué. — Loire et Cher.
Druzenheim. — Bas-Rhin.
Ducé. — Manche.
Dun. — Cher.
Dun. — Meuse.
Dun-le-Palleteau. — Creuse.
Dunes. — Lot et Garonne.
Dunkerque. — Nord.
Durance. — Lot et Garonne.
Duras. — Lot et Garonne.
Duravel. — Lot.
Durbuy. — Forêts.
Durctal. Mayenne et Loire.

E.

Eanjeaux. — Aude.
Eauze — Gers.
Ebreuil. — Allier.

Echanbroignes. (les) — Deux-Sèv.
Echausson. — Orne.
Echelles. (les) Mont-Blanc.
Eclaron. — Haute-Marne.
Econoy. — Sarthe.
Econché. — Orne.
Egletons. — Corrèze.
Eglise. — Puy-de-Dôme.
Egreville. — Seine et Marne.
Eguilles. — Bouches-du-Rhône.
Eguisheim. — Haut-Rhin.
Ekelsbeke. — Nord.
Elbeuf. — Seine-Inférieure.
Elocy. — Calvados.
Elne. — Pyrénées-Orientales.
Embrun. — Hautes-Alpes.
Enchoffen. — Bas-Rhin.
Encloître. — Vienne.
Enghien. — Jemmapes.
Engurende. — Corrèze.
Ennezat. — Puy-de-Dôme.
Ensisheim. — Haut-Rhin.
Entraigues. — Aveyron.
Entrains. — Nièvre.
Entrevaux. — Basses-Alpes.
Envermeux. — Seine-Inférieure.
Enville-en-Jard. — Meurthe.
Epernay. Marne.
Epernon. — Eure et Loire.
Epinal. — Vosges.
Epoisse. — Côte-d'Or.
Erkelens. — La Roër.
Ernée. — Mayenne.
Erstein. — Bas-Rhin.
Ervy. — Aube.
Escassefort. — Lot et Garonne.
Escoyeux. — Charente-Inférieure.
Escure. (l') — Tarn.
Espalion. — Aveyron.
Espelette. — Basses-Pyrénées.
Essars. (les) — Vendée.
Essey. — Orne.
Essey. — Meurthe.
Essoyes. — Aube.
Estafort. — Lot et Garonne.
Estagel. — Pyrénées-Orientales.
Estaing. — Aveyron.
Estaing. — Meuse.
Estampes. — Seine et Oise.
Estang. — Gers.
Estrechy. — Seine et Oise.
Estuires. — Nord.
Etoile. — Drôme.
Eu. — Seine-Inférieure.
Evaux. — Creuse.
Evrecy. — Calvados.
Evreux. — Eure.
Evron. — Mayenne.
Exaples. — Pas-de-Calais.
Exideuil. — Dordogne.
Exmes. — Orne.
Eyguières. — Bouches-du-Rhône.
Eymet. — Dordogne.

F.

Fabrezan. — Aude.
Falaise. — Calvados.
Faou. (le) — Finistère.
Faouet. (le) — Morbihan.
Farmoutiers. — Seine et Marne.
Fauconet. — Haute-Saône.
Faulquemont. — Moselle.
Fauquemberg. — Pas-de-Calais.
Fauquemont. — Meuse-Inférieure.
Fauquemont. — Meurthe.
Faverney. — Haute-Saône.
Faye. — Maine et Loire.
Fay-le-Froid. — Haute-Loire.
Fayl. — Haute-Marne.
Fécamp. — Seine-Inférieure.
Felletin. — Creuse.
Feneu. — Mayenne et Loire.
Fenestrange. — Meurthe.
Fère-Champenoise. — Marne.
Fère-en-Tardenois. — Aisne.
Ferette. — Haut-Rhin.
Ferrière. (la) — Orne.
Ferrières. — Loiret.
Forté. (la) — Somme.
Ferté-Alais. (la) — Seine et Oise.
Ferté-Bernard. (la) — Sarthe.
Ferté-Louptierre. (la) — Yonne.
Ferté-Fresnel. (la) — Orne.
Ferté-Gaucher. (la) — Seine et M.
Ferté-Imbaut. (la) — Loire et Cher.
Ferté-Macé. (la) — Orne.
Ferté-Milon. (la) — Aisne.
Ferté-Senneterre. (la) — Loiret.
Ferté-sous-Jouarre. (la) — Seine et M.
Ferté-sur-Aube. (la) — H. Marne.
Ferté-Villemeujile. (la) — Eure et L.
Fervaques. — Calvados.
Feurs. — Loire.
Figeac. — Lot.
Fignan. — Haute-Garonne.
Firmin. — Loire.
Firmy. — Aveyron.
Fismes. — Marne.
Flagnac. — Aveyron.
Flavigny. — Côte-d'Or.
Flèche. (la) — Sarthe.
Flers. — Orne.
Fleurance. — Gers.
Flocelière. (la) — Vendée.
Florac. — Lozère.
Florenzac. — Hérault.
Florimont. — Haut-Rhin.
Foissy. — Yonne.
Foix. — Arriège.
Fons. — Lot.
Fontainebleau. — Seine et Marne.
Fontaine-Guérin. — Mayenne et L.
Fontaine-le-Bourg. — Seine-Infér.
Fontenay. — Seine et Marne.
Fontenay. — Vendée.
Fontenois. — Vosges.
Fontevrauld. — Mayenne et Loire.
Forbach. — Moselle.
Forcalquier. — Basses-Alpes.
Force. (la) — Dordogne.
Forges. — Seine-Inférieure.
Formerie. — Oise.
Fort-de-l'Ecluse. — Ain.
Fort-de-Ferrières. — Tarn.
Fossat. (le) — Arriège.
Foucarmont. — Seine-Inférieure.
Fougeray. — Ille et Vilaine.
Fougère. — Ille et Vilaine.
Fougerolle. — Mayenne.
Fources. — Gers.
Fousseret. — Haute-Garonne.
Fraissainet-lès-Gelat. — Lot.
Francescas. — Lot et Garonne.
Françoise. (la) — Lot.
Fréjus. — Var.
Frenay-le-Vicomte. — Sarthe.
Fresne. — Meuse.
Frespech. — Lot et Garonne.
Fretteval. — Loire et Cher.
Frontignan. — Hérault.
Fronton. — Haute-Garonne.
Fruges. — Pas-de-Calais.
Fumay. — Ardennes.
Fumel. — Lot et Garonne.
Furnes. — Lys.

G.

Gabaret. — Landes.
Gacille. (la) — Morbihan.
Gaillac. — Tarn.
Gaillac-Toulza. — Haute-Garonne.
Gaillefontaine. — Seine-Inférieure.
Gaillon. — Eure.
Galan. — Hautes-Pyrénées.
Gallargues. — Gard.
Gallardon. — Eure et Loire.
Gamaches. — Somme.
Gan. — Basses-Pyrénées.
Gand. — Escaut.
Gandelu. — Aisne.
Ganges. — Hérault.
Gannat. — Allier.
Gap. — Hautes-Alpes.
Gardanne. — Bouches du Rhône.
Garde. (la) — Var.
Garim. — Basses-Pyrénées.
Garnache. (la) — Vendée.
Garris. — Basses-Pyrénées.
Gasparien. — Basses-Pyrénées.
Gaudonville. — Gers.
Gavreay. — Manche.
Gazaupoux. — Gers.
Geaune. — Landes.
Gemozac. — Charente-Inférieure.
Gemunde. — La Roër.
Genape. — Dyle.
Gençay. — Vienne.
Genest. — Vienne.

Genest. — *Loire.*
Geneteil. — *Mayenne et Loire.*
Genève. — *Lac-Leman.*
Genne. — *Mayenne et Loire.*
Genolhac. — *Gard.*
Genssac. — *Gironde.*
Gentzingem. *Mont-Tonnerre.*
Gerberot. — *Oise.*
Gerbevillers. — *Meurthe.*
Gerodot. — *Aube.*
Gerzat. — *Puy-de-Dôme.*
Gex. — *Lac-Leman.*
Giac. — *Puy-de-Dôme.*
Gignac. — *Herault.*
Gigny. — *Jura.*
Gimont. — *Gers.*
Giromagny. — *Haut-Rhin.*
Giroussens. — *Tarn.*
Givet. — *Ardennes.*
Givors. — *Rhône.*
Glas-la-Ferrière. — *Orne.*
Gneberswcir. — *Haut-Rhin.*
Gnewiller. — *Haut-Rhin.*
Goderville. — *Seine-Inférieure.*
Gonarec. — *Côtes-du-Nord.*
Goncolin. — *Isère.*
Gondrain. — *Gers.*
Gondrecourt. — *Meuse.*
Gonesnon. — *Finistère.*
Gonesse. — *Seine et Oise.*
Gonnord. — *Mayenne et Loire.*
Gordes. — *Vaucluse.*
Gorgnes. (la) *Nord.*
Goron. — *Mayenne.*
Gorze. — *Moselle.*
Gourdon. — *Lot.*
Gourin. — *Morbihan.*
Gournay. — *Seine-Inférieure.*
Gramat. — *Lot.*
Grandcour. — *Seine-Inférieure.*
Grandes-Ventes. (les) *Seine-Infér.*
Grand-Luce. — *Sarthe.*
Grand-Mortrée. — *Orne.*
Grandpré. — *Ardennes.*
Grandrieu. — *Lozère.*
Grand-Serre. (le) — *Drôme.*
Grand-Temps. — *Isère.*
Grand-Torcy. — *Seine-Inférieure.*
Granges. — *Haute-Saône.*
Grandville. — *Manche.*
Granvilliers. — *Oise.*
Grasse. — *Var.*
Grasse. (la) *Aude.*
Graulhet. — *Tarn.*
Gravelines. — *Nord.*
Gravenmacher. — *Les Forêts.*
Gray. — *Haute-Saône.*
Grenade. — *Haute-Garonne.*
Grenade. — *Landes.*
Grenoble. — *Isère.*
Grez-en-Bouère. — *Mayenne.*
Grezieux. — *Rhône.*
Griguan. — *Drôme.*

Grignols. — *Bec-d'Ambès.*
Grizolles. — *Haute-Garonne.*
Gué-de-Longrois. — *Eure et Loire.*
Guelgoet. (le) — *Finistère.*
Guemar. — *Haut-Rhin.*
Guemenee. — *Morbihan.*
Guène, (la) — *Corrèze.*
Guer. — *Morbihan.*
Guerande. — *Loire-Inférieure.*
Guerard. — *Seine et Marne.*
Guerche. (la) — *Cher.*
Guerche. (la) — *Ille et Vilaine.*
Guerche. (la) — *Indre et Loire.*
Guéret. — *Creuse.*
Gueugnon. — *Saône et Loire.*
Guiche. — *Saône et Loire.*
Guierche. (la) — *Sarthe.*
Guilain. (St.) — *Jemmapes.*
Guingamp. — *Côte-du-Nord.*
Guise. — *Aisne.*
Guisoni. — *Golo en Corse.*
Guistres. — *Gironde.*
Guyolle. (la) — *Aveyron.*
Gy. — *Haute-Saône.*
Gyr. — *Aube.*

H.

HABAS. — *Landes.*
Hacten. — *Meuse-Inférieure.*
Hagenback. — *Bas-Rhin.*
Hagetmau. — *Landes.*
Haguenau. — *Bas-Rhin.*
Halle. — *Dyle.*
Ham. — *Somme.*
Hambie. — *Manche.*
Harbonnières. *Somme.*
Harcourt. — *Calvados.*
Harcourt. — *Eure.*
Harfleur. — *Seine-Inférieure.*
Haroué. — *Meurthe.*
Haspres. — *Nord.*
Hasselt. — *Meuse-Inférieure.*
Hastalt. — *Haut-Rhin.*
Haubourdin. — *Nord.*
Hautefort. — *Dordogne.*
Haute-Rivoire. — *Rhône.*
Hautpoul. — *Tarn.*
Havre. (le) — *Seine-Inférieure.*
Haye. (la) — *Indre et Loire.*
Haye-Pesnel. (la) — *Manche.*
Hazebrouck. — *Nord.*
Hedée. — *Ille et Vilaine.*
Heitz-le-Maurup. — *Marne.*
Henin-Liétard. — *Pas-de-Calais.*
Hennebon. — *Morbihan.*
Henrichemont. — *Cher.*
Herbiers. (les) — *Vendée.*
Herbignac. — *Seine-Inférieure.*
Herenthals. — *Deux-Nèthes.*
Hérisson. — *Allier.*
Herlisheim. — *Haut-Rhin.*

Hermbach. — *La Roër.*
Hermeut. — *Puy-de-Dôme.*
Hesdin. — *Pas-de-Calais.*
Hières. — *Var.*
Hirson. — *Aisne.*
Hochfelden. — *Bas-Rhin.*
Hombourg. — *Mont-Tonnerre.*
Hondtscooth. — *Nord.*
Honfleur. — *Seine-Inférieure.*
Honfleur. — *Calvados.*
Honnecours. — *Nord.*
Hôpital. (l') — *Loire.*
Hôpital-Beaulieu. (l') — *Lot.*
Hornay. — *Somme.*
Houdan. — *Seine et Oise.*
Houga. (le) — *Gers.*
Hougaerde. — *Dyle.*
Hougue. (la) — *Manche.*
Hourdain. — *Pas-de-Calais.*
Houslisse. — *Les Forêts.*
Houtan. — *Landes.*
Hucquelières. — *Pas-de-Calais.*
Huningue. — *Haut-Rhin.*
Huriel. — *Allier.*
Huy. — *Ourthe.*

Jaujac. — *Ardèche.*
Jaulnais. — *Vienne.*
Jerrand. — *Puy-de-Dôme.*
Jockgrim. — *Bas-Rhin.*
Joigny. — *Yonne.*
Joinville. — *Haute-Marne.*
Jongue. — *Doubs.*
Jonquières. — *Vaucluse.*
Jouzac. — *Charente-Inférieure.*
Josselin. — *Morbihan.*
Joucels. — *Hérault.*
Jouin. — *Deux-Sèvres.*
Jouvelle. — *Haute-Saône.*
Joux-la-Ville. — *Yonne.*
Jouy. — *Seine et Oise.*
Jouy-le-Châtel. — *Seine et Marne.*
Joyeuse. — *Ardèche.*
Jugon. — *Côte-du-Nord.*
Juillac. — *Corrèze.*
Juliers. — *La Roër.*
Jullié. — *Rhône.*
Jumelle. — *Mayenne et Loire.*
Jussey. — *Haute-Saône.*
Javigny. — *Manche.*
Juvigny. — *Orne.*

I.

Ibos. — *Hautes-Pyrénées.*
Ille. (l') — *Tarn.*
Ille. — *Pyrénées-Orientales.*
Illiers. — *Eure et Loire.*
Ingersheim. — *Haut-Rhin.*
Ingweiller. — *Bas-Rhin.*
Ipaude. — *Allier.*
Irancy. — *Yonne.*
Isigny. — *Calvados.*
Isle-Bouchard. — *Indre et Loire.*
Isle-de-Noé. (l') — *Gers.*
Isle-en-Dodon. (l') — *Haute-Garon.*
Isle-en-Jourdan. (l') — *Gers.*
Isle-Jourdan. (l') *Vienne.*
Isle-Rousse. — *Golo.*
Isle-Ste.-Marguerite. (l') — *Var.*
Isle-Tatihon. — *Manche.*
Isles-d'Hières. (les) — *Var.*
Ispagnac. — *Lozère.*
Issigeac. — *Dordogne.*
Issoire. — *Puy-de-Dôme.*
Issoudun. — *Indre.*
Issy-l'Evêque. — *Saône et Loire.*
Ivry. — *Eure.*
Iveron. — *Rhône.*

J.

Jallais. — *Mayenne et Loire.*
Jalligny. — *Allier.*
Jametz. — *Meuse.*
Janville. — *Eure et Loire.*
Jargeau. — *Loiret.*
Jarnac. — *Charente.*
Jarzé. — *Maine et Loire.*

K.

Kayserberg. — *Bas-Rhin.*
Kienshcim. — *Haut-Rhin.*

L.

Ladon. — *Loiret.*
Lagny. — *Saône et Marne.*
Lagor. — *Basses-Pyrénées.*
Lahaye-du-Puits. — *Manche.*
Lalande. — *Manche.*
Lalbenc. — *Isère.*
Lamastre. — *Ardèche.*
Lambage. — *Basses-Pyrénées.*
Lamballe. — *Côtes-du-Nord.*
Lambesc. — *Bouches-du-Rhône.*
Lamotte. — *Gironde.*
Lamotte. — *Haute-Loire.*
Landau. — *Bas-Rhin.*
Landernau. — *Finistère.*
Landivisiau. — *Finistère.*
Landivy. — *Mayenne.*
Landrecy. — *Nord.*
Landun. — *Gard.*
Lanepax. — *Gers.*
Langeac. — *Haute-Loire.*
Langeais. — *Indre et Loire.*
Langogne. — *Lozère.*
Langon. — *Gironde.*
Langres. — *Haute-Marne.*
Lannicur. — *Finistère.*
Lannemezan. — *Hautes-Pyrénées.*
Lannilis. — *Finistère.*
Lannion. — *Côte-du-Nord.*
Lannoy. — *Nord.*
Lausargues. — *Hérault.*

Lance-le-Bourg

- Lans-le-Bourg. — Mont-Blanc.
- Lanser. — Haut-Rhin.
- Lanta. — Haute-Garonne.
- Lanvollon. — Côte-du-Nord.
- Laon. — Aisne.
- Laragne. — Hautes-Alpes.
- Largentière. — Ardèches.
- Laruns. — Basses-Pyrénées.
- Lassay. — Mayenne.
- Lassé. — Mayenne et Loire.
- Laubeignan. — Lot et Garonne.
- Laufen. — Mont-Terrible.
- Laure. — Aude.
- Laurières. — Haute-Vienne.
- Lauterbourg. — Bas-Rhin.
- Lautrec. — Tarn.
- Lauzac-le-Grand. — Aude.
- Lauzerte. — Lot.
- Lauzun. — Lot et Garonne.
- Laval. — Mayenne.
- Lavardens. — Gers.
- Lavaur. — Tarn.
- Lavelanet. — Arriège.
- Lavit-de-Lomagne. — Gers.
- Lavoulte. — Ardèche.
- Lay. — Loire.
- Layrac. — Lot et Garonne.
- Lectoure. — Gers.
- Liège. — Loire-Inférieure.
- Lehomme. — Manche.
- Lempde. — Haute-Loire.
- Lens. — Pas-de-Calais.
- Leray. — Cher.
- Losardrieux. — Côtes-du-Nord.
- Lescar. — Basses-Pyrénées.
- Lesignan-des-Religieuses. — Aude.
- Lesmont. — Aube.
- Losneven. — Finistère.
- Lesparc. — Gironde.
- Lessay. — Manche.
- Lessines. — Jemmapes.
- Lestorp. — Charente.
- Levignac. — Haute-Garonne.
- Lévignac. — Lot et Garonne.
- Levroux. — Indre.
- Lezat. — Arriège.
- Lezoux. — Allier.
- Lherm. — Lot.
- Lindores. — Gers.
- Libos. — Lot et Garonne.
- Libourne. — Gironde.
- Licharre. — Basses-Pyrénées.
- Lichtenberg. — Bas-Rhin.
- Licques. — Pas-de-Calais.
- Liège. — Ourthe.
- Lierre. — Deux-Nèthes.
- Lieuray. — Calvados.
- Lizardes. — Gers.
- Lignière. — Cher.
- Liguidères. — Charente.
- Ligny-en-Barois. — Meuse.
- Ligny-le-Château. — Yonne.
- Lihons. — Somme.
- Lile. — Yonne.
- Lille. — Nord.
- Lillebonne. — Seine-Inférieure.
- Lillers. — Pas-de-Calais.
- Lillo. (Fort). — Deux-Nèthes.
- Limay. — Seine et Oise.
- Limbourg. — Ourthe.
- Limeuille. — Dordogne.
- Limoges. — Haute-Vienne.
- Limours. — Seine et Oise.
- Limoux. — Aude.
- Linde, (la) — Dordogne.
- Lisieux. — Calvados.
- Lisle. — Vaucluse.
- Lisle. — Dordogne.
- Lisle. — Yonne.
- Lisy-sur-Ourcq. — Seine et Marne.
- Livarot. — Calvados.
- Livignac. — Aveyron.
- Livrade. — Lot et Garonne.
- Livron. — Drôme.
- Lixheim. — Meurthe.
- Locmine. — Morbihan.
- Locrenan. — Finistère.
- Lodève. — Hérault.
- Logny. — Orne.
- Lohéac. — Ille et Vilaine.
- Loiron. — Mayenne.
- Lokeren. — Escaut.
- Lombez. — Gers.
- Londinières. — Seine-Inférieure.
- Longjumeau. — Seine et Oise.
- Longue. — Mayenne et Loire.
- Longueville. — Seine-Inférieure.
- Longuyon. — Moselle.
- Longwy. — Moselle.
- Loulay. — Orne.
- Lons-le-Saunier. — Jura.
- Lonzac. (le) — Corrèze.
- Loo. — Lys.
- Loochristy. — Escaut.
- Looz. — Meuse-Inférieure.
- Lorgues. — Var.
- Lorient. — Morbihan.
- Loriot. — Drôme.
- Lorme. — Nièvre.
- Loroux. (le) — Loire-Inférieure.
- Loroux-Beconois. (le) — M. et L.
- Lorquin. — Meurthe.
- Lorris. — Loiret.
- Loubens. — Haute-Garonne.
- Loubressac. — Lot.
- Loudeac. — Côte-du-Nord.
- Loudun. — Vienne.
- Loué. — Sarthe.
- Louhans. — Saône et Loire.
- Loupe. (la) — Eure et Loir.
- Lourde. — Hautes-Pyrénées.
- Louvain. — Dyle.
- Louviers. — Eure.
- Louvigné. — Ille et Vilaine.
- Louvres. — Seine et Oise.
- Loves. — Ain.

V.

Lubersac. — *Corrèze.*
Luc. — *Drôme.*
Luc. (le) — *Var.*
Lucenay-l'Evêque. — *Saône et Loire.*
Lucheux. — *Somme.*
Luçon. — *Vendée.*
Lude. (le) — *Sarthe.*
Luines. — *Indre et Loire.*
Luistre. — *Aube.*
Lunel-la-Ville. — *Hérault.*
Lunel-Vieil. — *Hérault.*
Lunéville. — *Meurthe.*
Lupiac. — *Gers.*
Lure. — *Haute-Saône.*
Lurcy-Levy. — *Allier.*
Lurs. — *Basses-Alpes.*
Lus. — *Hautes-Pyrénées.*
Lusignan. — *Vienne.*
Lussac-les-Châteaux — *Vienne.*
Lussac-les-Églises. — *H. Vienne.*
Luxeuil. — *Haute-Saône.*
Luzarches. — *Seine et Oise.*
Luzeth. — *Lot.*
Luzy. — *Nièvre.*
Lyon. — *Rhône.*
Lyon-d'Angers. (le) — *M. et Loir.*

M.

MACHAULT. — *Ardennes.*
Machecoul. — *Loire-Inférieure.*
Mâcon. — *Saône et Loire.*
Maseyck. — *Meuse-Inférieure.*
Maestricht. — *Meuse-Inférieure.*
Magnac-Laval. — *Haute-Vienne.*
Magny. — *Seine et Oise.*
Maillebois. — *Eure et Loir.*
Mailleraye. (la) — *Seine-Inférieure.*
Maillezay. — *Vendée.*
Maillouse. — *Haute-Garonne.*
Mailly-le-Château. — *Yonne.*
Maintenon. — *Eure et Loir.*
Maisy. — *Calvados.*
Malaucène. — *Vaucluse.*
Maldegem. — *Escaut.*
Malesherbes. — *Loiret.*
Malestroit. — *Morbihan.*
Maleville. — *Aveyron.*
Malicorne. — *Sarthe.*
Malines. — *Deux-Nèthes.*
Malmedy. — *Ourthe.*
Malzieu. — *Lozère.*
Mamers. — *Sarthe.*
Manciet. — *Gers.*
Manguir. — *Hérault.*
Mangy. — *Calvados.*
Manosque. — *Basses-Alpes.*
Mans. (le) — *Sarthe.*
Mantes. — *Seine et Oise.*
Manzat. — *Puy-de-Dôme.*
Marans. — *Charente-Inférieure.*
Marasson. — *Aveyron.*
Marche. (la) *Vosges.*

Marche-en-Famene. — *Sambre et M.*
Marchenoir. — *Loir et Cher.*
Marchienne. — *Nord.*
Marciac. — *Gers.*
Marcillac. — *Charente.*
Marcillac. — *Lot.*
Marckolsheim. — *Bas-Rhin.*
Marcolles. — *Cantal.*
Marennes. — *Charente-Inférieure.*
Mareuil. — *Dordogne.*
Mareuil. — *Marne.*
Mareuil. — *Vendée.*
Marguerite. — *Gard.*
Mariac. — *Puy-de-Dôme.*
Marigny. — *Manche.*
Marigues. — *Puy-de-Dôme.*
Marineze. — *Seine et Oise.*
Marle. — *Aisne.*
Marlieux. — *Aisne.*
Marmande. — *Lot et Garonne.*
Marmignac. — *Lot.*
Marnay-le-Bourg. — *Haute-Saône.*
Marquise. — *Pas-de-Calais.*
Marsal. — *Meurthe.*
Marsane. — *Drôme.*
Marseillan. — *Hérault.*
Marseille. — *Bouches-du-Rhône.*
Marseille. — *Oise.*
Martebourg. — *Manche.*
Martel. — *Lot.*
Martelles. (les) — *Hérault.*
Martigné-Briant. — *Maine et L.*
Martigues. (le) — *Bouches-du-R.*
Martisany. — *Indre.*
Martres. — *Haute-Garonne.*
Marvejols. — *Lozère.*
Marville. — *Meuse.*
Mas-Firmacen. (le) — *Gers.*
Massacq. — *Basses-Pyrénées.*
Massat. — *Arriège.*
Massay. — *Indre.*
Masseube. — *Gers.*
Massiac. — *Cantal.*
Masvaux. — *Haut-Rhin.*
Massilargues. — *Hérault.*
Mastres-de-Vayres. (les) — *Puy-de-Dôme.*
Mathon. — *Charente.*
Matignon. — *Côtes-du-Nord.*
Matour. — *Saône et Loire.*
Maubert. — *Ardennes.*
Maubeuge. — *Nord.*
Maubourguet. — *Haute-Pyrénées.*
Maule. — *Seine et Oise.*
Mauléon. — *Basses-Pyrénées.*
Maulevier. — *Mayenne et Loire.*
Maurinc. — *Cantal.*
Maurmoutier. — *Bas-Rhin.*
Mauron. — *Morbihan.*
Maurs. — *Cantal.*
Mausigné. — *Sarthe.*
Mausle. — *Charente.*
Mauves. — *Orne.*

de la République Française.

Mauvesin. — *Gers.*
Mauzé. — *Deux-Sèvres.*
Maxey. — *Meuse.*
Mazamet. — *Tarn.*
Maz-d'Azil. (le) *Arriège.*
Mazé. — *Mayenne et Loire.*
Mazères-en-Foix. — *Arriège.*
May. (le) — *Mayenne et Loire.*
Mayenne. — *Mayenne.*
Meaux. — *Seine et Marne.*
Mées. (les) — *Basses-Alpes.*
Mehun. — *Cher.*
Mehun. — *Loiret.*
Meilhan. — *Gironde.*
Meilhau. — *Lot et Garonne.*
Meilland. — *Cher.*
Meillonas. — *Ain.*
Meimac. — *Corrèze.*
Meinsac. — *Creuse.*
Meissac. — *Corrèze.*
Melay. — *Mayenne.*
Mêle-sur-Sarthe. — *Orne.*
Melle — *Deux-Sèvres.*
Melun. — *Seine et Marne.*
Menat. — *Puy-de-Dôme.*
Mende. — *Lozère.*
Menin. — *Lys.*
Mens. — *Isère.*
Menton. — *Alpes-Maritimes.*
Mer. — *Loir et Cher.*
Merchem. — *Dyle.*
Merdrignac. — *Côtes-du-Nord.*
Merinville — *Seine et Oise.*
Merlerault. — *Orne.*
Merlou. — *Oise.*
Meru. — *Oise.*
Mervans. — *Saône et Loire.*
Merville. — *Nord.*
Mery-sur-Seine. — *Aube.*
Metz. — *Moselle.*
Meulflair. — *Seine et Oise.*
Meursault. — *Côte-d'Or.*
Mèves. — *Nièvre.*
Meximieux. — *Ain.*
Mèze. — *Hérault.*
Mezel. — *Basses-Alpes.*
Mezidon. — *Calvados.*
Mezières-en-Brenne. — *Indre.*
Mezières. — *Ardennes.*
Mezin. — *Lot et Garonne.*
Meyrueis. — *Lozère.*
Middelbourg. — *Escaut.*
Mielan. — *Gers.*
Milhaud. — *Aveyron.*
Milhaud. — *Gard.*
Millas. — *Pyrénées-Orientales.*
Millery. — *Rhône.*
Milly. — *Seine et Oise.*
Mirabel. — *Lot.*
Miradoux. — *Gers.*
Mirambeau. — *Charente-Inférieure.*
Miramont. — *Lot.*
Miramont. — *Lot et Garonne.*

Mirande. — *Gers.*
Mirebeau. — *Vienne.*
Mirebeau. — *Côte-d'Or.*
Mirecourt. — *Vosges.*
Mirefleur. — *Puy-de-Dôme.*
Miremont. — *Dordogne.*
Miremont. — *Haute-Garonne.*
Mirepoix. — *Arriège.*
Mirmande. — *Drôme.*
Moingt. — *Loiret.*
Moirans. — *Isère.*
Moirax. — *Lot et Garonne.*
Moissac. — *Lot.*
Molacio. — *Golo en Corse.*
Molières. — *Lot.*
Molsheim. — *Bas-Rhin.*
Monaco. — *Alpes-Maritimes.*
Monastier. — *Haute-Loire.*
Moncau. — *Lot et Garonne.*
Monchamp. — *Vendée.*
Monclar. — *Lot et Garonne.*
Monclar. — *Lot.*
Monclerat. — *Lot.*
Moncontour. — *Côtes-du-Nord.*
Moncontour. — *Vienne.*
Moncontant. — *Deux-Sèvres.*
Moncrabeau. — *Lot et Garonne.*
Moncuq. — *Lot.*
Mondragon. — *Vaucluse.*
Moneins. — *Basses-Pyrénées.*
Monestier-de-Clermont. — *Isère.*
Monesties. — *Tarn.*
Mongie. (la) *Puy-de-Dôme.*
Monguillem. — *Gers.*
Monistrol. — *Haute-Loire.*
Monléou-de-Magnoac. — *Haute-Pyr.*
Mons. — *Jemmapes.*
Monségur. — *Lot et Garonne.*
Montagnac. — *Hérault.*
Montagnad. — *Dordogne.*
Montagne. — *Charente-Inférieure.*
Montagut. — *Haute-Garonne.*
Montaiguet. — *Allier.*
Montaigut. — *Vendée.*
Montaigut. — *Puy-de-Dôme.*
Montant. *Ardèche.*
Montant-de-Crion. *Arriège.*
Montargis. — *Loiret.*
Montarnel. — *Aisne.*
Montastruc. — *Haute-Garonne.*
Montauban. — *Drôme.*
Montaudin. — *Mayenne.*
Montaut. — *Gers.*
Montaut. — *Arriège.*
Montbart. — *Côte-d'Or.*
Montbazens. — *Aveyron.*
Montbazon. — *Indre et Loire.*
Montbéliard. — *Doubs.*
Montbeillard. — *Haute-Saône.*
Montbeson. — *Haute-Saône.*
Montbron. — *Charente.*
Montbrun. — *Drôme.*
Montbuisson. — *Loir.*

V 2

Mont-Cenis. — Saône et Loire.
Mont-Dauphin. — Hautes-Alpes.
Montdidier. — Somme.
Montdoubleau. — Loir et Cher.
Montdragon. — Vaucluse.
Montech. — Haute-Garonne.
Montélimart. — Drôme.
Montellier. — Drôme.
Montendre. — Charente-Inférieure.
Montenoison. — Nièvre.
Montereau. — Seine et Marne.
Monterin. — Gard.
Montesquieu. — Haute-Garonne.
Montesquiou. — Gers.
Montet-aux-Moines. (le) — Allier.
Montfaucon. — Meuse.
Montfaucon. — Lot.
Montfaucon. — Haute-Loire.
Montfaucon. — Mayenne et Loire.
Montferrant. — Gers.
Montferrier. — Arriège.
Monflanquin. — Lot et Garonne.
Montfort. — Eure.
Montfort. — Landes.
Montfort. — Sarthe.
Montfort. — Seine et Oise.
Monfort-le-Rhou. — Ille et Vilaine.
Montgiscard. — Haute-Garonne.
Montguyon. — Charente-Inférieure.
Montburoux. — Vosges.
Montierender. — Haute-Marne.
Montier-les-Bains. (le) — Allier.
Montier-sur-Eaux. — Meuse.
Montignac. — Dordogne.
Montigné. — Mayenne et Loire.
Montjoy. — Lot et Garonne.
Montjoré. (la) Lot et Garonne.
Montivilliers. — Seine-Inférieure.
Montlhéry. — Seine et Oise.
Montlieu. — Charente-Inférieure.
Mont-Louis. — Pyrénées-Oriental.
Montluçon. — Allier.
Montluel. — Ain.
Montmarant. — Allier.
Mont-Marsan. — Landes.
Montmédi. — Meuse.
Montmellian. — Mont-Blanc.
Montmerle. — Ain.
Montmiral. — Sarthe.
Montmirail. — Marne.
Montmoreau. — Charente.
Montmorency. — Seine et Oise.
Montmorillon. — Vienne.
Montoire. — Loire et Cher.
Montolieu. — Aude.
Monton. — Puy-de-Dôme.
Montpellier. — Hérault.
Montpeyroux. — Hérault.
Montpezat. — Ardèche.
Montpezat. — Lot.
Montpon. — Dordogne.
Montpont. — Saône et Loire.
Montrastruc. — Haute-Garonne.

Montréal. — Aude.
Montréal. — Gers.
Montréal. — Yonne.
Montrejean. — Haute-Garonne.
Montrésor. — Indre et Loire.
Montreuil-Bellay. — May. et Loire.
Montreuil. — Pas-de-Calais.
Montrevault. — Mayenne et Loire.
Montrelel. — Ain.
Montrichard. — Loir et Cher.
Montrigaud. — Drôme.
Montrollier. — Rhône.
Monts. — Loir et Cher.
Monts. — Indre et Loire.
Mont-Salvy. — Cantal.
Mont-Saint-Jean. — Sarthe.
Mont-Saint-Vincent. — Saône et Loire.
Montsurs. — Mayenne.
Montville. — Seine-Inférieure.
Moranne. — Mayenne et Loire.
Moreuil. — Somme.
Morhange. — Moselle.
Morlanc. — Basses-Pyrénées.
Morlans. — Basses-Pyrénées.
Mornant. — Rhône.
Mortagne. — Orne.
Mortagne. — Vendée.
Mortain. — Manche.
Morvilliers. — Vosges.
Mosset. — Pyrénées-Orientales.
Motte-Chalançon. (la) — Drôme.
Motte-Saint-Heray. (la) — Deux-Sèv.
Motte-Saint-Jean. (la) — Saône et L.
Moras. — Drôme.
Morestel. — Isère.
Moret. — Seine et Marne.
Morlaix. — Finistère.
Morreau. — Doubs.
Mouilleron. — Vendée.
Mouliherne. — Mayenne et Loire.
Moulins. — Allier.
Moulins-Engilbert. — Nièvre.
Moulins-la-Marche. — Orne.
Moupazier. — Dordogne.
Moustiers. — Basses-Alpes.
Moutier-Saint-Jean. — Côte-d'or.
Moutier. — Mont-Blanc.
Moutiers. (les) — Vendée.
Mouzon. — Ardennes.
Moyenvic. — Meurthe.
Moyrans. — Jura.
Moysaux. — Calvados.
Mozé. — Mayenne et Loire.
Mucidan. — Dordogne.
Mulhausen. — Haut-Rhin.
Munster. — Haut-Rhin.
Murat. — Cantal.
Mur-de-Barrès. — Aveyron.
Mure. (la) — Isère.
Muret. — Haute-Garonne.
Mussy-l'Évêque. — Aube.
Mutzig. — Bas-Rhin.
Muzillac. — Morbihan.

N.

NAJAC. — *Aveyron.*
Namur. — *Sambre et Meuse.*
Nancy. — *Meurthe.*
Nangis. — *Seine et Marne.*
Nant. — *Gard.*
Nantes. — *Loire-Inférieure.*
Nanteuil-le-Haudouin. — *Oise.*
Nantua. — *Ain.*
Narbonne. — *Aude.*
Naucelle. — *Aveyron.*
Navarreins. — *Basses-Pyrénées.*
Nay. — *Basses-Pyrénées.*
Nazaire. — *Loire-Inférieure.*
Néans. — *Morbihan.*
Négrepelisse. — *Lot.*
Némours. — *Seine et Marne.*
Nérac. — *Lot et Garonne.*
Néronde. — *Loire.*
Nérondes. — *Cher.*
Nesle. — *Somme.*
Neubrisack. — *Haut-Rhin.*
Neubourg. — *Eure.*
Neufchâteau. — *Vosges.*
Neufchâteau. — *Forêts.*
Neuchâtel. — *Seine-Inférieure.*
Neuilly-Saint-Front. — *Aisne.*
Neuilly. — *Orne.*
Neuilly. — *Yonne.*
Neustalt. — *Mont-Tonnerre.*
Neuvelire. — *Eure.*
Neuvice. — *Corrèze.*
Neuville. — *Pas-de-Calais.*
Neuville. — *Vienne.*
Neuville-aux-Bois. — *Loiret.*
Neuville-les-Dames. — *Ain.*
Neuville-sur-Seine. — *Aube.*
Neuviller. — *Bas-Rhin.*
Neuviller. — *Meurthe.*
Neuvy. — *Cher.*
Neuvy. — *Indre et Loire.*
Neuvy. — *Nièvre.*
Neuvy. — *Yonne.*
Neuvy-Paillon. — *Indre.*
Neuvy-Saint-Sépulcbre. — *Indre.*
Nevers. — *Nièvre.*
New-Hornebarch. — *Mont-Tonnerre.*
Nice. — *Alpes-Maritimes.*
Nicolas-de-la-Taille. (St) — *Seine-Inf.*
Niderbrakel. — *Escaut.*
Niderenheim. — *Bas-Rhin.*
Niens. — *Drôme.*
Nieuport. — *Lys.*
Niort. — *Deux-Sèvres.*
Nismes. — *Gard.*
Nissan. — *Hérault.*
Nivelle. — *Dyle.*
Nogaro. — *Gers.*
Nogent. — *Sarthe.*
Nogent-le-Rotrou. — *Eure et Loir.*
Nogent-le-Roy. — *Haute-Marne.*
Nogent-sur-Eure. — *Eure et Loir.*
Nogent-sur-Seine. — *Aube.*
Nolay. — *Côte-d'Or.*
Nomeny. — *Meurthe.*
Nonnancourt. — *Eure.*
Nonnette. — *Puy-de-Dôme.*
Nontron. — *Dordogne.*
Noroy. — *Haute-Saône.*
Nort. — *Loire-Inférieure.*
Notre-Dame-de-Cléry. — *Loiret.*
Notre-Dame-de-Liesse. — *Aisne.*
Nouvion. — *Aisne.*
Noyans. — *Mayenne et Loire.*
Noyon. — *Oise.*
Nozeroy. — *Jura.*
Nuailles. — *Charente-Inférieure.*
Nuer-Weert. — *Meuse-Inférieure.*
Nuits. — *Côte-d'Or.*
Nuys. — *Roër.*

O.

Ob. — *Rhin et Moselle.*
Oberberckheim. — *Haut-Rhin.*
Oberenheim. — *Bas-Rhin.*
Oiron. — *Deux-Sèvres.*
Oisemont. — *Somme.*
Oisy. — *Pas-de-Calais.*
Olargues. — *Hérault.*
Oléron. — *Basses-Pyrénées.*
Olette. — *Pyrénées-Orientales.*
Oliergue. — *Puy-de-Dôme.*
Olivet. — *Loiret.*
Olmetta. — *Ajaccio, (en Corse.)*
Olonzac. — *Hérault.*
Onquer. — *Loir et Cher.*
Oppenheim. — *Mont-Tonnerre.*
Oradour. — *Haute-Vienne.*
Orange. — *Vaucluse.*
Orbais. — *Aisne.*
Orbec. — *Calvados.*
Orchies. — *Nord.*
Orgelet. — *Jura.*
Orgon. — *Bouches-du-Rhône.*
Origny. — *Aisne.*
Orioules. — *Var.*
Orléans. — *Loiret.*
Ornans. — *Doubs.*
Orpiorre. — *Hautes-Alpes.*
Ortez. — *Basses-Pyrénées.*
Orvert. — *Charente-Inférieure.*
Oslabat. — *Basses-Pyrénées.*
Ossun. — *Hautes-Pyrénées.*
Ostende. — *Lys.*
Ottveiller. — *Sarre.*
Ouanne. — *Yonne.*
Ouarville. — *Eure et Loir.*
Oudon. — *Loire-Inférieure.*
Oulchy-le-Château. — *Aisne.*
Ouzoner. — *Loiret.*
Ouzouer. — *Loir et Cher.*

V 3

P.

PACAUDIÈRE. (la) — *Loire.*
Pacy. — *Eure.*
Pailhès. — *Arriège.*
Painbœuf. — *Loire-Inférieure.*
Paimpol. — *Côtes-du-Nord.*
Palice. (la) — *Allier.*
Paluan. — *Indre.*
Paluau. — *Vendée.*
Pamiers. — *Arriège.*
Pampelune. — *Tarn.*
Panissières. — *Loire.*
Paray — *Saône-et-Loire.*
Parcay. — *Mayenne et Loire.*
Parcé. — *Sarthe.*
Pardaillon. — *Lot et Garonne.*
Paris. — *Seine.*
Parisot. — *Aveyron.*
Parthenay. — *Deux-Sèvres.*
Pas. — *Pas-de-Calais.*
Passais. — *Orne.*
Passavant. — *Doubs.*
Passavant. — *Mayenne et Loire.*
Patay. — *Loiret.*
Pau. — *Basses-Pyrénées.*
Paulhac. — *Cantal.*
Pauliaguet. — *Haute-Loire.*
Pauillac. — *Gironde.*
Pavie. — *Gers.*
Pavilly. — *Seine-Inférieure.*
Péage. (le) *Drôme.*
Pélerain. (le) — *Loire-Inférieure.*
Pélissanc. — *Bouches-du-Rhône.*
Pellegrue. — *Gironde.*
Pellonaille. — *Mayenne et Loire.*
Pénich. — *Forêts.*
Penne. — *Lot et Garonne.*
Penne. — *Aveyron.*
Periac. — *Aube.*
Periers. — *Manche.*
Périgueux. — *Dordogne.*
Perme. — *Haute-Saône.*
Perne. — *Vaucluse.*
Pernes. — *Pas-de-Calais.*
Péronne. — *Somme.*
Pérouge. — *Ain.*
Perpignan. — *Pyrénées-Orientales.*
Perrecy. — *Saône et Loire.*
Perreux. — *Loire.*
Pertuis. — *Basses-Alpes.*
Pertuis. — *Bas-Rhin.*
Pertuis. — *Vaucluse.*
Pervez-le-Marchez. — *Dyle.*
Pessan. — *Gers.*
Pételange. — *Moselle.*
Peyrat. — *Haute-Vienne.*
Peyrehorade. — *Landes.*
Peyrusse. — *Aveyron.*
Pezenas. — *Hérault.*
Pfaffenheim. — *Haut-Rhin.*
Phalsbourg. — *Meurthe.*

Picquigny. — *Somme.*
Pierre-Buffière. — *Haute-Vienne.*
Pierre-de-Chignac. — *Dordogne.*
Pierre-sur-Dive. — *Calvados.*
Pierrefort. — *Cantal.*
Pierrelatte. — *Drôme.*
Pieux. (les) — *Manche.*
Pignan. — *Hérault.*
Pignans. — *Var.*
Pimbo. — *Landes.*
Pinchebray. — *Orne.*
Piney. — *Aube.*
Pionsat. — *Puy-de-Dôme.*
Pitiviers — *Loiret.*
Plaisance. — *Gers.*
Plan. (le) — *Haute-Garonne.*
Planay. — *Aube.*
Plancoës. — *Côtes-du-Nord.*
Pleaux. — *Cantal.*
Plenet. — *Côtes-du-Nord.*
Plestin. — *Côtes-du-Nord.*
Pleumartin. — *Vienne.*
Pleybent. — *Finistère.*
Plieux. — *Gers.*
Ploermel. — *Morbihan.*
Plombières. — *Vosges.*
Plombières. — *Côte-d'Or.*
Plouay. — *Morbihan.*
Ploudalmezeau. — *Finistère.*
Plume. (la) — *Lot et Garonne.*
Poissy. — *Seine et Oise.*
Poitiers. — *Vienne.*
Poix. — *Manche.*
Poix. — *Somme.*
Poligny. — *Jura.*
Pomarès. — *Landes.*
Pommeraye. (la) — *Mayenne et L.*
Pommiers. — *Gironde.*
Pompadour. — *Corrèze.*
Poncin. — *Ain.*
Pougues. — *Nièvre.*
Pons. — *Charente-Inférieure.*
Pontac. — *Basses-Pyrénées.*
Pontaix. — *Drôme.*
Pont-à-Mousson. — *Meurthe.*
Pont-Anthon. — *Eure.*
Pontarlier. — *Doubs.*
Pont-Audemer. — *Eure.*
Pont-Avan. — *Finistère.*
Pontchâteau. — *Loire-Inférieure.*
Pont-de-l'Ain. — *Ain.*
Pont-de-l'Arche. — *Eure.*
Pont-de-Beauvoisin. — *Isère.*
Pont-de-Camarès. — *Aveyron.*
Pont-du-Château. — *Puy-de-Dôme.*
Pont-de-Monvert. — *Lozère.*
Pont-de-Vaux. — *Ain.*
Pont-de-Veyle. — *Ain.*
Pontcroix. — *Finistère.*
Pont-Farcy. — *Calvados.*
Pont-Gibaut. — *Puy-de-Dôme.*
Pontgoin. — *Eure et Loir.*
Pontivy. — *Morbihan.*

Pont-l'Abbé. — Charente-Inférieure.
Pont-l'Abbé. — Finistère.
Pont-l'Abbé. — Manche.
Pont-l'Evêque. — Calvados.
Pontœillier. — Côte-d'Or.
Pontoise. — Seine et Oise.
Pont-Orson. — Manche.
Pontrieu. — Côtes-du-Nord.
Pont-Rousseau. — Loire-Inférieure.
Pont-Royan. (le) — Isère.
Pont-S.-Esprit. (le) — Gard.
Pont-Sainte-Maxence. — Oise.
Pont-sur-Seine. — Aube.
Pont-sur-Yarre. — Yonne.
Pont-sur-Yonne. — Yonne.
Pontvalain. — Sarthe.
Pooté. (la) — Mayenne.
Poren. — Charente-Inférieure.
Porentray. — Bas-Rhin.
Port-Louis. — Morbihan.
Port-Malo. — Ille et Vilaine.
Pornic. — Loire-Inférieure.
Port-Sainte-Marie. — Lot et Garon.
Port-S.-Peré. — Loire-Inférieure.
Port-sur-Saône. — Haute-Saône.
Port-Vendre. — Pyrénées-Orientales.
Porto-Vecchio. — Ajaccio en Corse.
Pouancé. — Mayenne et Loire.
Pougy. — Aube.
Pouilly. — Côte-d'Or.
Pouilly. — Nièvre.
Poussan. — Hérault.
Pouzauge-la-Ville. — Vendée.
Pradelles. — Haute-Loire.
Prades. — Pyrénées-Orientales.
Praislas. — Lot et Garonne.
Pratot. — Manche.
Prats-de-Molo. — Pyrénées-Orient.
Prayssac. — Lot.
Précigné. — Sarthe.
Précigny. (le grand) — Indre et L.
Promery. — Nièvre.
Preuilly. — Indre et Loire.
Prevent. — Pas-de-Calais.
Prez-en-Pail. — Mayenne.
Privas. — Ardèche.
Provins. — Seine et Marne.
Puget. (le) — Alpes-Maritimes.
Puignillien. — Dordogne.
Pujol. — Hérault.
Pujols. — Lot et Garonne.
Puiseaux. — Loiret.
Puisserguier. — Aude.
Puy. (le) — Haute-Loire.
Puybelliard. — Vendée.
Puyceley. — Tarn.
Puygasquier. — Gers.
Puy-Guillaume. — Puy-de-Dôme.
Puy-la-Rocque. — Lot.
Puy-Laurens. — Tarn.
Puy-l'Evêque. — Lot.
Puymaurin. — Haute-Garonne.
Puymiclan. — Lot et Garonne.

Puymirol. — Lot et Garonne.
Puy-Notre-Dame. — Mayenne et L.
Puy-S.-Martin. — Drôme.

Q.

QUARANTE. — Hérault.
Querre. — Mayenne et Loire.
Quesnoy. (le) — Nord.
Questembert. — Morbihan.
Questébou. — Manche.
Quiberon. (presqu'île de) — Morbih.
Quillan. — Aude.
Quillebeuf. — Eure.
Quimper. — Finistère.
Quimperley. — Finistère.
Quingey. — Doubs.
Quinson. — Basses-Alpes.
Quintin. — Côtes-du-Nord.
Quirieu. — Isère.
Quissac. — Gard.

R.

RABASTENS. — Tarn.
Rabasteins. — Hautes-Pyrénées.
Ridan. — Puy-de-Dôme.
Rambervilliers. — Vosges.
Rambouillet. — Seine et Oise.
Ramern. — Aube.
Ranes. — Orne.
Rauzan. — Gironde.
Raymon. — Cher.
Réalmont. — Tarn.
Réalville. — Lot.
Recey. — Côte-d'Or.
Redon. — Ille et Vilaine.
Regmalard. — Orne.
Regny. — Loire.
Reims. — Marne.
Reillanc. — Var.
Reinheim. — Bas-Rhin.
Reishoffen. — Bas-Rhin.
Remiremont. — Vosges.
Remoulins. — Gard.
Rennison. — Loire.
Rennes. — Ille et Vilaine.
Renwez. — Ardennes.
Réole. (la) — Gironde.
Requista. — Aveyron.
Rethel. — Ardennes.
Revel. — Haute-Garonne.
Revigny. — Meuse.
Revin. — Ardennes.
Reugny. — Indre et Loire.
Reuily. — Indre.
Reynel. — Haute-Marne.
Rheimzabert. — Bas-Rhin.
Rheinaud. — Bas-Rhin.
Rhodez. — Aveyron.
Rians. — Var.
Ribauvilliers. — Haut-Rhin.

Riberac. — *Dordogne.*
Ribiers. — *Hautes-Alpes.*
Ricey-Hauterive. — *Aube.*
Ricey-le-Bas. — *Aube.*
Ricey-le-Haut. — *Aube.*
Richelieu. — *Indre et Loire.*
Richenveir. — *Haut-Rhin.*
Rieupeyroux. — *Aveyron.*
Rieux. — *Haute-Garonne.*
Rieux. — *Morbihan.*
Riez — *Basses-Alpes.*
Rignac. — *Aveyron.*
Rigny-le-Feron. — *Aube.*
Rimont. — *Arriège.*
Riom. — *Puy-de-Dôme.*
Riom-les-Montagnes. — *Cantal.*
Rions. — *Gironde.*
Ris. — *Seine et Oise.*
Riscle. — *Gers.*
Risomont. — *Aisne.*
Rives. — *Isère.*
Rivesaltes. — *Pyrénées-Orientales.*
Rivière. — *Haute-Garonne.*
Rivière. (la) — *Loire.*
Roane. — *Haute-Loire.*
Roche-Beaucourt. (la) — *Dordogne.*
Roche-Bernard. (la) — *Morbihan.*
Roche-Chalais. (la) — *Dordogne.*
Roche-Chouard. — *Haute-Vienne.*
Roche-en-Reignier. — *Haute-Loire.*
Rochefort. — *Jura.*
Rochefort. — *Morbihan.*
Rochefort. — *Mayenne et Loire.*
Rochefort. — *Sambre et Meuse.*
Rochefort. — *Seine et Oise.*
Rochefoucault. (la) — *Charente.*
Roche-Guyon. (la) — *Seine et Oise.*
Rochelle. (la) — *Charente-Inférieure.*
Rochemaure. — *Ardèche.*
Roche-Millais. — *Nièvre.*
Roche-sur-Yon. (la) — *Vendée.*
Rocroy. — *Ardennes.*
Rodemack. — *Moselle.*
Rodome. — *Aude.*
Roglano. — *Golo en Corse.*
Rognes. — *Bouches-du-Rhône.*
Rogue-Limbaut. (la) — *Lot et Gar.*
Rohan. — *Morbihan.*
Rohan-Rohan. — *Deux-Sèvres.*
Rolduc. — *Meuse-Inférieure.*
Romagne. (la) — *Mayenne et Loire.*
Romans. — *Drôme.*
Romenay. — *Saône et Loire.*
Romieu. (la) — *Gers.*
Romorantin. — *Loire et Cher.*
Roubaix. — *Nord.*
Roque. (la) — *Lot.*
Roquebron. (la) — *Cantal.*
Roquecor. — *Lot et Garonne.*
Roquecourbe. — *Tarn.*
Roque-des-Arts. (la) — *Lot.*
Roque-d'Olmes. (la) — *Arriège.*
Roquefeuil. — *Aube.*

Roquefort-de-Marsan. — *Landes.*
Roquemaure. — *Gard.*
Roque-Vaire. — *Bouches-du-Rhône.*
Roramadour. — *Lot.*
Rosay. — *Seine et Oise.*
Rosheim. — *Bas-Rhin.*
Rosières. — *Meurthe.*
Rosiers. — *Mayenne et Loire.*
Rosporden. — *Finistère.*
Rostrenen. — *Côtes-du-Nord.*
Rouen. — *Seine-Inférieure.*
Rougemont. — *Doubs.*
Rouillac. — *Charente.*
Roussillon. — *Isère.*
Routot. — *Eure.*
Royan. — *Charente-Inférieure.*
Royan. — *Isère.*
Roye. — *Somme.*
Rozan. — *Hautes-Alpes.*
Rozoy. — *Seine et Oise.*
Rue. — *Somme.*
Rufac. — *Haut-Rhin.*
Ruffecq. — *Charente.*
Rugles. — *Eure.*
Ruines. — *Cantal.*
Rumigny. — *Ardennes.*
Rupelmonde. — *Escaut.*
Ruremonde. — *Meuse-Inférieure.*
Ry. — *Seine-Inférieure.*

S.

Sablé. — *Sarthe.*
Sables-d'Olonne. (les) — *Vendée.*
Saigne. — *Cantal.*
Saigne. — *Lot et Garonne.*
Saignon. — *Vaucluse.*
Saillans. — *Drôme.*
Sailly. — *Pas-de-Calais.*
Saintes. — *Charente-Inférieure.*
Saintrailles. — *Gers.*
Salagnac. — *Haute-Vienne.*
Salsaignac. — *Dordogne.*
Salebris. — *Loire et Cher.*
Salernes. — *Var.*
Salers. — *Cantal.*
Sales. — *Aude.*
Salescurau. — *Aveyron.*
Salies. — *Haute-Garonne.*
Salins. — *Jura.*
Salon. — *Bouches-du-Rhône.*
Salle. (la) — *Gard.*
Salles. — *Charente.*
Sallies. — *Basses-Pyrénées.*
Salvignac. — *Tarn.*
Salvetat-d'Angle. (la) — *Hérault.*
Salvetat. — *Aveyron.*
Samatan. — *Gers.*
Samer. — *Pas-de-Calais.*
Sancergues. — *Cher.*
Sancerre. — *Cher.*
Sancheville. — *Eure et Loir.*
Sancoins. — *Cher.*

Saon. — *Drôme.*
Sap. (le) — *Orne.*
Saralbe. — *Moselle.*
Saramont. — *Gers.*
Sarbrück. — *Meurthe.*
Sargé. — *Loir et Cher.*
Sarguemines. — *Moselle.*
Sarlat. — *Dordogne.*
Sar-Louis. — *Moselle.*
Sarran. — *Gers.*
Sarrancolin. — *Hautes-Pyrénées.*
Sarrebourg. — *Meurthe.*
Sarrebourg. — *Sarre.*
Sarrians. — *Vaucluse.*
Sartilly. — *Manche.*
Sarzène. — *Morbihan.*
Sassenage. — *Isère.*
Saterne. — *Ajaccio en Corse.*
Satillieu. — *Ardèche.*
Saugues. — *Haute-Loire.*
Saujon. — *Charente-Inférieure.*
Saulieu. — *Côte-d'Or.*
Sault. — *Basses-Alpes.*
Saumur. — *Mayenne et Loire.*
Sauves. — *Gard.*
Sauvetat. (la) — *Lot et Garonne.*
Sauvetat-de-Gonze. — *Puy-de-Dôme.*
Sauvetat-de-Sauvères. — *Lot et G.*
Sauveterre. — *Aveyron.*
Sauveterre. — *Basses-Pyrénées.*
Sauveterre. — *Gironde.*
Sauveterre. — *Lot et Garonne.*
Sauxillanges. — *Puy-de-Dôme.*
Sauzay. — *Vienne.*
Sauzé. — *Deux-Sèvres.*
Savary. — *Aude.*
Savenay. — *Loire-Inférieure.*
Saverdun. — *Arriège.*
Saverne. — *Bas-Rhin.*
Savignac. — *Dordogne.*
Savigné. — *Sarthe.*
Savin. — *Vienne.*
Sayssac. — *Aube.*
Scatalens. — *Haute-Garonne.*
Scéolhères. — *Jura.*
Scey. — *Haute-Saône.*
Schelestat. — *Bas-Rhin.*
Seclin. — *Nord.*
Secondigné. — *Deux-Sèvres.*
Séez. — *Orne.*
Segonzac. — *Charente.*
Segré. — *Mayenne et Loire.*
Segur. — *Aveyron.*
Seiches. — *Lot et Garonne.*
Seiches. — *Mayenne et Loire.*
Seignelay. — *Yonne.*
Seillans. — *Var.*
Seine. (la) — *Var.*
Scissan. — *Gers.*
Scissel. — *Ain.*
Seix. — *Arriège.*
Selles. — *Loir et Cher.*
Seltz. — *Bas-Rhin.*
Selwe. (la) — *Aveyron.*
Semur-en-Auxois. — *Côte-d'Or.*
Senescey. — *Saône et Loire.*
Senez. — *Basses-Alpes.*
Senlis. — *Oise.*
Senonches. — *Eure et Loir.*
Sept-Fons. — *Lot.*
Sergines. — *Yonne.*
Serignan. — *Hérault.*
Sermaize. — *Marne.*
Serres. — *Hautes-Alpes.*
Serrières. — *Ardèche.*
Serverette. — *Lozère.*
Servian. — *Hérault.*
Servières. — *Corrèze.*
Sevencock. — *Escaut.*
Severac-le-Château. — *Aveyron.*
Sèvres. — *Seine et Oise.*
Seurre. — *Côte-d'Or.*
Seyne. — *Basses-Alpes.*
Seyssel. — *Ain.*
Sezanne. — *Marne.*
Sichem. — *Dyle.*
Siéges. (les) — *Yonne.*
Sierberg. — *Moselle.*
Sierck. — *Moselle.*
Sillé-le-Guillaume. — *Sarthe.*
Simore. — *Gers.*
Sissonne. — *Aisne.*
Sisteron. — *Basses-Alpes.*
Six-Fours. — *Var.*
Sobernheim. — *Rhin et Moselle.*
Sodoigne. — *Dyle.*
Soignies. — *Jemmapes.*
Soissons. — *Aisne.*
Soleme. — *Nord.*
Sollies-le-Pons. — *Var.*
Solominc. — *Gers.*
Solre-le-Château. — *Nord.*
Sombernon. — *Côte-d'or.*
Somevoire. — *Haut-Marne.*
Sommières. — *Gard.*
Songeons. — *Oise.*
Sorde. — *Landes.*
Sore. — *Landes.*
Sorèze. — *Tarn.*
Sorey. — *Meuse.*
Sos. — *Lot et Garonne.*
Soubise. — *Charente-Inférieure.*
Soucy-S.-Clément. — *Yonne.*
Souillac. — *Lot.*
Souilly. — *Meuse.*
Soulainet. — *Aube.*
Soumensac. — *Lot et Garonne.*
Sournince. — *Pyrén.-Orientales.*
Sousseyrac. — *Lot.*
Souterraine. (la) — *Creuse.*
Souvigny. — *Allier.*
Spa. — *Ourthe.*
Spire. — *Mont-Tonnerre.*
Stavelot. — *Ourthe.*
Steenwoorde. — *Nord.*
Stenay. — *Meuse.*

Stephaswert. — Meuse-Inférieure.
Stockhem. — Meuse-Inférieure.
Strasbourg. — Bas-Rhin.
Subarat. — Arriège.
Suèvre. — Loir et Cher.
Suippe. — Marne.
Sully. — Loiret.
Sultz. — Bas-Rhin.
Sultz. — Haut-Rhin.
Sultzbach. — Haut-Rhin.
Sultzmatt. — Haut-Rhin.
Sumène. — Gard.
Sury-le-Contal. — Loire.
Suze. (la) — Sarthe.
S. Afrique. — Aveyron.
S. Agrève. — Ardèche.
S. Aignan. — Loir et Cher.
S. Alban. — Tarn.
S. Amand. — Cher.
S. Amand. — Nièvre.
S. Amand. — Puy-de-Dôme.
S. Amand. — Escaut.
S. Amand. — Nord.
S. Amarin. — Haut-Rhin.
S. Ambroix. — Gard.
S. Amour. — Jura.
S. Andéol. — Ardèche.
S. André. — Eure.
S. André. — Isère.
S. André-de-Cubsac. — Gironde.
S. André-de-la-Marche. — Mayenne et Loire.
S. André-Sangonis. — Hérault.
S. André-de-Valbrogne. — Gard.
S. Anthème. — Puy-de-Dôme.
S. Antoine. — Isère.
S. Antonin. — Aveyron.
S. Arnoult. — Seine et Oise.
S. Astier. — Dordogne.
S. Aubin. — Ille et Vilaine.
S. Aubin-de-Luigné. — Mayenne et L.
S. Aubin-des-Ponts-de-Cés. — Mayen. et Loire.
S. Aulaye. — Dordogne.
S. Avit. — Gers.
S. Avold. — Moselle.
S. Bansile-du-Putois. — Hérault.
S. Barthelemy. — Lot et Garonne.
S. Bazeille. — Lot et Garonne.
S. Béat. — Haute-Garonne.
S. Bel. — Rhône.
S. Benoît-de-Sault. — Indre.
S. Bertrand-de-Cominges. — Haute-G.
S. Bonnet. — Hautes-Alpes.
S. Bonnet. — Puy-de-Dôme.
S. Bonnet-le-Château. — Loire.
S. Brieux. — Côtes-du-Nord.
S. Calais. — Sarthe.
S. Caradec. — Côtes-du-Nord.
S. Céré. — Lot.
S. Chamand. — Corrèze.
S. Chamas. — Isère.
S. Charlier. — Indre.

S. Chef. — Isère.
S. Chef-Boutonne. — Deux-Sèvres.
S. Chely. — Lozère.
S. Chinian. — Hérault.
S. Christophe. — Indre et Loire.
S. Christophe — de — la — Couperie. — Loir et Ch. r.
S. Civan. — Indre.
S. Clair. — Manche.
S. Clare-de-Fontague. — Gers.
S. Claude. — Jura.
S. Clément-de-la-Place. — May. et L.
S. Cloud. — Seine.
Ste. Colombe. — Rhône.
S. Côme. — Aveyron.
S. Côme. — Sarthe.
Ste. Croix. — Haut-Rhin.
Ste. Croix. — Mayenne et Loire.
S. Cyprien. — Dordogne.
S. Denas. — Mayenne.
S. Denis, aujourd'hui Franciade. — Seine.
S. Denis. — Mayenne.
S. Denis-le-Gast. — Manche.
S. Didier. — Haute-Loire.
S. Dié. — Loir et Cher.
S. Diey. — Vosges.
S. Dizier. — Haute-Marne.
S. Donat. — Drôme.
S. Émilion. — Gironde.
Ste. Enimie. — Lozère.
S. Espain. — Indre et Loire.
S. Étienne. — Loire.
S. Étienne-de-S.-Geors. — Isère.
S. Étienne-les-Orgies. — Bas.-Alp.
Ste. Eulalie. — Gard.
S. Félicien. — Ardèche.
S. Félix. — Aveyron.
S. Félix-de-Caraman. — Haute-Gar.
S. Ferme. — Gironde.
S. Floren. — Golo en Corse.
S. Florent-le-Vieil. — Mayenne et L.
S. Florentin. — Yonne.
S. Flour. — Cantal.
S. Foy-de-Peyrallières. — Haute-G.
S. Frajon. — Haute-Garonne.
S. Fulgent. — Vendée.
S. Galmiers. — Loire.
S. Gaudens. — Haute-Garonne.
S. Gauthier. — Indre.
S. Genest. — Vienne.
S. Genest-le-Malifaut. — Loire.
S. Gengoul. — Saône et Loire.
S. Geniez. — Gard.
S. Geniez-de-Rivedolt. — Aveyron.
S. Genis-Laval. — Rhône.
S. Genis. — Charente-Inférieure.
S. Genoux. — Loir et Cher.
S. George. — Ille et Vilaine.
S. George-d'Espérenche. — Isère.
S. George-des-sept-Voies. — May. et Loire.
S. George-de-Vièvre. — Eure.

de la République Française. 447

S. George-sur-Loire. — May. et L.
S. Gérand-le-Puy. — Allier.
S. Germain. — Seine et Oise.
S. Germain. — Puy-de-Dôme.
S. Germain-de-Calberte. — Lozère.
S. Germain-des-Fossés. — Allier.
S. Germain-Laguieu. — Ain.
S. Germain-Laval. — Loire.
S. Germain-les-Belles-Filles. — H. Vienne.
S. Germain. — Aveyron.
S. Gervais. — Puy-de-Dôme.
S. Gervais. — Tarn.
S. Gervais-de-Messey. — Orne.
S. Ghislein. — Jemmapes.
S. Gilles-les-Boucheries. — Gard.
S. Gilles-sur-Vie. — Vendée.
S. Girons. — Arriège.
S. Gondon. — Loiret.
S. Grégoire. — Isère.
S. Haon-le-Châtel. — Loire.
Ste. Hermine. — Vendée.
S. Hilaire. — Aude.
S. Hilaire. — Manche.
S. Hippolyte. — Doubs.
S. Hippolyte. — Gard.
S. Hippolyte. — Haut-Rhin.
S. Hubert. — Sambre et Meuse.
S. Jacques. — Côtes-du-Nord.
S. Ibars. — Ardèche.
S. James. — Manche.
S. Jean. — Mont-Blanc.
S. Jean-d'Angely. — Charente-Infér.
S. Jean-de-Bruel. — Aveyron.
S. Jean-de-Bournay. — Isère.
S. Jean-de-Colle. — Dordogne.
S. Jean-du-Gardonnenque. — Gard.
S. Jean-de-Lône. — Côte-d'Or.
S. Jean-de-Luz. — Basses-Pyrénées.
S. Jean-de-Pied-de-Port. — Basses-Pyrénées.
S. Jean-en-Royans. — Drôme.
Ste. Julin-de-Crascapou. — H.-Gar.
S. Julien. — Ain.
S. Julien. — Jura.
S. Julien. — Loire.
S. Julien-de-Vouvantes. — Loi.-Inf.
S. Julien-du-Sault. — Yonne.
S. Julien-le-Faucon. — Calvados.
S. Julien-sur-Garonne. — Haute-G.
S. Junien. — Haute-Vienne.
S. Just. — Marne.
S. Just. — Oise.
S. Just-en-Chazalet. — Loire.
S. Just-la-Pendue. — Loire.
S. Justin. — Landes.
S. Lambert-des-Levées. — Mayenne et Loire.
S. Lambert-du-Lattay. — Mayenne et Loire.
S. Laud. — Mayenne et Loire.
S. Laurent. — Gard.
S. Laurent. — Gironde.
S. Laurent-d'Aigouze. — Hérault.
S. Laurent-de-Cerdans. — Pyr.-Or.
S. Laurent-de-Chamousset. — Rhône.
S. Laurent-de-la-Plaine. — Mayen. et Loire.
S. Léger. — Loire-Inférieure.
S. Léonard. — Haute-Vienne.
S. Lizier. — Arriège.
S. Lô. — Manche.
S. Loubès. — Gironde.
S. Loubouère. — Landes.
S. Loup. — Deux-Sèvres.
S. Loup-lez-Luxeuil. — Haute-Saô.
S. Lys. — Haute-Garonne.
S. Macaire. — Gironde.
S. Maixent. — Deux-Sèvres.
S. Marcel. — Saône et Loire.
S. Marcel. — Indre.
S. Marcelin. — Isère.
S. Marcelin. — Loire.
S. Mard-en-Othe. — Aube.
Ste. Marie-aux-Mines. — Haut-R.
Stes. Maries. (les) Bouches-du-Rh.
S. Mars. — Indre et Loire.
S. Martin. — Charente-Inférieure.
S. Martin-du-Bois. — Mayenne et L.
S. Martin-sur-Loire. — Loiret.
S. Martory. — Haute-Garonne.
S. Mathurin. — Mayenne et Loire.
Ste. Maure. — Indre et Loire.
S. Maurin. — Lot et Garonne.
S. Maximin. — Var.
S. Médard. — Lot.
S. Méen. — Ille et Vilaine.
Ste. Menehould. — Marne.
S. Menoux. — Allier.
Ste. Mère-Eglise. — Manche.
S. Mesmin. — Deux-Sèvres.
S. Mihiel. — Meuse.
S. Michel. — Aude.
S. Mont. — Hautes-Pyrénées.
S. More. — Yonne.
S. Nazaire. — Loire-Inférieure.
S. Nicolas-de-la-Taille. — Seine-In.
S. Nicolas. — Meurthe.
S. Nicolas-de-la-Grave. — H.-Gar.
S. Omer. — Pas-de-Calais.
S. Ouen. — Mayenne.
S. Palais. — Basses-Pyrénées.
S. Papoul. — Aude.
S. Paul. — Haute-Vienne.
S. Paul. — Var.
S. Paul-de-Fenouillet. — Pyr.-Or.
S. Paul-de-Jorrat. — Arriège.
S. Paul-trois-Châteaux. — Drôme.
S. Paulien. — Haute-Loire.
S. Pé. — Hautes-Pyrénées.
S. Philibert-de-grand-Lieu. — Loire.
S. Pierre-Buffière. — Haute-Vienne.
S. Pierre-de-Chignac. — Dordogne.
S. Pierre-lez-Maliscy. — Hau.-Saô.
S. Pierre-du-Chemin. — Vendée.
S. Pierre-le-Moutier. — Nièvre.

S. Pierre-sur-Dives. — *Calvados.*
S. Plancard. — *Haute-Garonne.*
S. Poi. — *Manche.*
S. Pol. — *Pas-de-Calais.*
S. Pol-de-Léon. — *Finistère.*
S. Pons-de-Tomières. — *Hérault.*
S. Porquier. — *Haute-Garonne.*
S. Pourçain. — *Allier.*
S. Prix. — *Saône et Loire.*
S. Puy. — *Gers.*
S. Quentin. — *Aisne.*
S. Quentin. — *Gard.*
S. Quentin. — *Isère.*
S. Rambert. — *Ain.*
S. Rambert. — *Loire.*
S. Renan. — *Finistère.*
S. Remi. — *Bouches-du-Rhône.*
S. Reverieu. — *Nièvre.*
S. Reyne. — *Côte-d'or.*
S. Riquier. — *Somme.*
S. Romain. — *Loire.*
S. Romain. — *Charente.*
S. Rome-de-Tarn. — *Aveyron.*
S. Saëu. — *Seine-Inférieure.*
S. Samson. — *Mayenne et Loire.*
S. Saturnin. — *Aveyron.*
S. Saturnin. — *Puy-de-Dôme.*
S. Sauge. — *Nièvre.*
S. Sauveur. — *Yonne.*
S. Sauveur-le-Vicomte. — *Manche.*
S. Sauvy. — *Gers.*
S. Savin. — *Gironde.*
S. Savin. — *Vienne.*
S. Savinien. — *Charente-Inférieure.*
S. Sever. — *Aveyron.*
S. Sever. — *Calvados.*
S. Sever. — *Indre.*
S. Sever. — *Landes.*
S. Sever-de-Rustan. — *Hautes-Pyrénées.*
S. Servant. — *Ille et Vilaine.*
S. Silvain. — *Calvados.*
S. Sorlin. — *Ain.*
S. Sulpice. — *Haute-Garonne.*
S. Sulpice-de-Lozat. — *Creuse.*
Ste. Suzanne. — *Mayenne.*
S. Symphorien-d'Ozan. — *Isère.*
S. Symphorien-en-Lay. — *Loire.*
S. Symphorien-le-Châtel. — *Rhône.*
S. Trivier-de-Cortoux. — *Ain.*
S. Trivier-en-Dombes. — *Ain.*
S. Trond. — *Meuse-Inférieure.*
S. Tropès. — *Var.*
S. Urbain. — *Haute-Marne.*
Ste. Ursane. — *Doubs.*
S. Vaast. — *Manche.*
S. Valery. — *Somme.*
S. Vallier. — *Drôme.*
S. Vaury. — *Creuse.*
S. Venant. — *Pas-de-Calais.*
S. Victor. — *Seine-Inférieure.*
S. Vincent-de-Rivedot. — *Lot.*
S. Vith. — *Ourthe.*

S. Vrain. — *Nièvre.*
S. Yriex. — *Haute-Vienne.*

T.

TAIN. — *Drôme.*
Talant. — *Côte-d'Or.*
Taillebourg. — *Charente-Inférieure.*
Tallano. — *Ajaccio en Corse.*
Tallard. — *Hautes-Alpes.*
Talmont. — *Charente-Inférieure.*
Talmont. — *Vendée.*
Tannay. — *Nièvre.*
Tarare. — *Rhône.*
Tarascon. — *Arriège.*
Tarascon. — *Bouches-du-Rhône.*
Tarbes. — *Hautes-Pyrénées.*
Tardets. — *Basses-Pyrénées.*
Tartas. — *Landes.*
Taulignan. — *Drôme.*
Tauves. — *Puy-de-Dôme.*
Teil (le). — *Ardèche.*
Teilleul. — *Manche.*
Temple (le). — *Lot et Garonne.*
Tence. — *Haute-Loire.*
Tende. — *Alpes-Maritimes.*
Terrasson. — *Dordogne.*
Terraube. — *Gers.*
Tervueren. — *Dyle.*
Tessy. — *Manche.*
Teste-de-Buch (le). — *Gironde.*
Tharn. — *Haut-Rhin.*
Themsche. — *Escaut.*
Thenezay. — *Deux-Sèvres.*
Thenon. — *Dordogne.*
Therouenne. — *Pas-de-Calais.*
Theux. — *Ourthe.*
Thèze. — *Basses-Pyrénées.*
Thiancourt. — *Meurthe.*
Thiberville. — *Eure.*
Thielt. — *Lys.*
Thiers. — *Puy-de-Dôme.*
Thionville. — *Moselle.*
Thiron. — *Eure et Loir.*
Thiviers. — *Dordogne.*
Thizy. — *Rhône.*
Thoard. — *Basses-Alpes.*
Tholey. — *Sarre.*
Thonon. — *Lac-Léman.*
Thor (le). — *Vaucluse.*
Thorigny. — *Manche.*
Thorigny. — *Yonne.*
Thouarcé. — *Mayenne et Loire.*
Thouars. — *Deux-Sèvres.*
Thuin. — *Jemmapes.*
Tiercé. — *Mayenne et Loire.*
Tiffauges. — *Vendée.*
Tilbac. — *Gers.*
Tille (le). — *Vaucluse.*
Tillières. — *Eure.*
Tirlemont. — *Dyle.*
Tossiat. — *Ain.*
Toissey. — *Ain.*

de la République Française. 449

Tongres. — Meuse-Inférieure.
Tonnay. — Charente-Inférieure.
Tonnay-Boutonne. — Charente-Inf.
Tonques. — Calvados.
Tostes. — Seine-Inférieure.
Touget. — Gers.
Toul. — Meurthe.
Toulon. — Saône et Loire.
Toulon. — Var.
Toulouse. — Haute-Garonne.
Tour. (la) Puy-de-Dôme.
Tournay. — Jemmapes.
Tournay. — Basses-Pyrénées.
Tour-Blanche. (la) — Dordogne.
Tour-de-France. (la) — Pyrén.-Or.
Tour-du-Pin. (la) — Isère.
Tournecoupe-de-Lomagne. — Gers.
Tourneheim. — Pas-de-Calais.
Tournon. — Ardèche.
Tournon. — Lot et Garonne.
Tournus. — Saône et Loire.
Tourouvre. — Orne.
Tours. — Indre et Loire.
Tourteron. — Ardennes.
Trainel. — Aube.
Treffort. — Ain.
Tréguac. — Corrèze.
Tréguier. — Côtes-du-Nord.
Trelazé. — Mayenne et Loire.
Trémantine. — Mayenne et Loire.
Tremblade. (la) — Charente-Inf.
Tremblay. (le) — Eure et Loir.
Tremont. — Mayenne et Loire.
Tremouille. (la) — Vienne.
Trépors. — Seine-Inférieure.
Tresbes. — Aude.
Tresson. — Sarthe.
Trest. — Bouches-du-Rhône.
Trevières. — Calvados.
Trevoux. — Ain.
Trie. — Hautes-Pyrénées.
Trinité. (la) — Morbihan.
Troarn. — Calvados.
Troo. — Loire et Cher.
Troyes. — Aube.
Trun. — Orne.
Tulle. — Corrèze.
Tullins. — Isère.
Turckheim. — Haut-Rhin.
Turcoin. — Nord.
Turenne. — Corrèze.
Turnhout. — Deux-Nèthes.

U.

Upaix. — Hautes-Alpes.
Ussel. — Corrèze.
Usson. — Puy-de-Dôme.
Usson. — Vienne.
Ustaritz. — Basses-Pyrénées.
Uzel. — Côtes-du-Nord.
Uzerche. — Corrèze.

Uzès. — Gard.
Uzeste. — Gironde.

V.

Vaas. — Sarthe.
Vabres. — Aveyron.
Vabres. — Aveyron.
Vadans. — Jura.
Vailly. — Aisne.
Vaison. — Vaucluse.
Valcourt. — Jemmapes.
Valence. — Drôme.
Valence. — Lot et Garonne.
Valence. — Tarn.
Valenciennes. — Nord.
Valensole. — Basses-Alpes.
Vallabiègues. — Bouches-du-Rhône.
Vallabrègues. — Gard.
Vallençay. — Indre.
Vallance. — Gers.
Vallerangue. — Gard.
Vallet. — Loire-Inférieure.
Vallette. (la) — Charente.
Valliquerville. — Seine-Inférieure.
Vallon. — Ardèche.
Vallon. — Sarthe.
Valognes. — Manche.
Vals. — Loire-Inférieure.
Vangon. — Bas-Rhin.
Vannes. — Morbihan.
Vanvey. — Côte-d'Or.
Vardac. (le) — Lot et Garonne.
Varées. — Isère.
Varen. — Aveyron.
Varennes. — Allier.
Varennes. — Basses-Alpes.
Varennes. — Meuse.
Varilhes. — Ariège.
Varay. — Nièvre.
Vassy. — Calvados.
Vassy. — Haute-Marne.
Vatan. — Indre.
Vaubecourt. — Meuse.
Vaucouleurs. — Meuse.
Vauvillers. — Haute-Saône.
Vavers. — Gard.
Vence. — Var.
Vendenvres. — Vienne.
Vendôme. — Loire et Cher.
Vendres. (le) — Hérault.
Venerque. — Haute-Garonne.
Venlo. — Meuse-Inférieure.
Venthie. (la) — Pas-de-Calais.
Vercaudière. (la) — Lot.
Vorcel. — Doubs.
Verdun. — Aude.
Verdun. — Meuse.
Verdun. — Saône et Loire.
Verdun-sur-Garonne. — Haute-G.
Verfeuil. — Haute-Garonne.
Vergaville. — Meurthe.

Vermanton. — *Yonne.*
Vermon. — *Eure.*
Vern. — *Dordogne.*
Vern. — *Mayenne et Loire.*
Verneil-le-Fourier. — *Mayenne et L.*
Verneuil. — *Eure.*
Verneuil. — *Allier.*
Vernou. — *Indre et Loire.*
Verpilière. (la) — *Isère.*
Versailles. — *Seine et Oise.*
Vertaizon. — *Puy-de-Dôme.*
Verteuil. — *Charente.*
Vertus. — *Marne.*
Vervier. — *Ourthe.*
Vervins. — *Aisne.*
Vesoul. — *Haute-Saône.*
Veynes. — *Hautes-Alpes.*
Vezéley. — *Yonne.*
Vézelise. — *Meurthe.*
Vezins. — *Mayenne et Loire.*
Vianne. — *Gard.*
Vias. — *Hérault.*
Vibraye. — *Sarthe.*
Vic. — *Meurthe.*
Vic-Bigorre. — *Hautes-Pyrénées.*
Vic-de-Sos. — *Lot et Garonne.*
Vic-Fezensac. — *Gers.*
Vichery. — *Vosges.*
Vichiers. — *Mayenne et Loire.*
Vichy. — *Allier.*
Vic-le-Comte. — *Puy-de-Dôme.*
Vico. — *Ajaccio en Corse.*
Vieil-Hesdin. — *Pas-de-Calais.*
Vieillevigne. — *Loire-Inférieure.*
Vieil-Salm. — *Ourthe.*
Viella. — *Gers.*
Viel-Mur. — *Tarn.*
Vienne-le-Château. — *Marne.*
Vierson. — *Cher.*
Vieu-Marché. — *Côtes-du-Nord.*
Vieux-Maisons. — *Aisne.*
Vif. — *Isère.*
Vignory. — *Haute-Marne.*
Vignan. (le) — *Gard.*
Vilaine. — *Côte-d'Or.*
Vilandrau. — *Gironde.*
Villard-de-Laus. — *Isère.*
Villars. — *Ain.*
Villé. — *Bas-Rhin.*
Ville-aux-Clerés. (la) — *Loire et C.*
Villebernier. — *Mayenne et Loire.*
Villecomtal. — *Aveyron.*
Ville-Dieu. — *Manche.*
Ville-Dieu. — *Mayenne et Loire.*
Villefort. — *Lozère.*
Villefranche. — *Allier.*
Villefranche. — *Dordogne.*
Villefranche. — *Alpes-Maritimes.*
Villefranche. — *Aveyron.*
Villefranche. — *Rhône.*
Villefranche-Conflans. — *Pyr.-Or.*
Villefranche-d'Albigeois. — *Tarn.*
Villefranche-d'Astorac. — *Gers.*
Villefranche-de-Panat. — *Aveyron.*
Villefranche-de-Perigord. — *Dord.*
Villemur. — *Haute-Garonne.*
Villeneuve. — *Aveyron.*
Villeneuve. — *Hérault.*
Villeneuve. — *Landes.*
Villeneuve. — *Seine et Oise.*
Villeneuve. — *Tarn.*
Villeneuve-d'Agen. — *Lot et Garon.*
Villeneuve-de-Berg. — *Ardèche.*
Villeneuve-la-Ginjard. — *Yonne.*
Villeneuve-l'Archevêque. — *Yonne.*
Villeneuve-le-mal-nommé. — *Yon.*
Villeneuve-lez-Avignon. — *Gard.*
Villeneuve-lez-Maguelone. — *Hér.*
Villenoxe-la-Grande. — *Aude.*
Villepinte. — *Aude.*
Villequiers. — *Cher.*
Villéreal. — *Lot et Garonne.*
Villeret. — *Loire.*
Villers-Coterets. — *Aisne.*
Villers-le-Bocage. — *Somme.*
Villers-sur-Secy. — *Haute-Saône.*
Ville-sur-Illon. — *Vosges.*
Villevieille. — *Gard.*
Villiers-Benoît. — *Rhône.*
Villiers-en-Dœuvre. — *Eure.*
Vilvorde. — *Dyle.*
Vimoutier. — *Orne.*
Vinay. — *Isère.*
Vinçac. — *Pyrénées-Orientales.*
Vincennes. — *Seine.*
Vire. — *Calvados.*
Virieu. — *Isère.*
Viriville. — *Isère.*
Virtel. — *Vosges.*
Virton. — *Forêts.*
Visé. — *Ourthe.*
Vitré. — *Ille et Vilaine.*
Vitry-le-Français. — *Marne.*
Vitry. — *Pas-de-Calais.*
Vitteaux. — *Côte-d'Or.*
Viverol. — *Puy-de-Dôme.*
Viviers. — *Ardèche.*
Vivone. — *Vienne.*
Vizille. — *Isère.*
Vodable. — *Puy-de-Dôme.*
Voiron. — *Isère.*
Volone. — *Basses-Alpes.*
Volvic. — *Puy-de-Dôme.*
Voreppe. — *Isère.*
Voulte. (la) — *Ardèche.*
Vouvent. — *Vendée.*
Vouziers. — *Ardennes.*
Voues. — *Eure et Loir.*
Voyd. — *Meuse.*
Vrecourt. — *Vosges.*

W.

Waerchool. — *Escaut.*
Waesmunster. — *Escaut.*

de la République Française. 451

Watene. — *Nord.*
Wasselone. — *Bas-Rhin.*
Watervlet. — *Escaut.*
Weissembourg. — *Bas-Rhin.*
Werd. — *Bas-Rhin.*
Wesel. — *Rhin et Moselle.*
Westhoffen. — *Bas-Rhin.*
Weteren. — *Escaut.*
Wianden. — *Forêts.*
Wilyr. — *Haut-Rhin.*
Wintzenheim. — *Haut-Rhin.*
Wissant. — *Pas-de-Calais.*
Wittich. — *Sambre et Meuse.*

Wormhout. — *Nord.*
Worms. — *Mont-Tonnerre.*

Y.

YERVILLE. — *Seine-Inférieure.*
Yoingt. — *Rhône.*
Ypres. — *Lys.*
Yssengeaux. — *Haute-Loire.*

Z.

ZELLENBERG. — *Haut-Rhin.*

FIN.

www.ingramcontent.com/pod-product-compliance
Lightning Source LLC
Chambersburg PA
CBHW060222230426
43664CB00011B/1524